Wahrnehmung der deutsch(sprachig)en Literatur aus Ostmittel- und Südosteuropa

Veröffentlichungen des Instituts für deutsche Kultur und
Geschichte Südosteuropas an der Ludwig-Maximilians-
Universität München (IKGS)

Wissenschaftliche Reihe (Literatur- und Sprachgeschichte)

Herausgegeben von
Thomas Krefeld, Anton Schwob und Stefan Sienerth

Band 115

Wahrnehmung der deutsch(sprachig)en Literatur aus Ostmittel- und Südosteuropa – ein Paradigmenwechsel?

Neue Lesarten und Fallbeispiele

Herausgegeben von

Peter Motzan und Stefan Sienerth

IKGS Verlag
München 2009

Bibliografische Information Der Deutschen Bibliothek

Die Deutsche Bibliothek verzeichnet diese Publikation in der Deutschen Nationalbibliografie; detaillierte bibliografische Daten sind im Internet über http://dnb.ddb.de abrufbar.

ISBN 978–3–9811694–2–3

Umschlag: IKGS Verlag

Gefördert vom Beauftragten der Bundesregierung für Kultur und Medien aufgrund eines Beschlusses des Deutschen Bundestages

ISBN 978–3–9811694–2–3

Inhalt

**III. Ungarn und Slowenien: Regionalität, Identitätssuche,
Sprache**

7

Zu diesem Band

Vom 10. bis 12. Oktober 2005 veranstalteten der Stiftungslehrstuhl der Bundesrepublik Deutschland für das Fachgebiet *Deutsche Literatur im südöstlichen Mitteleuropa* an der „Babeş-Bolyai"-Universität Klausenburg/Cluj (BBU) und das Institut für deutsche Kultur und Geschichte Südosteuropas an der LMU München (IKGS) eine internationale Tagung[1] mit dem Rahmenthema *Wahrnehmung der deutschsprachigen Literatur aus Ostmittel- und Südosteuropa – ein Paradigmenwechsel? Neue Lesarten und Fallbeispiele.* Referenten/innen aus Deutschland, Rumänien, Ungarn, Österreich und Slowenien beteiligten sich an dieser Konferenz, die sich eines regen Interesses in der größten Universitätsstadt Siebenbürgens erfreute.

Zweifellos hat sich die „Wahrnehmung" der deutschsprachigen Literatur in und aus Ostmittel- und Südosteuropa in den letzten drei Jahrzehnten gewandelt, ist kontur- und tiefenschärfer geworden. Verschüttete und versunkene Kulturlandschaften tauchen wieder auf und beginnen sich mit Namen und Texten zu füllen, werden in ihrer unverwechselbaren Vielfalt – im Mit- und Nebeneinander der Ethnien, Mentalitäten und Idiome – entdeckt.

Nach Dezennien gedrosselter Kommunikation mit den Staaten des ‚Ostblocks' gehören grenzüberschreitende Kooperationen nunmehr zur Normalität des Wissenschaftsbetriebs. „Es gibt eine Geschichte, die zu vergegenwärtigen uns angelegen sein muss", notierte der Osteuropahistoriker Karl Schlögel in dem brillanten Vortrag *Von der nationalen Ostforschung zur integrierenden Ostmitteleuropa-Forschung,*

> ja: ohne die wir ein angemessenes Bild vom mittleren und östlichen Europa kaum gewinnen können [...] Es gibt längst eine neue Zuwendung und lebendige Vergegenwärtigung, die sich frei gemacht hat, von Rechthaberei und Revisionswünschen. Es gibt

---

[1] Vgl. die Tagungsberichte: Mariana Lăzărescu: Breites Themenspektrum der Kultur- und Geistesgeschichte. Internationale Literatur(geschichts)tagung in Klausenburg. In: *Allgemeine Deutsche Zeitung für Rumänien* vom 21. Oktober 2005; P. M.: Internationale literaturwissenschaftliche Tagung in Klausenburg / Cluj-Napoca (Rumänien). In: *Südostdeutsche Vierteljahreblätter* 54(2005), H. 4, S. 402–405; Adrian Popescu: Provincia creatoare. Un colocviu de germanistică [Die schöpferische Provinz. Ein germanistisches Kolloquium]. In: *Steaua* 56(2005), H. 12, S. 3; Marianne Csakli: Literatura germană regională [Die deutsche Regionalliteratur]. In: *Tribuna. Serie nouă* 5(2006), 1.–15. februarie 2006.

längst eine gemeinsame Arbeit am Erbe und eine Anerkennung der doppelten, wenn nicht dreifachen Vergangenheiten von Städten und Denkmälern.[2]

Diesen Wahrnehmungswechsel wollte die Klausenburger Tagung dokumentieren und den *visual turn* fortschreiben, der dahin gewirkt hatte, dass Minoritätenliteraturen nach dem Zusammenbruch kommunistischer Herrschaftsformen ohne Zensurzwänge erforscht werden können, „im größeren neuen Zusammenhang des internationalen Diskurses über Migration, Multikulturalität und postkoloniale Literatur neues Interesse"[3] fanden und in gesamteuropäische Kontexte eingebettet wurden. In diesem Sinne setzte sich die Konferenz mehrere Ziele:

1. Annäherung an bislang unbeachtete Themenkomplexe, an interkulturelle Konnexionen und Korrelationen; Erschließung neuer Quellen und deren Aufarbeitung nach den Geboten wissenschaftlicher Rationalität und überprüfbarer Faktizität.
2. Erörterung miteinander konkurrierender Methoden, ihres erkenntnisfördernden Reflexionspotenzials und ihrer diskursiven Strategien – im Hinblick auf deren Anwendbarkeit bei der Beschreibung literarischer Erscheinungsformen und deren entwicklungsgeschichtlicher Besonderheiten im südöstlichen Mitteleuropa.
3. Diskussionsangebote in Gestalt von Werkinterpretationen und Analysen spezifischer Ausprägungen dieses Segments deutscher Literatur sowie ihrer unterbelichteten Hintergründe, die herkömmliche Deutungsmuster durchbrechen und neue Lesarten vorschlagen. Das galt selbstverständlich auch für Autoren, die sich durch den Austritt aus den „Regionalliteraturen" in die „gesamtdeutsche" Literatur hineingeschrieben haben.
4. Austausch von Informationen über die jeweiligen Tätigkeitsfelder der germanistischen Lehrstühle und wissenschaftlichen Einrichtungen im Bereich *Deutsche Literatur im südöstlichen Mitteleuropa*, um Arbeitsabläufe aufeinander abzustimmen und gemeinsame Anliegen zu koordinieren.

Das breite Themenspektrum der Vorträge hat sicherlich zu einer Verringerung der Forschungsdefizite beigetragen, die Polyphonie der Betrachtungsweisen eine produktive Methodendiskussion in Gang gesetzt. Aus unterschiedlichen Perspektiven wurden dabei die Problemkonstellationen von

---

[2] Karl Schlögel: Von der nationalen Ostforschung zur integrierenden Ostmitteleuropa-Forschung. Vortrag anlässlich des Symposiums „Gemeinsames Kulturerbe als Chance" am 20. September 2004 im Berliner Kronprinzenpalais. http://www.kulturforum.info/php/x.php4?x=1005074, S. 3.

[3] Karl Esselborn: Deutschsprachige Minderheitenliteraturen als Gegenstand einer kulturwissenschaftlich orientierten „interkulturellen" Literaturwissenschaft. In: Die andere deutsche Literatur. Istanbuler Vorträge. Hrsg. von Manfred Durzak u. Nilüfer Kuruyazici in Zusammenarbeit mit Canan Şenoz Ayata. Würzburg 2004, S. 11–22, hier S. 11.

Tradition und Erneuerung, von Beharren und Aufbruch, von Erinnerung und Sprache, von Eigenem und Fremdem, von Identität und Alterität, von Abgrenzung und Überlagerung sowie die eigentümlichen Prägekräfte der Herkunftsräume, die Normzwänge kultureller Überlieferungen, die Versehrtheiten durch totalitäre Sozialsysteme und deren vielfach ineinandergreifende Weiterwirkungen bei Grenzüberschreitungen und Landwechsel ausgeleuchtet. Nicht alles, was Jahrzehnte lang weggeschwiegen blieb, auch das machte dieses Symposium unmissverständlich deutlich, dürfte jenseits einer strikt regional verankerten Kultursoziologie Aufmerksamkeit erwecken und zu einer prospektiven Neubewertung veranlassen.

Der vorliegende Band versammelt den Großteil der Beiträge der Klausenburger Tagung. Die ergänzten und aktualisierten Fassungen der Vorträge sind von den Herausgebern bearbeitet und redigiert worden, ihre Gliederung in vier Sektionen folgt autorenbezogenen bzw. territorialen Zuordnungskriterien. Hinzu kommen weitere Abhandlungen, die für dieses Buch eingeworben werden konnten. Bedauerlicherweise fehlen daraus die auf der Konferenz präsentierten Referate des Inhabers der Klausenburger Stiftungsprofessur András Balogh und des Stellvertretenden Direktors des IKGS Peter Motzan, die gemeinsam für die Organisation der Konferenz verantwortlich zeichneten. Der Aufsatz[4] von András Balogh ist bereits 2006 erschienen, jener von Peter Motzan, *Rumäniendeutsche Literatur nach 1945 als Themenfeld neuerer Dissertationen (1995–2004)*, hat sich zu einer kleinen Broschüre ausgeweitet und ist noch immer nicht abgeschlossen.

Hinausgezögert wurde die Drucklegung dieses Bandes infolge der simultanen Anforderungen, denen die beiden Herausgeber in den letzten Jahren ‚ausgesetzt' waren: Forschung und Lehre, Serviceleistungen und Nachwuchsförderung, zeitraubende Lektoratsarbeit an anderen Publikationen des IKGS Verlags. Den geduldigen Koautoren danken sie für ihr Verständnis, die ungeduldigen bitten sie hiermit nochmals um Nachsicht.

München, im April 2009   P. M.

---

[4]   András F. Balogh: Von der verlorenen Hoffnung zur Ironie – Das südöstliche Zentraleuropa des Hans Bergel und Franz Hodjak. In: Schauplatz Kultur – Zentraleuropa. Transdisziplinäre Annäherungen. Hrsg. von Johannes Feichtinger u. a. Innsbruck, Wien, Bozen 2006 (Gedächtnis – Erinnerung – Kultur. Bd. 7), S. 353–360.

I.

Bukowinafern und bukowinaverbunden:
Paul Celan

„Provinz" – „Landschaft"

Raumentwürfe in der Poetik und Dichtung Paul Celans

JÜRGEN LEHMANN (Erlangen)

Die Landschaft [...], aus der ich zu Ihnen komme, dürfte den meisten von Ihnen unbekannt sein. Es ist die Landschaft, in der ein nicht unbeträchtlicher Teil jener chassidischen Geschichten zu Hause war, die Martin Buber uns allen auf deutsch wiedererzählt hat. Es war, wenn ich diese topographische Skizze noch um einiges ergänzen darf, das mir, von sehr weit her, jetzt vor Augen tritt, – es war eine Gegend, in der Menschen und Bücher lebten. Dort, in dieser nun der Geschichtslosigkeit anheimgefallenen ehemaligen Provinz der Habsburgermonarchie, kam zum erstenmal der Name Rudolf Alexander Schröders auf mich zu.[1]

Die zitierte Passage entstammt Paul Celans Dankesrede anlässlich der Entgegennahme des Literaturpreises der Freien Hansestadt Bremen vom 26. Januar 1958. Die Rede gehört trotz ihres geringen Umfangs zu den wichtigsten dichtungstheoretischen Zeugnissen Celans, formuliert sie doch Gedanken, die insbesondere für die Gedichtbände der späten 1950er und frühen 1960er Jahre höchst relevant sind. Ausgehend von einer Reflexion über das Verhältnis von Danken – Denken – Gedenken skizziert Celan im ersten Teil der Rede biografische, historische und geografische Voraussetzungen seiner dichterischen Tätigkeit, um im zweiten Teil auf Spezifika und Intentionen dieses Dichtens einzugehen, z. B. auf seine im Bild der Flaschenpost vorgestellte spezifische Dialogizität, auf seinen Entwurfcharakter, auf sein „Unterwegssein", auf seine Intentionalität, auf seine Eigenschaft, „Erscheinungsform der Sprache"[2] zu sein u. a. Diese Charakterisierung stellt nicht allein Merkmale vor, relevant für Celans Argumentation ist vielmehr auch die Funktion dieser Dichtung, ihr Anspruch, Orientierung eines Identität suchenden Subjekts, auf existenziell wichtige Fragen bezogen zu sein. Dichten – und das wird gleich zu Beginn betont – ist danach der Versuch, „Richtung zu gewinnen"[3], und zwar in zweifacher Weise: im erinnernden Rückgriff auf einen in der Vergangenheit situierten

---

[1] Paul Celan: Gesammelte Werke in fünf Bänden. Hrsg. von Beda Allemann u. Stefan Reichert unter Mitwirkung von Rolf Bücher. Bd. III. Frankfurt a. M. 1983, S. 185.

[2] Ebenda, S. 186.

[3] Ebenda.

Herkunftsraum *und* im Wirklichkeit, sprachliche Wirklichkeit entwerfenden Sprechen, eine Raumvorstellung, die im zweiten Teil der Rede vorgestellt wird. Die Bremer Rede skizziert also zwei poetische Raumvorstellungen, die im Folgenden kurz vorgestellt werden sollen, Raumvorstellungen, die einerseits eng aufeinander bezogen, andererseits aber sehr unterschiedlich sind, wobei die Unterschiedlichkeit insbesondre auf das Celans Werk umfassend prägende Verhältnis von Nähe und Ferne, Geborgenheit und Geworfenheit, Vertrautheit und Fremdheit, Vergangenheit und Zukunft, Erinnerung und Erwartung, Begrenzung und Öffnung zurückzuführen ist.

Wie zitiert, beginnt die Bremer Rede mit einem Hinweis auf einen bestimmten Herkunftsraum. Die Erinnerung wird topografisch fixiert, im Rahmen eines Spannungsbogens, der vom Herkunftsraum, der Bukowina, bis nach Bremen, bis zum Ort der Preisverleihung reicht, allerdings mit einem Schwerpunkt auf der Bukowina, die als Ort der Sprache charakterisiert wird, als Ort, wo nicht nur Menschen, sondern auch „Bücher lebten", wo die von Buber ,wiedererzählten chassidischen Geschichten' „zu Hause"[4] waren. Im Rahmen einer topografischen Skizze, wie Celan es nennt, erscheint die Bukowina zum einen als geografisch, sozial, kulturell und historisch determinierter, eingegrenzter Bereich innerhalb der Habsburger Monarchie und zum anderen als ein Raum, dessen Spezifik in einer engen Symbiose von Menschen und Büchern, von Existenz und Sprache besteht. Mit diesen Formulierungen gründet Celan sein dichterisches Schaffen in einem konkreten regionalen Bereich, eine Be-Gründung, die er wenige Jahre später in einem Brief vom 12. September 1962 an Alfred Margul-Sperber nochmals bekräftigen wird:

> In einem gewissen Sinne ist mein Weg noch einmal der Ihre, wie der Ihre beginnt er am Fuße unserer heimatlichen Berge und Buchen, es hat mich, den – um es mit einem Scherzwort zu sagen – ,karpatisch Fixierten'– weit ins Transkarpatische hinausgeführt – [...] und so bin ich [...], gar nicht weit auch von Ihren Büchern, die mir gegenwärtig geblieben sind [...], gar nicht so weit von Ihrer Landschaft und deren Gleichnissen[5].

Diese Verbindung von einer auf einen bestimmten, eingegrenzten geografischen Raum, auf eine Region fixierte Erinnerungshaltung mit grundsätzlichen, existenziell wichtigen Fragen nach Identität, mit Versuchen der Orientierung und Positionsbestimmung macht auf einen Aspekt aufmerksam, der Celans Dichtung und Poetik grundlegend prägt, nämlich die Frage nach dem Verhältnis von Existenz und Raum, Sprache und Raum. Sie macht aufmerksam darauf, dass diese Dichtung geradezu durchsetzt ist mit bestimmten, die räumliche Dimension gestaltenden Begriffen aus Geografie

---

4 Ebenda, S. 185.
5 Paul Celan: Briefe an Alfred Margul-Sperber. In: *Neue Literatur* 26(1975), H. 7, S. 59f.

und Geologie, mit Orts- und Flussnamen, mit entsprechenden Motiven wie Weg, Spur, Schwelle, Landschaft, Heimat u. a.

Nun ist eine solche Akzentuierung des Raumes noch nicht besonders originell, prägt sie doch eine Vielzahl literarischer Texte und Gattungen, von der Naturlyrik über die Dorfgeschichte, über Romane und Novellen von Autoren des Poetischen Realismus (Keller, Storm, Raabe, Fontane), von Autoren eines kritischen Regionalismus (Jonkes *Geometrischer Heimatroman*, Winklers *Wildes Kärnten*, Innerhofers *Schöne Tage*) bis hin zum trivialen Heimatroman. All diese ein bestimmtes Verhältnis von Mensch und Raum thematisierenden Gattungen und Texte artikulieren ein anthropologisch relevantes Grundbedürfnis, das die Soziologin Ina Maria Greverus in den frühen 1970er Jahren mit den Begriffen „Territorialisierung" bzw. „Reterritorialisierung" zu bestimmen versucht hat, u. a. auch, um den diffusen Heimatbegriff stärker soziologisch und anthropologisch zu konturieren.

> Das Phänomen einer menschlichen Bezogenheit auf ‚Heimat' stellt sich in unserer Gegenwart, dem Zeitalter einer extensiven Mobilität der Menschen und einer direkten und indirekten mondialen Kommunikation, noch immer als ein Problem menschlicher Suche nach umgrenzten und selbsterfahrenen Identitätsräumen.[6]

In Anlehnung an ethnologische Erkenntnisse wird hier auf bestimmte existenziell wichtige Grundbedürfnisse des Menschen verwiesen, nämlich auf den Wunsch nach Inbesitznahme eines bestimmten Territoriums, nach dessen Begrenzung und nach dessen Verteidigung, eines Territoriums, innerhalb dessen der Mensch Sicherheit und Identität zu erlangen hofft.[7] Das Territorium, das dieser territorial gebundene Mensch für sich in Anspruch nehmen muss, um zu überleben, wird nicht nur durch einen bestimmten topografisch markierten Raum bestimmt, sondern auch durch Sprache und bestimmte soziale Verhaltensweisen. Territorium ist also nach diesem Verständnis vertraute, subjektiv angeeignete Welt, deren Inbesitznahme zugleich auch mit bestimmten Rechtsansprüchen verbunden ist. Ihr Verlust hingegen ist mit einer Verwundung und einer daraus resultierenden besonderen Verletzlichkeit verbunden, ein Aspekt, auf den der Auschwitz-Überlebende Jean Améry in seinem bekannten Essay *Wieviel Heimat braucht der Mensch* mit Nachdruck aufmerksam gemacht hat.[8]

Die Spezifik der Celanschen Raumkonzeption besteht u. a. darin, dass Celan diese Vorstellungen von Territorialität bzw. Heimat zum einen aufnimmt, sie zum anderen im Rahmen einer umfassenden und differenzierten Diskussion des Verhältnisses von Verlust und Gewinn neu zu bestimmen versucht. Das

---

[6]   Ina Maria Greverus: Der territoriale Mensch. Ein literaturanthropologischer Versuch zum Heimatphänomen. Frankfurt a. M. 1972, S. 1.

[7]   Ebenda, S. 52–57 sowie dies.: Auf der Suche nach Heimat. München 1979, S. 28ff.

[8]   Jean Améry: Wieviel Heimat braucht der Mensch? In: Heimat. Ein deutsches Lesebuch. Hrsg. von Manfred Kluge. München 1989, S. 28–47.

bedeutet, dass der Begriff „Territorialität" mit dem der „Exterritorialität" in Beziehung gesetzt werden muss, ein Begriff, mit dem die Celans Leben und Dichtung prägenden Erfahrungen von Exil, Unterwegssein und Ortlosigkeit verbunden sind. Die biografisch und historisch erzwungene Exterritorialisierung erzwingt eine neue Form der Reterritorialisierung, in deren Rahmen und Verlauf Selbstfindung oder, wie es bei Celan heißt, Selbstbegegnung erst bzw. wieder möglich sein wird. Diese Reterritorialisierung erfolgt mit Hilfe einer radikalen und innovativen Verschränkung der Kategorien Raum und Sprache. „Erreichbar, nah und unverloren blieb inmitten der Verluste dies eine: die Sprache"[9], heißt es wenige Zeilen nach der zu Beginn zitierten Passage in der Bremer Rede. Im Gegensatz zu Améry („Wir verloren [...] alles [...]. Und wir verloren die Sprache"[10], hält Celan an der Sprache fest. Celan bestätigt die von Greverus als „Anspruch auf Territorialität" bezeichnete Bindung an einen bestimmten Raum, er kann diesen bestimmten Raum allerdings nicht mehr als real existierenden Raum finden. Der den ‚karpatisch Fixierten' ins Transkarpatische hinausführende Weg, von dem im zitierten Brief an Margul-Sperber die Rede ist, darf in diesem Zusammenhang nicht nur biografisch, sondern muss auch dichtungstheoretisch verstanden werden, und zwar als *Überschreiten* eines regional identifizierbaren Herkunftsraumes in Richtung einer diesen bewahrenden und zugleich transzendierenden „Landschaft" als Sprache bzw. Sprache als Landschaft. Bestimmend dafür ist die erwähnte Spannung zwischen Erinnerung und Erwartung, zwischen einem „Woher" und „Wohin", von dem Celan in der Büchnerpreis-Rede spricht:

> Wir sind, wenn wir so mit den Dingen sprechen, auch immer bei der Frage nach ihrem Woher und Wohin: bei einer ‚offenbleibenden', ‚zu keinem Ende kommenden', ins Offene und Leere und Freie weisenden Frage – [...].[11]

Diese Neubestimmung von Territorialität geschieht u. a. im Rahmen einer sehr reflektierten und innovativen Verwendung der Begriffe Provinz, Landschaft, Heimat, von denen die beiden Letzteren erstaunlich oft in Gedichten Celans erscheinen, als Titel bzw. Bestandteil von Titeln vom Frühwerk bis *Atemwende* ebenso wie als strukturierende Begriffe innerhalb der Gedichte.

Die Verwendung der Begriffe „Provinz" und „Landschaft" in der anfangs zitierten Passage aus der Bremer Rede dient zunächst der Profilierung der Bukowina als Herkunftsraum. Begriffsgeschichtlich durchaus angemessen verweist die Verwendung von „Provinz" als politisch-verwaltungstechnischer Begriff auf ein real nicht mehr existierendes staatliches Teilterritorium der Habsburger Monarchie. Hingegen wird mit „Landschaft" ein

---

9   Celan, Gesammelte Werke (Anm. 1), S. 185.
10 Améry, Wieviel Heimat braucht der Mensch? (Anm. 8), S. 29.
11 Celan, Gesammelte Werke (Anm. 1), S. 199.

eingegrenzter Bereich angesprochen, dessen Spezifik sich aber weniger aus geografisch und politisch-gesellschaftlichen Merkmalen ergibt, sondern aus einem besonderen geistigen Raum, geprägt durch eine besonders enge Symbiose von Sprache und Raum, von Sprechen und Existieren; in der Verwendung des Wortes „lebten" wird die existenziell bedeutsame Verschränkung von Sprechen und Leben nachhaltig akzentuiert. Die besondere Physiognomie dieses geistigen Raumes wird im Hinweis auf Martin Buber und die chassidischen Geschichten zumindest angedeutet; es ist die zwar zeitlich und räumlich begrenzte, aber ungewöhnlich intensive Verbindung von Judentum und deutscher Kultur, die insbesondere im Bereich des literarischen Lebens in den Dichtungen von Rose Ausländer, Alfred Kittner, Moses Rosenkranz u. a. beeindruckende Gestalt gewann, eine geistige Landschaft, in der jüdische Geschichten auf „deutsch wiedererzählt"[12] wurden. Geistiger Raum darüber hinaus ist diese Landschaft als erinnerte, als mit Hilfe einer inneren Wahrnehmung neu erfahrene Gedächtnislandschaft, bei deren Konstituierung erlebte Vergangenheit und erinnernde Gegenwart eine untrennbare Verbindung eingehen. Der autobiografische Gestus der Bremer Rede lässt erkennen, dass es hier nicht um die distanzierte Vorstellung einer in der fernen Vergangenheit befindlichen Bukowina, sondern um die Artikulation einer *Beziehung* zu diesem Raum geht. Deren Spezifik besteht darin, dass mittels dieser Artikulation eine – um mit der Kulturwissenschaftlerin Aleida Assmann zu sprechen – „Gedächtnislandschaft" entsteht, in der das Ferne nah, das Vergangene gegenwärtig, wo das scheinbar Verlorene „nah" und „erreichbar" ist, wie es in der Rede heißt. In allerdings kritischer Bezugnahme auf Walter Benjamin versteht Assmann eine solche Gedächtnislandschaft als einen auratischen Raum, der – im Gegensatz zu Benjamins Position – nicht das Ferne einer Vergangenheit, sondern deren unmittelbare Nähe vermittelt.[13] Die Intensität dieser Vermittlung, die Kraft dieser Aura resultiert aus einer Traumatisierung, einer Verwundung, die Celan u. a. im ersten Gedicht des dritten Zyklus von *Atemwende* mit folgenden Worten formuliert hat:

> SCHWARZ,
> wie die Erinnerungswunde,
> wühlen die Augen nach dir
> in dem von Herzzähnen hell-
> gebissenen Kronland,
> das unser Bett bleibt:[14]

---

[12] Ebenda, S. 185.
[13] Aleida Assmann: Erinnerungsräume. Formen und Wandlungen des kulturellen Gedächtnisses. München 1999, S. 337f.
[14] Celan, Gesammelte Werke (Anm. 1), Bd. II, S. 57.

Die Erinnerungslandschaft, das Kronland Bukowina, erscheint hier als ein traumatisch besetzter, gleichwohl weiterhin bzw. wieder neu geltender Sprachraum. Es ist ein vom Dunkel der Vergangenheit, ein von der Shoa – als extremer und existenziell bedeutsamer Verlusterfahrung – affizierter Raum, der durch ein Existenz und Sprechen verbindendes ‚Beißen' wieder hell und somit zum Bett, zum Raum der Geborgenheit und der Begegnung wird, einer dialogischen oder erotischen.

Diese in spezifischer Weise auratische Landschaft ist in Celans dichterischem Werk in zweifacher Weise präsent, wobei sich diese Verschiedenheit an einem jeweils unterschiedlichen Verhältnis von Erinnerung und Erwartung, von Begrenzen und Öffnen, von Rekonstruktion und Konstruktion zeigt. Zum einen erscheint sie in Gedichten, welche zumindest noch ansatzweise einen referenziellen Bezug zur Bukowina haben, in denen Letztere als erinnerter geografischer Herkunftsraum noch erkennbar ist, zum anderen in Texten, die diese Wortlandschaft in Rahmen und Verlauf eines neuen Sprechens erst entwerfen.

Zu den erstgenannten Gedichten gehören viele aus der Frühphase. Die hier formulierte Naturlyrik gestaltet Landschaften, die in ihrer Sprachbildlichkeit, in den wiederholten expliziten Hinweisen auf das „Buchenland", die Bukowina als Herkunftsraum erkennen lassen, z. B. in Gedichten wie im *Steppenlied*[15], *Im Spiegel*[16], *Schöner Oktober*[17] u. a. Doch bereits hier dominiert das Thema des Verlustes die Gedichte, erscheint der Herkunftsraum traumatisiert. Die in diesen Texten des Frühwerkes noch aufscheinende Region ist nicht mehr Ort der Selbstvergewisserung, eröffnet nur begrenzte Möglichkeiten der Selbstdefinition. Diese Dichtung ist nicht regional gefärbte Naturlyrik, nicht verstehbar als eine Form von positiv besetzten Landschaftsentwürfen, wie sie bei anderen aus der Bukowina stammenden Dichtern wie z. B. bei Alfred Margul-Sperber begegnet.[18] In einer Vielzahl von Gedichten emanzipiert sich bereits der junge Paul Celan von solcher Art Lyrik, erkennbar u. a. an zunehmend dunklen Naturbildern wie „Birken, / der Nächte weißes / Gebein" (*Gesang der fremden Brüder*[19]), „In Ästen / staut sich schwarz / die Schwüle sprachloser Lieder" (*Finsternis*[20]).

Als dieser traumatisch besetzte Raum ist die Bukowina einige Jahre später nun aber gerade nicht mehr Heimat im Sinne eines Geborgenheit, Identität

---

[15] Paul Celan: Die Gedichte. Kommentierte Gesamtausgabe in einem Band. Hrsg. u. kommentiert von Barbara Wiedemann. Frankfurt a. M. 2003, S. 393f.

[16] Ebenda, S. 415.

[17] Ebenda, S. 424.

[18] Vgl. dazu Peter Motzan: Alfred Margul-Sperber (1898–1967). In: Stundenwechsel. Neue Perspektiven zu Alfred Margul-Sperber, Rose Ausländer, Paul Celan, Immanuel Weissglas. Hrsg. von Andrei Corbea-Hoişie, George Guţu und Martin A. Hainz. Bucureşti, Konstanz 2002, S. 10–42, bes. S. 28ff.

[19] Celan, Die Gedichte (Anm. 15), S. 384.

[20] Ebenda, S. 385.

und Orientierung verbürgenden Herkunftsraumes, sondern Ausgangspunkt einer Bewegung, einer bewegten und bewegenden Suche nach sich selbst, so wie sie Celan in seinem wichtigsten poetologischen Text, der Büchnerpreis-Rede, mit folgenden Worten formuliert hat:

> Geht man also, wenn man an Gedichte denkt, geht man mit Gedichten solche Wege? Sind diese Wege nur Um-Wege, Umwege von dir zu dir? Aber es sind ja zugleich auch, unter wie vielen anderen Wegen, Wege, auf denen die Sprache stimmhaft wird, es sind Begegnungen, Wege einer Stimme zu einem wahrnehmenden Du, kreatürliche Wege, Daseinsentwürfe vielleicht, ein Sichvorausschicken zu sich selbst, auf der Suche nach sich selbst ... Eine Art Heimkehr.[21]

Und eine Seite weiter: „Von hier [...] aus unternehme ich – jetzt – Toposforschung: Ich suche [...] den Ort meiner eigenen Herkunft."[22] Ist in den Gedichten vor *Mohn und Gedächtnis* diese Artikulation einer traumatisierten Landschaftserfahrung, diese erinnernde Gestaltung eines Raumes noch referentiell auf die Bukowina bezogen, so betont Celan hier den Entwurfscharakter seiner Gedichte, die als solche zugleich Landschaftsentwürfe sind, spätestens seit den Gedichtbänden *Von Schwelle zu Schwelle* und *Sprachgitter*. Eine Vielzahl der Texte sind nicht mehr durch Sprache *bezeichnete*, sondern *entworfene* Räume, sind reine Texträume, explizit angekündigt durch Gedichtüberschriften wie *Entwurf einer Landschaft*, implizit durch ein Motiv- und Begriffsinventar, mit dessen Hilfe der Aspekt Gestaltbildung betont wird, eine Gestaltbildung, deren sprachkünstlerische Ergebnisse, also die Gedichte, mit Begriffen wie Haus, Heimat, Landschaft charakterisiert werden. Das Dichten wird nun zu einer besonderen Form einer Reterritorialisierung, in deren Rahmen und Verlauf Begriffe wie Heimat oder Heimkehr eine völlig neue semantische Kontur und eine neue strukturierende Funktion erhalten. Selbstverortung und Selbstfindung sind gebunden an Entwurf und Erwartung, nicht die Kategorie der Rückkehr, sondern die der Überschreitung, ja sogar die des Bruches ist hier relevant. Ausgehend von einer hier im Einzelnen nicht darstellbaren spezifischen Auffassung von Dialogizität konstituiert das Gedicht für Celan nun einen Gesprächsraum, der bestimmt ist durch die Beziehung eines sprechenden Ich zu einem im Rahmen dieses Sprechens entworfenen Du, entworfen durch „Ansprechen" und „Benennen". Die Struktur dieses Raumes wird bestimmt durch Begriffe wie Sprachgitter, Raumgitter, Kristall, eine Struktur, die durch immer wieder betonte und differenzierte Oppositionen sprachlich realisiert wird: Vertikale – Horizontale, Höhe – Tiefe, Oben – Unten, Enge – Offenheit etc. Zu Konstituenten eines neu entworfenen Raumes werden die Oppositionen mit Hilfe von Inversionen, von innovativen zeitlichen und

---

[21] Celan, Gesammelte Werke (Anm. 1), S. 201.
[22] Ebenda, S. 202.

räumlichen Zuordnungen, z. B. in Gedichten wie *Unter ein Bild* („Welchen Himmels Blau? Des untern? Obern?")[23] oder *Ein Tag und noch einer* („ein Morgen/ sprang ins Gestern hinauf,")[24]. Diese Gestaltbildung ist – wie erwähnt – geprägt durch ein Verhältnis von Erinnerung und Erwartung, von Verlust und Gewinn, von Begrenzen und Öffnen, von Reduktion und Konstruktion. Eine spezifische Form dieser sprachliche Räume entwerfenden Gestaltbildung ist die durch Überschreitung eines referentialisierbaren Raumes neugewonnene Landschaft, programmatisch formuliert in den erwähnten Gedichtüberschriften (*Entwurf einer Landschaft*), begleitet von Formulierungen in den Notizen zur Büchnerpreis-Rede („Gedichte als Wortlandschaften", „Die neue Wortlandschaft")[25]. Diese Wortlandschaften werden mit Hilfe sowohl bei Celan bereits bekannter (Sand, Schnee) als auch bislang noch nicht verwendeter Lexeme entworfen, u. a. mittels der bereits erwähnten geologischen und botanischen Fachterminologie – nicht selten im Rahmen einer Verschränkung von Fachtermini und auf Sprache bezogener Begriffe („Eine Leerzeile, quer/ durch die Glockenheide gelegt.")[26]. Dieser Entwurf von Wortlandschaften ist identisch mit einem Strukturierungsprozess, der besonders gut im Gedichtband *Sprachgitter* erkennbar ist. Dabei kommt z. B. an dessen Anfang (*Stimmen*), im Mittelteil des Gedichtsbandes (*Weiß und Leicht, Matière de Bretagne*) und am Ende (*Niedrigwasser*) eine von Sedimenten geprägte Landschaft in den Blick, die dann durch Motive wie Spur, Weg, Gang, Gehen strukturiert wird, durch Motive, die das von der Vergangenheit bewegte und das Gedicht bewegende Suchen zum genuinen Bestandteil der Dichtung erklären. Auch hier ist das Verhältnis von Reduktion und Erweiterung prägend, auch hier wird das Prozesshafte betont, u. a. mit Hilfe der erwähnten Motive des Wachsens und Bauens wie z. B. in *Niedrigwasser*, wo der Prozess der Gestaltbildung besonders anschaulich vorgestellt wird. Was da wächst und gebaut wird, ist eine Sprachlandschaft, eine Wirklichkeit in Sprache, die sich allerdings nicht nur einer Spurensuche verdankt, sondern auch Spuren aufzeigt, beispielhaft demonstriert im Gedicht *Engführung* („Gras, auseinandergeschrieben"[27], „die Gespräche, taggrau,/ der Grundwasserspuren"[28]). Im Verlauf dieses Prozesses gewinnen die Toten des Holocaust, denen der Leib genommen, deren körperliche Individualität zu Asche reduziert worden ist, eine neue sprach-bildliche Phänomenalität.

---

[23] Ebenda, Bd. I, S. 155.

[24] Ebenda, S. 179.

[25] Paul Celan: Der Meridian. Endfassung – Entwürfe – Materialien. Hrsg. von Bernhard Böschenstein u. Heimo Schmull unter Mitarbeit von Michael Schwarzkopf und Christiane Wittkop. Frankfurt a. M. 1999, S. 102.

[26] Celan, Gesammelte Werke (Anm. 1), Bd. I, S. 192.

[27] Ebenda, S. 197.

[28] Ebenda, S. 204.

In dieser Eigenschaft als „Raumgitter"[29] wird das Gedicht zu einem Bereich, in dem Vergangenheit und Zukunft, Erinnerung und Erwartung eine auch für das dichterische Ich existenziell bedeutsame Verschränkung erfahren und eine wahrnehmbare Gestalt gewinnen.

Beispielhaft demonstriert die Voraussetzungen, den Prozess und das Ergebnis einer solchen Gestaltbildung in Form von Sprachlandschaften das Gedicht *Niedrigwasser* aus dem Band *Sprachgitter*:

NIEDRIGWASSER. Wir sahen
die Seepocke, sahen
die Napfschnecke, sahen
die Nägel an unsern Händen.
Niemand schnitt uns das Wort von der Herzwand.

(Fährten der Strandkrabbe, morgen,
Kriechfurchen, Wohngänge, Wind-
zeichnung im grauen
Schlick. Feinsand,
Grobsand, das
von den Wänden Gelöste, bei
andern Hartteilen, im
Schill.)

Ein Aug, heute,
gab es dem zweiten, beide,
geschlossen, folgten der Strömung zu
ihrem Schatten, setzten
die Fracht ab (*niemand*
schnitt uns das Wort von der – –), bauten
den Haken hinaus – eine Nehrung, vor
ein kleines
unbefahrbares Schweigen.[30]

Niedrigwasser ist, was die Entstehung betrifft, das drittletzte Gedicht des Gedichtbandes *Sprachgitter*. Die drei Strophen benennen drei Zeitstufen Vergangenheit, Zukunft, Gegenwart/Vergangenheit, denen die Wahrnehmung von drei unterschiedlichen Küstenlandschaften zugeordnet ist: Felsküste, Sandküste, durch Ablagerung geprägte Flachküste. Die in der zweiten und dritten Strophe erscheinenden Bereiche sind als Flachküste, die in der ersten als Steilküste charakterisiert. *Niedrigwasser* entwirft Landschaften an der Grenze von Land und Wasser, von Statik und Bewegung, von Offenheit (Meer) und Geschlossenheit (der durch die Nehrung vom Meer abgeschlossene Strandsee), bestimmt von Vertikale *und* Horizontale (vgl. den

---

29 Celan, Der Meridian (Anm. 25), S. 102.
30 Celan, Gesammelte Werke (Anm. 1), Bd. I, S. 193.

ursprünglichen Titel „Steilküste, Flachküste"[31]). Während in Strophe eins ein durch Festigkeit, Härte, Widerständigkeit und Beharrungsvermögen ausgezeichneter Raum vorgestellt wird, stehen in den Strophen zwei und drei durch Veränderung und Bewegung geprägte Landschaften im Vordergrund. Die Strophen zwei und drei beziehen sich auf Bewegungsabläufe, die mit einem Abbrechen, Sich-Lösen, Segmentieren und mit einem „Bauen", mit einem Gewinnen von Land verbunden sind. Es sind Bewegungsabläufe, die von der Geologie (dokumentiert in den von Celan benutzten geologischen Lehrbüchern von Brinkmann, Lotze, Börner und Brauns/Chudoba)[32] als grundlegend für die Gestaltung der Erde angesehen werden. Dementsprechend dominieren im lexikalischen Bereich geologische und biologische Fachtermini. Die „Landschaftsdarstellung" erhält ein besonderes Profil durch die Verbindung mit für Celans Poetik zentralen Begriffen wie Wasser, Wort, Herz, Wind-Atem, Sand, Augen, Schweigen. Das Gedicht *Niedrigwasser* demonstriert so als sprachlicher Entwurf einer Landschaft den Prozess einer Gestaltbildung, in deren Rahmen das für Celans Poetik spezifische Verhältnis von Reduktion und Konstruktion, Gehen und Sprechen, Sprechen und Verstummen, Beharren und Bewegen demonstriert wird.

Vorbereitet durch das Titelwort „Niedrigwasser" akzentuiert die erste Strophe die Reduktion: das Zurückgehen, das Abnehmen des Wassers, das hier mit Träne und Leid assoziiert werden kann, bis zu einem durch das Titelwort bezeichneten Zeitpunkt, nämlich dem des tiefsten Wasserstandes im periodischen Strömungswechsel der Gezeiten. Dieser Zeitpunkt ist zugleich Schwelle, Wendepunkt von der äußersten Reduktion zum wiederbeginnenden Ansteigen, Wachsen. In dieser Eigenschaft als Wendepunkt korrespondiert er mit dem poetologischen Begriff „Atemwende", dem „Interwall", wie es Celan immer wieder nennt, zwischen Nicht-mehr- und Noch-nicht-Sprechen.

Dieser Zeitpunkt ist identisch mit einer bestimmten, visuellen Wahrnehmung, der Außen- und Selbstwahrnehmung eines „wir", dessen Status wie so oft bei Celan unbestimmt bleibt. Gegenstand des Sehens sind organische Wesen, die wie „Seepocke" und „Napfschnecke" ungemein fest an ihrem felsigen, steinigen Untergrund haften, so stark, dass sie auch durch stärkste Bewegungen des Wassers nicht von diesem Grund gelöst werden, Ausdruck einer Art *constantia*, einer Beständigkeit, die Celan sonst immer wieder mit dem Stehen in Verbindung gebracht hat.[33] Vorbereitet durch Vers vier, der das Festsitzen in Bezug setzt zur menschlichen Hand, die bei Celan immer etwas mit Dichtung zu tun hat, wird das in den drei ersten Versen

---

[31] Celan, Der Meridian (Anm. 25), S. 82.

[32] Vgl. dazu Jürgen Lehmann: Kommentar zu „Niedrigwasser". In: Kommentar zu Paul Celans „Sprachgitter." Hrsg. von Jürgen Lehmann. Heidelberg 2005, S. 416.

[33] Vgl. dazu Leonard Olschner: „STEHEN" und Constantia. Eine Spur des Barock bei Paul Celan. In: Paul Celan „Atemwende". Hrsg. von Gerhard Buhr u. Roland Reuß. Würzburg 1991, S. 201–217.

Beobachtete in einer gnomischen Formulierung zu einer Sprache und Existenz verbindenden Aussage erweitert: „Niemand schnitt uns das Wort von der Herzwand". Der Aspekt des Festsitzens wird auf ein Wort bezogen, das mit dem Herzen, dem Inneren, mit der ganzen individuellen Existenz identisch oder zumindest, (als angelagert) verbunden, ihm eingeschrieben ist. Der unbestimmte Status des „Niemand" als Nomen oder Pronomen lässt freilich offen, ob dieses Festsitzen Bestand hat. Versteht man „Niemand" als Nomen, als eine nicht referentialisierbare, aber gleichwohl existente Instanz, dann artikuliert der Vers einen Prozess der (gewaltsamen) Ablösung, der in der zweiten Strophe angesprochen wird. Versteht man das Wort als Pronomen, dann akzentuiert der Vers die Beständigkeit des Wortes, seine Eigenschaft auch angesichts des größten Leides, angesichts einer damit verbundenen Flut von Tränen, existent zu sein, „unverloren" zu sein, wie es in der Bremer Rede heißt.

Die zweite Strophe betont im Gegensatz zur ersten im Entwurf einer Wattlandschaft die Horizontale. Bestimmend ist zunächst das Motiv der Spur. In Vers sechs ist es die Spur einer Bewegung, die wie die der Krabbe rückwärts – vorwärts verläuft, und akzentuiert durch das „morgen", auf das Verhältnis von Vergangenheit und Zukunft, Erinnerung und Erwartung verweist. Die Spuren erhalten Gestalt in Form der „Wind-/ zeichnung", einem Kompositum, das die für Celans Poetik wichtigen Begriffe Atem und Bild miteinander verbindet und implizit auf die Eigenschaft des Gedichtes aufmerksam macht, „Klangbild" zu sein. Diese „Wind-/ zeichnung" ist in „grauen Schlick" eingegraben, wobei „Schlick" die auf das dichterische Wort verweisende Sand- und Stein-Motivik modifiziert und „grau" im Kontext von Celans Ausführungen zur graueren Sprache in der *Antwort auf eine Umfrage der Librairie Flinker, Paris 1958* zu lesen ist, im Kontext einer

> grauere[n] [...] Sprache, die unter anderem auch ihre >>Musikalität<<, an einem Ort angesiedelt wissen will, wo sie nichts mehr mit jenem >>Wohlklang<<, gemein hat, der noch mit und neben dem Furchtbarsten mehr oder minder unbekümmert einhertönte.[34]

Die folgenden Verse (V. 9–13) betonen im Gegensatz zur ersten Strophe den Aspekt der Ablösung, wobei diese Ablösung als notwendige Voraussetzung der „Zeichnung", des „Klangbildes" interpretiert werden kann, ist doch das Reduzierte und Gelöste die Grund-Lage der „Zeichnung". Klammer und Zeitadverb („morgen") akzentuieren die Potenzialität, den Entwurfscharakter des in der zweiten Strophe vorgestellten, von Wind, Hauch, Atem gezeich-

---

[34] Celan, Gesammelte Werke (Anm. 1), S. 167.

neten, gesprochenen Raumentwurfes, der als „U-topie"[35] ein in der Zukunft befindliches Anderes „mitsprechen" lässt.[36]

Die dritte Strophe ist zwar über das Sehen mit der ersten verbunden, im Gegensatz zu dieser aber nicht auf äußere Gegenstände fixiert. Auch geht es hier nicht so sehr um das Sehen, vielmehr artikulieren die Verse eine Abfolge von auf das Organ des Sehens, das Auge, bezogenen Handlungen. Es sind Handlungen, die von einem gegenseitigen Geben über ein sich daraus ergebendes Sich-Bewegen bzw. Bewegtwerden in Wasser, über das Absetzen einer Fracht bis zum Bauen reichen. Dabei werden Celan-spezifische Motive wie Auge, Schatten, Tiefe, Schwere und Schweigen gleichsam eng geführt, um die Fundierung und das Bauen einer Wort-landschaft zu gestalten. Ein innerlich gesehenes und visuell ermitteltes „Es" wird als „Fracht" abgesetzt, wobei das Absetzen Grundlage und Voraus-setzung des Bauens ist. Es ist zugleich ein Absinken von etwas Schwerem, die horizontal verlaufende Gezeitenströmung weicht einer vertikalen, nach unten, in die Tiefe gerichteten Bewegung. Dieser Ab-Satz wird ermöglicht durch ein mit Niedrigwasser korrespondierendes Naturphänomen, dem Strö-mungsschatten. Der geologische Begriff „Strömungsschatten" bezeichnet den Ort, an dem auf Grund gegenläufiger Strömungen ein Strömungs-stillstand entsteht und ein Absinken von Sedimenten möglich wird. Auch dieser Zustand ist mit einer Pause, die ein Wendepunkt sein kann, ver-bunden. Resultat des mit dem Ab-Satz verbundenen Bauens ist „eine Nehrung", also – geologisch gesehen – ein flacher, lang gestreckter Streifen aus Sand, der Strandseen oder Lagunen vom offenen Meer trennt, der „Haken" ist die zum Strandsee gebogene Spitze. Das Bauen der Nehrung ist also ein ab- bzw. umschließendes Bauen. Spätestens mit dem abschließenden Vers wird deutlich, dass die hier entworfene Landschaft sprachlicher Natur ist: Die aus Sand – bei Celan immer wieder als Chiffre für Wort verwendet – bestehende Nehrung wird vor ein „kleines/ unbefahrbares Schweigen" gebaut, das hier – im Kontext der das Gedicht bestimmenden Lösungs-thematik – ein Wort-Loses meint, ein Wortloses, das sowohl Ausdruck eines von der Geschichte erzwungenen Verstummens als auch Grundlage eines gebauten bzw. zu bauenden sprachlichen Raumes, eines neuen „graueren" Sprechens ist, dessen Profil in der „Windzeichnung im grauen Schlick" skizziert ist. Diese Landschaft ist also nicht mehr der in der Bremer Rede angesprochene begrenzte Herkunftsraum, sondern ein intentional struk-turierter, auf die Zukunft bezogener und deshalb offener Raum. Es ist ein Raum, der vor bzw. jenseits des Schweigens gebaut wird, jenseits eines durch die Shoa erzwungenen Verstummens, jenseits der „Stummvölker-Zone" wie es im Gedicht *Und mit dem Buch aus Tarussa* heißt:

---

[35] Ebenda, S. 199.
[36] Ebenda, S. 198.

geschrieben ins Herz
der Stundenzäsur – in das Reich,
in der Reiche
weitestes, in
den Großbinnenreim
jenseits
der Stummvölker-Zone, in dich
Sprachwaage, Wortwaage, Heimat-
Waage Exil.[37]

Im Gegensatz zu Uta Werner, die in ihrer vorzüglichen Interpretation von *Niedrigwasser* die Nehrung mit der Weichselmündung und die den Bau der Nehrung ermöglichenden Segmente als Asche der Toten von Auschwitz identifiziert[38], ist meiner Ansicht nach die durch das Gedicht vorgestellte Landschaft in ihrer Eigenschaft als Entwurf nicht mehr als ein bestimmter, identifizierbarer Ort verstehbar.[39] Die Nichtexistenz eines Namens dementiert die Singularität von Ort im Sinne eines real existierenden Raumes, eines Raumes, der nicht mehr benennbar ist, nicht mehr fixierbar auf Grund der Erfahrungen der jüngsten Geschichte („Sie [die Sprache] ging hindurch [durch diese Geschichte] und gab keine Worte her für das, was geschah;") heißt es dazu in der Bremer Literaturpreis-Rede.[40]

Das Gedicht *Niedrigwasser* und die durch es entworfene Landschaft demonstrieren mit dieser geologische und sprachliche Termini verbindenden Argumentation geradezu beispielhaft das, was Celan gegenüber Christoph Schwerin – in Anlehnung an Rilke – als das Charakteristische seiner Dichtung genannt hat: „Einfrieden um das grenzenlos Wortlose."[41] In Bezug auf *Niedrigwasser* muss freilich ergänzt werden, dass dieses Einfrieden mit einer anderen, ins Offene, Unbekannte gerichteten Bewegung verbunden ist, wird doch der Haken der Nehrung „hinaus gebaut", was einmal mehr den Entwurfcharakter dieser Sprachlandschaft akzentuiert.

Damit nun löst Celan dichterisch eine seiner zentralen dichtungstheoretischen Prämissen ein, sein Verständnis von Dichten als Entwerfen, das zugleich ein Sich-selbst-Entwerfen ist, das er in der Büchnerpreis-Rede mit den bereits zitierten Worten formuliert hat:

Geht man also, wenn man an Gedichte denkt, geht man mit Gedichten solche Wege? Sind diese Wege nur Um-Wege, Umwege von dir zu dir? Aber es sind ja zugleich auch, unter wie vielen anderen Wegen, Wege, auf denen die Sprache stimmhaft wird, es sind Begeg-

---

[37] Ebenda, Bd. I, S. 288.
[38] Uta Werner: Textgräber. Paul Celans geologische Lyrik. München 1998, S. 141.
[39] Vgl. dazu eine Formulierung aus dem Gedicht *Engführung*: „Der Ort [...], er hat/ einen Namen – er hat keinen." Celan, Gesammelte Werke (Anm. 1), Bd. I, S. 198.
[40] Ebenda, Bd. III, S. 186.
[41] Zit. nach Werner, Textgräber (Anm. 38), S. 138.

nungen, Wege einer Stimme zu einem wahrnehmenden Du, kreatürliche Wege, Daseins-
entwürfe vielleicht, ein Sichvorausschicken zu sich selbst, auf der Suche nach sich selbst
... Eine Art Heimkehr.[42]

Mit dieser Formulierung aus der Büchnerpreis-Rede, welche die problema-
tische Relation von Heimkehr und Fremdheit noch einmal poetologisch
artikuliert, erklärt Celan die von ihm entworfenen Sprachlandschaften zur
Heimat, einer Heimat freilich, die nicht fixierbar ist, sondern mit jedem
Sprechen neu entworfen werden muss, ein sprachlicher Raum, der Identität
nur dem verspricht, der sich bewusst ist, dass diese Identität nur im ständigen Unterwegs-Sein, im ständigen Befragen, in der ständigen Suche nach
sich selbst erfahrbar ist. Ein solcher Dichtungsentwurf ist, wie es die zitierte
Passage aus dem *Tarussa*-Gedicht nahe legt, Finden bzw. Sich-Finden *und*
permanentes Überschreiten, Sprache als Heimat *und* als Exil. Mit der
Parallelisierung der Komposita „Sprachwaage" – „Heimatwaage" wird
darüber hinaus einmal mehr die Verschränkung von Heimat und Sprache
akzentuiert. Die sich in Celans Gedichten artikulierende Spannung zwischen
dem Streben nach Territorialität und erzwungener Exterritorialität begründet
eine Raumvorstellung, in deren Rahmen der mit dem Begriff „Heimat"
bezeichnete Bereich nicht mehr erinnerter, referentialisierbarer Erinne-
rungsraum ist, sondern zu einem ständig neu zu entwerfenden Textraum
wird. Der aus der Bukowina kommende, der in und mit dieser Region
verwurzelte Celan wird also notwendig zum „Transkarpaten", die Überschreitung des Herkunftsraumes wird zur notwendigen Voraussetzung einer
„Toposforschung im Lichte der Utopie", wie es in der Büchnerpreis-Rede
heißt[43], einer Forschung, die allein Identitätssuche, Selbstbegegnung und
Selbstfindung nach Auschwitz als möglich erscheinen lässt.

---

[42] Celan, Gesammelte Werke (Anm. 1), Bd. III, S. 201.
[43] Ebenda, S. 202.

Celan: „ein Blatt aus ukrainischen Halden"

FRED LÖNKER (Freiburg i. Br.)

In Celans Äußerungen über die Bedeutung seiner Heimat und von Heimat überhaupt finden sich immer wieder Zeugnisse, die auf eine grundsätzliche und unheilbare Ortlosigkeit verweisen. Das zeigt etwa folgende Notiz: „Heimat. Und ich? Ich war nicht einmal/ zuhause, als ich daheim/ (zuhause) war."[1] Aber auch diejenigen Äußerungen, die eine tiefe Verbundenheit mit der Heimat zeigen, sind geprägt von Trauer und Verlust. In den Briefen an Alfred Margul-Sperber heißt es: „Ich habe mich oft gefragt, ob ich nicht besser bei den Buchen meiner Heimat geblieben wäre [...]", oder: „In einem gewissen Sinne ist mein Weg noch einmal der Ihre, wie der Ihre beginnt er am Fuße unserer heimatlichen Berge und Buchen."[2] Heimat ist hier assoziiert mit ganz konkreter Landschaft, mit der für die Bukowina typischen Natur und Geografie. Das Herkunftsland erscheint aber nicht einfach nur als Ursprungsort des eigenen Weges, es wird zugleich erinnert als eines, das verlassen wurde und das verloren scheint. Es gibt noch andere solche Zeugnisse in Celans privaten Äußerungen, aber merkwürdigerweise ist von dieser mit Anfang und Ursprung assoziierten Bukowiner Landschaft in seinen Gedichten kaum etwas zu bemerken. Barbara Wiedemann hat zu Recht darauf aufmerksam gemacht, dass die „poetische Landschaft selten als geografisch identifizierbare Gegend zu erkennen"[3] ist. Sie taucht eher auf als „landschaftlicher Archetypus", „der vom Berg bis zum Meer, von den Wäldern und Tälern bis zu den Flüssen, Stränden und Inseln alle wesentlichen Elemente enthält, die Landschaft ausmachen". Konkretere Bezüge finden sich dagegen in Celans öffentlichen Äußerungen, aber auch hier zeigt sich jene in sich gebrochene Heimatvorstellung. So heißt es etwa in der 1958 anlässlich der Verleihung des Bremer Literaturpreises gehaltenen Rede:

> Die Landschaft, aus der ich – auf welchen Umwegen! aber gibt es das denn: Umwege? –,
> die Landschaft, aus der ich zu Ihnen komme, dürfte den meisten von Ihnen unbekannt

---

[1] Zit. nach Leonard Moore Olschner: Der feste Buchstab. Erläuterungen zu Paul Celans Gedichtübertragungen. Freiburg im Breisgau 1985, S. 85.

[2] Zit. nach Edith Silbermann: Begegnung mit Paul Celan. Erinnerung und Interpretation. Aachen 1993, S. 7.

[3] Barbara Wiedemann-Wolf: Antschel Paul – Paul Celan. Studien zum Frühwerk. Tübingen 1985, S. 225.

sein. Es ist die Landschaft, in der ein nicht unbeträchtlicher Teil jener chassidischen Geschichten zu Hause war, die Martin Buber uns allen auf deutsch wiedererzählt hat.[4]

Tatsächlich wird hier von der Landschaft gesprochen, aus der Celan – über Umwege, wie es vieldeutig heißt – nach Bremen gekommen ist, aber dies geschieht in einem ganz eigentümlichen Sinne. Obwohl er seine Zuhörer mit ihr vertraut machen will (weil sie „den meisten von Ihnen unbekannt" ist), wird von ihr in der erwarteten Form gar nicht gehandelt. Von jenen anfangs zitierten Bergen und Buchen ist ebenso wenig die Rede wie von irgendwelchen anderen Naturformationen oder geografischen Eigentümlichkeiten. Stattdessen wird eine Art literarische Landschaft vergegenwärtigt. Ihr Hauptcharakteristikum ist vor allem, dass in ihr „ein nicht unbeträchtlicher Teil jener chassidischen Geschichten zu Hause war", die Martin Buber „uns allen" – so wird eigens betont – auf deutsch wiedererzählt hat. „Es war" – so fährt Celan fort –, „wenn ich diese topographische Skizze noch um einiges ergänzen darf, das mir, von sehr weit her, jetzt vor Augen tritt, – es war eine Gegend, in der Menschen und Bücher lebten."[5]
Diese Landschaft wird also mit Büchern, genauer: mit der jüdisch-religiösen Literatur verbunden. Diese Literatur ist nicht einfach bloß dort entstanden, sondern sie war – beides wird ja in einem Atemzug genannt – dort ebenso „zu Hause" wie jene, die im vertrauten Sinne dort wohnten. Diese Verbindung wird dann noch einmal betont: eine Landschaft – so ergänzt Celan seine „topographische Skizze" – „in der Menschen und Bücher lebten."

> Dort, in dieser nun der Geschichtslosigkeit anheimgefallenen ehemaligen Provinz der Habsburgermonarchie, kam zum erstenmal der Name Rudolf Alexander Schröders auf mich zu: beim Lesen von Rudolf Borchardts *Ode mit dem Granatapfel*. Und dort gewann Bremen auch so Umriß für mich: in der Gestalt der Veröffentlichungen der Bremer Presse.[6]

Damit hat Celan den Weg skizziert, der ihn aus der Bukowina nach Bremen geführt hat. Anfangs- und Endpunkt wird durch Literarisches markiert: Martin Buber auf der einen Seite und Rudolf Alexander Schröder und Rudolf Borchardt auf der anderen. Die Herkunftslandschaft scheint dabei im doppelten Sinne der Vergangenheit anzugehören: Nicht nur liegt sie in Celans Biografie weit zurück, sie hat auch keine historische Bedeutung mehr.
Diese doch eigentlich ganz nahe liegende Interpretation verkennt allerdings Wesentliches. Sie verharmlost die Botschaft, die in dieser Rede verborgen ist. Verborgen ist sie in jener auf den ersten Blick fast unscheinbaren Anmerkung Celans, dass diese „ehemalige Provinz der Habsburgermonarchie"

---

[4]   Paul Celan: Gesammelte Werke in fünf Bänden. Hrsg. von Beda Allemann u. Stefan Reichert unter Mitwirkung von Rolf Bücher. Bd. 3: Gedichte III. Prosa, Reden. Frankfurt am Main 1983, S. 185.
[5]   Ebenda.
[6]   Ebenda.

nun „der Geschichtslosigkeit anheimgefallen" sei. Diese „Geschichtslosigkeit" bezieht sich keineswegs einfach nur auf Historisches. Sie meint nicht, dass hier keine irgendwie bedeutsame Geschichte mehr stattfindet. Dieser Ausdruck knüpft vielmehr an die vorangegangenen Bemerkungen über die „chassidischen Geschichten" an, die – wie es heißt – dort „zu Hause" *waren*. ‚Zuhausesein', dieser Ausdruck verweist nicht nur abstrakt auf Landschaft, sondern verdeckt auch auf die Menschen, die dort einmal gelebt haben, also auf diejenigen, die jenen chassidischen Geschichten ein „Zuhause" geben konnten, die es nun aber nicht mehr gibt. Dieses Motiv des ‚Zuhauseseins' spielt aber zugleich an auf die Rede von der „nun der Geschichtslosigkeit an*heim*gefallenen habsburgische Provinz". An die Stelle des „Zuhause" tritt nun das „Anheimgefallensein". Die irritierende Konsequenz ist, dass jene chassidischen Geschichten, die früher in der Bukowina ihr Zuhause hatten, nun eine andere Heimat gefunden haben, in der Geschichtslosigkeit nämlich, dort also, wo es weder jüdische Geschichten noch jüdische Geschichte mehr gibt.

Ein solches Ergebnis mag überraschen und in der Herleitung an jene Taschenspielertricks erinnern, mit denen man es bisweilen bei dekonstruktivistischen Interpretationen zu tun zu haben glaubt. Ich kann erst am Ende des Vortrags zeigen, dass sich in Wahrheit in dieser Bremer Rede eine für Celan zentrale poetologische Position aufscheint, eine Position, nach der das Gedicht selbst in jenen Bereich des Verlorenen gelangen muss, dem hier gleichsam stellvertretend die chassidischen Geschichten „anheimgefallen" sind.

Dass die Bukowina als Heimat seiner poetischen Rede verloren ist, zeigt die Fortsetzung ganz unverstellt. Was für die chassidischen Geschichten gilt, das gilt in anderer Weise auch für Celans Werk. Auch diese Dichtung ist in deutscher Sprache geschrieben, und auch ihr ist ihr orientierender Ursprung abhanden gekommen:

> Sie, die Sprache, blieb unverloren, ja, trotz allem. Aber sie mußte nun hindurchgehen durch [...] furchtbares Verstummen, hindurchgehen durch die tausend Finsternisse todbringender Rede. Sie ging hindurch und gab keine Worte her für das, was geschah; aber sie ging durch dieses Geschehen. Ging hindurch und durfte wieder zutage treten, „angereichert" von all dem.
> In dieser Sprache habe ich, in jenen Jahren und in den Jahren nachher, Gedichte zu schreiben versucht: um zu sprechen, um mich zu orientieren, um zu erkunden, wo ich mich befand und wohin es mit mir wollte, um mir Wirklichkeit zu entwerfen.[7]

Tatsächlich lässt sich zeigen, wie sich eine ohnehin schon in sich gebrochene konkrete Vorstellung vom Herkunftsland in Celans Gedichten immer mehr verliert, um einer neuen Heimat Platz zu machen. Sie wird zunächst abgelöst von einer anderen östlichen Landschaft. Aber auch sie findet sich nur noch

---

[7] Ebenda, S. 186.

dort, wo von dem für Celan zentralen Ereignis gehandelt wird: vom Tod der Eltern, und das heißt vor allem: vom Tod der Mutter. Das bedeutet auch, dass die Landschaft oder allgemein das Geografische nicht für sich selbst steht. Beides – und das macht die Besonderheit der Celan'schen „Topographie" aus – steht vielmehr in unauflöslichem Zusammenhang mit jener persönlichen Verlusterfahrung.

Ich möchte versuchen zu zeigen, welche Folgen diese persönliche Erfahrung hat und wie sich die mit ihr untrennbar verbundene poetologische Position verändert. In diesem Prozess verwandelt sich zugleich die zunächst konkret identifizierbare landschaftliche Gebundenheit in eine andere Topografie, die man Topografie des Todes nennen kann. Die Heimat, mit der wir es in den späteren Gedichten zu tun haben, verweist dann ‚nur' noch über die schon in den frühen Texten aufgebauten Motivkomplexe und -verflechtungen auf jenen ursprünglich konkreten Ort. Im Folgenden wird es nicht um ausführliche Gedichtinterpretationen gehen, sondern zum Teil nur um skizzenhafte Deutungen.

Eines der ersten Zeugnisse für jenen Zusammenhang von persönlicher Erfahrung und damit verbundener Topografie ist das wohl in Bukarest entstandene Gedicht *Winter*:

Winter [Winter 1942/43]

Es fällt nun, Mutter, Schnee in der Ukraine:
Des Heilands Kranz aus tausend Körnchen Kummer.
Von meinen Tränen hier erreicht dich keine.
Von frühern Winken nur ein stolzer stummer ...

Wir sterben schon: was schläfst du nicht, Baracke?
Auch dieser Wind geht um wie ein Verscheuchter ...
Sind sie es denn, die frieren in der Schlacke –
die Herzen *Fahnen* und die Arme *Leuchter*?

Ich blieb derselbe in den Finsternissen:
erlöst das Linde und entblößt das Scharfe?
Von meinen Sternen nur wehn noch zerrissen
Die Saiten einer überlauten Harfe ...

Dran hängt zuweilen eine Rosenstunde.
Verlöschend. Eine. Immer eine ...
Was wär es, Mutter: Wachstum oder Wunde –
versänk ich mit im Schneewehn der Ukraine?[8]

---

8   Paul Celan: Das Frühwerk. Hrsg. von Barbara Wiedemann. Frankfurt am Main 1989, S. 68.

Man kann sicher darüber streiten, ob es sich hier um ein gelungenes Gedicht handelt. Bedeutsamer als die Qualität dieses Textes ist aber, dass hier zum ersten Male in Celans Lyrik die zentrale Verbindung von Mutter, Sohn und Schnee erscheint. „Mutter" steht schon im Zentrum des Anfangsverses, gefolgt vom „Schnee in der Ukraine", eine Verbindung, die auch am Ende des Gedichts wieder auftaucht, nun aber in veränderter Form. Nicht im letzten Vers erscheint die Mutter, wie man vielleicht aus Gründen der Symmetrie erwarten könnte, sondern im vorletzten: „Was wär es, Mutter, Wachstum oder Wunde". Im letzten Vers tritt vielmehr der Sohn an die Stelle der Mutter: „versänk ich mit im Schneewehn der Ukraine?" Ein gemeinsamer Tod wird hier imaginiert, eine Art Nachfolge, deren Sinn jedoch offen bleibt: „Wachstum" des Sohnes könnte es ebenso sein wie „Wunde". In der dritten Strophe findet sich Poetologisches: Die Rede von der Harfe ist unverkennbar ein deutlicher Hinweis auf das „traditionelle Instrument des Psalmisten, des dichtenden Sängers."[9] Dieses Instrument aber ist „zerrissen", und das bedeutet offenkundig zweierlei: Weder ist eine tradierte Sprechweise in der Lage, das Geschehen zur Anschauung zu bringen, noch ist jene Sinngebung und Glaubenszuversicht mehr möglich, die sich in den Psalmen findet.[10]

Während *Winter* zwar von „zerrissenen" Saiten spricht, aber gleichwohl mit Metrum und Reim operiert, ist das zuerst 1948 in Wien erschienene Gedicht *Schwarze Flocken* (ursprünglicher Titel *Schnee ist gefallen*) in freien reimlosen Rhythmen gehalten. Dass dieses Gedicht fast wörtlich den Beginn von *Winter* aufnimmt, deutet bereits eine Art festes Koordinatensystem an, in dem Mutter, Ukraine, Schnee und Tod einen unauflöslichen Zusammenhang bilden:

Schwarze Flocken [1944]

Schnee ist gefallen, lichtlos. Ein Mond
ist es schon oder zwei, daß der Herbst unter mönchischer Kutte
Botschaft brachte auch mir, ein Blatt aus ukrainischen Halden:

,Denk, daß es wintert auch hier, zum tausendstenmal nun
im Land, wo der breiteste Strom fließt:
Jaakobs himmlisches Blut, benedeit von Äxten ...
O Eis von unirdischer Röte – es watet ihr Hetman mit allem
Troß in die finsternden Sonnen ... Kind, ach ein Tuch,
mich zu hüllen darein, wenn es blinket von Helmen,

---

9   Wiedemann-Wolf, Antschel Paul (Anm. 3), S. 228.

10   Eine vor allem die poetologischen Implikationen des Gedichts *Winter* betonende Interpretation findet sich bei Michael Jakob: Das „Andere" Paul Celans oder von den Paradoxien relationalen Dichtens. München 1993, S. 126–131. Vgl. ders.: Von *Winter* zu *Schwarze Flocken* oder vom Oxymorischen zum Oxymoron – Anmerkungen zu einem Übergang in Paul Celans Frühwerk. In: Kulturlandschaft Bukowina. Studien zur deutschsprachigen Literatur des Buchenlandes nach 1918. Hrsg. von Andrei Corbea und Michael Astner. [Jassy 1990]. Konstanz 1992, S. 143–154.

wenn die Scholle, die rosige, birst, wenn schneeig stäubt das Gebein
deines Vaters, unter den Hufen zerknirscht
das Lied von der Zeder ...
Ein Tuch, ein Tüchlein nur schmal, daß ich wahre
nun, da zu weinen du lernst, mir zur Seite
die Enge der Welt, die nie grünt, mein Kind, deinem Kinde!'

Blutete, Mutter, der Herbst mir hinweg, brannte der Schnee mich:
sucht ich mein Herz, daß es weine, fand ich den Hauch, ach des Sommers,
war er wie du.
Kam mir die Träne. Webt ich das Tüchlein.[11]

Auch hier also werden Winter, Schnee, Mutter und Tod zusammengebracht,
und auch hier findet sich der genaue topografische Bezug: „Schnee ist gefallen [...] der Herbst unter mönchischer Kutte [brachte auch mir] Botschaft, ein
Blatt aus ukrainischen Halden". Es ist der fingierte Brief der Mutter, der den
Inhalt jenes „Blattes" und den Mittelteil des Gedichts ausmacht, ein Brief, in
dem das konkrete Mordgeschehen in einen übergreifenden Zusammenhang
gestellt wird: „Im Land, wo der breiteste Strom fließt", das ist zunächst der
Bug, aber der verwandelt sich in „Jaakobs himmlisches Blut, benedeit von
Äxten ..." Und so wie sich das gefrorene Wasser des Stroms durch den reli-
giös-mythischen Bezug verwandelt, so zeigt sich auch historisch Fernes in
erneuter grausamer Gegenwärtigkeit: „es watet ihr Hetmann mit allem/ Troß
in die finsternden Sonnen."
Das poetologische Thema wird – zunächst gar nicht erkennbar – in engstem
Zusammenhang mit Tod und Zerstörung eingeführt:

[...] Kind, ach ein Tuch,
Mich zu hüllen darein [...].

Um ein Tuch bittet die Mutter, in das sie sich hüllen kann, wenn das Morden
beginnt:

,[...] wenn es blinket von Helmen,
wenn die Scholle, die rosige, birst, wenn schneeig stäubt das
Gebein
deines Vaters, unter den Hufen zerknirscht
das Lied von der Zeder ...'

Dieses Lied von der Zeder, Hymne des Ersten Zionistischen Kongresses von

---

[11]   Celan, Das Frühwerk (Anm. 8), S. 129. Die folgenden Ausführungen zu *Schwarze Flocken* und
       Strähne übernehmen Überlegungen aus einer noch unveröffentlichten Studie von Hans Graubner zur
       Entwicklung von Celans Poetik.

1897[12], bereitet die zweite Bedeutung des Tuches vor, die aber die erste, mit Schutz und Verbergen assoziierte, weiter mit sich führt.

> ,Ein Tuch, ein Tüchlein nur schmal, daß ich wahre
> nun, da zu weinen du lernst, mir zur Seite
> die Enge der Welt, die nie grünt, mein Kind, deinem Kinde!'

Ging es zuerst um einen Schutz gegen den bevorstehenden Gewaltausbruch, so wird nun der Tod bereits vorweggenommen: Die Enge der Welt meint die Enge des Grabes (buchstäblich des Sarges), die vor weiterer Zerstörung bewahrt werden muss. Damit wird aber das schützend-verbergende Tuch auch zum Leichentuch. Diese Bedeutungsmodifikation wird dann in den Schlussversen entscheidend erweitert. Das Weben des Tüchleins meint in genauer Anknüpfung an die Goethesche Vorstellung die Verfertigung des Gedichts.[13] Schon der syntaktisch auffällige Schluss des Mittelteils bereitet diese Erweiterung vor: Zweimal wird von einem Kind gesprochen, das erste Mal in der Form der Anrede der Mutter an ihren Sohn, das andere Mal jedoch in der merkwürdigen Dativ-Form: „deinem Kinde". Das Tuch oder Tüchlein soll dem Kind des Sohnes – damit ist sicher nicht ein wirkliches Kind, sondern die Dichtung gemeint – die Enge der Welt wahren. Diese Enge meint aber nichts anderes als die des Grabes. Die Mutter macht das Gedicht damit nicht nur zum Leichentuch, sie weist ihm (mit dem sie die Enge des Grabes wahren[14] will) zugleich den Platz an: Es ist ihr Grab, in dem es seinen wahren Ort hat.

Um diesen Auftrag der Mutter[15] zu erfüllen, ein Wort-Leichentuch zu weben, muss der Sohn allererst das Weinen lernen. Diese auf den ersten Blick merkwürdige Formulierung – man würde erwarten, dass angesichts der Trauer des Sohnes ein solches Weinen nicht erst gelernt werden muss – hat einen genauen Sinn. Als nämlich der Sohn sich seinem Herzen zuwendet, da findet er gerade nicht die geradezu geforderte Trauer, sondern er findet „den Hauch, ach des Sommers, war er wie du". Nicht die im Winter ermordete Mutter also steht ihm vor Augen, sondern die mit dem Sommer verbundene, also die

---

[12] „Dort, wo die Zeder schlank die Wolke küßt [...] dort, am blauen Meeresstrand/ Es ist mein liebes Vaterland." Zit. nach John Felstiner: Paul Celan. Eine Biographie. Deutsch von Holger Fliessbach. München 1997, S. 46.

[13] Vgl. dazu die ausführliche, wenn auch zum Teil zu anderen Ergebnissen kommende Interpretation von Dunja Jaber: *Schwarze Flocken*: Ein früher Versuch Celans zur ästhetischen Bewältigung der Shoa. In: Stundenwechsel. Neue Perspektiven zu Alfred Margul-Sperber, Rose Ausländer, Paul Celan, Immanuel Weissglas. Hrsg. von Andrei Corbea-Hoişie, George Guţu und Martin A. Hainz. Konstanz 2002, S. 189–207, hier S. 200–205. Jaber stellt zugleich die wichtigen Bezüge dieses Gedichts zu *Der Einsame* heraus. Vgl. auch Jakob, Das „Andere" (Anm. 10), S. 132f. und Wiedemann-Wolf, Antschel Paul (Anm. 3), S. 268f.

[14] Jakob weist zu Recht darauf hin, dass das „Bewahren" nicht so etwas meint wie: die Erinnerung an die Toten aufrechterhalten. Vgl. Jakob, Von *Winter* zu *Schwarze Flocken* (Anm. 10), S. 151.

[15] Vgl. Barbara Wiedemann-Wolf: „Die ,Mutter' formuliert, was das Gedicht leisten soll." In: Wiedemann-Wolf, Antschel Paul (Anm. 3), S. 268.

lebendige. An deren Stelle aber muss die tote treten, die unauflöslich mit dem Schnee in der Ukraine verbunden ist. Das Gedicht hat also nicht die Aufgabe – und das möchte ich eigens hervorheben –, das Gedächtnis an die lebende Mutter aufrecht zu erhalten, es hat sich der Toten selbst zuzuwenden. Aber dies soll nicht dadurch geschehen, dass gleichsam in der Sphäre des Lebendigen über die lebendige Mutter gesprochen wird. Das Gedicht richtet sich an die tote Mutter, und es ist selbst in der Sphäre des Todes beheimatet.[16]

Diese Vorstellung zweier Formen von Dichtung, von denen die eine der Zeit des Sommers und damit der Sphäre des Lebens, und die andere der Zeit des Winters und damit der Sphäre des Todes angehört, findet sich auch in dem Gedicht *Strähne* aus dem Gedichtband *Von Schwelle zu Schwelle*. Hier aber findet sich zugleich eine bedeutsame poetologische Veränderung:

Strähne [E Paris 18. 10. 1952]

Strähne, die ich nicht flocht, die ich wehn ließ,
die weiß ward von Kommen und Gehen,
die sich gelöst von der Stirn, an der ich vorbeiglitt
im Stirnenjahr –:

dies ist ein Wort, das sich regt
Firnen zulieb,
ein Wort, das schneewärts geäugt,
als ich, umsommert von Augen,
der Braue vergaß, die du über mich spanntest,
ein Wort, das mich mied,
als die Lippe mir blutet' vor Sprache.

Dies ist ein Wort, das neben den Worten einherging,
ein Wort nach dem Bilde des Schweigens,
umbuscht von Singrün und Kummer.

Niedergehn hier die Fernen,
und du,
ein flockiger Haarstern,

---

[16] Die Formulierung Jakobs, das Gedicht halte auf die Mutter zu, erreiche sie aber nicht, ist zumindest missverständlich. Vgl. Jakob, Das „Andere" (Anm. 10), S. 135. Das Gedicht versucht nicht die Tote aus der Sphäre der Lebenden zu erreichen, sondern selbst bei der Toten zu sein. Wiedemann-Wolf vertritt die umgekehrte These, dass das „Bild der sommerlichen Mutter gefunden" werden müsse, „mit der die Gedanken von Glück und Freude engstens verknüpft sind, erst dann kann Trauer und aus ihr Dichtung entstehen. Dichtung in diesem Sinne ist aktiv geleistete Trauerarbeit." Vgl. Wiedemann-Wolf, Antschel Paul (Anm. 3), S. 268f.

schneist hier herab
und rührst an den erdigen Mund.[17]

Wenn das Gedicht mit den Worten beginnt: „Strähne, die ich nicht flocht, die ich wehn ließ", dann wird bereits darin jene bedeutsame Veränderung thematisch, die ich eben angedeutet habe. Offenkundig handelt es sich bei der Vorstellung vom Flechten um eine Variante jenes Motivs vom Weben, das die Schlussverse des Gedichts *Schwarze Flocken* dominierte. Aber eben diese Vorstellung des Webens oder Flechtens wird nun ausdrücklich negiert: Das Ich lässt die Strähne nur wehen. Dieser Gegensatz zwischen einer Dichtung, die gemacht wird, und einer anderen, die der Sprecher auf eine schwer bestimmbare Weise geschehen lässt, bestimmt auch den weiteren Verlauf des Gedichts. Er erscheint in Gestalt einer doppelten Opposition: zunächst als Gegensatz zwischen den vielen Worten und dem einen Wort. Am deutlichsten zeigt er sich wohl am Beginn der dritten Partie: „Dies ist ein Wort, das neben den Worten einherging,/ ein Wort nach dem Bilde des Schweigens." Dieser Gegensatz zwischen dem einen Wort, das mit dem Schweigen assoziiert ist, und den vielen Worten findet sich aber in anderer Form bereits in der vorangehenden Strophe: „ein Wort, das mich mied,/ als mir die Lippe blutet vor Sprache." Dass die Lippe blutete, deutet wohl darauf hin, dass es auch in diesem Sprechen um Trauer und Verzweiflung ging, aber es gibt – im Gegensatz zum stumm sich mitteilenden Wort nach dem Bilde des Schweigens – ein Zuviel der Rede. Dieses Zuviel ist offenkundig verbunden mit einer falschen Fixierung auf das Subjekt des Sprechens, die indirekt schon in der Rede vom ‚Nicht-Flechten' angedeutet wurde. Zweimal taucht dieses Ich hier auf: „ein Wort, das *mich* mied,/ als die Lippe *mir* blutet' vor Sprache." Auf der anderen Seite steht das richtige, das eine Wort, das seinen Ursprung nicht im Sprechenwollen des Ich, sondern woanders hat. Immer wieder wird seine Eigendynamik hervorgehoben: „ein Wort, das sich regt", „ein Wort, das schneewärts geäugt" und schließlich „ein Wort, das neben den Worten einherging." Dieses Wort ist von vornherein auf eine andere Sphäre bezogen als die, in der der Sprecher zu Hause ist. Ist dieser nämlich „umsommert von Augen", so gehört das richtige Wort gerade nicht dem Sommer an, sondern dem Winter und damit der Sphäre des Todes: Es ist „weiß", es hat sich „gelöst von der Stirn" der Toten, es äugt schneewärts, und es regt sich Firnen, also dem ewigen Schnee des Hochgebirges, zuliebe: Seine Richtung zeigt nach oben in die ewige Kälte. Damit steht sie aber in genauem Gegensatz zu den „umsommerten Augen" des Ich: „als ich, umsommert von Augen/ der Braue vergaß, die du über mich spanntest". Weil der Sprecher so vom Sommer gefangen genommen ist, vergisst er den von der Mutter vorgegebenen, an der Braue nach oben zu den Firnen gehenden

---

[17]   Celan, Gesammelte Werke (Anm. 4). Bd. I., S. 92.

Blick, der sich auf die Sphäre des Todes richtet.

Warum ist dieses Wort *Strähne* so bedeutsam? Der Grund liegt darin, dass es zunächst in seinem hier realisierten Bedeutungsgehalt „wirklich" auf die Toten verweist (die Strähne hat sich gelöst von ihren Stirnen, sie ist weiß). Zugleich aber wird die konkrete Semantik durch die lautlich benachbarten Ausdrücke des Gedichts so weit angereichert, dass es schließlich so etwas wie einen eigenen Kosmos des Todes und der Trauer enthält: In einer Art lautlichen Metamorphose ist es zunächst auf die *Stirnen* bezogen, von denen sie sich gelöst hat, über diese *Stirnen* und das *Stirnen*jahr aber auch auf den *Firn*schnee-Bereich des Todes.[18] Schließlich werden diese Bereiche wieder zusammengeführt: Der „*flockige* Haarstern" vereint in sich Strähne und Schnee und verweist zugleich als lockere Zusammenballung auf die gerade nicht geflochtene Strähne. Wenn es nun heißt: „du,/ ein flockiger Haarstern,/ [...] schneist hier herab/ und rührst an den erdigen Mund", dann wird damit zugleich auf die „vor Sprache blutende Lippe" zurückverwiesen. Jetzt aber haben wir es nicht mehr mit einem gleichsam aktivischen Sprecher zu tun, sondern mit einem, dem etwas geschieht: der „flockige Haarstern" „rührt" „an den erdigen Mund" und lässt ihn sprechen.

Diese Form der lyrischen Rede hat ihren Ursprung nicht mehr im Sprechen-wollen des Ich, sondern woanders: in der Sphäre der Toten. Auf eine Formel gebracht: Das Wort wird gerade nicht vom Sprecher *an* die Toten gerichtet (so wie in *Schwarze Flocken* der Sohn das Tüchlein *für* die Mutter webt), sondern umgekehrt: das stumme Wort („nach dem Bilde des Schweigens"), die Strähne, kommt aus der Sphäre der Toten auf ihn zu und soll von ihm stimmhaft gemacht werden.

Damit ist eine neue poetologische Position erreicht. In *Schwarze Flocken* wurde dem Sohn noch die Aufgabe zugesprochen, das Wort-Leichentuch für die Mutter zu weben. Das bedeutet: Es ist der Sohn als Dichter-Subjekt gemeint, der in seinen Gedichten die Mutter zu schützen und zu bewahren hat. In *Strähne* wird diese Auffassung der Dichtung abgewiesen: Wenn der flockige Haarstern die Rede des Sohnes allererst ermöglicht, dann tritt jenes Dichter-Subjekt zurück zugunsten einer schwer bestimmbaren passiven Haltung. Es richtet sich nicht mehr auf das Schicksal der Toten, sondern die Toten lassen es sprechen. Es wird – wie es dann in dem Gedicht *Der Reiseka-merad*[19] heißt – der „Mutter Mündel", d. h. es wird zum Mund, durch den die Mutter selbst spricht. Darunter ist natürlich kein magischer Vorgang zu verstehen. In dieser poetischen Fassung der neuen poetologischen Position wird

---

[18]   Steiner weist auf die lautlichen Beziehungen zwischen *Firnen* und *Stirnenjahr* hin, sieht aber darin ein Indiz für die zentrale Stellung des Wortes *Stirnenjahr*. Vgl. Jacob Steiner: Sprache und Schweigen in der Lyrik Paul Celans. In: Psalm und Hawdalah. Zum Werk Paul Celans. Akten des Internationalen Paul-Celan-Kolloquiums New York 1985. Hrsg. von Joseph Strelka. Bern, New York u. a. 1987, S. 121–136, hier S. 132.

[19]   Celan, Gesammelte Werke (Anm. 17), S. 66.

vielmehr ein unerreichbares Ziel formuliert: Dichtung dürfte nichts anderes sein als das Medium, in dem die Toten selbst zu Wort kommen. Damit gehört es aber in deren Sphäre, nicht in die der Lebenden.[20]

In *Sprachgitter* findet sich ein Gedicht, in dem diese poetologische Position mit äußerster Konsequenz formuliert wird. Es handelt sich um das Gedicht:

Unten [E 21. 10. 1955 – 12. 2. 1959]

Heimgeführt ins Vergessen
das Gast-Gespräch unsrer
langsamen Augen.

Heimgeführt Silbe um Silbe, verteilt
auf die tagblinden Würfel, nach denen
die spielende Hand greift, groß,
im Erwachen.

Und das Zuviel meiner Rede:
angelagert dem kleinen
Kristall in der Tracht deines Schweigens.[21]

In diesem Gedicht findet sich jenes Verständnis von Heimat, auf das ich bei meinen Ausführungen zur Bremer Rede hingewiesen habe.[22] Die chassidischen Geschichten sind „der Geschichtslosigkeit anheimgefallen", sie haben also ihre Heimat in der Geschichtslosigkeit gefunden, so der irritierende Befund. Bereits der erste Vers „Heimgeführt ins Vergessen" formuliert, was im Gedicht vollzogen wird. Er nennt das Ziel einer Bewegung, die erst im weiteren Verlauf expliziert wird: Das Heim, in dem das Gastgespräch unsrer Augen geführt wird, ist das „Vergessen". Dieses Gespräch aber vollzieht sich nicht in der Sprache, sondern es wird von Augen geführt, ist also ein stummes Gespräch. Die zweite Strophe, in der vom „Erwachen" die Rede ist, deutet darauf hin, dass es nach Art einer Traumbegegnung vorgestellt werden soll. Jemand (oder auch beide) ist in einer Sphäre zu Gast, der er nicht oder nicht mehr angehört, er hat also seine Heimat jedenfalls vorübergehend verlassen. Wie diese Bewegung der ‚Heimführung' nun genau ver-

---

[20] Die Interpretation von Jakob übersieht den hier hochbedeutsamen Gegensatz von Sommer- und Wintersprache. Vgl. Jakob, Das „Andere" (Anm. 10), S. 235–237. Ansätze zu einer poetologischen Interpretation finden sich bereits bei Neumann, der allerdings im „Stirnenjahr" das Wort zu finden glaubt, „das sich regt". Vgl. Peter Horst Neumann: Zur Lyrik Paul Celans. Eine Einführung. 2. [erweiterte] Aufl. Göttingen 1990, S. 26. Anders auch Meinecke, die im „Haarstern" das entscheidende Wort sieht. Vgl. Dietlind Meinecke: Wort und Name bei Paul Celan. Bad Homburg, Berlin, Zürich 1970, S. 269.

[21] Celan, Gedichte I (Anm. 17), S. 157.

[22] Eine ausführliche Interpretation dieses Gedichts findet sich in: Fred Lönker: Heimgeführt ins Vergessen. Überlegungen zu Paul Celans Gedicht *Unten*. In: *Celan-Jahrbuch* 8(2001/2), S. 63–74.

läuft, möchte ich hier nur andeuten, das bedeutet vor allem, dass ich die anspielungsreiche Mittelstrophe nur skizzenhaft interpretiere. Ich mache nur darauf aufmerksam, dass in dieser Mittelstrophe verdeckt jenes über sich und die Sprache verfügende Ich auftaucht, das – wie wir aus der Interpretation der vorangegangenen Gedichte erfahren haben – der falschen Dichtungsposition angehört. Die Hand greift nach den Würfeln, um die auf ihren Flächen befindlichen Silben spielerisch in eine sinnhafte Ordnung zu überführen. Aus der unmittelbaren Begegnung im stummen Gespräch „*unsrer* Augen" wird aber so eine Art Sprachspiel, über das nun *einer* der beiden Dialogpartner zu verfügen versucht. Das Motiv eines „großen", geradezu herrischen Verfügens, wird nun in einer Weise erweitert, die deutlich an das Gedicht *Strähne* erinnert. Hieß es dort: „als die Lippe mir blutet vor Sprache", so wird nun vom „Zuviel meiner Rede" gesprochen. Nicht nur ist diese Rede „zuviel", sie ist auch – und das ist sicher ebenso bedeutsam – *meine* Rede. Aus dem *Gespräch* der Anfangsstrophe wird so ein Monolog, in dem die Innigkeit und Unmittelbarkeit des anfänglichen *stummen* Augen-Gesprächs verschwunden ist. Gleichwohl werden am Schluss des Gedichts Schweigen und Rede aufeinander bezogen: „Und das Zuviel meiner Rede:/ angelagert dem kleinen/ Kristall in der Tracht deines Schweigens." Mit „Tracht" hat Celan einen Ausdruck gewählt, der nicht nur eine bestimmte Form der Bekleidung meint, sondern auch einen fachsprachlichen Sinn hat: In der Mineralogie bezeichnet er den Inbegriff der Flächen, aus denen sich die Form des Kristalls bildet. „Anlagern" wiederum meint in der mineralogischen Terminologie den Prozess, in dem sich diese Flächen, also die Außenseiten des Kristalls mit gleichartigen oder anderen Stoffen verbinden. „In der Tracht deines Schweigens" heißt dann, dass das Schweigen den Kristall umhüllt und damit in sich enthält. In dieser Tracht, also in der schweigenden *äußeren* Hülle des Kristalls – so wird das Bild weitergeführt –, lagert sich auch die Rede des Ich an. Das bedeutet vor allem, dass die Rede den Kristall selbst nicht erreichen kann. Dieser zeigt sich im Schweigen vielmehr als etwas, was vor der Rede liegt oder die Fähigkeit zu ihr verloren hat.

Was meint nun „Heimgeführt ins Vergessen"? Vergegenwärtigt man sich noch einmal den Aufbau des Gedichts, dann zeigt sich, dass es von den Versen „Heimgeführt ins Vergessen" und „Kristall in der Tracht deines Schweigens" umrahmt wird. Sehr genau also korrespondiert dem „Schweigen" als letztem Wort des Gedichts das Ende des ersten Verses. Vergessen meint hier offensichtlich nicht so etwas wie einen spontanen Erinnerungsverlust, sondern dieses Vergessen ist paradoxerweise das Ergebnis eines Sprachwerdungsprozesses. Genauer: Das Gedicht handelt davon – und dies ist seine verborgene Poetologie –, was ein Gedicht zu tun hätte, wenn es eine vorsprachliche Begegnung gleichwohl in Sprache überführen wollte. Entscheidend ist aber dabei, um was für eine Begegnung es sich handelt: Dass sie nach Art einer Traumbegegnung vorgestellt werden soll, zeigen die ersten beiden Strophen. Wer aber da dem Sprecher des Gedichts begegnet, deuten die letzten Verse an: Dieser oder dieser andere ist jemand, der „unten" beheimatet ist, der schweigt und mit dem Kristall assoziiert ist, hier offenbar Sinnbild des Anorganischen, also des Todes. Auf diese Begegnung jedoch kann das Gedicht nur hinweisen, es kann sie aber nicht als stummes „Gastgespräch unsrer Augen" sprachlich vergegenwärtigen. Gelingen könnte dies allenfalls, wenn sich die eigene Rede dem „kleinen Kristall in der Tracht deines Schweigens" anlagert, wenn sie dieses Schweigen also in sich selbst enthält. Damit aber bildet das Gedicht eine Art Umschrift, die den Kristall umschließt. An die Stelle des innigen Augengesprächs ist nun die untrennbare Verbundenheit von Rede und Schweigen in der Tracht des Kristalls getreten. Damit kehrt das Gedicht aber wieder an seinen Anfang zurück. Die Heimführung betrifft das Gespräch als Ganzes, das „Gespräch unsrer Augen": Wenn aber das Ziel des Gedichts die Anlagerung der wirklichen Rede an den Kristall ist, dann haben diese Rede und damit das Gedicht ihren eigentlichen Ort „unten", in der Heimat des angesprochenen Gegenübers. Für diese Heimat aber steht der Kristall nicht nur als Metapher des Anorganischen und damit des Todes (es kann kein Zweifel sein, dass im Kristall das Schneemotiv gegenwärtig ist), sondern auch der Dauer.

Wenn das Gedicht so seine Heimat im Bereich des Todes hat, dann wird darin zugleich deutlich, dass es hier nicht um ein Totengedenken geht. Dagegen spricht schon die Rede vom Vergessen, in das heimgeführt werden soll. Die Heimführung vollzieht sich nicht in einem Gedicht *über* eine Begegnung mit dem Bereich des Todes, sondern in dem Übergang des Gedichts in seinen Bereich. Dieser Bereich kann aber nur gefunden werden, wenn sich die poetische Rede mit dem – unten beheimateten – Schweigen verbindet, wenn es gleichsam vom Schweigen aufgenommen wird, oder wie es in der Sprache des Gedichts heißt: Wenn es sich dem Kristall anlagern kann. Auf diese Weise mit dem Bereich des Todes verbunden, zielt es auf jenen Zustand, aus dem das Gegenüber des Gast-Augengesprächs vorübergehend herausgetreten ist: auf den Zustand des Vergessens. Nur dort bleibt die in jenem Gespräch erreichte Einheit auf Dauer bewahrt.

Ich scheine mich in meinem Vortrag weit von den ursprünglichen Gedichten, in denen die Topografie doch deutlich war, entfernt zu haben. In Wahrheit jedoch lässt sich zeigen, dass sie zwar neu entworfen, aber gleichwohl mittransportiert worden ist. Erinnern wir uns an das Blatt aus verschneiten ukrainischen Halden, in dem die Mutter den Sohn um ein Wort-Leichentuch bat, das Schutz gegen weitere Zerstörung bieten sollte. Die zentralen Motive tauchen auch in *Unten* auf, aber sie werden zum Teil in eine neue Konstellation gebracht. Aus dem Wort-Tüchlein, das der Sohn in seiner Dichtung für die Mutter weben sollte, damit sie sich darin einhüllen könnte, ist nun das Gedicht geworden, das den Kristall umschließt. Aber nicht nur das: Die

Trennung zwischen Mutter und Sohn soll – so die poetologische Botschaft des Gedichts – aufgehoben werden. Nicht die Mutter wird ins Leben des Gedichtes geführt, sondern die Rede des Sohns, untrennbar mit dem Schweigen der Angesprochenen, hat sich nun hinab zu begeben in den Bereich des Todes. Nur dort finden sie ihre gemeinsame Heimat.

„Im Lichte der U-topie"

Die Bukowina als Ort der Dichtung Celans[1]

WALDEMAR FROMM (München)

I.

Jurij Lotman geht in seinem Buch *Die Struktur des künstlerischen Textes* davon aus, dass das Vorstellungsvermögen des Menschen einen räumlichen Charakter besitzt.[2] So ist dann auch die räumliche Modellierung in der Literatur in Analogie zur „Raumstruktur der Welt" zu sehen.[3] Diese Modellierung ist aber das Ergebnis einer symbolischen Formung; sie unterliegt einer kulturellen Kodierung.[4] Ernst Cassirer hat im *Versuch über den Menschen* dazu den Begriff des „symbolischen Raumes" eingeführt[5] und vorgeschlagen, den Raum indirekt zu untersuchen: „Wir müssen die Formen der menschlichen Kultur analysieren, um die Eigenart von Raum und Zeit in der Welt des Menschen zu bestimmen."[6] Eine Raumanalyse ist, so gesehen, eine Untersuchung der Apperzeption von Räumen, die auf ihre Vervielfältigung, nicht auf ihre Vereinheitlichung Wert legt. Cassirers Beschreibungsversuch deckt sich mit neueren soziologischen Arbeiten zum Raum, in denen ebenfalls der Raum als symbolische Größe verstanden wird.[7] Solche „Raumbilder" sind, so beispielsweise Ipsen, Konfigurationen von

---

[1] Eine erste Fassung dieses Textes ist am 4. Februar 2004 an der Ludwig-Maximilians-Universität München als Habilitationsvortrag vorgestellt worden.

[2] Jurij M. Lotman: Die Struktur des künstlerischen Textes. Frankfurt a. M. 1972, S. 328.

[3] Ebenda, S. 328. Vgl. Ansgar Nünning: Raum/Raumdarstellung, literarische(r). In: Metzler-Lexikon Literatur- und Kulturtheorie. Hrsg. von A. N. 2. überarbeitete und erweiterte Auflage. Stuttgart, Weimar 2001, S. 536–539.

[4] Vgl. die Übersicht mit Rücksicht auf Cassirer und andere bei Michaela Ott: Raum. In: Ästhetische Grundbegriffe. Historisches Wörterbuch in sieben Bänden. Hrsg. von Karlheinz Barck, Martin Fontius, Dieter Schlenstedt, Burkhart Steinwachs, Friedrich Wolfzettel. Bd. 5. Stuttgart, Weimar 2000ff., S. 113–149.

[5] Ernst Cassirer: Versuch über den Menschen. Einführung in eine Philosophie der Kultur. Hamburg 1996, S. 72.

[6] Ebenda, S. 74 und 78, wonach Raum eine Repräsentationsform von „Wahrnehmungsraum" ist. Der Wahrnehmungsraum ist im Unterschied zur Tierwelt jener Raum, in dem der Mensch sich anthropologisch orientiert und nicht instinktgesteuert verhält.

[7] Neben dem symbolischen Raum wird noch ein materieller Raum angenommen, beide erst würden den sozialen Raum definieren. Vgl. Martina Löw: Raumsoziologie. Frankfurt a. M. 2001, S. 15.

„Dingen, Bedeutungen und Lebensstilen".[8] Mit Räumen ist also immer auch ein kulturspezifisches Wissen verbunden. Michel Foucault hat in einer Arbeit zum Raum zwei besondere Raumtypen hervorgehoben, die sich auf jeden konkreten Raum beziehen lassen, diesem aber widersprechen: „Utopie" und „Heterotopie".[9] Foucault meint damit Räume, die sich von usuellen sozialen Räumen abheben und in sie eingreifen können, es sind gewissermaßen Metaräume, die Subräume verändern, ihnen widersprechen können und sich so einer Kontrolle entziehen. Von Foucault möchte ich vor allem den Gedanken entlehnen, dass es Raumtypen gibt, die usuellen Räumen widersprechen können, indem sie deren Funktionieren aufheben oder zumindest unterbrechen.

Entsprechend gestaltet sich auch die Untersuchung von Orten, wenn man sie als konkrete Räume versteht. Orte sind keine bloßen dreidimensionalen Behälter, in denen Gegenstände und Wege ihren Platz finden. Orte werden geschaffen, sie sind ein Produkt individueller und sozialer Einbildungskraft, das imagologisch zu untersuchen ist. In diesem Sinne kann man auch von der Untersuchung von literarischen Topografien sprechen, bei denen besonders darauf zu achten ist, wie sie in usuelle Räume und Raumvorstellungen eingreifen. Die Untersuchung solcher geschriebener Orte beachtet, wie ein Ich sich im Raum konstituiert, indem es Relationen zwischen den Dingen und zwischen sich und den Dingen gestaltet. Die Untersuchung dieser raumgebenden Aspekte in der Lyrik gehört dabei zu den Grundlagen des Faches: Wenn man Burdorfs *Einführung in die Gedichtanalyse* folgt, gehören Zeit- und Raumbestimmungen zu den Voraussetzungen jeder Interpretation.[10]

Eine Analyse der literarischen Topografie in Paul Celans Gedichten ist von vorneherein gehalten, Raumanalysen in Bezug auf Erinnerungsorte vorzunehmen. Peter Szondis eher zufällige Beobachtungen zu den Entstehungsbedingungen von Celans Gedicht *Du liegst* zeigen, wie der Übergang vom materiellen zum symbolischen Raum vorgestellt werden kann.[11] Die mimetische Angleichung des liegenden lyrischen Ichs an die tot im Landwehrkanal treibende Rosa Luxemburg gelingt nur durch den symbolischen Raum, den das Gedicht entwirft. Darin werden zwei historische Daten, die Ermordung Luxemburgs und der Besuch Celans in Berlin, verbunden. Es wäre gewiss falsch zu behaupten, Celan beschreibe das materiell vorhandene Berlin. Die euklidischen Elemente des materiellen Raumes werden in dem Gedicht zwar evoziert (Hotel Eden, Gedenkstätte Plötzensee, Landwehr-

---

[8]   Zit. nach ebenda, S. 15.
[9]   Vgl. Michel Foucault: Andere Räume. In: Aisthesis. Wahrnehmung heute oder Perspektiven einer anderen Ästhetik. Hrsg. von Karlheinz Barck. 2. Aufl. Leipzig 1991, S. 34–46; vgl. dazu: Kulturelle Topografien. Hrsg. von Reinhold Görling und Vittoria Borsò. Stuttgart 2004.
[10] Dieter Burdorf: Einführung in die Gedichtanalyse. 2. Aufl. Stuttgart, Weimar 1997, S. 171ff.
[11] Peter Szondi: Eden. In: P. S.: Schriften II. Frankfurt a. M. 1978, S. 390–398.

kanal), die Erinnerung an Luxemburg aber funktioniert nicht unter den Bedingungen dieses konkreten Raums. Das Gedicht erzeugt einen symbolischen Raum, der von der Geschichte dominiert wird: Von der Ermordung Rosa Luxemburgs, der Hinrichtung der Widerstandskämpfer bis zum wahrnehmenden und sprechenden Ich wird ein halbes Jahrhundert deutscher Geschichte in einem symbolischen Raum virulent, der nicht mehr nur das materielle Berlin meint. In der Komposition wird der Raum des lyrischen Ichs konstituiert, indem sich das Ich über die öffentlichen und persönlichen Erinnerungsorte entwirft. Im Folgenden soll aber nicht Berlin, sondern die Bukowina und Czernowitz im Vordergrund der Untersuchung stehen.[12]

II.

In einem Gespräch mit Hugo Huppert äußert sich Celan 1966 in Paris zur Frage des Raumes in seiner Lyrik wie folgt:

> Ich stehe auf einer anderen Raum- und Zeitebene als mein Leser; er kann mich nur ‚entfernt' verstehen, er kann mich nicht in den Griff bekommen, immer greift er nur die Gitterstäbe zwischen uns.[13]

Dieser Kommentar kann neben dem Hinweis auf die „Sprachgitter" auch als Reaktion auf die beiden in Deutschland gehaltenen Dankreden verstanden werden – gemeint sind die „Bremer Rede" und die Rede anlässlich der Entgegennahme des Büchner-Preises 1960.[14] Celan war in den Reden bemüht, den Zuhörern die Voraussetzungen seiner Lyrik aufzuzeigen und dem Publikum die eigene Raum- und Zeitebene näher zu bringen. Aus einem Brief aus dem Jahr 1962 an Alfred Margul-Sperber nach Bukarest lassen sich gerade an der beschriebenen Enttäuschung die hohen Erwartungen herauslesen, die die Reden begleiteten. Celan räumt das Scheitern seiner Absichten ein, seine Büchnerpreis-Rede werde „totgeschwiegen"[15], und wenn nicht, werde ihm das Wort im Mund „herumgedreht".[16]

---

[12] Vgl. zum ästhetischen und ethnisch-sprachlichen Dilemma beim Umgang mit der Herkunft Celans die Schriften von Andrei Corbea-Hoisie, u. a.: Thesen zum deutschsprachigen Schrifttum jüdischer Autoren in der rumänischen Bukowina. In: Proceedings of the XIIth Congress of the International Comparative Literature Association (Munich 1988) / Actes du XIIe Congrès de l'Association Internationale de Littérature Comparée (Munich 1988) / Akten des XII. Weltkongresses der Association Internationale de Littérature Comparée (München 1988). Hrsg. von Roger Bauer und Douwe Fokkema. Bd. 4: Space and Boundaries of Literature. München 1990, S. 229–236.

[13] Hugo Huppert: „Spirituell". Ein Gespräch mit Paul Celan. In: Paul Celan. Hrsg. von Werner Hamacher und Winfried Menninghaus. Frankfurt a. M. 1988, S. 319–324, hier S. 329.

[14] Vgl. Jürgen Lehmann: Einleitung. In: Kommentar zu Paul Celans „Sprachgitter". Hrsg. von J. L. Heidelberg 2005, S. 15–65, hier S. 39, der das Zitat aus Huppert stärker kontextualisiert.

[15] Brief vom 9. 03. 1962. In: *Neue Literatur* 27(1975), H. 7, S. 50–63, hier S. 58.

[16] Brief vom 10. 02. 1961 an Hans Bender. In: Der Georg-Büchner-Preis 1951–1978. Eine Ausstellung. Marbacher Katalog. Marbach/Neckar 1978, S. 132f.; vgl. auch S. 133f. zu Gustav Landauer, in einem

An anderen Briefen Celans wird heute auch deutlich, dass die titelgebende Bezeichnung für die Büchner-Rede, *Der Meridian*, auf seinen Herkunftsort[17] zielt. In einem Brief an Gustav Chomed heißt es: „Die [Darmstädter] Rede heißt *Meridian* [...], es ist *unser*, Dein und Mein, Meridian."[18] An denselben Empfänger schreibt Celan: „die Heimat bleibt bestehen [...] mit der Töpfergasse [...]".[19] Die Bukowina wird zum „Verloren-Unverlorenen"[20]. In einem Brief an Tanja Sternberg von 1962 heißt es: „Ich bin weit [von der Bukowina] entfernt [...] gewiß, [aber] ich bin immer nah an meinem Meridian".[21] Leon Kellner und Gustav Landauer liest Celan in einem Brief von 1968 an Gideon Kraft „in Anlehnung an meinen (Czernowitzer) Meridian".[22] Leon Kellner, ein Czernowitzer Anglist bzw. Amerikanist, verwendet Celan zugleich gerne als Beispiel für die „Ortlosigkeit", die Menschen aus der Bukowina in Westeuropa innehaben: „Diesen Namen", schreibt Celan, „habe ich mehr als einmal [...] zitiert, wenn ich namhaft zu machen versuchte, was keinen Namen hatte, zu erörtern versucht, was [...] Ortlosigkeit war".[23] Hier beschreibt Celan den Raum der Bukowina als verlorenen Raum, wobei er darin die Relevanz der Bukowina für die Vermittlung der eigenen „Raum- und Zeitebene" hervorhebt und zugleich auf das Verhältnis von Peripherie und Zentrum in Europa anspielt. Bezüglich des letztgenannten Verhältnisses bedient sich Celan in Briefen der Ost-West Stereotypie.[24]

Die poetologischen Überlegungen werden nicht weniger durch Hinweise auf die Herkunft aus der Bukowina und die Suche nach diesem Raum gerahmt: In der Bremer Rede heißt es einleitend, die Bukowina sei „eine Gegend, in der Menschen und Bücher lebten", im *Meridian* heißt es am Schluss: „Ich suche [...] den Ort meiner eigenen Herkunft". Die Suche gestaltet sich paradox, wenn Celan sagt, der Ort sei nicht zu finden, es gebe ihn nicht, dennoch wisse er, wo er zu finden sei: im Gedicht. Die Formulierung enthält das aporetische Programm der Raumgestaltung bei Celan. Dem Gedicht kommt hier eine raumerschließende Qualität zu. Man muss nun fragen, wie

---

Brief an Erich von Kahler: „In mir lebt, nicht ohne Schmerz, doch stark, jenes von Landauer Überkommene fort", womit vermutlich vor allem auf Landauers Individualitätskonzept angespielt wird, das auch in der Büchnerrede Thema wird („Durch Absonderung zur Gemeinschaft").

[17] Israel Chalfen: Paul Celan. Eine Biographie seiner Jugend. Frankfurt a. M. 1979, S. 144.

[18] Zit. nach Peter Rychlo: Der slawische Meridian. In: Paul Celan. Biographie und Interpretation. Hrsg. von Andrei Corbea-Hoisie. Paris 1999, S. 119–131, hier S. 119; vgl. auch den gleichnamigen Beitrag Rychlos in: Unverloren. Trotz allem. Paul Celan-Symposion. Hrsg. von Hubert Gaisbauer, Bernhard Hain und Erika Schuster. Wien 2000.

[19] Zit. nach Edith Silbermann: Begegnung mit Paul Celan. Erinnerung und Interpretation. 2. Aufl. Aachen 1995, S. 38.

[20] Zit. nach Wolfgang Emmerich: Paul Celan. Reinbek bei Hamburg 1999, S. 124.

[21] Brief an Tanja Sternberg vom 1. Januar 1962, zit. nach Chalfen, Biographie (Anm. 17), S. 144; hier in deutscher Übersetzung wiedergegeben.

[22] Brief an Gideon Kraft vom 7. Mai 1968, zit. nach Chalfen, Biographie (Anm. 17), S. 145.

[23] Ebenda, S. 24.

[24] Auch die Lektüre chassidischer Geschichten und das Interesse am osteuropäischen Judentum verweist noch auf die Ost-West-Stereotypie.

der Ort der Dichtung und der reale Ort genauer zu beschreiben und wie sie aufeinander bezogen sind.

In der Bremer Rede gibt Celan eine „topographische Skizze" eines verlorenen Raumes. Demnach ist die Bukowina eine der „Geschichtslosigkeit" anheimgefallene ehemalige Provinz der Habsburgermonarchie, und eine Landschaft, in der „Menschen und Bücher lebten".[25] (GW 3, 185) Der Hinweis auf die eigentlich verlorene „Lebendigkeit" im Umgang mit der Literatur ist deswegen so aufschlussreich, weil Celan in der zweiten Rede, im *Meridian*, diese als „Natürlichkeit" zur Grundlage der Bestimmung des Ortes des Gedichtes und der Dichtung wählt. Die verlorene Lebendigkeit und die besondere Natürlichkeit der Dichtung stehen in einem ursächlichen Zusammenhang. Celan verwendet mehrere Beispiele, die das Thema umschreiben. Zunächst den Medusenblick, mit dem „das Natürliche als das Natürliche mittels der Kunst" erfasst werden soll. Dann aber auch den direkten Hinweis auf die „Natürlichkeit und Kreatürlichkeit" der Dichtung, die – wenn man diese Formulierung in einen Begriff übersetzen will – vor allem Präsenz verspricht. Ein weiteres Beispiel für das Bild vom Leben der Bücher ist für Celan schließlich Büchners *Lenz*. Es heißt im *Meridian* dazu, dass das eigentliche Kriterium in Kunstsachen das Gefühl sei, dass Geschaffenes Leben habe – also darf auch der Ort der Dichtung einen Anspruch auf Realität stellen.[26] (GW 3, 190) Die Abgrenzung der Dichtung von einer eher mechanisch verstandenen Kunst erfolgt entsprechend im zweiten Teil des *Meridians* durch die Beschreibung der dialogischen Situation des Gedichtes[27], die ja selbst das Bild vom verlorenen „Leben der Bücher" wieder aufgreift, da sie den Dialog betont.[28]

Celans Verständnis einer „existentiell gebundenen Dichtung" hat einen Grund also durchaus in der Prägung durch die Bukowina.[29] Und es bestimmt nicht zuletzt seine Lektüre der Büchnerschen Texte, die für ihn unter dem besonderen „Neigungswinkel [des] Daseins" (M, 9) steht. Celan hebt insbe-

---

[25] Ich zitiere im Folgenden im fortlaufenden Text mit Sigle und Angabe des Bandes und der Seitenzahl: Gesammelte Werke in sieben Bänden. Hrsg. von Beda Allemann und Stephan Reichert. Frankfurt a. M. 2000 (hinfort GW); Paul Celan: Der Meridian. Endfassung – Entwürfe [Vorstufen] – Materialien. Hrsg. von Bernhard Böschenstein und Heimo Schmull. Frankfurt a. M. 1999 (hinfort M); Paul Celan: Die Gedichte. Kommentierte Gesamtausgabe. Hrsg. u. kommentiert von Barbara Wiedemann. Frankfurt a. M. 2003 (hinfort DG).

[26] Auch hier ist die Betonung des Lebens der Kunst das maßgebliche Kriterium zu ihrer Bestimmung.

[27] Vgl. Christoph Jamme: „Unserer Daten eingedenk". Der „Meridian" in der Diskussion. In: Philosophie und Poesie. Otto Pöggeler zum 60. Geburtstag. Bd. 2. Hrsg. von Annemarie Gethmann-Siefert. Stuttgart-Bad Cannstatt 1988, S. 281–308, hier S. 284.

[28] Celan spricht im ersten Teil zwei unterschiedliche ästhetische Verhaltensweisen an, die Kunst als reproduktive Angelegenheit und die Dichtung als existenzielle. Vgl. Roland Reuß: Im Zeithof. Celan-Provokationen. Frankfurt a. M., Basel 2001, S. 167ff. Reuß vertieft den von Otto Pöggeler vorgegebenen Rahmen.

[29] Vgl. u. a. die Arbeit von Klaus Werner: Czernowitz. Zur deutschen Lyrik der Bukowina im 20. Jahrhundert. In: Kulturlandschaft Bukowina. Studien zur deutschsprachigen Literatur des Buchenlandes nach 1918. Hrsg. von Andrei Corbea und Michael Astner. Iași 1990, S. 42–66.

sondere zwei Aspekte hervor: Er bezieht sich auf die Wiederentdeckung von Büchner durch Karl Emil Franzos, und er liest Lenz als einen in Livland im Baltikum geborenen und in Moskau gestorbenen Autor, der einen vergleichbaren Weg wie der Migrant Celan gegangen ist. So jedenfalls liest sich die Schlusspassage des *Meridian*:

> [...] im Lichte der Utopie unternehme ich – jetzt – Toposforschung:
> Ich suche die Gegend, aus der Reinhold Lenz und Karl Emil Franzos, die mir auf dem Weg hierher und bei Georg Büchner Begegneten, kommen. Ich suche auch, denn ich bin ja wieder da, wo ich begonnen habe, den Ort meiner eigenen Herkunft. Ich suche das alles mit wohl sehr ungenauem, weil unruhigem Finger auf der Landkarte – auf einer Kinder-Landkarte, wie ich gleich gestehen muß.
> Keiner dieser Orte ist zu finden, es gibt sie nicht, aber ich weiß, wo es sie, zumal jetzt, geben müßte, und [...] ich finde etwas.
> Meine Damen und Herren, ich finde etwas, das mich auch ein wenig darüber hinweg-tröstet, in Ihrer Gegenwart diesen unmöglichen Weg, diesen Weg des Unmöglichen gegangen zu sein.
> Ich finde das Verbindende und wie das Gedicht zur Begegnung Führende.
> Ich finde etwas – wie die Sprache – Immaterielles, aber Irdisches, Terrestrisches, etwas Kreisförmiges, über die beiden Pole in sich selbst Zurückkehrendes und dabei – heitererweise – sogar die Tropen Durchkreuzendes –: ich finde [...] einen *Meridian*. (GW 3, 202)

Celans Toposforschung überführt eine rhetorische in eine existenzielle Suchstrategie. Er beschreibt in der Bewegung des Findens eine Kreisbe-wegung, etwas „in sich selbst Zurückgehendes", das er einen „Meridian" nennt. Nun ist es nicht einfach, das Vorstellungsbild, das mit dem Kreis ver-bunden ist, nachzuvollziehen.[30] Celan beschäftigt sich, wie die Materialien zur Rede zeigen, mit der zeitlichen Dimension der Gottesvorstellung im Ju-dentum: Gott „als der Kommende". Vom „Kommenden" her wird auch der Meridian entwickelt. Ein solcher Kreis ist aber nicht geschlossen, die Formulierung „in sich Zurückkehrendes" deutet eine solche Schließung aber an. Celan hat über die Verwendungsweise des Motivs an Otto Pöggeler ge-schrieben, es handele sich um ein „altes mystisches Motiv".[31] Laut Pöggeler verwendet Celan dieses Motiv im Sinne einer Selbstbegegnung. Über diese Selbstbegegnung findet man bei Scholem die Begegnung im Zusammenhang mit der Seelenwanderung.[32]

---

[30] Parallelen zu Zeitvorstellungen bringen nur bedingt plausible Erklärungen ein. Celan hat sich, wie die nun publizierten Materialien zur Rede zeigen, während der Abfassung der Rede z. B. mit Martin Bubers Parallelisierung von profaner und heiliger Zeit beschäftigt (M, 131).

[31] Brief vom 30. 08. 1961, zit. nach David Brierley: „Der Meridian". Ein Versuch zur Poetik und Dichtung Paul Celans. Frankfurt a. M. 1984, S. 329.

[32] Gershom Scholem: Von der mystischen Gestalt der Gottheit. Studien zu Grundbegriffen der Kabbala. Frankfurt a. M. 1977. Als eine Erscheinung des okkulten Selbst oder des „tiefsten Wesen[s] des Menschen" im psychischen oder ätherischen Leib (ebenda, S. 250). Selbstbegegnung ist aber auch im Verständnis von Martin Buber der Kern des Judentums, wie Lydia Koelle: Pneumatisches Judentum, oder: Die gestaltete Polarität. Die Jerusalem-Koordinate als innere Disposition Celans. In: *Arcadia* 32(1997), H. 1, S. 38–64, schreibt.

Die Vorstellung von der Seelenwanderung ist durch die Rede Celans auszuschließen. Also wie dann mit der Stelle verfahren? Eine möglichst buchstäbliche Lektüre erscheint ein sinnvoller Ansatz zur Lösung zu sein: Der Meridian ist zugleich „etwas – wie Sprache" und zugleich etwas „Immaterielles, aber Irdisches" und die „Tropen Durchkreuzendes", also etwas, das das Sagbare (die Topoi) utopisch durchkreuzt. Und der Meridian ist vor allem ein „Weg des Unmöglichen" – als ein solcher „unmöglicher Weg" zeichnet er sich vor allem durch Überlagerungen aus, die den Kreis nicht wirklich schließen, ihn aber nachvollziehen – und hier wird die Analyse des Raums wichtig.[33] In der gedanklichen Abfolge der Rede ist der Raum („Weg") die Voraussetzung der Zeit (der Selbstbegegnung). In der Prosa aus dem Nachlass findet sich ein entsprechender Hinweis, der die Räumlichkeit der Sprache am Gedicht betont:

> [...] das Gedicht hat vielmehr Räumlichkeit, und zwar eine komplexe: die Räumlichkeit und Tektonik dessen, der es sich abfordert; und die Räumlichkeit seiner eigenen Sprache, d. h. nicht der Sprache schlechthin, sondern der sich unter dem besonderen Neigungswinkel des Sprechenden konfigurierenden und aktualisierenden Sprache [...].[34]

Die Rede vom Meridian enthält im Vorstellungsbild zwei Raumvorstellungen: den geografischen und den astronomischen Meridian. Die lexikalische Bedeutung von „Meridian", auf die Thomas Schestag hingewiesen hat, enthält dieses doppelte Verhältnis bereits bildhaft.[35] Die beiden Räume, die der Meridian durchqueren kann, verortet Celan historisch. In geografischer Hinsicht ist der Einzelne über seinen Ort im konkreten Raum beschreibbar. In astronomischer Hinsicht setzt der Einzelne den jeweiligen Meridian neu, wenn er sich durch den Raum bewegt. In beiden Fällen ist er terrestrisch verankert. Die beiden Meridiane berühren sich aber nicht nur, der astronomische Meridian ist in der Zeit nicht wiederholbar, da er von den Bewegungen des Einzelnen abhängt. Er geht in sich selbst zurück.
Überträgt man die geografische und astronomische Vorlage, spricht Celan zwei Räume an, einen nicht mehr vorhandenen „atopischen" Kulturraum, die „verlorene Bukowina", und einen utopischen, der den verlorenen Raum als einen möglichen, also immateriellen, aber irdischen Raum einbettet. Der atopische Raum ist nicht mit den Unterscheidungen Innen/Außen, Peripherie/Mitte und Leere/Fülle beschreibbar. Die Toposforschung steht in der Rede unter dem Vorzeichen eines Bindestrichs: „U-topie". Die Utopie

[33]   Der Kreis schließt sich negativ in dem Gedicht *Le Perigord*.
[34]   Paul Celan: „Microlithen sinds, Steinchen". Die Prosa aus dem Nachlaß. Kritische Ausgabe. Hrsg. u. kommentiert von Barbara Wiedemann und Betrand Badiou. Frankfurt a. M. 2005, S. 144.
[35]   „[J]eder Kreispunkt des geographischen Meridians ist zugleich Kreismittelpunkt des astronomischen Meridians." Thomas Schestag: buk. Paul Celan. München 1994, S. 5.

bewahrt den verlorenen Ort, indem sie ihn erinnert.[36] Für den atopischen Raum lässt sich auch an das „Gedächtnis" denken[37], für den utopischen Raum an den „Mohn".

Die „U-topie" wiederum ist an den Rändern der Gedichte zu suchen, dort, wo die vermeintliche Dunkelheit der Gedichte ins Spiel gebracht wird. Celan reflektiert in der Büchnerpreisrede auch diesen Punkt. Sein Ausgangspunkt ist die Äußerung von Lucile aus *Dantons Tod* – „Es lebe der König" –, mit der Celan die Dichtung gegen die Kunst durchgesetzt findet: Celan betont an ihr, was häufig übersehen wird, zwei Themen: die „Majestät des Absurden", den „unmöglichen Weg", *und* die „Gestaltwahrnehmung" der Sprache, besser: „des Sprechens" bzw. eines Hörens, das „nicht weiß, wovon die Rede war" (M, 3). Man muss diese akromatische Dimension der Sprache besonders betonen, weil man sonst nicht nachvollziehen kann, warum Celan bei seiner Deutung Büchners von der „Stimme" Büchners spricht und in Bezug auf die Erzählung *Lenz* von der „Stimme" Lenzens: „So spricht nicht der historische Lenz, so spricht der Büchnersche, hier [...] haben wir Büchners Stimme gehört: die Kunst bewahrt für ihn auch hier etwas Unheimliches" (M, 5). Das Hören einer Unheimlichkeit ist eine Lucillesche Leistung, das Unheimliche daran ist zugleich mit der exzeptionellen Situation der Dichtung am Rande des gerade noch Verstehbaren vergleichbar. Die Sprache wird randgängig, und erst in dieser Randgängigkeit an der Grenze zum Schweigen wird sie der Utopie fähig. Und hier an diesem äußersten Rand eröffnet sich für Celan die „U-topie". Es handelt sich nicht um eine gesellschaftliche Utopie.

Zu erinnern ist hier, dass für Celan der Meridian immer unter einem Datum steht.[38] „Datum" heißt buchstäblich das Gegebene. Geografisch und astronomisch gesehen ist das Datum ein wesentliches Element zur Bestimmung des Meridians.[39] Das Datum steht unter den Bedingungen von geografischem und astronomischem Meridian. Ohne ein Datum kann man auch den symbolischen Raum nicht verstehen, der an der Grenze zum Schweigen im Gedicht eröffnet wird. Kirberger spricht treffend von der „Dunkelheit als

---

[36] „Utopie" ist schon strukturell mit der Bukowina verbunden. Die besondere Situation der Migration bringt die elementare Struktur mit, die Celan für die Dichtung ansetzt.

[37] Ein Beispiel des atopischen Raumes wäre der Raum zu Gott in *Tenebrae*. Formal weist die Verwendung von Versatzstücken des Choriambus, Kretikus und Adoneus auf die Klage. Inhaltlich werden in Hinsicht auf Gott unbestimmte räumliche Markierungen, in Hinsicht auf die Konzentrationslager konkrete Markierungen verwendet („Mulde und Maar"). Die geologische Sprache eröffnet in dieser Spannung einen Raum, in dem die Ermordeten eine Stimme bekommen. Vgl. Fred Lönker: Tenebrae. In: Lehmann, Kommentar (Anm. 14), S. 187–195.

[38] Dies gilt bereits für die Bildvorlage, jeder astronomische Meridian hat ein Datum.

[39] Als Beispiel für ein Datum, das für Celan von besonderer poetologischer Bedeutung ist, wird häufig der 20. Januar aus dem *Meridian* zitiert. In der Forschung sind bisher vier Aspekte hervorgehoben worden: der 20. Januar in Büchners Erzählung *Lenz*, der 20. Januar 1942, an dem die Wannseekonferenz stattgefunden hat, der 20. Januar, an dem Celan und Ingeborg Bachmann sich in Wien kennen gelernt haben und der 20. Januar als Kapitelüberschrift aus Jean Pauls *Titan*.

Raum des Gedichtes".[40] „Daten" sind darüber hinaus auch Namen und Wörter, die dem Gedicht den existenziellen Bezug geben. Solche Daten sind auch „Brunnen", „Wasser", „Stern", „Luft" und andere Raummarkierungen. Diese Daten enthalten etwas „meridianhaftes", womit Celan Momente der Selbstbegegnung durch einen Anderen/ein Anderes bezeichnet, zu denen auch die Sprache zählt. Ein zufälliger Fund eines Lyrikbandes von Alfred Margul-Sperber bei einem Pariser Antiquar etwa kann „Meridianhaftes" enthalten, weil der Fund Celan an seine Anfänge zurückverweist. Meridianhaft ist die Eröffnung eines Kreises im Lebenslauf.

Wenn also der Leser eingedenk solcher Daten an das Gedicht herantritt, ist der semantische Raum vielfach von Überlagerungen bestimmt. Diese Überlagerungen kommen nicht zur Deckung, sie sind Ergebnis der jeweiligen Vergegenwärtigung im Gedicht, eine Vergegenwärtigung, die mit Bruchstücken arbeitet, sie ermöglichen aber Gestaltwahrnehmungen.[41] Die Toposforschung, die den „Ort der Dichtung" (GW 3, 194) angibt, verlangt eine Kombinatorik, die mit „Bruchstücken" atopisch und utopisch verfährt.[42] Der verlorene „Ort der Herkunft" wird durch den „Ort der Dichtung" überlagert, denn Celan findet in der Kreisbewegung vor allem Sprache. Die Vernetzung von „Ort der Herkunft" und „Ort des Gedichtes" ist dann dichterisch, wenn die Sprache das Gegebene als das Fremde begreift und das Verlorene als das eigentlich Gegebene. Das ist paradox formuliert. Eine Unmöglichkeit also, ein „unmöglicher Weg", der Bestand haben kann, weil darin auch ein utopischer Anspruch formuliert wird.

Gedichte stehen unter dem „Neigungswinkel [des] Daseins" (M, 9). Es sind Gedichte, die ihre Dunkelheit unvermeidlich einholen müssen. Das Gedicht ist dann „offen", es zielt ins „Freie und Leere", aufgrund der Art und Weise, wie es gemacht ist: die Bruchstücke sind ins Utopische offen gelassen, also auch von der Leere bedroht.[43] Eine solche Kombinatorik erlaubt die Sprachlichkeit des Gedichts. In ihm kann ein verlorener Raum als ein möglicher Raum entworfen werden. In dieser „Möglichkeit des Daseins"[44] entfaltet sich auch der Nicht-Ort, die „Utopie". Es entsteht ein Raum, der sich in der

---

[40] Bettina Kirberger: Paul Celan – Die Stunde der Eulenflucht. In: Die literarische Moderne in Europa. Hrsg. von Hans Joachim Piechotta, Ralph-Rainer Wuthenow und Sabine Rothemann. Bd. 3: Aspekte der Moderne in der Literatur bis zur Gegenwart. Opladen 1994, S. 188–197, hier S. 191.

[41] Eine Tendenz der Lyrik Celans besteht darin, den Rückbezug als Eröffnung eines Kreises auf die Bukowina und den Holocaust hin zu erzeugen. Es handelt sich also um einen Rückbezug über die Shoah, wie es bereits Uta Werner gezeigt hat. Vgl. Uta Werner: Textgräber. Paul Celans geologische Lyrik. München 1998.

[42] Dies geschieht in den Gedichten durch eine Verbindung von Elementen, die im literarischen Werk nach Lotman ganz grundsätzlich den Raum definieren.

[43] Der verlorene Raum wird zum Ort des Gedichtes, ein einstmals konkreter Wirklichkeitsbezug wird durch einen anderen, erscheinenden ersetzt. Vgl. zur Notwendigkeit, diese Offenheit mitzulesen: Marcel Krings: Selbstentwürfe. Zur Poetik des Ich bei Valéry, Rilke, Celan und Beckett. Tübingen 2005, S. 133ff.

[44] Zit. nach dem Kommentar von Theo Buck. In: Paul Celan. Gespräch im Gebirg. Mit einem Kommentar von Theo Buck. Aachen 2002.

Aktualgenese im Gedicht in einem Dialog behauptet. Der Ort der Dichtung behauptet sich im Raum, der zum Leser eröffnet wird. „U-topie" gibt an, dass ein messianischer Aspekt in die Begegnung von Gedicht und Leser eingreift. Die Gedichte gehen an den Rand des Sagbaren, um einen messianischen Aspekt zu bewahren und um ihm überhaupt habhaft zu werden. Die Suche nach einem verlorenen Raum gestaltet sich in den Gedichten als ein „Vorausentwerfen".

In dem 1962 geschriebenen Gedicht *Was geschah?* aus dem Band *Die Niemandsrose* reflektiert Celan die Möglichkeit, Sprache als utopischen Raum zu entfalten. Die Beschreibung der Sprache als „Mit-Stern" und „Neben-Erde" nennt die Aufgaben des „möglichen Raums" des Gedichtes. Insbesondere die Adjektive „ärmer", „offen" und „heimatlich" umschreiben den neuen Sprachraum der Gedichte, der den Schmerz über den verlorenen Raum („Stein") in utopischer Absicht durchquert. Das Gedicht zeigt zugleich an, wie das Subjekt durch die entworfenen Räume bestimmt wird. Man kann auch sagen, wie das lyrische Ich seine individuelle Signifikanz im Raum, den das Gedicht entwirft, erhält. Im Bild des Steins, der aus dem Berg heraustritt, wird das Ich Wort – aus dem Berg treten heißt, einen Raum zu eröffnen, der wie der Raum des Lesers zum Gedicht funktioniert.

> WAS GESCHAH? Der Stein trat aus dem Berge.
> Wer erwachte? Du und ich.
> Sprache, Sprache. Mit-Stern. Neben-Erde.
> Ärmer. Offen. Heimatlich.
>
> Wohin gings? Gen Unverklungen.
> Mit dem Stein gings, mit uns zwein.
> Herz und Herz. Zu schwer befunden.
> Schwerer werden. Leichter sein. (DG 153)

Das Gedicht eröffnet mit einem Raumbild, das selbst schon symbolisch ist, es bezeichnet den Raum des Leidens. Diese „Wortlandschaft"[45], die im Haus der Sprache entworfen wird, ist zugleich ein Raum des Schweigens und des Totengedenkens. In der Frage, „Wer erwachte?", beschreibt es die Subjektwerdung unter diesen besonderen Bedingungen. In diesem Raum werden nun dem Ich und dem Du zwei Räume zugewiesen. Das Gedicht enthält in der Parallelführung von Du und Ich, Sprache des Ich auf der Nebenerde, Sprache des Du auf einem Mitstern, Gemeinsamkeiten mit der Raumkonstellation des *Meridians*. Ins Zentrum der Aufmerksamkeit rückt mit den Worten des *Meridians* ein „befremdetes Ich", das sich in der Bewegung vom Ich zum Du konstituiert. Die fragile Konstruktion des Raumes des Subjekts ereignet sich im Gedicht aus Bruchstücken bzw. Sprachpartikeln aus dem

---

[45] Begriff nach Lehmann, Kommentar (Anm. 14), S. 42.

verlorenen Raum[46] als ein paradox gefasstes „Sichvorausschicken" in der Sprache, die im Gegensatz zum verlorenen Raum „unverklungen", also vorhanden ist.[47] Das „Du" des „Ich" entsteht in der Selbstbegegnung vom Unbekannten, Kommenden her.[48]

III.

Aus den bisherigen Darstellungen lassen sich einige Koordinaten gewinnen, die die Untersuchung des Raumes in der Lyrik erleichtern: Neben der a- und u-topischen Konzeption des Gedichtes gehören die Ost-West-Topografie, gewissermaßen eine Poetik der Himmelsrichtungen, Landschaft[49] und Stadt[50] (Köln, Berlin, Paris), ebenso Celans Vorliebe für Wörter aus den geologischen und geografischen Bereichen und das Verhältnis von Zentrum und Peripherie (also von Randgängigkeit) zu den wichtigsten Themen. Genauer eingegangen werden soll auf das Bild des Ostens. Christine Ivanović hat diesbezüglich gezeigt, dass Celan mit dem Osten eine „Heimkehr" verband.[51] Leonhard Olschner ist der Meinung, Exil sei sowohl die Heimstatt der Sprache als auch die „Wiege der Heimat"[52]. Für die Gestaltung des Raumes in den Gedichten sind in der Forschung relativ wenige „Daten" beschrieben worden. Barbara Wiedemann weist auf den vertikalen Raum hin, der schon in den frühen Gedichten vorhanden sei; der vertikale Raum ist mit Wörtern aus dem Umfeld von „Himmel" („Stern" oder „Flug") assoziiert.[53] In einer

---

[46] Vgl. Michael Braun: Hörreste, Sehreste. Das literarische Fragment bei Büchner, Kafka, Benn und Celan. Köln 2002, S. 247.

[47] In den Notizen zum Meridian schreibt Celan: „Das Du des Gedichtes = (unendlich) nahe und unendlich fern (räumlich und zeitlich)" (M, 142); auch in: Wiedemann, „Microlithen sinds, Steinchen" (Anm. 34), S. 148. Der Kommentar und die Erläuterungen zu dieser Passage auf S. 691f. und der Hinweis auf den „Meridian" fehlen leider. Die Nähe zur Aura-Konzeption von Walter Benjamin ist frappant.

[48] „Vielleicht – ich frage nur –, vielleicht geht die Dichtung, wie die Kunst, mit einem selbstvergessenen Ich zu jenem Unheimlichen und Fremden, und setzt sich – doch wo? Doch an welchem Ort? Doch womit? Doch als was? – wieder frei?" (GW 3, 193).

[49] Vgl. dazu: Lehmann, Kommentar (Anm. 14), S. 42f.

[50] Vgl. auch Helmut Böttiger: Orte Paul Celans. Wien 1996; Christine Ivanović: „Auch du hättest ein Recht auf Paris". Die Stadt und der Ort des Gedichts bei Paul Celan. In: *Arcadia* 32(1997), H. 1, S. 65–96.

[51] Christine Ivanović: Das Gedicht im Geheimnis der Begegnung. Dichtung und Poetik Celans im Kontext seiner russischen Lektüren. Tübingen 1996; vgl. John Felstiner: Paul Celan. Eine Biographie. München 1997, S. 243; zu Celans Vorliebe für den Osten, „was unvergeßlich-nahe bleibt im Herzen und durchs Herz", man könnte auch von einem Mythos sprechen, vgl. ebenso Rychlo, Der slawische Meridian (Anm. 18), S. 127.

[52] Leonard Olschner: Paul Celans Poetik der Heimkehr. In: *Celan-Jahrbuch* 8(2001–2002), S. 75–113, hier S. 104.

[53] Barbara Wiedemann-Wolf: Antschel Paul – Paul Celan. Studien zum Frühwerk. Tübingen 1985.

Studie von Bennholdt-Thomsen wird vor allem die Offenheit des Raumbegriffs bei Celan betont.[54]

Blickt man nun auf die Gestaltung der Bukowina in Celans Gedichten, ist insbesondere die Erfahrung des Verlustes hervorzuheben. Der Raum, den die Gedichte entwerfen, ist symbolisch. Literaturgeschichtlich relevant wird der „verlorene Ort" auch über Celan hinaus als Teil des Mythos von der Bukowina. Winfried Menninghaus hat diesen Mythos sehr treffend charakterisiert.[55] Er setzt sich aus mehreren Momenten zusammen: dem Bild des geglückten multikulturellen Vier-Sprachen-Landes, einem „idealen Selbstbild deutscher Kultur", der besonderen Rolle der Dichtung und einer emphatischen Lebensweise sowie der Verbindung von westlichem Rationalismus und östlichem Mystizismus. Problematisch ist dabei, dass sich der Mythos „Bukowina" nicht mit den sozialgeschichtlichen Daten deckt, auch wenn er ein Faktum bleibt.

In den Gedichten finden sich mehrere Hinweise auf die Bukowina: Worte wie „Osten" im Gedicht *Hüttenfenster* oder mehrfach: „Exil". Auf die Situation des Exils wird z. B. im Gedicht *In der Luft* angespielt, in dem ein „erinnertes Kinderlied selbst [...] zum Ersatz für die verlorene Heimat wird."[56] „Exil" erscheint auch im Gedicht *Und mit dem Buch aus Tarussa* in der aufschlussreichen Kombination von „Sprachwaage, Wortwaage, Heimat-/waage Exil"[57] (DG 165). „Heimat" wird auch in Verbindung mit der Buche thematisiert, wie auch in Verbindung mit Bukowina-relevanten Wörtern, die besonders die frühe Lyrik Celans prägen: Dazu gehören der „Stern", typische Pflanzen und die Wortfelder um „Herz" und „Wind". Auf andere Motive ist von Edith Silbermann und Israel Chalfen hingewiesen worden: das Wortfeld um „Brunnen"[58] oder direkte Hinweise wie „Kronland". Die Verwendung der Silbe „Buk-" hat Thomas Schestag untersucht: Celan verwendet das Bild der Buche, aber auch die Vergangenheitsform von

[54] Anke Bennholdt-Thomsen: Das poetologische Raum-Konzept bei Rilke und Celan. In: *Celan-Jahrbuch* 4(1991), S. 117–149.

[55] Winfried Menninghaus: Czernowitz/Bukowina als Topos deutsch-jüdischer Geschichte und Literatur. In: *Merkur* 53(1999), H. 600, S. 345–357. Vgl. auch ders.: Czernowitz/Bukowina als Topos deutsch-jüdischer Geschichte und Literatur. In: Zur Lyrik Paul Celans. Hrsg. von Peter Buhrmann. Kopenhagen, München 2000 (*Text und Kontext. Zeitschrift für germanistische Literaturforschung in Skandinavien*, Bd. 44), S. 9–30. Vgl. auch: Die Bukowina. Studien zu einer versunkenen Literaturlandschaft. Hrsg. von Anton Schwob und Dietmar Goltschnigg unter Mitarbeit von Gerhard Fuchs. 2. Aufl. Tübingen 1991; An der Zeiten Ränder. Czernowitz und die Bukowina. Geschichte – Literatur – Verfolgung – Exil. Hrsg. von Cécile Cordon und Helmut Kusdat. Wien 2002.

[56] Christine Ivanović: Der Schwarzblaue, der Gedankenkäfer. Zur Kontinuität autoreflexiver Motivkonstellationen im Werk Paul Celans. In: Hermenautik – Hermeneutik. Literarische und geisteswissenschaftliche Beiträge zu Ehren von Peter Horst Neumann. Hrsg. von Holger Helbig, Bettina Knauer und Gunnar Och. Würzburg 1996, S. 279–300, hier S. 294.

[57] Heimat wird in *Wirf das Sonnenjahr* als „das Unbelebte" angesprochen. Dieses „Unbelebte" ist in den Dankreden weitergedacht unter dem Stichwort „Verlust der Lebendigkeit". Vgl. auch *Kermorvan, Denk Dir, Im Spiegel, Radix, Matrix*.

[58] Silbermann, Begegnungen mit Paul Celan (Anm. 19), S. 7, zum „Kronland" vgl. ebenda, S. 13.

„backen": „buk" und darüber assoziiert „Brotland". Neben dem „Brot" ist, so kann man Schestag ergänzen, auch das Wasser angesprochen.

Solche Wortfelder, die sich mit elementaren Lebensbedürfnissen verbinden lassen, bilden sich auch um das „Brunnen"-Motiv. Das „Brunnen"-Motiv verweist nicht nur auf Czernowitz, sondern auch auf die Siedlungsgeschichte der jüdischen Stadtbevölkerung, die sich um so genannte Ziehbrunnen ansiedelte.[59] In dem Gedicht *Oben, geräuschlos*, das die Funktion der Erinnerung an die Bukowina anzeigt, heißt es beispielsweise: „[…] (Erzähl von den Brunnen, erzähl/ von Brunnenkranz, Brunnenrand, von/ Brunnenstuben – erzähl.// Zähl und erzähl, die Uhr,/ auch diese, läuft ab.// Wasser: welch/ ein Wort. Wir verstehen dich, Leben)" (DG 109f.). Mit der Assoziation der Siedlungsgeschichte wird auch die Migration als Thema aufgerufen, also der Verlust eines unmittelbar erfahrenen kulturellen Kontextes. Das 1950 in Paris entstandene Gedicht *So bist du denn geworden*, aus dem Band *Mohn und Gedächtnis*, behandelt die Migration vor dem Hintergrund des atopischen Raumes.

> So bist du denn geworden
> wie ich dich nie gekannt:
> dein Herz schlägt allerorten
> in einem Brunnenland,
>
> wo kein Mund trinkt und keine
> Gestalt die Schatten säumt,
> wo Wasser quillt zum Scheine
> und Schein wie Wasser schäumt.
>
> Du steigst in alle Brunnen,
> du schwebst durch jeden Schein.
> Du hast ein Spiel ersonnen,
> das will vergessen sein. (DG 46)

Parallel zu *Was geschah?* wird auch in diesem Gedicht ein neuer Raum durch Ich und Du evoziert. Die Trennung registriert die Differenz zwischen einem „Du" des atopischen Raumes an einem Ort, an dem widernatürlich kein Mund Wasser trinkt, und dem Raum des Ichs. Die erste Strophe registriert zunächst einen Bruch in der lebenszeitlichen Entwicklung: Das Ich bleibt Ich und wird zugleich zum Du, weil es sich in der Gegenwart fremd wird. Die katastrophale Erfahrung der Lebenszeit nötigt zwei Orte auf, an denen das Ich und das Du sich aufhalten: in der Vergangenheit und in der Gegenwart. Aufschlussreich ist nun, dass Celan in dem Gedicht eine räumliche Markierung wie „Brunnen" verwendet, die den Raum der Vergan-

---

[59] Chalfen, Biographie (Anm. 17), S. 23.

genheit, den er beschreibt, symbolisch werden lässt. Es ist ein Raum, der so nicht existiert, dennoch sinnhaft apperzepiert wird. Das einleitende „Wo" der zweiten Strophe eröffnet den verlorenen Raum als einen Scheinraum, in dem sich das Du dennoch bewegt: Es steigt hinab in die Brunnen, es schwebt im Schein. Das Du besiedelt eine bodenlose Leere[60], man könnte in der Bildlichkeit Celans auch vom „Grab in den Lüften" sprechen.

Innerhalb des Rückbezugs auf die Bukowina gibt es auch die Tendenz, die Bilder der frühen Gedichte als Grundlage für die späteren zu verwenden. Diese Verwendung ist teilweise idiosynkratisch, dennoch aber lesbar. Die frühen Gedichte funktionieren darin wie die sprachliche Realitätsgrundlage der späteren Gedichte. Ein Beispiel ist der Motivkomplex „Wind-Wolke-Stern".[61] Das Gedicht *Espenbaum* bildet darin den Umkehrpunkt. „Espenbaum, dein Laub blickt weiß ins Dunkel./ Meiner Mutter Haar ward nimmer weiß.// Löwenzahn, so grün ist die Ukraine./ Meine blonde Mutter kam nicht heim.// Regen*wolke*, säumst du an den *Brunnen*?/ Meine leise Mutter weint für alle.// Runder *Stern*, du schlingst die goldne Schleife./ Meiner Mutter Herz ward wund von Blei.// Eichne Tür, wer hob dich aus den Angeln?/ Meine sanfte Mutter kann nicht kommen." (DG 30, Hervorhebungen W. F.).

Das Gedicht formuliert paradigmatisch eine Umkehr in der Verwendungsweise der Bilder „Natur", „Brunnen", „Stern", „Tür", die Bilder für die Bukowina allgemein und das jüdische Leben dort im Besonderen sind. Unter der Shoah werden sie verkehrt, bleiben als Raummarkierungen aber erhalten.[62] Nicht nur das „Obere" (Stern, Wind, Wolke) wird mit der Asche der Toten verbunden. Das Gedicht wird zugleich zum Erinnerungsort. Dieter Schlesak hat auf den chassidischen Hintergrund hingewiesen, nach dem das Grab als Tor zu Gott verstanden wird.[63] Mit diesem Hinweis wird zwar verständlich, warum auch andere Dichter der Bukowina insgesamt die „Luft" zum Thema wählen. Immanuel Weißglas' Gedicht *Er*, das eine parallele Motivik zu Celans *Todesfuge* enthält, beginnt bekanntermaßen mit den Worten: „Wir heben Gräber in die Luft, und siedeln,/ Mit Weib und Kind an dem gebotnen Ort./ Wir schaufeln fleißig und die andern fiedeln,/ Man schafft ein Grab und fährt im Tanzen fort."[64] Celans Entschiedenheit, den Raum der Toten zu behaupten, wird damit aber nicht erfasst. Uta Werner hat gezeigt, dass sich die Gedichte Celans auch als eine Bestattung der Toten lesen las-

---

[60] Vgl. die Ausführungen von Hans-Michael Speier: Grund und Abgrund des Gedichts. Raum als poetologisches Phänomen im Werk Paul Celans. In: Wechsel der Orte. Studien zum Wandel des literarischen Geschichtsbewußtseins. Festschrift für Anke Bennholdt-Thomsen. Hrsg. von Irmela von der Lühe und Anita Runge. Göttingen 1997, S. 51–66.

[61] Vgl. zur Lektüre durchgehender Motivkomplexe Ivanović, Der Schwarzblaue (Anm. 56), S. 279f. und S. 286 zur „chronologischen Kohärenz".

[62] Vgl. allgemein zu diesem Vorgehen Celans: Hendrik Birus: Celan – wörtlich. In: Paul Celan „Atemwende". Hrsg. von Gerhard Buhr und Roland Reuß. Würzburg 1991, S. 125–166.

[63] Dieter Schlesak: Wort als Widerstand. Paul Celans Herkunft – Schlüssel zu seinem Gedicht. In: *Literaturmagazin* 10(1979), S. 79–102.

[64] Immanuel Weißglas: Aschenzeit. Gedichte. Aachen 1994, S. 107.

sen, und so ist das Gedicht ein Gedächtnisraum, in dem Erinnerung, Verlust und Utopie der Begegnung mit dem Anderen thematisch werden.

Der Wirklichkeitsbezug der Gedichte ist ein zweifach sprachlich vermittelter: Die erste Vermittlung sind die konkreten Bilder, Landschaften oder Räume, die sich mit den Wörtern im individuellen Gedächtnis verbunden haben. Die zweite Vermittlung basiert auf dem Aufgreifen dieser sprachlich verfassten Vorhandenheit im Gedicht. Das vor Anfang 1950 entstandene Gedicht *Kristall*, ebenfalls aus dem Band *Mohn und Gedächtnis*, nimmt die Ich-Du-Problematik im Zusammenhang mit dem „Brunnen"-Motiv auf, es ist zugleich ein Gedicht über den Sprachraum in Hinsicht auf den utopischen Raum, der im Gedicht *So bist du denn geworden* nicht angesprochen wird:

KRISTALL

Nicht an meinen Lippen suche deinen Mund,
nicht vorm Tor den Fremdling,
nicht im Aug die Träne.

Sieben Nächte höher wandert Rot zu Rot,
sieben Herzen tiefer pocht die Hand ans Tor,
sieben Rosen später rauscht der Brunnen. (DG 44)

In Anlehnung an Buber ließe sich davon sprechen, dass das Gedicht die profane Zeit in eine nicht mehr profane Zeit verwandelt. Das Ich beschreibt gerade wegen des lebenszeitlichen Bruchs zwischen Ich und Du eine neue Zeitdimension und zugleich eine neue Raumdimension. Innen und Außen tragen Züge des Utopischen. Aufschlussreich ist in diesem Gedicht die Gestaltung des utopischen Raumes in der zweiten Strophe mit jüdischen Symbolen. Die Zahl „Sieben" verweist auf den siebenarmigen „Leuchter"[65] (Menora) im jüdischen Tempel, die Rose ist das Symbol der Kabbala für die „Einwohnung Gottes in der Welt" (die Schechinah), das „Herz" ist von jeher ein Bild Celans für die Bukowina.[66] Das Ich des Gedichtes entwirft sich zu einem utopischen Raum hin, der im Gedicht zugleich der verlorene Raum der Bukowina ist: Das Pochen an das Tor und die Erwähnung des Brunnens verweisen auf sie. Die Selbstbegegnung wird vom „Du" her entwickelt, das durch den verlorenen Raum hindurch von einem utopischen Ort die Identität mit sich verbürgen soll.[67] Damit steht das Ostjudentum im Zentrum der Darstellung, dessen symbolische Orte erinnert werden.

---

[65] Vgl. DG, 455.
[66] Schlesak, Wort als Widerstand (Anm. 63), S. 93.
[67] Im Titel wird schließlich auf die Sprache, das „Atemkristall", angespielt, ein Bild für Wörter im Gedicht. Die enge Verbindung von Sprache und utopischem Raum artikuliert nochmals das Gedicht *Wohin mir das Wort* in der Verbindung der Zahl „sieben" mit dem „Stern". Es heißt dort: „der Siebenstern, der mit mir lebt" (DG 155).

Im Band *Die Niemandsrose* wird im Gedicht *Die Silbe Schmerz*, die utopische Bedeutung des „Du" hervorgehoben: „Es gab sich Dir in die Hand:/ ein Du, todlos,/ an dem alles Ich zu sich kam [...]".[68] (DG 159) Das „Du" ist todlos, also der Lebenszeit entzogen, es bewohnt einen nicht realen Raum. Das am 20. Januar 1968 entstandene Gedicht *Ich höre, die Axt hat geblüht* aus dem Band *Schneepart* konstituiert den Raum über einen irreal erscheinenden Blick:

> ICH HÖRE, DIE AXT HAT GEBLÜHT,
> ich höre, der Ort ist nicht nennbar,
>
> ich höre, das Brot, das ihn ansieht,
> heilt den Erhängten,
> das Brot, das ihm die Frau buk,
>
> ich höre, sie nennen das Leben
> die einzige Zuflucht. (DG 319)

Ein nicht nennbarer Ort, auf den über das Brot und die Verwendung der Vergangenheitsform von „backen", „buk", angespielt wird, wird nun in einem sarkastischen Kommentar[69] mit dem Tod verbunden: „ich höre, sie nennen das Leben die einzige Zuflucht". Die Zeile betont die Lebensnotwendigkeit, die Bukowina als verlorenen und utopischen Ort zu (er)schreiben, wie auch eine Zeile aus dem Gedicht *Mit den Sackgassen* zeigt: „dieses/ Brot kauen mit/ Schreibzähnen". (DG 324)

Diese utopische Bedeutung des Raumes schwächt sich in späteren Gedichten ab. Hinweise darauf lassen sich in *Atemwende* finden: „STEHEN, im Schatten/ des Wundenmals in der Luft.// Für-niemand-und-nichts-Stehn./ Unerkannt,/ für dich / allein.// Mit allem, was darin Raum hat,/ auch ohne/ Sprache." (DG 178) Die Sprache reicht hier nicht hin, den utopischen Anspruch an die Dichtung einzulösen. Mit dem Auszug aus der Sprache bleibt aber ein unbestimmter Raum des Ichs, es bleibt die Reflexion über das Im-Schatten-der-Shoah-Stehen.

Das Gedicht *Deine Augen im Arm* aus *Fadensonnen* enthält dann die Forderung: „Mach das Wort aus". Es formuliert Konsequenzen für den Sprachraum des Gedichts. Der Verlust an Sprachraum wird gegen das Schweigen oder des unsagbare Leiden[70] abgewogen: „[...] Mach den Ort aus, machs Wort aus./ Lösch. Miß.// Aschen-Helle, Aschen-Elle – ge-/ schluckt.//

---

[68] Vgl. auch: *... rauscht der Brunnen*: „Und du:/ du, du, du/ mein täglich wahr- und wahrer-/ geschundenes Später/ der Rosen –:// Wieviel, o wieviel/ Welt. Wieviel/ Wege." (DG 139)

[69] Zugleich ein Selbstkommentar, wenn man die Verwendung des Wortes „Axt" im Gedicht *Schwarze Flocken* hinzuzieht.

[70] Vgl. Raimar Zons: Beredtes Schweigen. In: Ruinen des Denkens – Denken in Ruinen. Hrsg. von Norbert Bolz und Willem van Reijen. Frankfurt a. M. 1996, S. 147–173.

Vermessen, entmessen, verortet, entwertet,/ entwo// Aschen-/ Schluckauf, deine Augen/ im Arm,/ immer." (DG 225f.) Bereits das im April 1968 entstandene Gedicht *Hervorgedunkelt* behandelt die Bukowina in sprachkritischer Perspektive:

> HERVORGEDUNKELT, noch einmal,
> kommt deine Rede
> zum vorgeschalteten Blatt-Trieb
> der Buche.
>
> Es ist
> nichts herzumachen von euch,
> du trägst eine Fremdheit zu Lehen.
>
> Unendlich
> hör ich den Stein in dir stehn. (DG 327)

Auch hier sind Sprachraum und verlorener Raum aufeinander bezogen: Der „Blatt-Trieb der Buche" meint das Buchenland und das Land auf dem Blatt Papier. Das „befremdete Ich" der Büchnerpreis-Rede ist in dem Gedicht der Fremdheit überantwortet. Der Rückgang auf die Bukowina erbringt nun die Unendlichkeit des Stehens im Schatten „des Steins" bzw. des Wortes, das im Gedicht *Was geschah* noch aus dem Berg treten und einen eigenen Raum schaffen konnte. Paradox formuliert müsste man sagen: Der verlorene Ort geht nun auch in der Dichtung in seine Verlorenheit über.

IV.

Das Raumkonzept Celans in den Gedichten ist nicht biografisch zu verstehen, auch wenn der Anlass biografisch ist. Die Biografie erscheint nicht unmittelbar in den Gedichten, sie wird zweifach gebrochen: durch den utopischen Aspekt der Gedichte und durch den verlorenen Raum, der eine Biografie in diesem Raum nicht mehr zulässt. Die Herkunft Celans gibt also nicht den Schlüssel zu seinen Gedichten an die Hand, wie dies Dieter Schlesak behauptet hat.[71] Der Schlüssel liegt in der Lektüre der Bruchstellen[72], die, so könnte man eine Notiz Celans anfügen, zur „Brüderlichkeit" mit dem Anderen auffordert. (M, 130) Biografisch kann die Lektüre in Hinsicht auf die Identifikation von Bruchstücken sein, die atopisch und utopisch im

---

[71] Schlesak, Wort als Widerstand (Anm. 63).
[72] Gert Mattenklott spricht von einer „Blockade" als „Markierung einer Stelle, die durch die Schrift (noch) nicht besetzt ist". Gert Mattenklott: Absolute Dichtung im Sog des Lebens. Über das Verhältnis von Poesie und Biographie im 20. Jahrhundert. In: Corbea-Hoisie, Biographie und Interpretation (Anm. 18), S. 15–24, hier S. 18.

Gedicht verbunden werden. Ästhetisch bleibt eine solche Lektüre, weil die Lesarten der Bruchstücke sich im Gedicht ereignen und man die Relationen im Gedicht herstellen muss.

Die Gedichte Celans sind gerade wegen ihrer Konkretheit (die dem Leser weitgehend unbekannt bleiben kann) nicht hermetisch, sie sind dem Leser aufgegebene Fragen, die er im Gedenken an ihr Thema mit sich tragen muss, mitunter ein Rätsel, das die Vergangenheit erst freigibt, wenn man sich ihm in allen im Gedicht angesprochenen Details angenähert hat, d. h. nicht nur ihre Zeitstruktur, sondern auch ihre Raumstruktur in Erfahrung gebracht hat. Die Gedichte fordern den Leser auf, den konkreten Anlass zu suchen, aus dem heraus sie entstanden sind, den Gedichten ist also die Vergegenwärtigung der Vergangenheit eingeschrieben, weil sie ihren Sinn erst freigeben, wenn man sich an die zeitlichen und räumlichen Daten erinnert, unter denen sie geschrieben sind. Der Leser bekommt die Gedichte zum Gedenken auf. Man könnte auch sagen: Celan erinnert so an den verlorenen, vernichteten Raum jüdischen Lebens, d. h., dass der Leser im nachforschenden Gedenken den möglichen Raum in dem verlorenen zwangsläufig errichten muss, um zu verstehen. Wenn Celan also die Bukowina im *Meridian* und den Gedichten an prominenter Stelle plaziert, dann wegen der Vergleichbarkeit der Konstellationen von Dichtung, Sprache und persönlicher Heimat.

Interreferentialität und Interkulturalität

Heimatlos in Paris: Paul Celan

GEORGE GUȚU (Bukarest)

Versucht man sich vorzustellen, dass man in einem Haus, im „Haus des Seins", um mit Heidegger zu sprechen, im Haus der Sprache, im Haus der deutschen Sprache sitzt, die – laut Paul Celan – hindurchgehen musste „durch die tausend Finsternisse todbringender Rede", so befindet man sich am Fenster eines virtuellen „Hauses", am „Fenster im Südturm", das uns – durch Sprachgitter hindurch – Einblick in einen verborgenen Horizont, in den „Wolkenspiegel" Celan'scher Frühlyrik ermöglicht:

> Wo der Jasmin den Blick allein läßt, ist das Meer –
> Und weiter unten ist die Welt zuende.

Die Verse sind in dem in den Bukarester Jahren verfassten Gedicht Paul Celans *Das Fenster im Südturm* zu finden, das eines seiner frühen Themen signalisiert: Die Faszination des Südens und des Ostens als Erfahrungs- und Erlebnisraum. „Vom Osten gestreut, einzubringen im Westen" – ist die einprägsame Formel einer tief greifenden Einsicht, mit der Paul Celan seinen gesamten dichterischen und menschlichen Weg zusammenfasste. In einem Brief an seinen Bukarester Förderer, den Schriftsteller Alfred Margul-Sperber, schrieb Paul Celan am 12. September 1962 aus Paris:

> In einem gewissen Sinne ist mein Weg noch einmal der Ihre, wie der Ihre beginnt er am Fuße unserer heimatlichen Berge und Buchen, er hat mich, den – um es mit einem Scherzwort zu sagen – karpatisch Fixierten – weit ins Transkarpathische hinausgeführt [...].[1]

Mit dem Topos „heimatliche Berge und Buchen" sowie mit der Evokation der „Buchen meiner Heimat" in einem Gedicht aus der Bukarester Zeit[2] ha-

---

[1] Paul Celan: Briefe an Alfred Margul-Sperber. In: *Neue Literatur* 26(1975), H. 7, S. 59.
[2] Paul Celan: Im Spiegel. In: George Guțu, „Im Spiegel, dem mein Herz die Wolke war ..." Frühe Gedichte Paul Celans. In: *Neue Literatur* 39(1988), H. 10, S. 27–39. Dass. auch in: George Guțu: Die Lyrik Paul Celans und die rumänische Dichtung der Zwischenkriegszeit. București 1994, S. 172–178.

ben wir den prägnantesten Ausdruck des Bekenntnisses Paul Celans zu seiner geistigen Herkunft und Verwurzelung: ein Heimatgefühl in einer in aller Deutlichkeit auf sich genommenen karpatischen Fixiertheit, die nach 1947 einen biografischen und kreativen Sprung ins Transkarpatische vollzog, in den neuen Erlebnisbereich des Westens. Der „Sprung" war zunächst mit der starken Hoffnung verbunden, eine neue Heimat zu finden – nachdem er 1945 Czernowitz verlassen hatte, um eventuell in Bukarest Fuß zu fassen. Nach drei Jahren flüchtete Celan Ende 1947 aus Bukarest in Richtung Wien, brachte hier seinen ersten Gedichtband *Der Sand aus den Urnen* heraus, den er wegen zahlloser Druckfehler aus dem Verkehr zog, und übersiedelte dann im Juli 1948 nach Paris, wo er bis zu seinem Freitod 1970 lebte. Kein anderer Dichter hat sich so deutlich wie Celan dazu bekannt, dass der eigene, in der östlichen Heimat verwurzelte Weg eine fruchtbare Synthese verschiedener geistiger und kultureller Landschaften und Horizonte, das bemerkenswerte Ergebnis interkultureller, ja interreferentieller Austauschprozesse gewesen sei. Im seinem Frühgedicht *Im Spiegel* wies Celan auf solche interkulturell geprägte Herkunftshorizonte seiner Lyrik hin: „Und bei den Buchen meiner Heimat säumt/ das braune Mädchen aus dem Kaukasus [...]."[3] Deutsche, rumänische, ostjüdische, also chassidische, Elemente, französische, russische, englische Bildungserlebnisse, das Leben inmitten einer pluriethnischen, mehrsprachigen, also plurikulturellen Gegend, in Czernowitz und Bukarest, bilden das unerschöpfliche Reservoire der dichterischen Welt Paul Celans, die durch seine westlichen Erlebnisse wesentlich ergänzt wurde. Damit war der Blick Celans für das Fremde, Andere zur Konversion fremd- und eigenkultureller Impulse bereit. Constantin von Barloewen geht diesem Phänomen theoretisch auf den Grund:

> In dem Maße, in dem ‚Fremde' sich einer Akkulturation unterziehen, verlagert sich ihre Selbsteinschätzung immer stärker von einem ausschließlich kulturellen auf einen interkulturellen Zustand. Diese interkulturelle Identität ist flexibel und fließend, da sie nicht mehr auf der Zugehörigkeit zu einer ursprünglichen oder einer fremden Kultur allein beruht.[4]

Die interkulturelle Identität war in der Bukowina besonders stark ausgeprägt, weil sich hier – zumindest in akkulturierten Kreisen – die Einsicht weitestgehend durchgesetzt hatte, dass

> keine Kultur, keine Religion oder Weltanschauung [...] über einen ausschließlichen Anspruch auf den Begriff des Logos oder der richtigen Weltsicht [verfügt]. Auf einer weltpolitischen Ebene stellt sich die dringliche Frage nach einer Identität der breit gefächerten Kulturen angesichts strittiger politischer Territorien und wechselseitiger nationaler Abgrenzungen. Dies fällt vor allem dort ins Gewicht, wo innerhalb eines territorialen Ver-

---

[3] Ebenda.
[4] Constantin von Barloewen: Vom Primat der Kultur. Essays zur vergleichenden Kulturbetrachtung. München 1990.

bandes verschiedene Kulturen um Eigenständigkeit ringen, aber auch da, wo Vielkulturenstaaten anzutreffen sind.[5]

Die oben angeführten, sich in Celans Werk überlappenden Kulturhorizonte sind Koordinaten des von ihm selbst evozierten Weges, die – erst in ihrem engen Zusammenhang betrachtet – das möglichst vollständige Bild dieses faszinierenden Dichters abzugeben vermögen, dem ein tragisches Leben unerspart geblieben ist. Dazu trug die grauenhafte deutsche und europäische Geschichte in unrühmlicher Weise bei. Aus der ursprünglichen interkulturell geprägten Heimat vertrieben, begann Celan seinen Weg zu einer vermeintlich neuen Heimat. Auf dieser Suche entdeckte Celan retrospektiv seine frühere, östliche geistige und menschliche Heimat, die Bukowina, jene „der Geschichtslosigkeit anheimgefallene ehemalige Provinz der Habsburgermonarchie", sowie die rumänischen Surrealistenkreise und die Dichter seiner „karpathischen Fixiertheit". Anlass zum Verlassen der alten Heimat waren der Zweite Weltkrieg und die diskriminierenden Maßnahmen gegen die Juden, die auch in Rumänien Anfang der 1940er Jahre ihre unheilvollen Folgen zeitigten. Alfred Kittner, ein anderer Bukowiner Lyriker, hatte dies in seiner Lyrik deutlich artikuliert:

> Wir wurden aus unserer Heimat gehetzt
> Und über den Dnjestr getrieben,
> Von zweihunderttausend ist bis zuletzt
> Kaum ein Viertel am Leben geblieben.[6]

Celan war am Leben geblieben, auch wenn er in einem Arbeitslager schwere Entbehrungsjahre verbringen musste. In seiner Lyrik ist er immer um einen Dialog mit seinen ermordeten Eltern, mit einer fiktiven toten Geliebten oder Schwester bemüht: Die intendierte Überlappung von weiblichen Gestalten wie Schwester, Geliebte oder Mutter suggeriert das damals allein mögliche Ankunftsziel eines Heimatlosen und vielfach Entfremdeten sowie dessen Überlebenschance – so im Bild der „Rose", der „Tulpe", der „Herbstzeitlosen" usw.
Jegliche Versuche, den Dichter Celan einseitig festzulegen, ja zu instrumentalisieren und dabei nur das hervorzuheben, was ihm während der Zeit des Nationalsozialismus und des Zweiten Weltkrieges widerfahren ist, müssen fehlschlagen. Das hat aber auch mit einer prekär-interkulturellen Herangehensweise zu tun:

---

[5] Interkulturalität. Gedankensammlung von Krisztina Der und Katrin Wladasch. URL: http://www.no-racism.net/antirassismus/glossar/interkulturalitaet.htm.

[6] Alfred Kittner: Podoliens Ende. In: A. K.: Hungermarsch und Stacheldraht. Verse von Trotz und Zuversicht. Bukarest 1956, S. 40.

Natürlich ist die Kenntnis der kulturellen Herkunft des Gegenübers wichtig für Kommunikation und gegenseitiges Verständnis, aber da geht's um alle Facetten des Individuums, der Person, Persönlichkeit, und da sind ganz viele Gruppenzugehörigkeiten und kulturelle Zugehörigkeiten wie Alter, soziale Herkunft, Geschlecht, Bildungslevel, relevant. Die landläufigen Assoziationen zu Interkulturalität beschränken sich aber meistens auf eine Fixierung auf die kulturelle Identität eines Individuums oder noch öfter gleich einer ganzen Gruppe.[7]

Diese instrumentalisierende „Fixierung" Celans auf eine einzige der genannten Koordinaten wird diesem vielseitigen Dichter kaum gerecht. Seine Erfahrung als Jude schließt seine Erfahrung als Mensch keinesfalls aus, sie ist also nur ein Teil von „all dem", „was geschah". Der Dichter Celan nimmt gleichzeitig Bezug auch auf seine gesamte moderne Gegenwart und – soweit durchzublicken – auch auf die Zukunft seines Hier- und Heute-Seins, auf seine existenzielle Befindlichkeit. Er erhebt unterschwellig Protest gegen eine Gegenwart, die Natur, Mensch und Geist, aber auch das damit verbundene Göttliche soweit verunreinigt hat, dass die tradierte, herkömmliche Sprache dem poetischen Sprechakt nicht mehr gewachsen zu sein scheint. Celans kritische Akzente richten sich nicht dagegen, „daß die konkrete Einlösung der Utopie in Wirklichkeit immer noch aussteht"[8], da Celan ein selbstbewusster Kenner dessen war, was U-Topia generell bedeutet: Ortlosigkeit, Heimatlosigkeit, Fremde, also niemals Wirklichkeit, sondern etwas von der Wirklichkeit Abgeleitetes, poetische Kreatürlichkeit, Heimatlandschaft als Fiktion, als „überzeitliche Landschaft."[9] In diese neue Landnahme, in dem erneuten Versuch, heimisch zu werden, wird das frühere Identitätsbewusstsein hineingezogen, entmythisiert und mit sachlichem Kalkül ausgedrückt: „du Erle, du Buche, du Farn:/ mit euch Nahen geh ich ins Ferne, –/ Wir gehen dir, Heimat, ins Garn."[10] Ähnlich der bereits bettlägerigen Rose Ausländer, die an Alfred Kittner schrieb:

Ich bin so froh, daß Ihnen auch mein Aufsatz ‚Alles kann Motiv sein' gefällt. Ja, ich hänge sehr an unserer versunkenen Heimat, an meinem geliebten Czernowitz und den Gebirgsorten in der südlichen Bukowina.[11]

---

[7]   Barloewen, Vom Primat (Anm. 4).
[8]   Klaus Voswinckel: Paul Celan. Verweigerte Poetisierung der Welt. Versuch einer Deutung. Heidelberg 1974, S. 55.
[9]   Eva Reichmann: Heimat, Czernowitz in der Lyrik von Rose Ausländer – Erinnerung oder/und Fiktion? In: „Gebt unseren Worten nicht euren Sinn". Rose Ausländer Symposion. Düsseldorf 2001. Köln 2001, S. 93.
[10] Paul Celan: Kermorvan. In: P. C.: Die Niemandsrose. Frankfurt am Main 1964, S. 61.
[11] Brief von Rose Ausländer an Alfred Kittner vom 21. August 1976. In: Kittner-Nachlass des Bukarester Zentrums für Geschichte der Juden in Rumänien, Aktenbündel VIII 73/A, Blatt 8 bzw. Blatt 12. Letzteres veröffentlicht in: „Stundenwechsel." Neue Perspektiven zu Alfred Margul-Sperber, Rose Ausländer, Paul Celan, Immanuel Weissglas. Hrsg. von Andrei Corbea Hoişie, George Guţu und Martin A. Hainz. Bucureşti, Iaşi, Konstanz 2002, S. 395.

Der Blick des nüchternen Betrachters bemerkt sowohl bei Celan als auch bei Rose Ausländer sowie bei den anderen Bukowiner Dichtern den eindeutigen Trend zur rückwärts gewandten Inszenierung bzw. Hyperbolisierung von Stereotypen. Indessen ist ein solcher Rückbezug auf die frühere Heile-Welt-Heimat, „auf die südöstlichen Ränder [,] nicht einfach ein Wiederbesinnen auf Kindheit und Jugend", sondern eher ein „Vor-uns-Hinstellen einer überwiegend vormodernen und verlangsamten Wirklichkeit."[12]

Der poetische Entwurf neuer Welthorizonte erweist sich als Absicht, vom Subjektiv-Individuellen zum transfigurierten Allgemein-Menschlichen vorzustoßen, immer wieder Ausdrucksmöglichkeiten zu finden, in diesem Falle Worte „für das, was geschah". Denn

> Heimat [ist] also *ein individueller Tatbestand* [Hervorhebung G. G.], der sowohl aus Eindrücken der äußeren wie aus Empfindungen der inneren Sinne und nach Maßgabe der Erinnerung zustande kommt.[13]

In diesem Sinne ist das Gedichteschreiben als eine ständige „Bewegung", als ein „Unterwegssein" oder als „Versuch, Richtung zu gewinnen"[14], anzusehen, genauso wie nur in diesem Sinne „Heimatlosigkeit und Unbehaustheit" begreifbar werden – als jene Aktualisierung der „Ursituation der gesamten modernen Welt", die hier, vom „konkreten Erlebnis der Judenverfolgung und -vernichtung"[15] ausgehend, unmissverständlich den menschlichen Status einer Epoche anvisiert.

Heimat, Behaustheit, Halt, ja Geborgenheit erweisen sich inmitten einer heillosen Welt allein in der Dichtung als möglich, mit anderen Worten: in der Sprache, denn – so Heidegger – „die Sprache ist das Haus des Seins", des Lebens überhaupt, des Überlebens. Bereits in den 1930er Jahren beschieden Kritiker dem Dichter Alfred Margul-Sperber, der sich in Briefen und Postkarten an Hermann Hesse über seine „Echolosigkeit" in der eigenen geografisch-geistigen Heimat Bukowina beklagte, jenes Recht auf Heimat innerhalb der deutschen Literatur:

> Ein rührendes Büchlein. Da ist einer, der wohl mit Fug den Namen eines Dichters für sich ansprechen darf, irgendwie nach Rumänien verschlagen, in fremde Landschaft, in fremdes Sprachgebiet, und schreibt nun, gleich dem Rufenden in der Wüste, Gedicht um Gedicht, ohne Hoffnung auf Öffentlichkeit und Gemeinde ... Und doch tritt uns hier aus der Frem-

---

[12] Klaus Werner, Euphorie und Skepsis: Waren die Bukowina und Galizien ‚inter'kulturell? Anmerkungen zu einer Debatte. In: K.W.: Erfahrungsgeschichte und Zeugenschaft. Studien zur deutschjüdischen Literatur aus Galizien und der Bukowina. München 2003, S. 14.

[13] http://www.uni-ulm.de/LiLL/gemeinsamlernen/materialien/heimat/theoriegruppebern/heimat1.html.

[14] Paul Celan: Ausgewählte Gedichte. Nachwort von Beda Allemann. Frankfurt am Main 1968, S. 128.

[15] Bernd Kolf: Stygisches. Zu dem Gedichtband „Der Nobiskrug" [von Immanuel Weissglas]. In: Reflexe. Kritische Beiträge zur rumäniendeutschen Gegenwartsliteratur. Hrsg. von Emmerich Reichrath. Bukarest 1977, S. 276.

de ein Mann entgegen, *dem Heimatrecht gebührt in der deutschen Lyrik.* (Hervorhebung G. G.)[16]

Dichtung als Opium, als Trost spendende Beschäftigung in harten Zeiten, in denen alles drunter und drüber ging. Und gerade hier wird ein allgemeiner Topos der Lyrik des 20. Jahrhunderts deutlich artikuliert: In einer feindlichen Welt, auch in der Zeit unmenschlichster Handlungen, wie in jener, in der die Nationalsozialisten das Sagen hatten, bietet die Sprache dem geheimnisvoll Dichtenden neuen Halt, ein dauerhaftes Angekommen-Sein. Mallarmé hat einmal gesagt: „Der Dichter hat nur dies zu tun, dass er *geheimnisvoll* (Hervorhebung G. G.) arbeitet im Hinblick auf das Niemals."[17] Niemals – als Ewigkeit ex negativo! Als „Niemandsrose"! Wie eine Antwort darauf lässt sich die Behauptung eines nach Wien verschlagenen Bukowiners, Zeno Einhorn, lesen, der dank Sperber über den „kurzen Umweg Wien-Burdujeni-Prag das Licht der Öffentlichkeit erblickt hat"[18]: Er, Zeno Einhorn, schreibe nicht für die Ewigkeit, er „kokettiere nicht mit der Ewigkeit".[19] Insofern stimmt es, wenn Hugo Friedrich zusammenfasst:

> Die Wirklichkeit betrachtet sie [die moderne Dichtung – Anm. G. G.] als das Unzulängliche, die Transzendenz als das Nichts, das Verhältnis zu beiden als unaufgelöste Dissonanz. Was bleibt? Ein Sagen, das seine Evidenz in sich selber hat. *Der Dichter ist allein mit seiner Sprache. Hier hat er seine Heimat und seine Freiheit.* (Hervorhebung G. G.)[20]

Sprache als Herkunftsraum und Heimat („Mutter Sprache"[21], „Mutterland Wort"[22] heißt es bei Rose Ausländer), als Mittel, in einer unheilen Welt zu überleben („Dichten war Leben. Überleben …" – Rose Ausländer). Um die Welt zu heilen oder sie als eine heile darzustellen – wir würden sagen, um eine mythische Vorstellung zu entwickeln –, müsste, wie Konfuzius einmal postulierte, „die Sprache wiederhergestellt werden"[23], in unserem Falle muss die grob-kommunikationale Sprache poetisiert, ja schließlich – wie bei Paul Celan – metapoetisiert werden. Traum oder Albtraum korrelieren auf der Ebene des poetischen Ausdrucks mit anthropologisch und archetypisch verfrachteter Konstruktion und Destruktion. Die Gegen-, Ersatz- oder

---

[16] R. F.: [Alfred Margul-Sperber „Gleichnisse der Landschaft"]. In: *Wiener Zeitung*, 28. Jänner 1935, S. 6.

[17] Stéphane Mallarmé: Œuvres complètes. Èd. Henry Mondor und G. Jean Aubry, Paris ²1951, S. 664.

[18] Postkarte von Zeno Einhorn an Alfred Margul-Sperber vom 13. März 1937. (Alfred-Margul-Sperber-Nachlass im Nationalmuseum für Rumänische Literatur = MLR, Signatur 25002–177. Weiter als MLR angegeben.)

[19] Postkarte von Zeno Einhorn an Alfred Margul-Sperber vom 29. Januar 1938 (MLR, 25002–181).

[20] Hugo Friedrich: Die Struktur der modernen Lyrik. Von der Mitte des neunzehnten bis zur Mitte des zwanzigsten Jahrhunderts. Erweiterte Neuausgabe. Hamburg 1968, S. 139.

[21] Rose Ausländer: Hügel aus Äther unwiderruflich. Gedichte und Prosa 1966–1975. Frankfurt am Main 1984, S. 104.

[22] Rose Ausländer: Ich höre das Herz des Oleanders. Gedichte 1977–1979. Frankfurt am Main 1984, S. 98.

[23] Zit. nach Marcel Granet: La Civilisation chinoise. La pensée chinoise. Paris 1969, S. 363f.

Traum/Albtraumwelten sind „Traumlandschaften", die „aus der Engführung von Tag und Nacht, von Eingebildetem und Realem ihr Irritationsvermögen" gewinnen, „das Normale" verkehren und es „im verfremdenden Licht" zurechtkehren.[24]

Wirklichkeit, dichterisches Verhalten, sprachliche Zugehörigkeit, poetisches Sagen, sprich Diskurs, geheimnisvoll-zauberhafte Handlung, Errichtung einer erlebbaren Heimat im Bereich der Phantasie, des geistig-intellektuellen, zugleich jedoch stark affektgeladenen Gegenweltentwurfs – das war die Intention der Bukowiner Dichter. Ihre späteren Bekenntnisse zur eigenen Herkunft evozieren eine Heimat, die als „ein verlorener Ort" gilt, „der wohl nie mehr erreicht wird: also [als] eine rückwärtsgewandte Utopie."[25] Ihnen verblieb bloß ein meta-sprachlicher Heimat-Raum: „Celan ist ein metasprachliches, *zwischenschaftliches* Phänomen par excellence, und daher nur in ‚wundlesender' An-Gleichung an diesen Zustand zu begreifen", schreibt Dieter Schlesak.[26]

Hatten sie jedoch alle „Heimat" und „Freiheit" in der dichterischen Sprache? Die ominöse „Plagiatsaffäre", der Paul Celan besonders in den 1960er Jahren massiv ausgesetzt war, zeigt eindeutig, dass man ihn auch dieser Heimat zu berauben beabsichtigte.

Hätte man seinerzeit den Zugang der Interkulturalität, Mehrsprachigkeit und Interreferentialität in Erwägung gezogen, wäre Celan und der deutschen Öffentlichkeit gewiss viel Unangenehmes erspart geblieben, und die ganze Debatte um die sinnlosen Plagiatsanschuldigungen der 1960er Jahre hätte eine andere Wende nehmen können – wenn sie überhaupt noch in dieser Form stattgefunden hätte. Leider erwiesen sich persönlicher Ehrgeiz, skrupellose Manipulation und menschliche Niedertracht als weitaus stärker. Aber auch Zugänge aus der damals in Frankreich, England und in den USA bereits betriebenen „Texttheorie" – „Textästhetik, Textlogik, (Literaturmetaphysik), Textphänomenologie, Textstatistik" erfreuten sich in Deutschland weder einer größeren Kenntnis noch Zustimmung.[27] Nur unter Berücksichtigung des östlichen Erfahrungs- und Bildungsraums können die poetologischen Begriffe Celans, wie jener des „Atems" beispielsweise, in ihrer Interkulturalität

---

[24]   Werner, Euphorie und Skepsis (Anm. 12), S. 218.

[25]   Johannes Schmitt: Heimat und Globalisierung (I). In: http://www.phil.uni-sb.de/projekte/imprimatur/2001/ imp010708.html.

[26]   Dieter Schlesak: Paul Celans Herkunft als Schlüssel zu seinem Gedicht. In: *Rowohlts Literaturmagazin* 10(1979) oder auch über: http://www.geocities.com/transsylvania /celan.html. Siehe von demselben auch: Paul Celans Herkunft als Schlüssel zu seinem Gedicht (II). In: *Südostdeutsche Vierteljahresblätter* 47(1998), H. 3, S. 226–234, und in: Wehn vom Schwarzen Meer. Literaturwissenschaftliche Aufsätze. Hrsg. von George Guțu. București 1998, S. 223–241. Zur Problematik siehe auch Schlesaks Aufsatz: Die verborgene Partitur. Herkunft und Frühwerk von Paul Celan als Schlüssel zu seiner Metapoesie. In: Die Bukowina. Studien zu einer versunkenen Literaturlandschaft. Hrsg. von Dietmar Goltschnigg und Anton Schwob. Tübingen 1990, S. 333–354.

[27]   Vgl. Reinhard Döhl: Von poetischem Unsinn zum Widersinn. Einige Vermutungen zur Lyrik Paul Celans. http://www.uni-stuttgart.de/ndl1/celan1.htm.

ausgelotet werden. Denn ebenso wie Alfred Margul-Sperber war die östliche Heimat Paul Celan sowie all den anderen Bukowiner Autoren

Nährboden und Determinanz. Und nicht zufällig erhielt der Begriff *Atemwende* in den Gedichten eines anderen aus dem Buchenland kommenden bedeutenden deutschen Lyrikers, und zwar Paul Celans, besondere Leuchtkraft und Bedeutung. Denn eben diese Heimat ist *ein Land der Atemwende*, der Schwebe und Vertauschbarkeit, ein Land, in dem westlich ordnende Enge und östlich endlose Räume ineinanderspielen und sich die Waage halten, wo Siedlungen, Landschaft und Wald vorstoßen in die geistige und damit sprachliche Existenz des Individuums und der Kollektivität.[28]

Uns bietet die Evokation eines der traurigsten Kapitel deutscher Literaturgeschichte den Anlass, auf dem Hintergrund der neu aufgeflammten Diskussion um geistige Anleihen, über das Plagiat, den Blick auf die damals nicht in Betracht gezogenen Aspekte zu lenken, die interreferentielle Phänomene nicht nur erklären, sondern sogar als durchaus legitim und kreativ, ja als logische Konsequenz eines Globalisierungsprozesses erscheinen lassen, ein Prozess der nicht nur intertextuell, sondern auch hypertextuell systemische, den schöpferischen Prozess stimulierende Bezüglichkeiten herstellt.

Besagte Plagiatsaffäre begann, als Claire Goll, die Witwe des ehemaligen Leiters der Zeitschrift *Surréalisme* (1924) Yvan Goll, bereits Anfang der 1950er Jahre öffentlich Plagiatsanschuldigungen gegen Paul Celan erhob. Als diese Affäre auf Hochtouren lief, richtete die Klägerin am 23. Januar 1965 einen Brief an Hans Bender, den Herausgeber der angesehenen Zeitschrift *Akzente*, mit dem Paul Celan in den Jahren 1956–1961 einen regen Briefwechsel geführt hatte. Die Plagiatsanschuldigungen und die Umstände dieser unglücklichen Affäre sind der Fachwelt im Allgemeinen bekannt und im Band *Die Goll-Affäre. Dokumente einer „Infamie"* fast erschöpfend belegt worden.[29] Der genannte sowie weitere Briefe Claire Golls an Hans Bender, die 1985 veröffentlicht wurden, fanden bislang weniger Beachtung, als sie es eigentlich verdienen. Denn eine nüchterne Geschichte dieser Polemik hat *alle* Aspekte des Problems zu berücksichtigen. Bereits 1953 hatte Claire Goll behauptet, Celans imitiere im Band *Mohn und Gedächtnis* (1952) Yvan Golls Gedichte aus dem Nachlass, die Celan während der Übersetzung Goll'scher Gedichte aus dem Französischen ins Deutsche in Paris, im Hause der Golls, näher kennen gelernt habe:

Im Oktober 1949 bat Celan Yvan Goll, ihm seine Bewunderung ausdrücken, ihn aufsuchen zu wollen. Man bewundert einen Dichter nur, wenn man ihn kennt. Und wie sich bei

---

[28] Hannes Schuster: Alfred Margul-Sperber: An ein alterndes Antlitz. In: Interpretationen deutscher und rumäniendeutscher Lyrik. Hrsg. von Brigitte Tontsch. Cluj-Napoca 1971, S. 297.

[29] Eine ausführliche Dokumentation mit reichlichen Anmerkungen sowie mit einer Interpretation auf dem Hintergrund von Zeitereignissen und biografischen Begebenheiten lieferte der Band: Paul Celan. Die Goll-Affäre. Dokumente zu einer „Infamie". Zusammengestellt, herausgegeben und kommentiert von Barbara Wiedemann. Frankfurt am Main 2000.

dieser ersten Begegnung herausstellte, kannte Celan Goll ausgezeichnet. [...] Jedenfalls waren ihm alle Bücher Golls bekannt ... Und kurze Zeit darauf auch alle Manuskripte der letzten Jahre, die Goll vertrauensvoll in den vier Monaten seines Todeskampfes in die Hände des ergebenen ‚Sohnes' legte. Eine Rolle, die Celan so vollendet spielte, daß wir ihn adoptieren wollten ...

Erst als Richard Exner in Los Angeles, anläßlich eines Goll-Abends beim dortigen Generalkonsul, mich auf Celan als ‚Plagiator' hetzte und mir ‚Mohn und Gedächtnis', das erschienen war, zeigte, ging mir ein Licht auf.

Und als sich Celan später durch die törichte Broschüre der Deutschen Akademie gar als denjenigen feiern ließ, der Goll beeinflußt haben wollte, begriff ich, auf welches Erbe eines Vaters es diesem ‚Sohn' angekommen war.[30]

Exner, damals noch Student, wurde als einer der Kronzeugen Golls als Professor präsentiert, doch bezogen haben soll er sich – nach eigenen Aussagen – allein auf einige sprachliche Ähnlichkeiten zwischen beiden Dichtern.[31] Fünf Jahre danach ging Claire Goll in einem anderen an Hans Bender gerichteten Brief vom 7. Dezember 1970 erneut auf ihre Obsession ein. Dabei sind Informationsfehler und Lücken auffällig – so etwa kam Celan 1945 nicht nach Paris mit den Amerikanern, wie sie behauptete, sondern erst nach Bukarest. Sie lenkte die Aufmerksamkeit auf ein am 1. Februar 1942 in *Die Stimme Frankreichs* veröffentlichtes Gedicht Yvan Golls und führte dann aus:

Yvans deutsche Fassung, im Manuskript mit dem Datum ‚New York, 14. Februar 1942' versehen, lautete:
Schwarze Milch des Elends
Wir trinken dich
Auf dem Weg ins Schlachthaus
Milch der Finsternis (...)
Als Celan uns Ende Oktober 1949 zum ersten Mal in Paris besuchte, las er, unter anderen Gedichten, auch ‚Die Todesfuge'. Yvan zwinkert mir amüsiert zu. Er war viel zu großzügig, um sich um Angleichungen zu kümmern.

Die Übersetzungen, die Celan anfertigte, seien – so Claire Goll – vom Verleger abgelehnt worden, mit der Begründung, dass „'die Übersetzung dem Original nicht gerecht werde.' Celan kam mit dem Brief zu mir, machte mir [...] eine hysterische Szene. Damit begann seine Feindschaft."[32] Die Labilität Celans in jener Zeit will Claire Goll auch durch das Geständnis eines anderen Bukowiners belegt haben. Als sie den nach New York emigrierten jüdischen Dichter Alfred Gong traf, berichtete sie ihm über die in der

---

[30] Brief von Claire Goll an Hans Bender vom 23. Januar 1965. In: Briefe an Hans Bender. Unter redaktioneller Mitarbeit von Ute Heimbüchel herausgegeben von Volker Neuhaus. München 1984, S. 83. Das Buch wird im oben angegebenen Dokumentationsband angeführt, auf diesen und andere an Hans Bender gerichtete Briefe wird jedoch nicht zurückgegriffen.

[31] Siehe dazu den ausführlichen Bericht von Reinhard Döhl: Geschichte und Kritik eines Angriffs. Zu den Behauptungen gegen Paul Celan. (http://www.uni-stuttgart.de/ndl1/celan2.htm.)

[32] Brief von Claire Goll an Hans Bender vom 7. Dezember 1970. In: Briefe an Hans Bender (Anm. 30), S. 114f.

literarischen Welt Deutschlands und Frankreichs ausgebrochene heftige Polemik. Daraufhin soll Gong, ein ehemaliger Czernowitzer Schulkamerad Celans, Folgendes gesagt und dabei interreferentiell Merkwürdiges enthüllt haben:

> Er ging mit mir in die Schule. War immer ein Heuchler, der wie ein Taschenspieler sich die Dichtung Andrer aneignete. Ganz früh hatte er in Rumänien einige, in Deutschland unbekannte, Gedichtbändchen veröffentlicht, deren Verse von dem großen rumänischen Dichter Tudor Arghezi entlehnt waren.[33] Als ich ihn in Wien wiedersah, brachte er gerade den ‚Sand in den Urnen' heraus, von Trakl und vielleicht schon von Golls, in Döblins ‚Das goldene Tor', Mainz, erschienenen Gedichten herkommend.“[34]

Claire Goll macht keine Quellenangabe, doch eines steht fest: Alfred Gong irrte sich, denn man kann höchstens von den Gedichtkonvoluten sprechen, die Celan in der Czernowitzer und Bukarester Zeit – nach einem damals in Rumänien sehr verbreiteten Brauch unter den Gymnasialschülern – zusammengestellt hatte[35]; seinen ersten Gedichtband ließ er erst in Wien drucken. Den rumänischen Klassiker der Moderne Tudor Arghezi kannte Paul Antschel, wie Celan in der Bukowina hieß, aber auch seine Schulkameraden Immanuel Weissglas, Alfred Gong und viele andere mehr. Celan schätzte ihn sehr, war doch Tudor Arghezi einer der kühnsten Sprachschöpfer in Rumänien jener Zeit, so dass Celan bereit war, einige seiner Gedichte ins Deutsche zu übersetzen. Die besagte „Entlehnung“ „von dem großen rumänischen Dichter“, die Celan vorgenommen haben sollte, passte Claire Goll perfekt in ihr Plagiatskonzept. Sofern diese Aussage Gongs überhaupt stimmt und nicht – wie vieles andere – durch Claire Goll manipuliert bzw. erfunden worden ist.

Aus der Problematik dessen, was man die *Originalität des Kunstwerks* nennen kann, ergab sich die mit Sicherheit folgenschwerste Plagiatsanschuldigung des 20. Jahrhunderts: Claire Goll entfachte den Skandal und richtete ihren Zeigefinger auf den jungen, nach einem enttäuschenden Wiener Aufenthalt gerade in Paris eingetroffenen Paul Celan. Er war heimlich aus Bukarest geflüchtet, wo er von Alfred Margul-Sperber gefördert wurde und wo er zusammen mit seinen Freunden Nina Cassian (einige ihrer Gedichte wurden von Celan ins Deutsche übersetzt[36]) und Petre Solomon mit der Gruppe der rumänischen Surrealisten Dumitru Trost, Ion Păun, Virgil

---

[33] Vgl. ausführlicher hierüber: George Guţu: Die Lyrik Paul Celans und die rumänische Dichtung der Zwischenkriegszeit (Anm. 2).

[34] Ebenda, S. 115.

[35] Siehe dazu George Guţu: Paul Celan und kein Ende ... Das maschinenschriftliche Konvolut von frühen Gedichten Paul Celans im Bukarester Alfred-Margul-Sperber-Nachlass. In: „Stundenwechsel“ (Anm. 11), S. 246–268.

[36] Siehe Barbara Wiedemann, „... im Angesicht der Einsamkeit“. Paul Celans unveröffentlichte Übersetzungen von Gedichten der rumänischen Lyrikerin Nina Cassian. In: Stationen. Kontinuität und Entwicklung in Paul Celans Übersetzungswerk. Hrsg. von Jürgen Lehmann und Christine Ivanović. Heidelberg 1997, S. 149–161.

Teodorescu, Gellu Naum verkehrte. In Bukarest hält die Literaturgeschichts-schreibung ein merkwürdiges Debüt fest: Celans später berühmt gewordenes Gedicht *Die Todesfuge* erschien 1947 *in rumänischer Übersetzung* unter dem Titel *Tangoul morții*[37] (ursprünglich: *Todestango*, dann von ihm selbst in *Todesfuge* umgewandelt). Tatsächlich eine merkwürdige interkulturelle Begebenheit! John Felstiner, Celans amerikanischem Biografen, entgehen solche Merkwürdigkeiten nicht:

,Todesfuge' erschien nicht zuerst auf deutsch, sondern auf rumänisch (es war Celans er-stes veröffentlichtes Gedicht und das erste, das unter dem Namen ,Paul Celan' erschien). Im Mai 1947 druckte die Bukarester Zeitschrift ,Contemporanul' Petre Salomons[38] Über-setzung und schickte ihr folgende Notiz[39] voran: ,Das Gedicht, dessen Übersetzung wir hier veröffentlichen, beruht auf der Beschwörung einer wahren Begebenheit. In Lublin wie in vielen anderen ,nazistischen Todeslagern' zwang man eine Gruppe von Verurteil-ten, wehmütige Lieder zu singen, während andere Gräber schaufelten.'[...]
Eine Merkwürdigkeit begleitet diesen Auftritt von Celans Gedicht in Bukarest, nämlich sein Titel: nicht das heute berühmte Todesfuge, sondern das rumänische Tangoul Morții (Todestango) – wie wenn durch romantische Rhythmen das Geschäft des Gräberschau-felns elegante Gestalt gewinnen könnte [...].[40]

Im gleichen Jahr erschienen Celans erste deutschsprachige Gedichte in der ersten (und einzigen) Nummer der von Ion Caraion und Virgil Ierunca her-ausgegebenen mehrsprachigen, internationalen Zeitschrift *Agora*[41]: Da Ge-dichte in deutscher Sprache den Herausgebern nicht zur Verfügung standen, empfahl Alfred Margul-Sperber ihnen drei Gedichte Celans. Damit wurde eine weitreichende Entscheidung getroffen, da Celan in Bukarest nicht nur sehr viel ins Rumänische übersetzt (darunter auch Kurzprosa von Kafka), sondern auch eigene rumänische Texte verfasst hatte. In der Czernowitzer und Bukarester Zeit entstand eine beachtliche Anzahl von Frühgedichten, von denen sehr viele in den von ihm noch in Bukarest geplanten Band *Der*

---

[37] *Contemporanul*, 2. Mai 1947. Übersetzung von Petre Solomon.
[38] Richtig: „Solomons".
[39] In rumänischer Sprache.
[40] Zitiert nach der Buchbesprechung von Martin Kubelka zu John Felstiner: Paul Celan. Eine Biographie. München 1999. Vgl.: http://www.gazette.de/Archiv/Gazette-20-Dezember1999/ Lese-proben1.html. In: *Die Gazette*, Nr. 20, Dezember 1999.
[41] Agora. Colecție internațională de artă și literatură „Sisiph" – Agora. Colecție internațională sub auspiciile Fundației regele Mihai I, îngrijită de Ion Caraion și Virgil Ierunca, București, mai 1947, 1026 exemplare [Agora. Internationale Kunst- und Literaturreihe «Sisyphos» – Agora. Internationale Reihe unter der Schirmherrschaft der Stiftung König Michael I., besorgt von I. C. und V. I.]. Mit Bei-trägen von Tudor Arghezi, Ion Barbu, Lucian Blaga, Geo Bogza, André Breton, Ion Caraion, Paul Celan, Cervantes, Petru Comarnescu, Robert Desnos, Mihai Eminescu, Sergej Jessenin, Zoltán Fra-nyo, Benjamin Fundoianu, Jean Laforgue, Henri Michaux, Eugenio Montale, Christian Morgenstern, Alexandru Philippide, Alexander Puschkin, Salvatore Quasimodo, R. Regnier, Rainer Maria Rilke, Umberto Saba, Carl Sandburg, Charles Singevin, Alfred Sperber, Dimitrie Stelaru, Giancarlo Vigo-relli. Diese schriftstellerische Konstellation deutet unmissverständlich darauf hin, welch künstleri-sches Interesse in Bukarest vorhanden war und welches der geistig-poetische Kreis war, in dem Paul Celan in jenen Jahren verkehrte.

Sand aus den Urnen (Wien 1948) sowie in seinen zweiten Band *Mohn und Gedächtnis* (München 1952) Aufnahme gefunden haben.[42]

Der Dichter hatte Kopien von seinen meist maschinengeschriebenen und auch von seinen handschriftlichen Gedichten auf seine abenteuerliche Flucht in den Westen mitgenommen. Etwa 268 Blätter sollten in Bukarest bei Alfred Margul-Sperber zurückbleiben. Aufgrund einer testamentarischen Verfügung Margul-Sperbers ging sein Nachlass samt Celan-Texten in den Besitz des Rumänischen Kulturministeriums über und befindet sich heute im Nationalmuseum für Rumänische Literatur (MLR).

1952 erschien der zweite Band, der eigentlich der erste gültige Band Celans war: *Mohn und Gedächtnis*, in dem ein Zyklus den Titel des zurückgezogenen Bandes trägt: *Der Sand aus den Urnen*. Auch in diesem Band sind Gedichte enthalten, die Celan in seiner Czernowitzer und Bukarester Zeit geschrieben hatte. Wie oben erwähnt, soll Richard Exner Claire Goll gegenüber „enthüllt" haben, Celan habe in *Mohn und Gedächtnis* Gedichte aus Yvan Golls Band *Traumkraut* plagiiert.

Celan hatte inzwischen sein Studium in Paris wieder aufgenommen und die Graphikerin Gisèle Lestrange geheiratet. Seine auf der Niendorfer Tagung der „Gruppe 47" (1952) vorgetragenen Gedichte fanden keine begeisternde, ja sogar eine zurückhaltende Aufnahme. Der Preis der Gruppe wurde ihm verweigert. Die Behauptung der Witwe Golls begann die literarische Welt zu bewegen. Zur Klärung der Affäre veranlasste die Deutsche Akademie für Sprache und Dichtung in Darmstadt eine Untersuchung, mit der Fritz Martini seinen damaligen Hilfsassistenten Reinhard Döhl beauftragte. Diesem gelang es, die Widersprüchlichkeiten in Claire Golls Behauptungen durch Vergleich der verschiedenen in Umlauf gesetzten Versionen deutlich zu machen, anhand der bekannten Datierungen die Unmöglichkeit des Plagiats nachzuweisen und durch seine Untersuchung des Metapherngebrauchs bei Goll und Celan wesentliche Unterschiede zwischen beiden Dichtern herauszuarbeiten. Auch spätere Forscher wie James Phillips (1984) bestätigten Döhls Befund, hoben zugleich aber auch unübersehbare intertextuelle Querverbindungen hervor: „Golls Einfluß auf Celan steht außer Frage [...], doch die Plagiatsanschuldigung war gewiß eine Übertreibung".[43]

Die Atmosphäre wurde für Celan immer unerträglicher.[44] Dennoch war er entschlossen, das „Grässliche" nicht mitzumachen.[45] Sein öffentliches Schweigen war total. Persönlich quälte er sich jedoch unvorstellbar, so dass er 1960 bezeichnenderweise zu einem mehr oder weniger unerwarteten Ge-

---

[42] Siehe dazu Guțu, Paul Celan und kein Ende... (Anm. 35).

[43] James Phillips: Yvan Goll and Bilingual Poetry (Diss. Tübingen 1982). Stuttgart 1984, S. 199–200, 231, 253, 266–267. „Goll's influence on Celan is indisputable [...], charge of plagiarism was certainly exaggerated."

[44] Brief Celans an Alfred Margul-Sperber vom 30. Juli 1960. In: Petre Solomon: Paul Celan. Dimensiunea românească [P. C. Die rumänische Dimension]. București 1987, S. 255ff.

[45] Ebenda.

ständnis bereit war: „Ich habe mich oft gefragt, ob es nicht besser gewesen wäre, bei den Buchen meiner Heimat zu bleiben."[46] Am 8. März 1962 schrieb er an Petre Solomon – und brachte somit das empfundene Gefühl zum Ausdruck, alte unvergessene Verbindungen neu zu beleben:

> Ich danke dir – aus ganzem Herzen. Wir sind nicht mehr allein ... Du sagst, es sei unmöglich, daß wir hier keine Freunde haben, aber du siehst es […], es ist möglich. Vergiß nicht, wie weit der faschistische Krebs gediehen ist – ob verkappt oder nicht. Ich versuche es auch diesmal, Dir auf Rumänisch zu schreiben […] Wer weiß, vielleicht werden wir in den großen Ferien zu euch, unseren echten Freunden, kommen können.[47]

Vor dem Hintergrund der ominösen Ereignisse wurde für Celan immer deutlicher, dass er in Paris nicht heimisch werden konnte, dass er eine mögliche Heimat, Rumänien, die Bukowina, verlassen hatte, Hoffnungen und Erwartungen folgend, die sich als unerfüllbar erwiesen. Edith Silbermann berichtet, „Paul Celan hat […] den Verlust seiner buchenländischen Heimat nie verwunden."[48] Er fühlte sich zwischen trostloser Einsamkeit in einer widrigen Gegenwart und unwiederbringlich verlorener sinnvollerer Jugendzeit zerrissen. Der Einblick in lange, der Forschung noch unbekannt gebliebene Celan-Briefe bestätigt diese Feststellung:

> Ich bin – wir sind ganz allein […], ohne die Möglichkeit zu veröffentlichen – man klaut mir schon die Manuskripte […] Man beklaut mich – aber das genügt noch nicht: man muß mich – das schöne ewige Bild – sogar überall als *den* Dieb hinstellen. […] Das letzte jüngeren Datums: man gibt unsinnigerweise an, ich könne kaum die Sprachen, aus denen ich übersetze.
> (Im Original: Je suis – nous sommes tout-à-fait seuls […] Plus aucune possibilité de publier, on me vole déjà mes manuscrits […] on me vole – cela ne suffit pas: il faut – la belle et éternelle projection! – qu'on me présente partout comme LE VOLEUR […] Parmi les dernières en date: on insinue que je ne sais pas les langues que je traduis.)[49]

Kein Wunder also, dass Celan sowohl als Folge der geschichtlich-biografischen als auch der gesellschaftlichen Gegebenheiten seines bewegten Lebens seiner Heimat, seinen Bukarester Freunden die Treue hielt. Er schätzte den Wert der rumänischen Dichter sehr hoch ein, mit denen er sich verbunden fühlte:

---

[46] Ebenda.
[47] Brief Celans an Petre Solomon vom 8. März 1962. In: Solomon, Paul Celan (Anm. 44), S. 219. (Deutsche Übersetzung, wie bei den anderen rumänischen oder französischen Briefstellen, von G. G.).
[48] Edith Silbermann: Paul Celan im Kontext der Bukowiner Dichtung. In: Die Bukowina. Studien zu einer versunkenen Literaturlandschaft. Hrsg. von Dietmar Goltschnigg und Anton Schwob. Tübingen 1990, S. 309–331.
[49] Brief an Petre Solomon vom 22. März 1962. (Im Anhang) Siehe dazu auch Petre Solomon: Amintiri despre Paul Celan (Erinnerungen an P. C.) In: *Viaţa Românească* 1970, H. 7, S. 49f.

Ich sagte es mir oft [...], wie ungerecht es ist, daß ausgerechnet ich den Vorteil einer ‚Welt'sprache genoß: wenn es mir bloß gelingen würde, eines Tages die anderen zu übersetzen![50]

Er hoffte immer noch, dass er es sich zeitlich so einrichten wird können, die jüngere rumänische Poesie zu übersetzen und bekannt zu machen:

Ich hoffe – zwar spät – zurückzufinden zu der rumänischen Dichtung, die ich ein wenig vernachlässigte im Rahmen meiner westlichen Abenteuer. Ich hoffe, diese Verspätung in einem Auswahlband mit Übersetzungen wiedergutzumachen, sie nachzuholen, und daß ich noch den Tag erleben werde, an dem es mir gelingt, ihn zu veröffentlichen [...] Ich hatte vor langer Zeit Freunde unter den Dichtern: das war zwischen 45 und 47 in Bukarest. Ich werde es nie vergessen.
(Je l'éspère, le retour, tardif, vers la poésie roumaine un peux refoulée, je l'avoue au milieu de mes péripéties occidentales. Dans un recueil de traduction qu'un jour j'arriverai peut être à publier, j'éspère réparer, retrapper ce retard [...] J'ai eu, il y a longtemps, des amis poètes: c'était, entre 45 et 47 à Bucarest. Je ne l'oublierai jamais.)[51]

Aus jenem „verdammt geliebten Czernowitz" stammend, sah sich Celan „weit ins Transkarpathische hinausgeführt". In Paris schrieb der ehemals rumänische Bürger Paul Celan in deutscher Sprache Bücher, die er in Deutschland veröffentlichen ließ – in einem Land, das er möglichst zu meiden bestrebt war und – nach eigener Aussage – nur „lesenderweise"[52] besuchte. Sein Aufstieg als Lyriker ist schwindelerregend, er wird bald als einer der größten, wenn nicht sogar als der größte deutschsprachige Dichter des 20. Jahrhunderts bezeichnet. In den Schulen wird sein Gedicht *Die Todesfuge* unterrichtet.

Mit dem Band *Von Schwelle zu Schwelle* (1955) vollzieht sich eine Wende im poetischen Diskurs Celans, die Sprache wird von nun an auf das Wesentliche reduziert, die Metaphern werden ins Absolute gesteigert, die Verse sind Synkopen ausgesetzt, brechen auseinander, das Schweigen breitet sich aus, als folge der Dichter bis zur letzten Konsequenz dem Spruch Ludwig Wittgensteins: „Worüber man nicht sprechen kann, darüber muß man schweigen."[53] Celan wird nicht von der großen Masse gelesen, er erfreut sich dafür in Kreisen von Germanisten einer zunehmenden Beliebtheit – was sich zu-

---

[50] Im rumänischen Original: „Mi-am spus deseori ... cît de nedrept este că tocmai eu am fost favorizat de o limbă de ‚circulaţie' mondială: dacă cel puţin aş putea să traduc într-o zi pe ceilalţi!" Brief Celans an Petre Solomon vom 18. Juli 1957. In: George Guţu: Die Lyrik Paul Celans und der geistige Raum Rumäniens. Bucureşti 1990, S. 243.

[51] Brief Celans an Petre Solomon vom 12. September 1962. In: *Viaţa Românească* 1970, H. 7, S. 48f.

[52] „Tu me demandes de mes nouvelles – eh bien, je suis rentré, il y a quelques jours, d'un voyage en Allemagne, où, à Stuttgart, j'ai lu, en hommage à Hölderlin, les poèmes qui paraîtront en septembre. Puis j'ai pasé huit jours à Fribourg, où je retournerai en mai, encore, lesenderweise. Les choses diminuent, les choses augmentent – sorry for these ‚words of wisdom' – ton regard les éclairera d'un sens [...] Je t'embrasse, Paul." Brief Celans an Nina Cassian vom 6. April 1970. In: Guţu, Die Lyrik Paul Celans und der geistige Raum Rumänien (Anm. 50), S. 253.

[53] Ludwig Wittgenstein: Tractatus logico-philosophicus. Logisch-philosophische Abhandlung. Frankfurt am Main [8]1971, S. 115.

nächst in Deutschland kaum in diesen Ausmaßen abzeichnete, da hier die „schrittweise Rekonkretisierung von entwirklichten Geschichtsbildern"[54] Mitte der 1960er Jahre erst begonnen hatte. Sein Versuch, sich mit Ernst Jünger auszutauschen, scheitert, sein Verhältnis zu Martin Heidegger, dem er dreimal persönlich begegnete, bleibt widersprüchlich. Die Ehe mit der Graphikerin Gisèle de Lestrange geht in die Brüche. Die Beziehung zu Theodor W. Adorno erweist sich als schwierig, da sich dieser zurückhaltend ihm gegenüber verhielt. Er

> war offenbar irritiert über die Reaktionen des Dichters, der die Anschuldigungen und Unterstellungen als eine antisemitische Kampagne verstanden wissen wollte. Auch das Buch über Celans Gedichte schrieb er nicht, das er dem Dichter versprochen hatte und dessen Erscheinen Celan ungeduldig erwartete.[55]

Die Gesundheit des Dichters war ernsthaft beschädigt. Dass Celan erst durch die öffentliche Diskussion um den Plagiatsvorwurf, durch die unfreundliche Pressekampagne, krank gemacht worden war[56], wird immer deutlicher. Der Gedanke, in Czernowitz seine Eltern allein gelassen zu haben, obwohl ihn rumänische Freunde gewarnt hatten, dass eine gefährliche Razzia geplant worden sei, verfolgt ihn unbarmherzig – seine Eltern wurden in das Arbeitslager Michailowka bei Gaisin deportiert und kamen dort ums Leben. Zur gleichen Zeit konnte sein Schulkamerad und spätere Dichterfreund Immanuel Weissglas seinen eigenen Eltern in einem Arbeitslager helfen – und sie alle kamen mit dem Leben davon. Das Schuldgefühl deprimierte Celan und verstärkte sein Unbehagen am Leben. Der amerikanische Celan-Forscher James K. Lyon fasste die Befindlichkeit Celans in dieser Zeit sowie deren unheilvolle Konsequenz für sein lyrisches Œuvre treffend zusammen: Die

> [...] Kollision zwischen ,made in Germany' und Celans Judentum [rief] einige seiner bedeutendsten Gedichte hervor. Unglücklicherweise trug sie jedoch auch zu dem dichterischen Wahnsinn bei, der schließlich das Ende seines Schaffens bedeutete.[57]

Der in Paris lebende rumänische Philosoph E. M. Cioran belegt Celans Unzufriedenheit mit einigen seiner literarischen Leistungen, so auch mit der Übersetzung von Ciorans *Lehre vom Zerfall*:

---

[54] Dietrich Syebold: Die „Todesfuge" und die Erinnerungskultur. Wie Paul Celan in der Bundesrepublik Deutschland aufgenommen wurde. In: *Neue Zürcher Zeitung*, 7. Juni 2003. (Auch im Internet: http://www.nzz.ch/2003/06/07/li/page-article8BKO6.html).

[55] Joachim Seng: Ab- und Wiesengründe. Celan, Adorno und ein versäumtes Gespräch im Gebirg. In: *Frankfurter Rundschau*, 25. November 2000. (http://www.hagalil.com/archiv/2000/11/celan.htm).

[56] Thomas Böning: Händedruck und Gedicht. Zum 80. Geburtstag Paul Celans: Barbara Wiedemann hat die Goll-Affäre rekonstruiert. In: *Die Zeit*, Nr. 48/2000, S. 69. (Siehe: http://www.zeit.de/2000/48/ Haendedruck_und_Gedicht).

[57] James K. Lyon: Judentum, Antisemitismus, Verfolgungswahn: Celans „Krise" 1960–1962. Übers. Heike Behl. In: *Celan-Jahrbuch* 3(1989), S. 175–204.

Die Übertragung ist eben nicht gut. Es war das erste Buch, das Celan übersetzt hat. Er selbst hat mir ein Jahr vor seinem Tod gesagt, daß er möchte [sic!] den ganzen Text vollständig revidieren.[58]

Auch die menschliche Zerrissenheit Celans wird von E. M. Cioran in seinen von uns in Wien entdeckten, bislang unbekannten und noch unveröffentlichten Briefen festgehalten:

Celan kannte genau die Verhältnisse im Osten, aber hatte das Unglück, im Westen überall nur versteckte Antisemiten zu sehen. Den kleinsten Vorbehalt in einer Besprechung betrachtete er als verdächtig. Dabei war er seinen jüdischen Bekannten gegenüber höchstens kritisch eingestellt. Ein mißtrauischer und unduldsamer Mensch durch und durch.[59]

Cioran selbst postulierte verallgemeinernd: „Die kulturgeschichtliche Zweideutigkeit und die innere Zerrissenheit – das ist eine mittel- und osteuropäische Spezialität."[60] Das vollständige Schweigen warf seinen unheilvollen Schatten auf den ruhelos herumirrenden, heimatlosen, innerlich zerrissenen Dichter Paul Celan.

Unter den Bedingungen einer derart tiefen existenziellen Krise erschienen in Heft 2, Februar 1970, der Bukarester deutschsprachigen Zeitschrift *Neue Literatur* acht Gedichte von Immanuel Weissglas – darunter befand sich auch das erstmals publizierte Gedicht *ER*, das auf das Jahr 1944 datiert war. Ebenso wie das 1947 bereits veröffentlichte Gedicht *Die Blutfuge* eines anderen Bukowiner Dichters, Moses Rosenkranz, verrieten die Metaphern von Weissglas' *ER* eine verblüffende Ähnlichkeit mit denen aus der *Todesfuge*.

> *ER*
>
> Wir heben Gräber in die Luft und siedeln
> Mit Weib und Kind an dem gebotnen Ort.
> Wir schaufeln fleißig, und die andern fiedeln,
> Man schafft ein Grab und fährt im Tanzen fort.
>
> ER will, daß über diese Därme dreister
> Der Bogen strenge wie sein Antlitz streicht:
> Spielt sanft vom Tod, er ist ein deutscher Meister,
> Der durch die Lande als ein Nebel schleicht.
>
> Und wenn die Dämmrung blutig quillt am Abend,
> Öffn' ich nachzehrend den verbißnen Mund,
> Ein Haus für alle in die Lüfte grabend:

---

[58] Brief von E. M. Cioran an Wolfgang Kraus vom 25. Januar 1978. Im Wolfgang-Kraus-Nachlass, Österreichisches Literaturarchiv der Österreichischen Nationalbibliothek Wien, Nr. 63/97. [Die Korrespondenz erscheint demnächst im Humanitas Verlag Bukarest.]

[59] Brief von E. M. Cioran an Wolfgang Kraus vom 20. April 1978 (Anm. 58).

[60] Brief von E. M. Cioran an Wolfgang Kraus vom 26. März 1973 (Anm. 58).

Breit wie der Sarg, schmal wie die Todesstund.

Er spielt im Haus mit Schlangen, dräut und dichtet,
In Deutschland dämmert es wie Gretchens Haar.
Das Grab in Wolken wird nicht eng gerichtet:
Da weit der Tod ein deutscher Meister war.

(1944)

Zeitgenossen, die Celan in jener Zeit noch gesehen haben, berichten, dass der Dichter mit von Besorgnis gezeichnetem Gesicht durch Paris herumirrte – in der Hand soll er ein Heft der *Neuen Literatur* mit sich geführt haben. Auf seinem Arbeitstisch wurde ein Band mit Gedichten von Immanuel Weissglas aufgefunden – es kann sich nur um dasselbe Heft der Bukarester Literaturzeitschrift *Neue Literatur* handeln, denn in seinem 1947 veröffentlichten Gedichtband *Karriera am Bug* steht das Gedicht *ER* nicht und der zweite – *Der Nobiskrug* – kam erst 1972 heraus. Für einige Celan-Forscher liegt die Vermutung nahe, Celan habe eine neue Plagiatsanschuldigung für möglich gehalten, für ihn lag eine neue unheilvolle Plagiataffäre förmlich in der Luft – der Dichter hatte die Erschütterung, die Claire Goll in seinem Innersten ausgelöst hatte, noch immer frisch in Erinnerung. Das Argument, das viele seiner zeitgenössischen Verteidiger (Dichter und Literaturkritiker) vorgebracht hatten, hätte diesmal nicht mehr vorgebracht werden:

> Die von Claire Goll inkriminierten Verse aus ‚Mohn und Gedächtnis' können kein Imitat sein, weil sie Gedichten entstammen, die schon in dem einzig wegen seiner zahllosen Druckfehler zurückgezogenen Band ‚Der Sand aus den Urnen' zu finden waren. Diese Sammlung lag bereits vor, als Yvan Goll noch an ‚Traumkraut' arbeitete![61]

Diesmal handelte es sich um Gedichte anderer aus der Bukowina stammenden Autoren, die in etwa zur gleichen Zeit entstanden waren. Celan wusste zugleich, dass die ominöse Plagiataffäre der 1960er Jahre im Grunde genommen eine medial instrumentalisierte Inszenierung war – wie auch Barbara Wiedemann bestätigt, wenn sie schreibt: „Die Goll-Affaire als *Presse*-Affaire ist für das Celansche Werk [...] bisher unterschätzt worden [...]."[62] Der Umstand wird öffentlich registriert – so auch von Thomas Böning: Eine erneute Plagiataffäre drohte auszubrechen,

> als 1970 ein Gedicht von Celans Jugendfreund Immanuel Weißglas auftaucht, das zwar höchst bieder ist, im Wortlaut aber partielle Übereinstimmungen mit Celans unvergleichlicher ‚Todesfuge' aufweist. Ob zu Celans Frei-Tod die Angst vor einer weiteren Plagiatskampagne beigetragen hat, wird wohl niemals zu klären sein.

---

[61] Böning, Händedruck und Gedicht (Anm. 56.)
[62] Barbara Wiedemann: Warum rauscht der Brunnen? Überlegungen zur Selbstreferenz in einem Gedicht von Paul Celan. In: *Celan-Jahrbuch* 6(1995), S. 107–118.

Denn

> was er zu erwarten hatte, das zeigt 1997 in einem ‚Focus'-Aufsatz Werner Fuld, wenn er unter dem ruchlosen Titel ‚Ein Meister des Verbergens' schreibt: ‚Seine Angst vor Plagiatsvorwürfen bezog sich wohl nicht vordergründig auf die Goll-Affäre, sondern auf die ... ‚Todesfuge'. Wäre darüber zu seinen Lebzeiten geschrieben worden, wäre seine Existenz als Dichter ruiniert gewesen. Ende April nahm er sich das Leben.'[63]

Trotz alledem neigt man zu der Annahme, dass dies der Tropfen gewesen sei, der das Glas zum Überlaufen brachte – am 2. Mai 1970 fand man Celans Leiche am Ufer der Seine: an Land gespült, wie eine grausame Flaschenpost.[64] Erinnern wir uns an eine bedeutende Stelle aus seiner Bremer Rede über das Wesen des Gedichts:

> Das Gedicht kann, da es ja eine Erscheinungsform der Sprache und damit seinem Wesen nach dialogisch ist, eine Flaschenpost sein, aufgegeben in dem – gewiß nicht hoffnungsstarken – Glauben, sie könnte irgendwo und irgendwann an Land gespült werden, an Herzland vielleicht. Gedichte sind auch in diesem Sinne unterwegs: sie halten auf etwas zu.
> Worauf? Auf etwas Offenstehendes, Besetzbares, auf ein ansprechbares Du vielleicht, auf eine ansprechbare Wirklichkeit.[65]

Celan hatte sich mit seiner Dichtung voll identifiziert – auch er wurde mit seiner poetischen Botschaft „an Land gespült", auch er suchte nach „ein[em] ansprechbare[n] Du", nach „eine[r] ansprechbare[n] Wirklichkeit". Die Wirklichkeit wurde dem Menschen Celan unerträglich, unansprechbar. Heute weiß man, dass er sich am 20. April 1970 vom Pont Mirabeau aus den „Wassern der Seine anvertraute".
Interkulturalität, interliterarische Austauschprozesse zeitigen offensichtlich nicht selten auch bitterböse Folgen – ebenso wie die Sprachkommunikation nicht nur Nähe, sondern oft auch Ferne, Entfremdung, Ausgrenzung und Frustration schaffen kann.
Was steckte hinter dieser Geste der Verzweiflung und der totalen Ausweglosigkeit? Was dürfte sie ausgelöst haben?
In einigen Untersuchungen zum Leben und Werk des Dichters, die nach seinem Tode erschienen sind, wurde eine Reihe von Vermutungen geäußert, die mit größter Wahrscheinlichkeit auch Celan selbst durch den Kopf gegangen sind. Sie dürften seine tragische Entscheidung mit herbeigeführt haben: Sie bestätigten seine dunklen Ahnungen. In der von Hans Bender herausgegebenen Zeitschrift *Akzente* erschien 1972 der Aufsatz *Die Zeit der „Todesfuge"*.

---

[63] Thomas Böning: Händedruck und Gedicht (Anm. 56).
[64] Siehe dazu: Shin Shalom [eigentlich: Shalom-Yossef Shapira (1905–1990)]: Der Selbstmord von Paul Celan. Ein Brief an den Seifra. In: *Maariv* (Tel-Aviv) vom 26. Juni 1970.
[65] Vgl. ebenda.

Zu den Anfängen von Paul Celan von Heinrich Stiehler. 1973 übernahmen vier rumäniendeutsche Literaturhistoriker (Karl Streit, Josef Zirenner, Herbert Bockel und Walter Engel) kritiklos[66] die darin enthaltene Behauptung Stiehlers, die in Richtung einer Bloßstellung eines anderen „Plagiats"ansatzes lief:

> Wie sehr Celan in seiner Bukarester Zeit von Weissglas beeinflußt war, wird anhand der ‚Todesfuge' nachgewiesen, einem der berühmtesten Gedichte Celans, das wenige Monate nach Weissglas' ‚ER' verfaßt wurde.[67]

Die vier rumäniendeutschen Literaturhistoriker fügten auch Moses Rosenkranz als mögliche Quelle für Celans *Todesfuge* hinzu. Bereits 1977 haben wir in unserer Leipziger Dissertation darauf hingewiesen, dass literatur- und rezeptionsgeschichtlich das Feststellen solcher Einflüsse zumindest fragwürdig ist: Die *Todesfuge* erschien – in rumänischer Übersetzung – bereits 1947, Immanuel Weissglas' *ER* dagegen erst 1970 – wieso konnte Stiehler behaupten, Celans *Todesfuge* sei „wenige Monate nach Weissglas' ‚ER' verfaßt" worden? Die *Blutfuge* von Moses Rosenkranz war bereits 1947[68] in Bukarest erschienen.[69] Aus der Sicht einer nachweisbaren Rezeption schien eine interreferentielle Wirksamkeit ausgeschlossen. Dennoch sehen sich spätere Herausgeber Bukowiner Holocaust-Gedichte dazu verpflichtet, auf deren thematische und metaphorische Verwandtschaft hinzuweisen.[70]

Doch die Literatur weist auch eine unterirdische, subkutane, geheimnisvolle, oft biografisch bedingte Genesis auf. Die Kontakte zwischen den drei Autoren – Rosenkranz, Weissglas und Celan – waren insbesondere auf dem Gebiete der ästhetischen Kommunikation durchaus wirksam. Fern von jenen deutschsprachigen Zentren, an denen über das literarische Schicksal entschieden wurde, lasen die Bukowiner, aber auch alle anderen rumäniendeutschen Autoren die Werke ihrer deutsch schreibenden Landsleute, sie nahmen sich gegenseitig zur Kenntnis und tauschten – nicht selten auch öffentlich – ihre Urteile und Meinungen aus. Aus all den biografischen und in-

---

[66] Karl Streit, Josef Zirenner, Herbert Bockel, Walter Engel: Rumäniendeutsche Gegenwartsliteratur 1944–1972. Versuch einer Bestandsaufnahme und Interpretation. In: *Volk und Kultur* 1973, H. 10, S. 36.

[67] Heinrich Stiehler: Die Zeit der „Todesfuge". In: *Akzente* 19(1972), H. 1, S. 48.

[68] Martin Brant (Pseudonym von Moses Rosenkranz): Gedichte Hrsg. von Immanuel Weissglas und Herman Roth. Bukarest 1947.

[69] Auf die Unhaltbarkeit auch dieser Behauptung haben wir bereits 1977 in unserer Leipziger Dissertation hingewiesen. Vgl. George Guțu: Die rumänische Koordinate der Lyrik Paul Celans. Diss. Leipzig 1977. Siehe auch: Ders.: Die Lyrik Paul Celans und der geistige Raum Rumäniens (Anm. 50), S. 163f.

[70] So auch in: Gedichte nach dem Holocaust. Mit Materialien. Ausgewählt und eingeleitet von Johanna Blömeke und Hildegard Wittenberg. Stuttgart, Düsseldorf, Berlin, Leipzig 1999, S. 31: „Die drei Gedichte ‚Auf den Namen eines Vernichtungslagers' [von Alfred Margul-Sperber – Anm. G. G.], ‚Die Blutfuge' [Moses Rosenkranz] und ‚Er' [Immanuel Weissglas] sind von Dichterfreunden Celans aus der Bukowina geschrieben worden. Der Vergleich mit der ‚Todesfuge' zeigt korrespondierende literarische Bilder und ihre unterschiedliche Verarbeitung."

tertextuellen Bezügen ergab sich ein intensiver und fruchtbarer Austausch sowie eine durch zeitbedingte „Ausdruckszwänge" vaterschaftslose Zirkulation von poetischen Bildern, Metaphern und Bezügen. Jürgen Link spricht in diesem Falle von „kollektiver Symbolik".[71] Dieses Phänomen war nicht zuletzt auch eine Folge interkultureller und intertextueller Austauschprozesse in pluriethnisch geprägten geistigen Landschaften, wie sie in der Bukowina, aber auch in anderen Gebieten Rumäniens bestanden und weiterhin noch bestehen. Alle Akteure kannten die rumänische Sprache und Kultur, der interreferentielle Raum war besonders fruchtbar. Bildung, meist mit gemeinsamen Nennern, spielte in der Bukowiner Literaturszene eine gewichtige Rolle. Rumänische, aber auch ukrainische, russische, polnische Literatur war Bukowinern Dichtern eine vertraute Lektüre. Ein dichtes Geflecht von Übersetzungen sowie Buchrezensionen und Buchpräsentationen, mehrsprachiger Zugang zu verschiedenen Kulturen waren Quelle wirksamer Interreferentialität. Biografische Momente dürften dabei gewiss eine wichtige Rolle gespielt haben.

Der ehemalige DDR-Dissident, der Balladensänger und Schriftsteller Wolf Biermann, artikulierte 2002 aufgrund von Aussagen von Doris Rosenkranz einige neue Aspekte in Sachen Interreferentialität. Die Argumentation bewegt sich hier wieder auf recht dünnem Eis:

> Im Jahre 1942, in diesem rumänischen Arbeitslager [Tăbărești-Cilibia – Anm. G. G.], schrieb Rosenkranz sein Gedicht ‚Die Blutfuge'. Der um 16 Jahre ältere Rosenkranz hat genau zehn Jahre, bevor die ‚Todesfuge' in die Welt kam, dem jungen Celan diese Verse vorgelesen. Später schrieb Rosenkranz ein anderes Lager-Gedicht, in dem am Schluß eines der metaphorischen Highlights der Celanschen Todesfuge schon formuliert ist: das Grab in den Wolken.[72]

Bereits bei Primo Levi fand Wolf Biermann Hinweise auf die Metapher „Grab in den Lüften".[73] Derselbe Biermann verweist auf weitere interkulturelle Bedingtheiten, die zur Übernahme „fremdgefertigter Metaphern" führten: Mit Weissglas ging Celan in das gleiche Czernowitzer Gymnasium, im Arbeitslager kam er mit Moses Rosenkranz zusammen. Außerdem weiß Biermann zu berichten:

> Von Rose Ausländer, der arrivierten Dichterin aus Czernowitz, las ich mal, daß sie die Erfindung des Reizwortes ‚Schwarze Milch' für sich reklamiert. Dabei weiß ich, daß es Lieder in der rumänischen Folklore gibt, wo von der ‚dunklen Milch' gesungen wird, auch von der ‚blauen Milch'. Keiner von uns hat die Sprache geschaffen wie Gott die Welt.[74]

---

[71] jürgen link: kollektivsymbolik und mediendiskurse. In: kultuRRevolution – zeitschrift für angewandte diskurstheorie. hrsg. von jürgen link in verbindung mit der diskurswerkstatt bochum. heft 1, oktober 1982, S. 6–21.

[72] Wolf Biermann: Über Deutschland. Unter Deutschen. Essays. Köln 2002, S. 172.

[73] Ebenda, S. 152.

[74] Ebenda, S. 151.

Woher könnte Wolf Biermann seine Kenntnisse über die rumänische Folklore gewonnen haben? (Zu vermuten, er habe in unserer Leipziger Dissertation darüber gelesen, wäre überheblich.) Und wenn nicht, so könnte Doris Rosenkranz, die Frau von Moses Rosenkranz, in der in Kappel-Lenzkirch geführten Diskussion auf diese Schöpfungen der rumänischen Folklore hingewiesen haben. Über diese intertextuell-interkulturellen Aspekte haben wir im gleichen Haus seinerzeit dem Dichter, der die rumänische Volksdichtung und die Dichtung der rumänischen Dichter Lucian Blaga und Tudor Arghezi sehr wohl kannte, und seiner Frau berichtet. Dabei steht allerdings sowohl in unserer Leipziger Dissertation von 1977 als auch in der später 1994 veröffentlichten Fassung, dass die Metapher „blaue Milch" bei Lucian Blaga, dem großen rumänischen Lyriker der 1930er Jahre, und „dunkle Milch" in Volksliedern vorkommt[75]. Doch genau genommen stammt die oxymoronische Metapher „schwarze Milch" von Jean Paul Friedrich Richter!
Verzwickt sind also nicht nur die interreferentiell-intertextuellen Wege, sondern auch jene der kulturellen Hypertexte! Aufregende Textur interkultureller und intertextueller Dynamik! Unerschöpfliche Quelle künstlerischer Kreativität! Die Beobachtungen könnte man ausdehnen auf weitere Motive der *Todesfuge* und anderer Frühgedichte Celans. Die rumänische Koordinate ist konstitutiver, unabweisbarer Bestandteil seiner lyrischen Kanonerneuerung.
Indem Wolf Biermann den möglichen Gedanken eines Plagiats erneut aufgreift, will er mit dem literarischen Erfolg von Paul Celan den Spruch: „Besser gut gestohlen als schlecht erfunden" illustrieren. Sein Urteil ist unmissverständlich: Man habe es eindeutig mit einem – allerdings genial-kreativen – Plagiat zu tun:

Gut, daß Celan geklaut hat, denn er hat gut geklaut!
Ohne Celans genialen Diebstahl wären die poetischen Erfindungen von Rosenkranz und Weißglas wohl für ewig wie Perlen im Meer auf dem Grunde liegengeblieben. Das wahrhaft Verheerende an dieser Plagiatsgeschichte ist, daß Celan, wie von Furien gehetzt, sich immer heilloser verstrickte in absurde Beweiserei und Behauptetei, daß er kein gemeiner Taschendieb sei!

Eine fürwahr persönliche Sicht der Dinge. Wenn man bedenkt, dass Biermann selbst Künstler, also Dichter und Liedermacher ist, so kann diese Sehweise als solche zur Kenntnis genommen werden. Die Wortwahl gehört ihm allein.

---

[75] Zu diesem synästhetisch-metaphorischen Feld von „blaue Milch" gehören weitere Blaga'sche Stellen: „schwarzer Honig", „schwarzes Silber" (steht dem Syntagma „schwarze Milch" am nächsten), „schwarzes Wasser", „blaue Flamme", „das schwarze Manna des Traums" oder auch „die Welt ist ein blaues Kleid". Vgl. Guțu, Die Lyrik Paul Celans und die rumänische Dichtung der Zwischenkriegszeit (Anm. 2), S. 100f.

Auf dieser tragikomischen Quiproquo-Bühne tritt kein geringerer als der Kulturphilosoph Theodor W. Adorno auf. Im Besitz der Familie Rosenkranz befindet sich ein Brief von Theodor W. Adorno, in dem sich dieser zu einigen ihm Anfang der 1960er Jahre zugeschickten Gedichten von Moses Rosenkranz äußert. Adornos Antwort erfolgte in dem Jahr, in dem Paul Celan seinem Bukarester Freund, dem Schriftsteller Petre Solomon, voller Verzweiflung geschrieben hatte, man stelle ihn überall als „Le Voleur" dar.[76] Adorno sitzt in der Klemme, muss eine schwerwiegende Entscheidung treffen: Um den damals in Umlauf gesetzten Anschuldigungen nicht auch durch eigene Handlungen entgegenzukommen, zumal Celan von Adornos offensichtlicher Zurückhaltung in der Plagiatsaffäre zutiefst enttäuscht ist, hält es Adorno für angemessen, den gejagten Dichter Celan in Schutz zu nehmen, auch wenn es manchmal zwischen den beiden – nach Ansicht von Joachim Seng – Meinungsverschiedenheiten gegeben haben soll.[77] Adorno bittet Rosenkranz, sein Gedicht *Die Blutfuge* zu jenem Zeitpunkt nicht in Deutschland erscheinen zu lassen, da er, Adorno, ein guter Freund Celans sei! Und Adorno gesteht kontextuell in seinem Brief Folgendes:

> Es ist keine Indiskretion, wenn ich Ihnen sage, daß er [Celan – Anm. G. G.] in einem überaus labilen Zustande sich befindet [...], die Publikation dieses Gedichts [der *Blutfuge* von Rosenkranz], das durch den Titel allein schon an sein eigenes berühmtestes mahnt, könnte ihn in einer Weise treffen, die nicht vorher sich sagen läßt.[78]

Biermanns Kommentar ist von der Tragik einer solchen Situation und von der Tragweite von Adornos Position geprägt: „Was für ein tragisches Elend, was für eine elende Tragik!" Man könne es Adorno nicht übel nehmen, dass er Celan um jeden Preis schützen wollte, in einer Zeit, in der dieser eine tiefe existenzielle Krise durchmachte. Andererseits könne man auch das unermessliche Unrecht, das dadurch dem anderen, ebenfalls aus Südosteuropa, aus Rumänien geflüchteten Bukowiner Dichter, Moses Rosenkranz, angetan wurde, nicht außer Acht lassen – auch dieser wollte an die Öffentlichkeit treten. Durch Adornos damalige Entscheidung blieb Rosenkranz jedoch bis vor kurzem so gut wie unbekannt. In den letzten Jahren erschienen mehrere Gedichtbände von ihm. Doch erst durch den durchschlagenden Erfolg seines Prosawerks *Kindheit. Fragment einer Autobiographie*, die wir im Aachener Rimbaud Verlag herausgegeben haben[79], wurde man auf das tragische Schicksal des Dichters Rosenkranz aufmerksam. Sowohl Celan als auch Ro-

---

[76] Brief von Paul Celan an Petre Solomon vom 22. März 1962. In: Guţu, Die Lyrik Paul Celans und der geistige Raum Rumäniens (Anm. 50).

[77] Joachim Seng: Von der Musikalität einer „graueren" Sprache. Zu Celans Auseinandersetzung mit Adorno. In: *Germanisch-romanische Monatsschrift* N. F. 45(1995), Nr. 4, S. 419–430.

[78] Zit. nach Biermann, Über Deutschland (Anm. 72), S. 177–178.

[79] Moses Rosenkranz: Kindheit. Fragment einer Autobiographie. Hrsg. von George Guţu unter Mitarbeit von Doris Rosenkranz. Aachen 2001, zweite Auflage 2002.

senkranz entgingen um Haaresbreite der Verschickung in die Arbeitslager Transnistriens, doch ihr Leben lang waren sie Gefahren ausgesetzt. Rosenkranz sollte sogar – nicht mehr und nicht weniger als zehn Jahre lang – durch die Hölle des sowjetischen Gulags hindurchgehen, dem er erst 1957 entkommen konnte. Der bekannt gewordene Ausspruch des Philosophen Adorno: „Nach Auschwitz Gedichte schreiben ist barbarisch", veranlasst Wolf Biermann zu der Ansicht, die Gedichte von Moses Rosenkranz und Paul Celan sowie von anderen Autoren sowohl aus dem südosteuropäischen Raum als auch aus Deutschland, in denen die Grausamkeit des Holocaust den thematischen Hintergrund ausmacht, widerlegten unumstritten diese Aussage, die Adorno selbst später zurückgenommen hatte:

> Wenn ich nun an das Schicksal des Dichters denke, der als junger Mann ‚Des Bauern Tod' schrieb [d. h. Moses Rosenkranz – Anm. G. G.], spüre ich doppelt die Substanzlosigkeit des fatalen Verdikts von Adorno. Menschenskind, das Gegenteil ist wahr! Wir sollten es besser barbarisch finden, wenn nach Auschwitz k e i n Gedicht über Auschwitz geschrieben wird.[80]

Und auffällig unangemessen sei auch die Aufnahme, die dem Dichter Rosenkranz, „irgendeine[m] Unbekannten aus dem Osten" im Westen, in Deutschland, beschieden war:

> Gewiß spricht es für Adorno, daß er 1962 seinen empfindlichen Freund Celan schützen wollte vor dem Ärger über eine Veröffentlichung der ‚Blutfuge' irgendeines Unbekannten aus dem Osten. Aber wie barbarisch ist es zugleich, einem Menschen, der mit knapper Not sich aus der Shoa und aus dem GULAG mit seinen Versen endlich in ein freieres Land gerettet hatte, nun auf die Gurgel zu treten. Was für ein höllischer Empfang für einen Menschen, der aus zwei Höllen kam.[81]

Ein merkwürdiger Fall der Interkulturalität und Intertextualität! Die Modernität des lyrischen Diskurses von Paul Celan rettete – so paradox dies klingen mag – zwei andere rumäniendeutsche Dichter: Moses Rosenkranz und Immanuel Weissglas. Um den ungeheuren Preis allerdings, dass diese beiden aus dem gleichen südosteuropäischen Kulturraum stammenden Dichter ein Leben lang an den Rand, in die Bedeutungslosigkeit gedrängt wurden durch die einseitige, glücklich-unglückliche Entscheidung von Theodor W. Adorno aus dem Jahre 1962! Riccardo Morello bestätigte in einem jüngeren Aufsatz über die *Todesfuge* die interreferentiellen Komponenten:

> Die Forschung hat nachgewiesen, daß ‚alle Motive des Gedichts vorgegeben sind', d. h. daß es prinzipiell aus dem poetischen Material der Tradition zusammengefügt ist: aus unzähligen Anspielungen und Zitaten aus dem jüdischen und christlichen Gemeingut, aus altem und neuem Testament, von Rilke, Trakl, aus der bukolischen Tradition usw. Das bedeutet aber nicht, daß Celan ein eklektischer, epigonaler Dichter ist, sondern daß ihm der

---

[80]   Biermann, Über Deutschland (Anm. 72), S. 178.
[81]   Ebenda.

‚Umweg über das Material anderer notwendig war'. Das Netz von Zitaten und Wortmaterial ist ein Ersatz für das unmöglich gewordene eigene Wort, ist ein Mittel, um der Sprachlosigkeit der Kriegszeit zu entweichen, daneben aber auch eine implizite Kritik an der Konventionalität der Dichtung. Der Dichter schafft sich einen neuen poetischen Raum, in dem die Anknüpfung an das eigene Frühwerk und an die Literatur der Vergangenheit eine wichtige Rolle spielt.[82]

Dabei müsste man freilich auch den von uns erwähnten südosteuropäischen Kultur- und Literaturraum hinzufügen.

Auch diese Episode bestätigt erneut die Schlussfolgerungen, die wir bereits 1977 in unserer Leipziger Dissertation[83] gezogen hatten, als wir behaupteten, dass Celan dem Kontakt mit vielen Kulturhorizonten, den menschlichen und poetischen Beziehungen zu seinen Bukowiner Landsleuten, zu deutschsprachigen Autoren wie Alfred Margul-Sperber, Alfred Kittner, Moses Rosenkranz, Immanuel Weissglas sowie zu den rumänischen Klassikern der Zwischenkriegszeit Tudor Arghezi, Lucian Blaga und Alexandru Philippide eine Reihe von bildlichen und metaphorischen Anregungen, die Öffnung zur Modernität des poetischen Duktus, den ausgesprochenen Sinn für die Sprache mit ihrer tieferen, nicht alltäglichen Bedeutungsvielfalt und ihren Buchstaben, den tiefen Einblick in die Unwiederholbarkeit des menschlichen Daseins verdankt. Die von Celan in Bukarest geschriebene Prosa und die ebenfalls dort angefertigten Übersetzungen aus der rumänischen Literatur bezeugen seine meisterhafte Beherrschung des Rumänischen und des dieser Sprache zugehörigen geistigen Umfelds. Barbara Wiedemann stellte nach dem Weggang Celans aus Bukarest 1947 fest: „Die rumänische Literatur [...] hat damals [...] einen großen Übersetzer verloren."[84] Ein jüngerer rumänischer Dichter vertrat die Ansicht, „[...] Celan is an exemplary materialisation of Goethe's concept of *Weltliteratur*."[85] Sein Bukarester Freund Petre Solomon brachte die fruchtbaren interkulturellen Anregungen überzeugend zum Ausdruck:

> Celan ist nicht nur polyglott [...], er ist auch ein guter Kenner verschiedener Kulturen, deren Essenz er in seinen Versen zum Gerinnen zu bringen trachtet. Auch dieses ist eine Facette seines [...] so vielschichtigen Schicksals [...].[86]

---

[82]   Riccardo Morello, Die „Todesfuge" – Stand: 15.11.2000 (Vgl.: www.uni-essen.de/literaturwissenschaft-aktiv/nullpunkt/pdf/celan_todesfuge.pdf)

[83]   Vgl. Guţu, Die Lyrik Paul Celans und die rumänische Dichtung der Zwischenkriegszeit (Anm. 2).

[84]   Barbara Wiedemann: Grischas Apfel und bitteres Staunen. Paul Celans Übertragungen ins Rumänische. In: *Celan-Jahrbuch* 5(1993), S. 139–163.

[85]   Mihai Ursachi: The Poetry of Being: From Hölderlin to Paul Celan. In: Kulturlandschaft Bukowina. Studien zur deutschsprachigen Literatur des Buchenlandes nach 1918. Hrsg. von Andrei Corbea und Michael Astner. Jassy 1990, S. 126–134.

[86]   Petre Solomon: Dichtung als Schicksal. Übersetzt von Anemone Latzina. In: Paul Celan „Atemwende": Materialien by Gerhard Buhr, Roland Reuss. Author(s) of Review: Ruth Lorbe. In: *The German Quarterly* 66(1993), H. 1, S. 219–224.

Wenn wir schließlich Dichtung auch als „Medium" betrachten in einer Zeit medialer Interkommunikation, so kann der Begriff Interreferentialität ein um so größeres Gewicht gewinnen und der gegenwärtigen Desorientierung in der Informationsgesellschaft Hilfe ableisten – wie der Medienpädagoge Hans-Dieter Kübler 1999 ausführte:

> Geht man indes davon aus, daß Medien nur noch autopoetisch, also innerhalb ihres Systems Wirklichkeit reflektieren, können sie nicht mehr verblöden. Vielmehr sind ihre Wissensofferten eine Spezies neben anderen. Natürlich verlagern sich dadurch die gesamte ‚Beweislast' und Relevanzprüfung auf das Publikum, auf das einzelne Individuum. Seine kognitiven Anforderungen steigen enorm, Orientierungsverlust und Konfusion dürften nicht gänzlich vermeidbar sein; das scheint jedenfalls der Preis der anhaltenden Daten- und Medienflut zu sein. Allenfalls kann die Vielfalt der Wissensangebote und ihre wachsenden, wechselweisen Verweise bzw. ihre schon immanente Relativierung und Qualitätstests, also ihre *Interreferentialität* (Hervorhebung G. G.) und interne Validierung ein wenig helfen. Aber um sie wahrzunehmen und zu realisieren, bedarf es weniger des überkommenen Bildungs- und Kanonwissens als vielmehr flexibler, operativer Fähigkeiten der Relativierung, Kontextuierung, Funktionalisierung, Distanzierung und Selbstreflexivität – mithin jener kognitiver Kompetenzen, mit denen sich nicht zuletzt schon die Wissenssoziologie der 20er Jahre beschäftigte.[87]

Im Raum der Sprache, genauer der deutschen Sprache, hatten die Bukowiner Dichter, einschließlich Celan, eine Heimat gefunden, der sie treu geblieben sind inmitten der Finsternis „Tod bringender Rede". Und genau dieses letzten Halts wollte man Paul Celan berauben – den in Paris lebenden Heimatlosen, Ausgegrenzten, Isolierten.

Es wurde der unsinnige Versuch unternommen, zu zeigen, dass selbst seine Sprache, seine Bilder, seine Metaphern, seine Gedanken entlehnt, abgeschaut, „geklaut" waren, also nicht ihm gehörten – Celan sollte aus der ihm einzig verbliebenen Heimat der deutschen poetischen Sprache, vertrieben werden. Den ersten dieser unheilvollen Versuche überlebte er, doch einen zweiten hat er nicht mehr durchstehen wollen, nicht mehr durchzustehen vermocht. Daraus ergab sich die einzige Konsequenz: heimatlos in Paris, der allerletzten – sprachlichen – Heimat beraubt, stürzte er sich in den Tod, ins totale Schweigen!

Die in unseren Ausführungen angedeuteten Bezüge gestalten sich zu einem beeindruckenden Knäuel von kulturellen Interferenzen und Anregungen, die aus dem Reservoire verschiedener Kulturen und Sprachen herrühren und – erst alle zusammengenommen – das vollständige Bild einer Interkulturalität und Intertextualität zu vermitteln vermögen: die kreativ-interreferentielle,

---

[87] Hans-Dieter Kübler: Wie zerklüftet ist Wissen? Aporien und Desiderate der Wissens(kluft)debatte In: *medien texte praktisch* 3 (1999), S. 10–17.

komplexe, einzigartigen Synthese einer multiethnischen und mehrsprachigen Region. In dieser Synthese, in diesem Amalgam von interreferentiellen und interkulturellen Bezügen, befindet sich des Dichters Paul Celan ewig-eigene Heimat.[88]

---

[88] Eine erste Fassung dieses Aufsatzes erschien unter dem Titel *Paul Celan – zwischen Intertextualität und Plagiat oder interreferentielle Kreativität* in: *TRANS, Internet-Zeitschrift für Kulturwissenschaften* 15(2000). In rumänischer Sprache erschien der Beitrag unter dem gleichen Titel: Paul Celan – între intertextualism şi plagiat sau Creativitatea interreferenţialităţii. In: *Paradigma*. Revistă multilingvă de cultură 11(2003), Nr. 3/4, S. 4–5. Auch wurden die biografischen und literaturgeschichtlichen Zusammenhänge des lyrischen Werkes von Paul Celan bei unserer Antrittsvorlesung als Inhaber des „Elias Canetti"-Gastlehrstuhls der Europa-Universität Viadrina (Frankfurt an der Oder) am 18. Januar 2005 (Senatssaal) vorgestellt.

II.

Herkunftsräume Siebenbürgen und Banat: Beharren und Aufbruch, Tradition und Erneuerung

In der Höhenluft der Lehre vom Sein

Ontologie und Kunstbetrachtung in siebenbürgischen Entwürfen des
20. Jahrhunderts

JOACHIM WITTSTOCK (Hermannstadt/Sibiu)

Bei Erörterung von Grundfragen des Seins und des Schönen kann man sich
in eine mannigfaltige Bergwelt versetzt wähnen, wo die Luft zwar reiner,
doch auch etwas dünner ist als in Talkesseln oder Ebenen.

Im Zuge solcher Gedankenbewegung wird man mitunter an den Roman *Der
Zauberberg* von Thomas Mann (1875–1955) erinnert, an die im gesundheits-
fördernden Höhenbereich abgehaltenen Gesprächsrunden, in denen auch
anspruchsvolle Themen behandelt wurden.

Krasse Unbildung, beispielsweise von Frau Stöhr an den Tag gelegt, wird
vom Autor mit Spott bedacht, das Abgleiten ins Private ebenso. Demnach
findet das „ältliche Fräulein aus Siebenbürgen", welches „das Interesse aller
Welt für ihren Schwager in Anspruch nahm, obgleich niemand etwas von
diesem Menschen wusste, noch wissen wollte"[1], wenig Beachtung; die
Repräsentantin unserer Heimatprovinz ist dem Verfasser nur wenige Zeilen
wert. Aufs Sorgfältigste werden indes jene Dialoge in ihrem Fortgang nach-
gezeichnet, in denen diskussionsfreudige Insassen der Lungenheilanstalt sich
über Gegenstände des Geistes austauschen.

Wiederholt lenkt der Erzähler die Aufmerksamkeit seines Publikums auf den
Kontrast zwischen subalpinem Kurort und Flachland, dem Schauplatz alles
Gewöhnlichen. Thomas Mann lässt erkennen, wie sehr die Lebensproble-
matik der Ebene aus dem räumlichen Abstand, durch den Blick von der
Höhe genauer erfasst werden kann als am eigentlichen Schauplatz des Ge-
schehens.

---

[1] Thomas Mann: Gesammelte Werke. Bd. 2: Der Zauberberg. Berlin 1956, S. 601.

1. Oberhalb Kronstadts, auf der Warte

Ein siebenbürgischer Roman, *Da keiner Herr und keiner Knecht* von Georg Scherg (1917–2002), befolgt ein verwandtes Bauprinzip, was denn auch bald nach Erscheinen des Buches (1957) bemerkt wurde. Wegen der zahlreichen Gespräche glaubte man die Parallele zum *Zauberberg* ziehen zu dürfen, wegen der in manchem ähnlichen Stimmung hier wie dort.

Die von Scherg gewählte Szene ist ebenfalls ein in Höhenregion situiertes Sanatorium. Es „lag in einem der Seitentäler Kronstadts, inmitten eines hängenden Gartens, dessen Rückseite hinter dem Hauptgebäude bis an den Wald reichte"; die Blicke der Patienten glitten über „die bewegten bergigen Wälder bis ins Hochgebirge, das von nicht allzu ferne herunterblaute".[2]

An den ins Philosophische und Ästhetische gehenden Debatten auf der Liegeterrasse beteiligen sich meist ein ungarischer Graf, ein rumänischer Mittelschullehrer, ein Rabbiner sowie der zuletzt zu ihnen gestoßene sächsische Dichter. Sie stellen Betrachtungen darüber an, warum in dem gleichsam zur mehrnationalen Vertreterversammlung gefügten Kreis eine zahlreiche Menschengruppe fehlt, warum kein Zigeuner zugegen ist bzw. sein kann, kein Abgesandter dieses „Volkes", dieser „Völkerschaft".[3]

Die durch Zufall zusammengeführten, aufeinander aus Gründen anstaltsspezifischer Kommunikation angewiesenen Patienten scheuen sich nicht, über das „reine Schöne" zu sprechen und zu klären, ob dieses traurig stimme oder doch eher Freude auslöse und den schöpferischen Geist zu lebensvoller Gestaltung anrege. Sie tauschen Meinungen über die „reine Menschlichkeit" aus, was im Kriegsjahr 1916 ihren Äußerungen unwillkürlich etwas Bekenntnishaftes verleiht.[4]

Das geschilderte Lungensanatorium weiß der mit Kronstadts Örtlichkeiten vertraute Leser unterhalb der Warte zu lokalisieren. Von diesem Bergkegel aus sind ausgedehnte Partien der Stadt einsehbar, und man muss auf den zur Warte führenden oder von ihr weglenkenden Hängen nicht gerade weit ausschreiten, um die anderen Abschnitte der Siedlung betrachten zu können. Wir machen uns diese Möglichkeiten des wechselhaften Panoramablicks zunutze, um, aus vorteilhaftem Abstand, hinabzusehen ins städtische Getriebe. Dabei sind wir stets bemüht, all jenes, was sich aus perspektivischen Gründen vor dem forschenden Auge verbirgt, durch Einbildungskraft zu ergänzen.

Einer ergiebigen Recherche will sich das Honterus-Gymnasium zuerst entziehen. Das 1913 bezogene neue Gebäude der Schule, bis 1944 der Anstalt zur Verfügung, dann – und das bis heute – zweckentfremdet, er-

---

[2] Georg Scherg: Da keiner Herr und keiner Knecht. Roman. Zweite, durchgesehene Auflage. Bukarest 1966, S. 44, 45.
[3] Ebenda, S. 187.
[4] Ebenda, S. 214–216, 254.

streckt sich ja gerade unterhalb des Bergzugs, auf dem wir uns ergehen. Indes, mit Hilfe schulgeschichtlicher Arbeiten, mit Hilfe auch eines zweiten Romans, den der ehemalige Honterianer Georg Scherg verfasste, *Das Zünglein an der Waage*, verschaffen wir uns Zugang zur Institution.

Uns beschäftigt dabei vor allem, wie der Schülerverband „Coetus Honteri" agierte. In Schergs Schilderung stoßen wir auf die während der 1930er Jahre bestehenden künstlerisch-kulturellen Einrichtungen, auf das Orchester „Lyra", auf den Literaturkreis „Euphorion". „Man trieb Musik", schrieb der Romanautor, „Geisteswissenschaften, Theater, Sport, Malerei, in Kreisen, die nach eigener Wahl besucht wurden."[5]

Auf dieser wechselvollen, von Scherg selbst mit offenen Sinnen erlebten Szene erprobten auch zwei etwas jüngere Mitschüler Schergs ihre geistigen Kräfte, ihre musischen Fähigkeiten – die Coetisten Walter Biemel (geb. 1918)[6] und Walter Myss (1920–2007)[7].

Generationsgenossen hatte sich eingeprägt, dass Biemel sich zur literarischen und philosophischen Erörterung, zur Musik und zu sportlicher Betätigung hingezogen fühlte[8], Myss hingegen seinen Hang zur Dichtung und zum Theaterspiel ausleben konnte[9]. Der eine von ihnen, Biemel, veröffentlichte Essays im *Klingsor*[10], der andere, Myss, schrieb später eine monografische Studie über diese Zeitschrift[11].

Biemel machte sich als Student der Philosophie und anderer Fächer in Bukarest (1937–1942) mit dem rumänischen Geistesleben vertraut.[12] Er

---

[5]   Georg Scherg: Das Zünglein an der Waage. Roman. Bukarest 1968, S. 513.

[6]   Über ihn vgl. Walter Myss: „Der Mensch ist nicht der Herr des Seienden, der Mensch ist der Hirt des Seins". Walter Biemel und seine gesammelten philosophischen Schriften. In: *Südostdeutsche Vierteljahresblätter* 45(1996), H. 3, S. 159–166. Die zweibändige Werkauswahl ist gegliedert in: Bd. 1: Schriften zur Philosophie, und Bd. 2: Schriften zur Kunst.

[7]   Zu seinem Werdegang vgl. Hans Bergel: Walter Myss 60 Jahre alt. In: *Südostdeutsche Vierteljahresblätter* 29(1980), H. 3, S. 167–168; ders.: Begegnung mit Walter Myss. Dem Kunst- und Kulturhistoriker zum 75. Geburtstag. In *Südostdeutsche Vierteljahresblätter* 44(1995), H. 3, S. 204–206; Stefan Sienerth: „Dass ich in diesen Raum hineingeboren wurde ..." Gespräche mit deutschen Schriftstellern aus Südosteuropa. München 1997, S. 185–198.

[8]   Hans-Udo Dück: „Die Begegnung mit Heidegger hat mein Leben geprägt". Laudatio auf den Philosophen Walter Biemel (bei Verleihung des Siebenbürgisch-Sächsischen Kulturpreises 1997). In: *Allgemeine Deutsche Zeitung für Rumänien*, 26. Juni 1998. Der Coetus hat „in dem wachen und so begabten jungen Mann vieles in Bewegung gesetzt: Interesse für Literatur und Philosophie etwa in der Gruppe des ,Euphorion', Eintauchen in die Musik in der Gesangsgruppe der ,Saxonia' oder im Streichquartett und nachmaligen Orchester der ,Lyra', Bewegung und Freude an der sportlichen Leistung in der Gruppe der ,Germania'".

[9]   Hermann Schlandt: Laudatio auf Walter Myss zum Siebenbürgisch-Sächsischen Kulturpreis 1993. In: *Südostdeutsche Vierteljahresblätter* 42(1993), H. 4, S. 322–323: Myss „fiel durch musikalische und literarische Begabung auf", er spielte Theater (im Drama *Egmont*) und verfasste zu jener Zeit ein erstes Theaterstück, *Bewährung*.

[10]   Im Jahrgang 1938: Eminescu – Friedrich Schlegel – Kleist (Erwiderung auf einen Aufsatz mit dem gleichen Titel, verfasst von Adolf Heltmann); Beim Lesen Nietzsches; Ion Petrovici über Kant.

[11]   Walter Myss: Fazit nach achthundert Jahren. Geistesleben der Siebenbürger Sachsen im Spiegel der Zeitschrift „Klingsor" (1924–1939). München 1968.

[12]   In diesen Zusammenhang gehört auch die Mitarbeit an der von Lucian Blaga herausgegebenen Philosophie-Zeitschrift *Saeculum. Revistă de filosofie* [Zeitschrift für Philosophie]. Walter Biemel

wechselte hierauf an die Universität Freiburg. 1942–1944 studierte er Philosophie bei Martin Heidegger (1889–1976). Später verteidigte Biemel seine Doktordissertation über diesen Philosophen (Löwen 1947) und war in Studien sowie sonstigen Arbeiten um die Gedankenwelt und das Erbe Heideggers bemüht.

Myss konnte erst nach Kriegsende sein Studium der Philosophie und Kunstgeschichte aufnehmen. In Innsbruck, Wien und Paris hörte er Vorlesungen und promovierte 1948 zum Doktor der Philosophie.

Beide haben ihre Existenz außerhalb der Heimatprovinz aufgebaut, Myss in Österreich (Innsbruck), Biemel in Belgien (Löwen, als Betreuer des Werkes von Edmund Husserl, 1859–1938) und in Deutschland (er wirkte als Philosophieprofessor in Aachen und Düsseldorf).

Mehr siebenbürgische Bodenhaftung als an Biemel lässt sich an den Schriften von Walter Myss erkennen, die Thematik mancher seiner kunsthistorischen und sonstigen Arbeiten bezeugt dies.[13] Seine kunstphilosophischen Analysen hingegen sind meist auf gesamteuropäische Horizonte eingestellt, Musterbeispiel: *Bildwelt als Weltbild. Europas imaginäres Museum und die Zukunft unserer Kultur.*[14]

Weiträumige Horizonte umspannen auch Walter Biemels ästhetische Überlegungen und das seit je. In einem 1969 erschienenen Band, *Philosophische Analysen zur Kunst der Gegenwart*, hält er sich „auf seiner Suche nach dem herrschenden Weltverhältnis nicht bei Randerscheinungen" auf, sondern macht – laut Walter Myss – „durch die Auswahl seiner Kronzeugen die Brennpunkte der heutigen Auseinandersetzung" sichtbar; erörtert werden Franz Kafka (1883–1924), Marcel Proust (1871–1922), Pablo Picasso (1881–1973).[15]

2. Blick von der Hohen Rinne auf Hermannstadt

Hermannstadt und seine lebensklugen, zu komplizierten Abstraktionen befähigten Leute versuchen wir ebenfalls, aus der Bergregion ins Bild zu bekommen. Denn wir haben uns auch hier um gehörige Distanz zu bemühen, haben – wie der Philosoph solches ausdrückt – die „Dimensionsform des

---

schrieb über Rainer Maria Rilke (Jg. 1, 1943, Nr. 5), über die romantische Ironie und den deutschen Idealismus (ebenda, Nr. 6).

[13] Anzuführen sind hier besonders das Buch *Kunst in Siebenbürgen*. Photographische Mitarbeit: Konrad Klein. Thaur bei Innsbruck 1991, und das von Walter Myss herausgegebene *Lexikon der Siebenbürger Sachsen*. Thaur bei Innsbruck 1993.

[14] Walter Myss: Bildwelt als Weltbild. Europas imaginäres Museum und die Zukunft unserer Kultur. Innsbruck 1985. Veröffentlicht als Band IV des Myss'schen Werkes *Kunst und Kultur Europas von Daidalos bis Picasso*.

[15] Walter Myss in seiner Rezension des in Den Haag veröffentlichten Buches von Walter Biemel, in: *Südostdeutsche Vierteljahresblätter* 19(1970), H. 1, S. 64.

Abstand-Setzens" zu nutzen, diese „weltgestaltende" Dimension, in der sich die „Daseinsmacht des Raum-Zeitfeldes" ausprägt.[16]

Ohne viel Ausschau halten zu müssen nach dem geeigneten Aussichtspunkt, beziehen wir ihn im Kurort Hohe Rinne. Hier hatte sich durch Zuzug und dauernden Aufenthalt von Constantin Noica (1909–1987) und durch die gelegentliche Anwesenheit seiner Dialogpartner während der siebziger und achtziger Jahre des letztvergangenen Jahrhunderts (etwa 1975–1987) ein Mittelpunkt philosophischer Erörterungen herausgebildet.

Man spricht gar über eine von Noica patronisierte philosophische Schule, die – fern von den Zentren offizieller Meinungsbildung und im ideologischen Gegensatz dazu – eine ganze Reihe von damals jungen Geisteswissenschaftlern mitgeformt habe, unter ihnen Gabriel Liiceanu (geb. 1942), Andrei Pleşu (geb. 1948) und andere intellektuelle Prominenz von heute.[17]

Die zum aspektreichen Werk gefügten Schriften Noicas, der Ertrag von schrittweise einander abfolgenden Neuansätzen und von vielfachen Verflechtungen, enthält auch eine umfassende, aus zwei Teilen zusammengesetzte Ontologie.[18]

Noicas Reflexionen über Denkergebnisse der Vorgänger, über gedankliche Spiegelung, über Empfindung und Sprache mögen erklären, warum auch Siebenbürger Sachsen zu diesem Philosophen in Verbindung traten.

Einer von ihnen war Georg Scherg. Er machte sich durch die Übersetzung der Noica'schen Essays verdient, die später zum Band *Modelul cultural european* [Das europäische Kulturmodell] gefügt wurden.[19]

Scherg hat sich auch an einem weiteren, von Noica angeregten Projekt beteiligt, an der Verdeutschung einer Auswahl philosophischer Texte von Lucian Blaga (1895–1961). Das umfangreiche, zusammen mit Thomas Kleininger übertragene Manuskript, das von Noica in einem bundesdeutschen Verlag herausgegeben werden sollte, ist nicht erschienen, vermutlich weil Noicas Tod Schlussredaktion und verlegerische Arbeitsgänge verhinderte.

---

[16]   Alfred Pomarius: Vom Wesen unserer Welt. Silhouette einer Philosophie. Hrsg. von Familie Pomarius. Dresden 2004, S. 30.

[17]   Constantin Noica war – laut Gabriel Liiceanu – nach und nach eine „wahre, landesweit gültige Institution geworden (freilich von der Sicherheitsbehörde genau überwacht)"; im Original: Noica „devenise o adevărată instituţie naţională (ce-i drept vegheată îndeaproape de Securitate)". Durch unmittelbaren Kontakt oder über den Weg der Veröffentlichungen prägte Noica eine Vielzahl lernwilliger Anhänger, die gleichsam zur „Schule auf der Hohen Rinne" vereint waren; seine Anhänger, „cîteva zeci de elevi pe care-i formase direct şi alte cîteva mii pe care-i formase prin spiritul cărţilor sale", bildeten die „Şcoala de la Păltiniş" [„einige Dutzend Schüler, die er unmittelbar geprägt und weitere Tausende, die er über seine Schriften erreicht hatte]. Vgl. Gabriel Liiceanu: Jurnalul de la Păltiniş [Hohe-Rinne-Tagebuch]. Durchgesehene, erweiterte Ausgabe. Bucureşti 1991, S. 12.

[18]   Constantin Noica: Devenirea întru fiinţă. Încercare asupra filozofiei tradiţionale. Tratat de ontologie [Das Werden zum Sein. Versuch über die traditionelle Philosophie. Abhandlung über die Seinslehre]. Einführung von Sorin Lavric. Bucureşti 1998.

[19]   Rumänische Erstausgabe: Bucureşti 1993. Die von Scherg besorgte deutsche Fassung erschien unter dem Titel *De dignitate Europae*. Bukarest 1988.

Die Bemühungen Georg Schergs, philosophische Texte zu übersetzen, das zu Ende geführte und das unvollendete Vorhaben, wurden von Hans Otto Stamp (1943–1992) kommentiert. Er würdigte dabei den Arbeitsaufwand, den die sprachliche Transposition dem Übersetzer abnötigte.[20]

Hans Otto Stamp, im Harbachtaler Rothberg/Roşia geboren, Fachlehrer für Mathematik am Pädagogischen Lyzeum in Hermannstadt, dann auch mit Lehrauftrag an der Hermannstädter Lucian-Blaga-Universität tätig, nach der politischen Wende zeitweilig Stellvertretender Unterrichtsminister bzw. Staatssekretär im Unterrichtsministerium, hatte zu jenen Siebenbürgern gehört, die den Kontakt zu Noica suchten und im Gespräch mit dem Philosophen geistige Bereicherung erfuhren.

Ähnliche Ziele mögen auch den Hermannstädter Karl (Carol) Neustädter (geb. 1947) auf die Hohe Rinne gebracht haben. Der an der Klausenburger Universität ausgebildete Psychologe war etwa fünfzehn Jahre an einer Sonderschule in Konstanza/Constanţa angestellt. Ein seit je reges Interesse für Philosophie rückte nach der Wende ins Zentrum seines Strebens, und er promovierte 1993 in Wien zum Dr. phil. In der Bundesrepublik Deutschland, dem Land seiner „versuchten Ankunft"[21], veröffentlichte Neustädter: *Nichtsein als Sein. Essays zur neueren Reflexionstheorie* (Cuxhaven 1994) und *Der gefangene Schrei* (Blaubeuren 2004). Früher schon hatte er Gedankenlyrik und Aphoristik in zwei Gedichtbänden vereinigt: *Schlaf, Schale für das Licht* (Bukarest 1985) und *Bewegte Stille* (Bukarest 1990).

Handelt es sich im Falle von Neustädter um versuchte Ankunft, um geglücktes oder eher um fehlgeschlagenes Ankommen? ... Wir dürfen hier vielleicht die Bemerkung einflechten: Menschen wie Karl Neustädter haben es allerorten schwer, sich in ihre Lage zu finden. Und dies, selbst wenn sie nicht mit Agenten der Geheimpolizei „Securitate" zu schaffen hatten wie der Hermannstädter Philosoph.

Dass die Sicherheits-Beamten ihn zutiefst beunruhigten, lässt sich in seinem Essay *Über die Angst* nachlesen.[22] Wie sehr die „Sicherheitler" versuchten, ihn unter Druck zu setzen, schildert er in einem Zeitschrift-Beitrag[23], auch ist seine Veröffentlichung *Der gefangene Schrei* vor allem von dieser Lebenserfahrung geprägt[24].

---

[20] Vgl. Hans Otto Stamp: Georg Scherg als Übersetzer. In: *Forschungen zur Volks- und Landeskunde*, Bd. 41, 1998, Nr. 1–2, S. 244–246.

[21] Anklang an den Untertitel des von Ernest Wichner herausgegebenen Buches *Das Land am Nebentisch*: Texte und Zeichen aus Siebenbürgen, dem Banat und den Orten versuchter Ankunft. Leipzig 1993.

[22] Karl Neustädter: Über die Angst. In: *Südostdeutsche Vierteljahresblätter* 52(2003), H. 2, S. 140–141.

[23] Carol Neustädter: Einblick in meine Securitate-Akte. Wahrheiten, über die man lieber schweigt? In: *Südostdeutsche Vierteljahresblätter* 51(2002), H. 4, S. 353–356.

[24] Vgl. Hans Bergels Rezension zu Neustädters Buch. In: *Südostdeutsche Vierteljahresblätter* 54(2005), H. 1, S. 107–109.

Mit der systematisch geübten *Securitate*-Praxis, unangepasste, das heißt nichtmarxistische, nichtsozialistische, individualistische Denker einzuschüchtern, wurde Neustädter konfrontiert, als er den von amtlichen Stellen argwöhnisch observierten Constantin Noica aufsuchte. Karl Neustädter hatte 1981 ein umfangreiches Typoskript, *Jenseits der Identität mit sich selbst*, dem rumänischen Philosophen vorgelegt und ein Gutachten erbeten.

Bereitwillig war Noica auf diesen Wunsch eingegangen, und so konnte der Nachwuchs-Autor fortan die in wohlwollendem Ton gehaltene Beurteilung dem Typoskript beischließen und dadurch eher jene Personen oder Institutionen (Bibliotheken, Verlagslektorate), von denen er sich Beachtung und Förderung versprach, für seine Philosophie gewinnen.[25] Wieviel Ungemach aus der Begegnung mit Noica Neustädter auch erwuchs, er war dem „mutigen, unbeugsamen Gelehrten"[26] gegenüber dankbar und hielt seine Persönlichkeit in ehrender Erinnerung.

Nun aber lösen wir uns vom teils waldigen, teils begrasten Seinsgrund der Hohen Rinne, wählen einen den Rundblick begünstigenden Standort und lugen hinab. In nicht allzu beträchtlicher Ferne breitet sich vor uns Hermannstadt aus.

Eine Garnisonsstadt, ja das ist Hermannstadt sozusagen immer schon gewesen, und so sind die mit diesem militärischen Status verbundenen Gebäude, sind allenthalben Kasernen selbst von weitem zu erkennen.

In ihrem Bereich versuchen wir, uns den k. u. k. Offizier Erwin Reisner (1890–1966) vorzustellen, den Artillerie-Leutnant, der während des Ersten Weltkriegs hier seinen Dienst antrat, den 1918 aus dem Heer entlassenen Hauptmann. Bei genauerem Hinsehen bestätigt sich, was wir in einem kurzen Lebenslauf gelesen haben – Reisner war bei Kriegsende „hochdekoriert".[27]

Ein Ölbild, 1920 von Hermann Konnerth (1881–1966) angefertigt, zeigt den noch recht jugendlich wirkenden Reisner, der fast ratlos und wohl auch

---

25 Hans Bergel übertrug Noicas Empfehlungsschreiben ins Deutsche und veröffentlichte es in den *Südostdeutschen Vierteljahresblättern* 51(2002), H. 4, S. 376–378 (Zu Carol Neustädters philosophischem Text „Jenseits der Identität mit sich selbst". Eine gutachtliche Stellungnahme aus dem Jahre 1981).

26 Neustädter, Einblick (Anm. 23), S. 353.

27 Peter Orban: Vorbemerkung zur Neuausgabe des Buches *Der Dämon und sein Bild* von Erwin Reisner. Frankfurt a. M. 1986, S. 10. Über Leben und Werk Reisners geben auch folgende Arbeiten Aufschluss: Myss, Fazit (Anm. 11), S. 127–130; Joachim Wittstock: Literarische Kontakte zwischen Österreich und Siebenbürgen in der Zwischenkriegszeit. In: Beiträge zur deutschen Literatur in Rumänien seit 1918. Hrsg. von Anton Schwob. München 1985, S. 163–164; ders.: Auf dem Philosophengang. Vor hundert Jahren wurde der Schriftsteller Erwin Reisner geboren. In: *Hermannstädter Zeitung*, 16. März 1990; Die rumäniendeutsche Literatur in den Jahren 1918–1944. Redigiert von Joachim Wittstock u. Stefan Sienerth. Bukarest 1992, besonders das Kapitel *Universalität und Provinzialismus in der rumäniendeutschen Literatur*; Stefan Sienerth: Erwin Reisner. In: Lexikon der Siebenbürger Sachsen (Anm. 13), S. 406.

etwas vorwurfsvoll in die Welt blickt.[28] Darüber schiebt sich während unseres Versuchs, die Physiognomie Reisners in Hermannstadt zu erspähen, ein weit später angefertigtes Porträtfoto, das wiederholt veröffentlicht wurde.[29]

Auf den in Wien geborenen Berufsoffizier kam nach 1918 die Aufgabe zu, den Lebensunterhalt im zivilen Gesellschaftsgefüge zu verdienen, für sich und seine Familie (für die Gattin, eine Siebenbürger Sächsin, Emilie Reisner geborene Wagner, und den Sohn Herbert). Reisner arbeitete in Hermannstadt als Journalist und Redakteur (bei der *Deutschen Tagespost*, einer „Allgemeinen Volkszeitung für das Deutschtum in Großrumänien", bis 1925, als dieses Periodikum die Ausgabe für Siebenbürgen einstellte), als Referent des „Kulturamtes", das der „Verband der Deutschen in Großrumänien" eingerichtet hatte, als Beamter und Bibliothekar des Brukenthalmuseums.

Da in Rumänien ansässig gewordene Ausländer in den 1930er Jahren genötigt wurden, für ihre ursprüngliche oder die rumänische Staatsbürgerschaft zu optieren, entschied sich Reisner 1935, nach Österreich zurückzukehren. Er schlug sich in Wien, ab 1937 in Berlin durch, als Religionslehrer und Prediger in Einrichtungen der Bekennenden Kirche (beispielsweise in der Schule für getaufte jüdische Kinder). 1947 wurde er, der 1931 zum Doktor der Marburger philosophischen Fakultät promoviert worden war, Professor an der Kirchlichen Hochschule in West-Berlin, und er war zeitweilig auch deren Dekan. Für die letzten zehn Lebensjahre zog er sich aus dem beruflichen Alltag zurück und widmete sich ausschließlich der Schreibtischarbeit. Ein Nachruf auf den im Juni 1966 verstorbenen Denker endet mit den Worten: „Reisner ist in den letzten Jahren fast Berliner geworden. Berlin wird seine stille, klärende und vertiefende Existenz auch am meisten vermissen."[30]

Erwin Reisner ist von den Philosophen, die im 20. Jahrhundert unter Siebenbürger Sachsen gelebt haben, der vielseitigste und auch produktivste gewesen. Während seiner Hermannstädter Zeit erschien eine Anzahl von Büchern, anfangs zu rein philosophischen, später vorwiegend zu religionsphilosophischen Themen; die Erscheinungsorte lagen allerdings nicht in Rumänien, sondern in Österreich und Deutschland.[31]

Nach denkerischen Positionsbestimmungen in *Die Erlösung im Geist*[32] und *Das Selbstopfer der Erkenntnis*[33] galt Reisners Reflexion der metaphysischen

---

[28] Vgl. Doina Udrescu: Deutsche Kunst aus Siebenbürgen in den Sammlungen des Brukenthalmuseums Hermannstadt (1800–1950). Hermannstadt 2003, Nr. 183, Abb. 52.

[29] Beispielsweise in: Myss, Fazit (Anm. 11), nach S. 128.

[30] Joachim Günther: Philosophie gegen den Dämon. Erwin Reisner gestorben. Ablichtung aus dem *Tagesspiegel*, 1966; derselbe Nekrolog wurde im Todesjahr Reisners auch in den *Neuen Deutschen Heften* abgedruckt (dem Verfasser dieser Ausführungen bloß in einer Ablichtung ohne genauere Erscheinungsdaten zur Hand).

[31] Mit Ausnahme des Gedichtbuches *Der blaue Pokal*. Hermannstadt 1923.

[32] Erwin Reisner: Die Erlösung im Geist. Das philosophische Bekenntnis eines Ungelehrten. Wien, Leipzig 1924.

Geschichtsphilosophie, dem Gottesreich und seinen weltlichen Konstitutionen, der Symbolik und den Wandlungen christlicher Botschaft.[34] Die wichtigste der nach-siebenbürgischen Arbeiten ist wohl *Der Dämon und sein Bild*.[35] Andere Bücher belegen jeweils Breite und Vielfalt der philosophischen Interessen Reisners.[36]

Beim Versuch, Reisners Ideen zur Philosophie und besonders zur Ästhetik zu präsentieren, wird man leicht ein Opfer der assoziationsreichen Darlegungen dieses Schriftstellers. Um bei Vermittlung des Reisnerschen Gedankengefüges einer beinahe zwangsläufigen Dispersion zu entgehen, konzentrieren wir uns auf die kunstwissenschaftlichen Betrachtungen in einem der Bücher, im philosophischen Erstling *Die Erlösung im Geist*.[37]

Der kryptojüdische Philosoph (man wusste in Siebenbürgen nichts von seinem „jüdischen Hintergrund") steht unter dem Eindruck, die Künste neuerer Zeiten seien Ausdruck des Verfalls. In allen Formen drücke sich

> dasselbe Prinzip aus, nämlich die Auflösung der individuell organischen Einheit in die Menge, die schließlich abermals zu einer Einheit, zur Unterschiedslosigkeit oder Konformität wird. Es ist das die Einheit, die alles Qualitative zerstört. (S. 301–302)

Ursache des Niedergangs sei der Umstand, dass sich die Begrifflichkeit in der Kunst breit gemacht habe, also das ihr „zufernst Liegende" (S. 307). Reisner wird nicht müde hervorzuheben, wie wenig der Begriff in der Kunst tauge, dieser besitze den „allergeringsten ästhetischen Gehalt", er störe das „künstlerische Empfinden überall, wo er sich in einem seinem Wesen nach überbegrifflichen Kunstwerk in den Vordergrund drängt". (S. 307–308) Das Fiasko der neueren Künste sei nicht mehr abzuleugnen, was alle an der Erörterung beteiligten Kräfte sich eingestehen müssten.

---

[33] Ders.: Das Selbstopfer der Erkenntnis. Eine Betrachtung über die Kulturaufgabe der Philosophie. München, Berlin 1927.

[34] In Hermannstadt erarbeitete Buchausgaben: Die Geschichte als Sündenfall und Weg zum Gericht. Grundlegung einer christlichen Metaphysik der Geschichte. München, Berlin 1929; Kennen, Erkennen, Anerkennen. Eine Untersuchung über die Bedeutung von Intuition und Symbol in der dialektischen Theologie. Diss. München 1932; Die Kirche des Kreuzes und das deutsche Schicksal. München 1934, in umgearbeiteter Fassung unter dem Titel: Die Juden und das Deutsche Reich. Zürich 1966; Fragmente in: Das geistige Deutschland angesichts der jüdischen Frage. Positionen 1922–1938. Hrsg. von Oliver Humberg und Stephan Hötzel. Velbert-Neviges 1994, S. 59–150; Die christliche Botschaft im Wandel der Epochen. München 1935.

[35] Erwin Reisner: Der Dämon und sein Bild. Frankfurt a. M. 1947; Neuausgabe Frankfurt a. M. 1986.

[36] Wir führen die Titel an: Der Baum des Lebens. Eine Auslegung von Genesis 2,8 bis 3,24; Das Buch mit den sieben Siegeln; Glaube, Hoffnung, Liebe. Eine kleine Philosophie der christlichen Tugenden; Vom Ursinn der Geschlechter; Krankheit und Gesundung. Eine theologisch-philosophische Sinndeutung; Der begegnungslose Mensch. Eine Kritik der historischen Vernunft.

[37] Reisner, Die Erlösung im Geist (Anm. 32). Im Anschluss an die Kapitel *Urteil und Erkenntnis*, *Werden und Vergehen*, *Geschlecht und Liebe* und *Vom Guten und Bösen* stehen die Ausführungen *Vom Schönen und Hässlichen* (S. 253–363). – Im Folgenden geben wir nach Zitaten die herangezogenen Seiten an.

Jeder Optimismus, der in der gegenwärtigen Krisis nichts weiter als einen Erneu-
erungsprozess, der vorläufig nur seine negative Ansichtsseite zeigt, sehen will, geht fehl.
Aus diesem Chaos gibt es kein Zurück mehr, aber es gibt auch kein Vorwärts, wenigstens
nicht was jene Kunstzweige betrifft, die von der Seuche befallen sind. (S. 351)

Ins Visier der Kritik gerät der Expressionismus. Viele Freunde mag Reisner
sich nicht erworben haben mit der Einschätzung, bei dieser Kunstströmung
handele es sich „ganz offensichtlich um einen Degenerationsprozess". (S.
356) Fazit:

Die Künste brechen rettungslos zusammen, und an ihre Stelle tritt die Philosophie, freilich
auch eine Kunst, aber doch eben eine, deren Gegenstand sich der sinnlichen Wahrnehmung entzieht. (S. 360)

Diesen Gedanken hat Reisner später wieder aufgenommen und in die Richtung „Philosophie ist tragische Kunst" vertieft. Während solcher Demarchen
hat sich ihm der Eindruck bestätigt, die irrtümlich vom Intellekt geprägten
Künste befänden sich in Agonie.

Soweit Erwin Reisner. In Hermannstadt gab es auch andere Philosophen,
und so lassen wir den Blick weiter gleiten. Er heftet sich an jenen Bezirk der
Innenstadt, wo die anscheinend ineinander übergehenden Dächer das Bi-
schofspalais vermuten lassen. Im Sitz der Evangelischen Landeskirche Rumäniens können wir, nach einiger Ausdauer beim Hinabspähen, gleich zwei
Männer identifizieren, die sich philosophischen Gedanken gewidmet haben.
Der eine von ihnen ist Bischof Viktor Glondys, der andere zählte zu seinen
Widersachern während der politisch-ideologischen Auseinandersetzungen in
den dreißiger und frühen vierziger Jahren des 20. Jahrhunderts.
Viktor Glondys (1882–1949)[38], in der damals zur Habsburger-Monarchie,
heute zu Polen gehörenden schlesischen Ortschaft Biala bei Bielitz/Bielsko-
Biala geboren, studierte in Graz, Marburg und Wien. Die von ihm belegten
Fächer waren klassische Philologie, Germanistik, evangelische Theologie
und Philosophie. In der Bukowina trat er in den Pfarrdienst, als Vikar und
Religionslehrer, schließlich als evangelischer Stadtpfarrer von Czernowitz
(1912–1922).

---

[38] Zahllose biografische Details registriert Viktor Glondys' *Tagebuch. Aufzeichnungen von 1933 bis
1949*. Hrsg. von Johann Böhm und Dieter Braeg. Dinklage 1997. Relevant für die Persönlichkeit
Glondys' ist auch seine Predigtensammlung *Auf ewigem Grunde*. Hermannstadt 1933. – Über sein
Leben und Wirken vgl. Ludwig Binder: Viktor Glondys, 1932–1941. In: Die Bischöfe der
evangelischen Kirche A. B. in Siebenbürgen. Teil II. Von Ludwig Binder und Josef Scherer. Köln,
Wien 1980, S. 111–149; Schriftsteller-Lexikon der Siebenbürger Deutschen. Bd. VI: D–G. Von
Hermann A. Hienz. Köln, Weimar, Wien 1998, S. 191–206. Dokumentarisches Material bietet auch
das Buch *Die Rumäniendeutschen zwischen Demokratie und Diktatur. Der politische Nachlass von
Hans Otto Roth 1919–1951*. Hrsg. von Klaus Popa. Frankfurt a. M. 2003.

Seine Doktordissertation, 1916 in Graz verteidigt, befasst sich mit der Philosophie von Benedikt (Baruch) Spinoza (1632–1677). Die Promotion ermöglichte es ihm, neben seinem Seelsorgeramt auch als Privatdozent an der Universität Czernowitz zu wirken (1919–1922).

Von der Honterusgemeinde wurde Glondys 1922 zum Stadtpfarrer Kronstadts gewählt, ein Jahrzehnt darauf von der Landeskirchenversammlung zum Bischof. Sein Dienst als Kirchenoberhaupt währte bis Ende 1940/Anfang 1941, als er sich genötigt sah, vom Amt zurückzutreten. Äußerer Druck und innere Erwägungen (sie betrafen die angegriffene Gesundheit und auch die Neigung zum Gelehrtendasein) gaben bei dieser Demission bzw. beim Eintritt in den Ruhestand den – bald politisch, bald privat gewichteten – Ausschlag.

Das Episkopat seines Nachfolgers im Amt, Wilhelm Staedel (1890–1971, Bischof in den Jahren 1941–1944) zeigt in aller Deutlichkeit, was dem verdrängten Glondys durch seinen Rückzug erspart geblieben ist an Pressionen durch die diktatorisch vorgehende Führung der Deutschen Volksgruppe in Rumänien.

Nach der Wende des 23. August 1944 kehrte Glondys für einige Monate ins Bischofsamt zurück, entsagte dieser Stellung jedoch, um sich fortan vollauf der wissenschaftlichen Tätigkeit, der Pfarrerausbildung und Erwachsenenbildung in der von ihm gegründeten „Lutherakademie" zu widmen.

Worauf wir uns im Folgenden einzustellen haben, ist das philosophische Fachbuch, das Glondys noch als Privatdozent in Czernowitz verfasst hatte und das während der ersten in Kronstadt verbrachten Zeit erschienen ist: *Einführung in die Erkenntnistheorie*.[39] Die Veröffentlichung ist, laut Vorwort, hauptsächlich der „studierenden Jugend" bestimmt, zugedacht aber auch „jedem gebildeten Laien, der sich über die Grundfragen der Erkenntnistheorie orientieren" möchte. (S. III) Knapp die Hälfte des Buches leitet in die Problematik ein (*Erste Einführungen*), was den didaktischen Charakter der Darstellung, zudem die – ebenfalls hieraus sich ergebende – Gepflogenheit betont, die Voraussetzungen des Denkgebäudes überaus umsichtig zu begründen.

Möglicherweise ist es für ein heutiges Lesepublikum am ergiebigsten, sich mit dem Schlusskapitel zu beschäftigen: *Bedeutung der Erkenntniskritik auf naturwissenschaftlichem Gebiete durch Schaffung eines modernen Typs an Stelle des antiken*. Der Autor versteht dabei „antik" und „modern" nicht

---

[39] Victor Glondys: Einführung in die Erkenntnistheorie. Wien, Leipzig 1923. Die Veröffentlichung wird als Erster Teil ausgegeben; eine Fortsetzung ist nicht erschienen. Ludwig Binder (über Viktor Glondys, Anm. 38, S. 141) gibt dazu folgende Erklärung: „Die Tatsache, dass der zweite vorgesehene Band seiner ‚Erkenntnistheorie' nicht erschien, deutet auch auf den Abbruch seiner Arbeiten auf diesem Gebiete hin, ist aber auch ein Hinweis darauf, dass die von ihm in seinen Frühwerken vertretene psychologisch-philosophische Richtung an Bedeutung verloren hatte."

„einfach nur als Zeitbestimmungen", „nicht einmal in erster Linie". (S. 116) Vielmehr wählt er

> diese Bezeichnungen, um zwei scharf gegeneinander abgehobene Auffassungen von der Aufgabe und dem eigentlichen Sinne der Wissenschaft einander gegenüberzustellen. (S. 116)

Wir erfahren, dass selbst in der Gegenwart (von anno 1920) „wir noch immer jenen Typus vor(finden), den ich hier als antiken bezeichne". (S. 118) Nicht gar seit langem beginne sich aber „unter dem Einflusse der modernen Erkenntniskritik ein neues Wissenschaftsideal neben dem alten zu erheben". (S. 118)
Der Mensch neuerer Zeiten müsse den „zersetzenden Ergebnissen der modernen Erkenntniskritik" (S. 119) Rechnung tragen; er habe zu erkennen,

> wie eng die Grenzen dessen gezogen sind, was wir nach moderner erkenntniskritischer Auffassung Wissenschaft zu nennen in der Lage sind. (S. 120–121)

Konkret heißt das:

> Der moderne Typ sucht weder die Dinge an sich zu erkennen noch auch deutet er sein Material als Erscheinungsform von Dingen an sich, sondern nimmt das Gegebene einfach ohne Deutung hin und hat seine Beziehungen zu dem übrigen Gegebenen in exakten, womöglich mathematisch geprägten Formeln zum Ausdruck zu bringen. (S. 132)

Er „hat darum auch endgültig darauf Verzicht zu leisten, irgend etwas zu erklären", vielmehr: er beschreibt. (S. 132, 133) Die Schlussfolgerung des Autors:

> Über alledem liegt der Schleier der Relativität. Selbst die Naturgesetze, die als unverbrüchlich anzusehen ein Axiom für den alten Typus war, werden als Tatsachen ohne diesen axiomatischen Charakter aufgefasst. (S. 133–134)

Unser Blick ruht nach wie vor auf dem Bischofspalais, indes verliert das Porträt von Viktor Glondys an Schärfe. Wir behalten aber den Umstand im Auge: Vieles, was während der Amtszeit des nachfolgenden Bischofs Wilhelm Staedel geschah, erregte das Missfallen von Glondys. So auch die im kirchlichen Rahmen begründete „Arbeitsgemeinschaft des Institutes zur Erforschung des jüdischen Einflusses auf das deutsche kirchliche Leben in der evangelischen Landeskirche A. B. in Rumänien". Vorbild des März 1942 in Hermannstadt ins Leben gerufenen Instituts war eine Einrichtung gleicher Orientierung in Eisenach (Thüringen), zu der auch ein organisatorischer Zusammenhang angestrebt wurde.
Erklärtes Ziel des Instituts war nicht, in sachlicher Wissenschaftlichkeit den beträchtlichen jüdischen Einfluss auf jegliche christliche Glaubens-

gemeinschaft zu erforschen; war nicht das Studium der auch für die protestantischen Kirchen Rumäniens wichtigen Einwirkungen aus Nahost. Was die Arbeitsgemeinschaft beschäftigte, war vielmehr das Bestreben, jüdische Geistesbestände aus dem evangelisch-lutherischen Predigtprogramm und aus der Kathechese zu entfernen. Besonders das Alte Testament war den Mitarbeitern des Instituts und ihren Thüringer Inspiratoren ein Dorn im Auge.[40]

Um das Institut, seine Leiter und Mitarbeiter einigermaßen objektiv einschätzen zu können, zudem um nicht den Eindruck eines noch so geringfügigen persönlichen Attachements meinerseits aufkommen zu lassen, glaube ich, es sei angezeigt, den bisher eingehaltenen Abstand zwischen Hoher Rinne und Hermannstadt zu vergrößern. Wir gehen also noch weiter auf Distanz und legen auch an Höhe zu, von der aus wir die Wirrnisse der Stadt erkunden.

Den Standort verlegen wir auf den „Alten Berggipfel" – „Vârful Bătrâna" – und tun das wegen der urkundlich wohl nicht belegbaren Annahme, dort habe in frühen Tagen ein Rat der Alten getagt, um Fragen zu erörtern, die sämtliche von oben einsehbaren Höhenzüge und die darunter liegenden Täler und Siedlungen betrafen. Die einst dem hypothetischen Ältestenrat vorbehaltene Spitze wird hoffentlich auch uns eine geeignete Perspektive erschließen.

Ein mit Bischof Staedel befreundeter Pfarrer hatte die Leitung des ominösen Instituts inne. Misst man den Schein am Sein und zieht in Betracht: Name ist Vorbedeutung, wird man sagen können: Der Leiter der Forschungseinrichtung war eher der Welt des Scheins und der Vergeblichkeiten verhaftet als den Realitäten.

Der Hang zu den Vergeblichkeiten und – wie wir deutlich sagen müssen – auch zu den Verderblichkeiten des Lebens zeigte sich bei besagtem Mann, der den Schein im Namen führte, beispielsweise an Folgendem: In einer Broschüre, 1942 erschienen als Heft 2 der „Schriftenreihe der Arbeitsgemeinschaft ...", hatte er *Das Dogma der evangelischen Landeskirche A. B. in Rumänien*, also die Augustana, erörtert.[41] Durchaus undienlich nannte er

[40] Über das Institut vgl. Josef Scherer: Wilhelm Staedel, 1941–1944. In: Die Bischöfe der evangelischen Kirche A. B. in Siebenbürgen. Teil II (Anm. 38), S. 173; Birgit Hamrich: Das „Institut zur Erforschung ..." im Spiegel der *Kirchlichen Blätter*. In: *Zugänge*, H. 22, Dezember 1997, S. 69–77; Nadia Badrus: Das Bild der Siebenbürger Sachsen über die Juden. Einige Anhaltspunkte. In: Das Bild des anderen in Siebenbürgen. Stereotype in einer multiethnischen Region. Hrsg. von Konrad Gündisch, Wolfgang Höpken u. Michael Markel. Köln, Weimar, Wien 1998, S. 100–104; auf Grund der Publizistik (rumäniendeutsche Zeitschriften) wird die Problematik des Instituts und seines Umfelds von Nadia Badrus ausführlich behandelt in: Relațiile interetnice reflectate în presa germană din Transilvania, 1931–1944 [Die interethnischen Beziehungen im Spiegel der deutschen Presse Siebenbürgens, 1931–1944]. Sibiu 2004. Siehe auch Ulrich Andreas Wien: Friedrich Müller-Langenthal. Leben und Dienst in der evangelischen Kirche in Rumänien im 20. Jahrhundert. Neuaufl. Hrsg. von Hermann Fabini. Sibiu/Hermannstadt 2002, S. 165, 168–170, 178–179.
[41] Andreas Scheiner (jun.): Das Dogma der evangelischen Landeskirche A. B. in Rumänien. Sibiu/Hermannstadt 1942. – Zitierte Seiten werden eingeklammert im Text angegeben.

darin einen Machtpolitiker seiner Generation „gottgesandt" (S. 22); der Mann mit dem Schein im Namen verstand jenen machthungrigen Generationsgenossen als Werkzeug Gottes. (S. 30) Die Ideologie des „Gottgesandten", die angeblich „von den durch sie Erfassten als ein Gottesgeschenk erlebt" (S. 31) wurde, nämlich der „Deutschglaube" (S. 32), galt dem Mann mit dem Schein im Namen als Triebkraft einer „Revolution", die 1942, wie er meinte, „noch lange nicht am Ende ihrer Auswirkungen angelangt" war. (S. 39)

Bekennerische Zeugnisse solcher und anderer Art wurden von Altbischof Viktor Glondys zurückgewiesen, in der Schrift *Nationalkirchlicher Angriff gegen das Dogma der evangelischen Landeskirche A. B. in Rumänien. Ein Wort zur Abwehr*.[42] Ulrich Andreas Wien (geb. 1963) vertrat die Meinung, die Replik auf die Veröffentlichung des „Instituts zur Erforschung des jüdischen Einflusses ..." „hätte in der sächsischen Kirche wohl kaum ein anderer besser schreiben können" als eben Viktor Glondys.[43]

Der von uns gemeinte Mann mit dem Schein im Namen war Andreas Scheiner d. J. (1890–1960), ein Sohn des Sprachforschers Andreas Scheiner d. Ä. (1864–1946). Sein Pfarrdienst auf dem Land (während der Zeitspanne 1919–1960, im nordsiebenbürgischen Heidendorf/Viişoara, in den Harbachtal-Gemeinden Mergeln/Merghindeal und Roseln/Ruja) wurde mehrfach unterbrochen: 1936 enthob Bischof Glondys ihn und Gesinnungsgenossen wegen nationalsozialistischen Engagements ihres Amtes (erneute Anstellung Scheiners 1938); Bischof Staedel wiederum berief ihn 1942 als Hauptanwalt in die Kanzlei des Landeskonsistoriums (bis zum Ende der Ära Staedel, 1944); 1945 schließlich wurde Scheiner auf Grund staatlicher Weisungen das Amt entzogen, im Zuge einer „Epurare" (Säuberung), nach etlichen Monaten war er jedoch wieder im Pfarrdienst.[44]

Würden Polizeicomputer anhand obiger Daten und weiterer Belege aus kirchlichen Archiven, anhand überdeutlicher Bekenntnisse in der nationalsozialistisch geprägten klerikalen Publizistik, ein Fahndungsporträt entwerfen, wiese dies unübersehbar Züge auf, die rechtsradikalen Ideologen sowie zum Extremismus entschlossenen Politikern anhaften. Und es würde sicher schwer fallen, das Roboterbild mit ansprechenderen Linien zu ergänzen.

Scheiner – vermerkt Ulrich Andreas Wien – sei „ein hochintelligenter und vor allem in der Fachliteratur der theologischen Zeitströmungen vielbelesener Mann"[45] gewesen. Weitere Charakteristika entnehmen wir dem Lebensbild, das der Jurist Wilhelm Klein (1888–1976) in seinen Erinnerun-

---

[42] Im Sommer 1943 verfasst. Die Entgegnung auf jenes „Machwerk" (so Glondys am Schluss seiner Ausführungen) konnte erst nach Ende der Volkgruppenära erscheinen. Hermannstadt/Sibiu 1944.
[43] Wien, Friedrich Müller-Langenthal (Anm. 40), S. 170.
[44] Ebenda, S. 224–225, 338.
[45] Ebenda, S. 165.

gen entwarf.[46] Auffällig war Scheiners Begabung für alte Sprachen und Mathematik. Klein schrieb, Scheiner

> konnte vorzüglich lateinisch, griechisch und hebräisch und konnte in diesen drei Sprachen selbstgemachte Gedichte hersagen. Er war auch ein hervorragender Mathematiker, seine auf Mathematik beruhenden Kartenkunststücke verblüfften ...

Bedeutsam für unseren Zusammenhang ist der Umstand, dass Scheiner sich theoretisch und praktisch mit dem Schachspiel auseinander setzte. Von hier bis zu einem Weltbild auf Grund des Spiels war es dann nicht mehr weit – bis zu Scheiners *Versuch der Grundlegung einer allgemeinen Dialogik*.[47] Es ist ein Werk der Zeit nach 1944, was aus einzelnen Textstellen abgeleitet werden kann. Der Verfasser nennt den Kreml die „größte sprachschöpferische Macht unserer Zeit", das Moskauer Regierungszentrum „redet nicht nur selbst eine neue Sprache, sondern hat seine Art zu reden auf einem großen Gebiet der Erdoberfläche zur herrschenden gemacht". (S. 279) Selbst die Siebenbürger Sachsen haben, „seit sie unter sowjetischem Einfluss stehen, in ihren Sprachgebrauch Hunderte von Wörtern aufgenommen". (S. 279) Ein zeitlicher Anhaltspunkt ist auch die im Zusammenhang mit den Landeskirchen genannte Rumänische Volksrepublik (seit Ende 1947 bestehend, S. 326).

Als Ansatz zur Bewältigung der vorangegangenen Ära kann man einen allgemein gehaltenen Passus deuten, interpretierbar als Versuch der Loslösung aus einem bestimmten Gravitationsfeld, aus dem Bannkreis einflussreicher Personen. „Wer es verschmäht", schreibt Andreas Scheiner,

> zu seiner Entschuldigung auf Gravitationsfelder hinzuweisen, die ihm eine Richtung aufzwangen, in die er eigentlich nicht hatte einlenken wollen, mag zwar in diesem Falle strafwürdig erscheinen; er hat aber sicher das Eigengewicht seiner Person durch das mutige Aufsichnehmen der Folgen seines Tuns verstärkt, sein Gravitationsfeld erweitert. Das besagt nicht, dass wir eine Tat nicht bereuen dürften. Reue ist alles andere als schwächliches Sich-ausreden. (S. 460)

Selten führt der Verfasser biografische Momente an, um einen Sachverhalt zu erläutern. Hingegen schöpft er sozusagen unausgesetzt aus seiner Scherfahrung, gilt ihm doch die Partie als „Paradigma der Dialogik" (S. 8), als Ausgangspunkt der „Schachphilosophie" (S. 25) und damit der Philosophie schlechthin. Zur genaueren Eingliederung seiner Ausführungen gibt der Verfasser an, er ordne sie „dem Forschungsgebiet der Sprachphilosophie" (S. 2)

---

46 Wilhelm Klein: Schachspiel als Philosophie. Predigte sehr eindrucksvoll: Andreas Scheiner jun., ein Theologe von Format. Erinnerungen an bedeutende Siebenbürger Sachsen in einer Porträtfolge. Lebensbild XXI. In: *Neuer Weg*, 8. November 1991. Aus dem Nachlass hrsg. von Wolfgang Wittstock.

47 Andreas Scheiner: Versuch der Grundlegung einer allgemeinen Dialogik. Erlangen o. J. Der Verfasser datierte auf S. 575 den Abschluss der Arbeit: März 1955. – Belegstellen werden mit der zitierten Seite versehen.

zu. Das erklärt, warum er das Wort, das „hervorragendste Ausdrucksmittel" der „menschlichen Kultur" (S. 160), in so vielen Aufgabenbereichen und Sinnschattierungen analysiert.

Die „Fundamentalbehauptung" des Buches wird an den Beginn gerückt: „Die Dialogik betrachtet den Dialog als Wirklichkeit und die Wirklichkeit als Dialog". (S. 1)

Dreierlei Formen des Dialogs gilt Scheiners Aufmerksamkeit. Zunächst dem „Schachdialog", in allen seinen Bedingungen, Zielen und Hintergründen. Weiterhin befasst sich der Autor mit dem „Wortdialog". Dieser erhält anhand des Schachdialogs eine konkrete Ausprägung, geht über den Horizont der Partie aber weit hinaus. Schließlich widmet er sich dem „Weltdialog". Ein solcher entfaltet sich in enger Verflochtenheit mit den beiden anderen Formen des Dialogs und ist auf den Makrokosmos (S. 131) ausgerichtet. Symbole des Weltdialogs sind „nicht unsere artikulierten Wörter, sondern die Dinge dieser Welt" (S. 298), anzutreffen „im ‚euklidischen' Raum und in der ‚euklidischen' Zeit". (S. 338) Auch der Mensch ist ein „Symbol des Weltdialogs". (S. 364)

Bei den hiermit angedeuteten Ausblicken ins Unermessliche kann es nicht ausbleiben, dass Scheiner auch nach dem „großen X" fragt, „nach dessen wahrem Wesen alle Philosophie bisher gefahndet hat". (S. 353) Das „große X" im Weltdialog wird als „der Urpartner" (S. 407) bezeichnet oder „das Ur, wie wir kürzer sagen können" (S. 408), es ist das „der Welt zugrunde liegende Prinzip", ist „Gott" (S. 543) oder das „Absolute". (S. 544) Stoßseufzer des Geistlichen über das schwer erfassbare Wesen des Urpartners: „Wenn die Art, wie er mit sich zu Rate geht, wenigstens der unserigen verwandt wäre!". (S. 545) Angesichts des ungleichen Verhältnisses zwischen Partner und Urpartner sieht Scheiner sich genötigt, einzugestehen: Der Mensch, der Wissenschaftler – „dem Urpartner gegenüber befindet er sich immer am Rande". (S. 574)

Bleibt noch anzugeben, welche Rolle der Verfasser der Kunst und der Literatur zuweist. Deren Problematik wird im Verlauf der Ausführungen etliche Male anvisiert, beispielsweise dort, wo vom schöpferischen Tun (S. 360–362) oder vom Künstler im Bezug zum Gelehrten gehandelt wird. (S. 409–410)

Dem Kennzeichnenden der Literatur nähert sich Scheiner vom Sprachlichen her. Im Kapitel *Das bildende Wort der Rede, das spiegelnde Wort der Sprache* erörtert er unter anderem den Roman und seine Aufgabe: das Abstrakte der Sprache und das Konkrete der Rede zu verbinden. Der Schriftsteller müsse dafür sorgen, dass „die Sprachgewalt des Romans mit seiner Redegewalt Hand in Hand" geht. (S. 178–179) Im Kapitel *Rang und Wert* wird die Stellung des Poeten im Vergleich zu jener von Vertretern politischer Macht erwogen. (S. 329–333)

Am wichtigsten für ästhetische Belange sind die Schlusspassagen, dem Spiel gewidmet. Das vermutlich kaum jemandem vor Augen gekommene Traktat Scheiners führt darin an die Problematik heran, die der Holländer Johan Huizinga (1872–1945) in seinem Werk *Homo Ludens. Vom Ursprung der Kultur im Spiel*[48] für das Lesepublikum in aller Welt behandelt hat.

Von den „drei Gattungen spielerischer Tätigkeit" – Scheiner erörtert „das Glücksspiel, das Kampfspiel und das Formspiel oder die Kunst" (S. 562) – hat uns ausschließlich die dritte Ausprägung zu beschäftigen. Dem Autor geht es vor allem darum, zu zeigen, „dass es sich auch hierbei um nichts anderes handelt als um Spiel". (S. 568) Dezidiert wird behauptet: „Die Hervorbringung eines Kunstwerkes ist Spielerei". (S. 569) Um dem Vorwurf, er urteile leichtfertig, zu begegnen, betont Scheiner, er wolle damit keineswegs

> die Kunst herabsetzen und unsere kunstschaffenden, kunstausübenden, kunstbetrachtenden Mitbürger aus der Reihe der ernst zu nehmenden Menschen ausschließen. (S. 568)

Auch an der Dichtung, die „die Symbolkraft des Wortes formend benützt", lässt sich „die spielerische Grundhaltung oder wenigstens die spielerische Beimischung" nicht verkennen. (S. 572) Samt den übrigen Formen des Spiels zählt die Literatur, „die wissenschaftliche mit inbegriffen", zu den „Randformen des Weltdialogs". (S. 573)

In seiner Besprechung der Scheinerschen *Dialogik* bemängelt Walter Myss eine gewisse Einseitigkeit der Darstellung. Sie ergebe sich aus dem Umstand, dass Scheiner sich „immer wieder aufs Schachspiel beruft und mit ihm exemplifiziert". Man gewinne als Leser den Eindruck, vieles, was abgehandelt werde, bleibe in „rein spekulativen Kategorien befangen".[49] Dennoch erkennt der Rezensent an, der „postulierte Grundgedanke" sei mit „großer Gründlichkeit und Sachkenntnis zu einem philosophischen System ausgebaut" worden. Und er beendet seinen Kommentar mit den Worten: „Die Konsequenz, mit der dies geschehen ist, verleiht der Arbeit eine imponierende Geschlossenheit."[50]

In den Hermannstädter Gesichtskreis gliedern wir auch den stillsten aller Philosophen ein, dem wir bei unserer Revue deutsch-siebenbürgischer Denker begegnet sind, Paul Dörr (1889–1959). Der in Reußmarkt/Miercurea Sibiului Geborene hat die Mittelschule in Hermannstadt besucht und sonst andernorts gelebt, doch wenn wir ihn nicht für diese Ortschaft und für

---

[48] Erstausgabe 1938, ab 1956 mehrere Auflagen im Rahmen von „Rowohlts Deutscher Enzyklopädie" (Reinbeck bei Hamburg).
[49] Die Rezension erschien in den *Südostdeutschen Vierteljahresblättern* 20(1971), H. 4, S. 278.
[50] Ebenda.

Siebenbürgen reklamieren, besteht Gefahr, er werde vollends übergangen, und dies, wie zu befürchten ist, für längere Zeit.

Paul Dörr hatte in Klausenburg, Budapest und München Medizin studiert und war, nach ärztlichem Einsatz während des Ersten Weltkriegs, praktischer Arzt in Temeswar und darauf, in der Periode 1927–1945, in Bukarest. Diese Daten entnehmen wir dem von Susanne Dörr (geb. 1922) gezeichneten Vorwort zur einzigen Veröffentlichung aus den Schriften Paul Dörrs, *Wirklichkeit, Bewusstsein, Sittlichkeit in funktioneller Betrachtung*.[51]

Ebenfalls aus dem Vorwort erfahren wir, Paul Dörr habe „unter den Nachkriegsbedingungen [...] seinen Beruf nur in beschränktem Rahmen ausüben" können. Aus jener Zeit (nach 1945) würden „seine philosophischen Versuche" stammen, an deren Drucklegung sich „weder zu seinen Lebzeiten [...] noch in den folgenden Jahrzehnten" denken ließ.[52] Der Mangel an publizistischer Perspektive mag, zumindest teilweise, erklären, warum die philosophischen Erörterungen des auf sich selbst gestellten Mannes meist im Zustand des Entwurfsmäßigen vorliegen, was die Betreuerin Susanne Dörr vor nicht geringe Fragen der Auswahl und Textfassung stellte.[53]

Bevor wir uns der Buchausgabe widmen – nur ihr, obwohl ungedruckte Ausführungen das Erschienene ergänzen könnten[54] –, noch ein Wort zur politischen Einstellung des Philosophen. Es ist bekannt, Paul Dörr habe, im Unterschied zu vielen siebenbürgisch-sächsischen Landsleuten, die nationalsozialistische Gesinnung abgelehnt, er habe seinen Umgang bewusst außerhalb völkischer Kreise gesucht, wozu sich ihm in der Hauptstadt Bukarest eher Gelegenheit bot als im Gebiet seiner Herkunft. Ihn und das von ihm an

---

[51] Paul Dörr: Wirklichkeit, Bewusstsein, Sittlichkeit in funktioneller Betrachtung. Bukarest 1993.

[52] Ebenda, S. 5. Brieflich hatte ich bei Frau Susanne Dörr angefragt, mit welchen Philosophen sich Paul Dörrs Weg gekreuzt habe und welche ihn eventuell zu seinen Überlegungen angeregt hätten – ob beispielsweise Gerhard von Mutius hier genannt werden könne (deutscher Gesandter in Bukarest, Verfasser philosophischer Schriften, u. a. *Jenseits von Person und Sache. Skizzen und Vorträge zur Philosophie des Persönlichen*. München 1925). Sie antwortete am 24. Februar 2006, Paul Dörr habe Gerhard von Mutius gekannt, doch verliefen die Begegnungen auf der gesellschaftlichen Ebene, wohl ohne tieferen Gedankenaustausch. Am wichtigsten für Paul Dörrs denkerische Schulung war Michael Fuss, Philosophielehrer an der Brukenthalschule in Hermannstadt. „Dessen freie Denkweise, umfassende humanistische Bildung und die Welterfahrung des Weitgereisten haben wahrscheinlich als erster Denkanstoß, vielleicht sogar als prägender Einfluss gewirkt."

[53] Susanne Dörr: Vorwort. In: Dörr, Wirklichkeit, Bewusstsein, Sittlichkeit (Anm. 51), S. 5–6: „Die im Nachlass vorhandenen, nicht abgeschlossenen, sozusagen im Rohbau verbliebenen Essays liegen in mehreren Überarbeitungen vor. Es wurde versucht, von den wichtigsten Schriften die jeweils rezenteste Variante festzustellen und diese gegebenenfalls durch frühere Ausführungen zu ergänzen. So ergaben sich vielfach Wiederholungen, Überlagerungen, abgewandelte und abweichende Formulierungen, die – wo es angebracht schien – beibehalten wurden."

[54] Kilian Dörr d. J. (evangelischer Stadtpfarrer in Hermannstadt) gewährte mir Einblick auch in eine weitere Textzusammenstellung, in das ebenfalls von Susanne Dörr betreute und mit einem Vorwort versehene Typoskript *Gedanken über Recht und Freiheit* (50 S.). – Am Ende der Zitate geben wir die herangezogenen Seiten an.

den Tag gelegte politisch-gesellschaftliche Verhalten dürfen die Betrachter seines Lebensgangs daher durchaus positiv einschätzen.

Andererseits werden gerade jene, die Paul Dörrs Haltung mit Recht günstig bewerten, auch die Frage erwägen müssen, welche Dispositionen des Konträren und Komplementären dafür gesorgt haben, dass Paul Dörrs Bruder an unübersehbarer Stelle eine nationalsozialistische Position verfochten hat: der während der Jahre 1938–1944 amtierende Vizebürgermeister und Bürgermeister von Hermannstadt Albert Dörr (1888–1964).

Wie die Folgen eines Lehrwerks reihen sich die Abschnitte aneinander, allerdings gilt die Darlegung, so sehr man vielleicht auch an einen didaktischen Aufwand gemahnt sein mag, nicht einer erkennbaren Schülerschaft, keiner sich abzeichnenden Gefolgschaft. So bleiben es eher Monologe, die Paul Dörr entfaltet, dazu bestimmt, die Materie für sich selbst zu durchdringen. Fußnoten und auch Literaturangaben fehlen – sie wären vom Autor wohl noch hinzugefügt worden, wenn er sein Kompendium nicht im Stadium eines Exposés, eines aus Einzelstücken und Varianten bestehenden Gefüges hinterlassen, sondern bis in letzte Details hin ausgeführt hätte.

Darauf eingestellt, auch etwas über den Vorgang künstlerischen Schaffens zu erfahren, wird man bei der Lektüre immer dann aufmerken, wenn das Wort „kreativ" erscheint. Der Verfasser verwendet es jedoch meist im Zusammenhang weit schlichterer Erscheinungen als dem der Kunst. Er spricht über das „kreative Potenzial" (S. 24) dort, wo er von den Anfängen des Bewusstseins handelt, wo über die „primitive Phantasietätigkeit" (S. 25) die Rede ist. Die höhere Form des Kreativen entfaltet sich, seinen Ausführungen nach, in der Religion. Das „religiöse Denken" ist „Erkenntnis aus sich selbst – in Ansehung des Menschen – [ist] schöpferisches Werden". (S. 42) In diesem Bereich ist die menschliche Subjektivität am Werk, denn: „Der Begriff des Göttlichen ist undeutlich, er führt nicht Notwendigkeit mit sich, auch ist in dem Begriff die Existenz nicht gegeben". (S. 42)

Als „kreatives Potenzial höchster Aktivität ohne jede Dynamik" gilt dem Verfasser der „christliche Gottesbegriff" – dieser „stellt gleichsam die Verkörperung der Vernunfterkenntnis dar". (S. 43) Von hier ist in Reichweite der Topos „moralische Wirklichkeit" (S. 45), der „Zustand menschlicher Sittlichkeit". (S. 46) Ein Merksatz: „Im Rahmen der moralischen Wirklichkeit vollzieht sich das Menschwerden". (S. 74)

Der „kreative Impuls" erschöpft sich für den Verfasser in der „Spezialisierung des Gattungsmäßigen" (S. 61), die „Spezialisierung der Art" stellt im „Rahmen morphologischer Entwicklung" den „Abschluss einer Entwicklungsreihe dar". (S. 61)

Karg sind die Anmerkungen zum Gebiet der Ästhetik. Etwa jene, wo das „gegenwärtige anschauliche Ding, der Gegenstand der Wahrnehmung" ausgegeben wird als „Gegenstand des Begehrens – gut und böse – bzw. Gegenstand des Bewertens – schön und hässlich". (S. 28) Oder wo Paul Dörr festhält: „Abstraktionen, die dem Bezugsgegenstand nicht notwendig zukommen – gut und schlecht, schön und hässlich – haben nicht objektive Giltigkeit". (S. 39)

Ein eigenartiger Terminus ist „Bewusstseinszacken", womit etwas der Bewusstseinsentwicklung Hinderliches bezeichnet wird (S. 58); „Bewusstseinszacken" verursachen „Diskontinuität des Bewusstseins". (S. 63) Positiv sind Begriffe als solche, als Ergebnis, ein Begriff ist die „Erfolgsgröße eines kreativen Vermögens" (S. 77), die „begriffliche Formulierung" ist „Synthese, ein schöpferischer Akt potenzieller Aktivität". (S. 77)

Als die Betreuerin des Bandes das Typoskript im Kriterion-Verlag einreichte, ersuchte dieser einen Bukarester Philosophieprofessor um ein Gutachten. Mircea Flonta (geb. 1932), damals (1992) Korrespondierendes Mitglied der Rumänischen Akademie, bescheinigte dem Verlag in rumänischer Sprache, die einzelnen Abschnitte der Ausführungen seien eng miteinander verknüpft, durch das Gefüge der angewandten Begriffe, durch die Absicht des Autors, ein System zu erarbeiten. Der begriffliche Raster erfasse und gliedere die Seinsebenen, die Fähigkeiten des Bewusstseins, die Möglichkeiten der Erkenntnis sowie die kulturellen Hervorbringungen des schöpferischen Geistes. Der Aufbau des Systems sei jenem von Nicolai Hartmann (1882–1950) verwandt. Freilich liege bloß die Skizze des Gedankengebäudes vor, eine Folge thesenartig vorgebrachter Aussagen, wodurch sich die Lektüre etwas spröde gestalte. Paul Dörrs philosophischer Entwurf entspreche indes, trotz Knappheit, vollauf den darstellerischen Anforderungen der Gattung.

3. Schässburg von oben

Auf dem Höhenzug inmitten jener Ortschaft, wo Bergkirche und Bergschule errichtet wurden, schreiten wir solange einher, bis wir das Gefühl haben, einen Philosophen Schässburgs und seinen Lebensbezirk aus richtiger Entfernung und in zweckmäßigem Winkel sehen zu können.

Der gemeinte Philosoph war im Erwerbsleben Kaufmann und Unternehmer, er war, was ein einst in Siebenbürgen anzutreffender Familienname bezeichnete, ein „Essigmann". Nicht kleinweise, sondern fabriksmäßig ließen er und Geschäftspartner Essig herstellen und abfüllen.

Gesellschaftliche Aufgaben und Funktionen hat er nicht abgewiesen, und so wirkte er 1933–1938 als Obmann des Schässburger deutsch-sächsischen Volksrates, in jenen Jahren zeitweilig auch als stellvertretender Vorsitzender des übergeordneten Volksrates von Siebenbürgen, und er war auch in anderen Gremien tätig. Während der frühen 1940er Jahre war er Volksgruppenleiter des Schässburger Kreises. Eine Episode aus jener Zeit: Er versuchte, die Pogromgelüste der Legionäre zu zügeln, und ließ in Schässburg jüdische Mitbürger warnen.[55]

Gleich den übrigen Sachwaltern der nationalsozialistischen Volksgruppen-Organisation wurde er 1944 in Lagerhaft genommen, für zwei Jahre, und er verbachte 1952 mehrere Wochen im Fogarascher Gefängnis. Der einstige Unternehmer hielt sich in der Nachkriegszeit meist als Buchhalter und Privatlehrer, später als genügsamer Rentner über Wasser. Wir sprechen von niemand anderem als von Alfred Pomarius (1895–1977).[56]

Beginnend mit längerem Kranksein in früher Jugend und beharrlich selbst in Zeiten beruflicher und gesellschaftlicher Beanspruchungen war er philosophischen Gedankengängen zugewandt. Seine Überlegungen sind während der 1920er und 1930er Jahre im *Klingsor* und in anderen heimischen Periodika veröffentlicht worden.

Nach 1944, als die „volksdemokratische" Publizistik und das kommunistische Verlagssystem keinerlei Interesse für seine Essays zeigten, arbeitete er an einer Zusammenfassung seines Weltbilds. Aus dem Nachlass ist das Manuskript *Vom Wesen unserer Welt*, die „Silhuette einer Philosophie", 2004 veröffentlicht worden.[57]

Spätestens an diesem Punkt unserer Betrachtung sind wir genötigt, die Frage zu erwägen, ob das Sich-Hinneigen zu einer vom nationalen Gedanken bestimmten Politik, ob die organisatorische Beteiligung an deren Vollzug nicht die Entfaltung eines philosophischen Gefüges beeinträchtigt oder gar verhindert haben muss.

Vorbehalte gegen die über strikten Bedarf hinausgehenden intellektuellen Projekte, gegen regelrechtes Philosophieren bei völkisch gesinnten Politikern melden sich sowohl von der „volksdemokratisch"-marxistisch gegründeten Plattform an als auch von jener christlich-humanistischer Auffassung. Die von solchen Positionen formulierte Erwartung ist eigentlich die, der kaum je zu verzeihende Frevel einer Überbetonung völkischer Faktoren ende zwangsläufig in geistiger Unfruchtbarkeit. Verlautbarungen diesen Inhalts hat man gehört und gelesen, sie waren im Programm diverser Schulungen ein wichtiges Thema.

Die Wirklichkeit weiß es anders. Erklärlich wird die Tatsache, dass die für fragwürdige politische Optionen anfälligen Mitmenschen sehr wohl zu philosophischen Ausarbeitungen befähigt sind, durch den Umstand: Kaum ein Denker ist in allen Phasen seines Lebens mit sich selbst identisch.

Werke von Constantin Noica beispielsweise oder von Emil Cioran (1911–1995) zeigen jeweils Stadien in deren Entwicklung an. Trotz rechtsradikaler

---

[55] Pomarius, Vom Wesen unserer Welt (Anm. 16), S. 186 (Nachwort der Herausgeber).
[56] Vgl. Schriftsteller-Lexikon der Siebenbürger Deutschen. Bd. IX: M–P. Von Hermann A. Hienz. Köln, Weimar, Wien 2004, S. 425–429. Mehrfach weist auch Walter Myss in seiner *Klingsor*-Monografie (Anm. 11) auf Pomarius hin.
[57] Rezensiert von Hans Bergel in: *Südostdeutsche Vierteljahresblätter* 54(2005), H. 2, S. 215–216.

Tendenzen vor 1945, die gegenwärtig schärfer angeblendet werden, trotz relativ leicht dokumentierbarer Nähe zur Legionärs-Bewegung, ist man in der Fachwelt geneigt, die Lebensleistung der beiden Philosophen deshalb nicht vollends zu verwerfen.

Auch im Wirken und Schaffen von Alfred Pomarius sind verschiedene Etappen zu erkennen, darunter Abschnitte wenig ergiebiger Meditation, Phasen, in denen anfechtbare Äußerungen überwiegen. Sein Erbe deswegen *en bloc* zu verwerfen, mag dennoch nicht richtig sein.

Freilich wird man nicht umhinkönnen, das Tun des Politikers Pomarius mit deutlichen Einschätzungen zu versehen. Er trat ja für die „Erneuerungsbewegung" des Fritz Fabritius (1883–1957) ein, was, trotz relativer Mäßigung im Vergleich zu radikaleren Engagements, ins Spektrum nationaler Übersteigerungen gehört. Und während der Kriegszeit war er in seiner damaligen Funktion dem Volksgruppenführer Andreas Schmidt (1912–1948) direkt unterstellt – Pomarius gehörte zum Machtapparat.

Tadel an seiner nationalsozialistischen Einstellung, Widerstand gegen seine volkspolitisch motivierten Entscheidungen im Bereich der evangelischen Kirche bekundeten die einst führenden Kirchenmänner Viktor Glondys und Friedrich Müller-Langenthal (1884–1969). Sie waren bemüht, den Einfluss einzudämmen, den Pomarius als Mitglied des Landeskonsistoriums ausüben konnte.[58]

Zu kritischen Bewertungen seiner Zeitgenossen kamen neuere hinzu. Beispielsweise vertrat der Schässburger Dieter Schlesak (geb. 1934) die Meinung, man dürfe die Auswirkungen politischer Handlungen seines Kompatrioten nicht minimalisieren oder ganz übergehen. Allzu großem Wohlwollen entgegen müsse die von Pomarius mitgetragene völkische Politik als „Verrat an der achthundertjährigen sächsischen Tradition" gesehen werden, als Weg in die „Selbstvernichtung".[59]

Pomarius war also, mit anderen Worten, in die Irre gegangen, in der Sprache der Philosophie ausgedrückt: „Statt Haupt- und Grundzüge im Wesen eines Weltelementes" hatte er „nur Nebenzüge" erschaut, er hatte „sozusagen nur einen Zipfel der Wahrheit über diesen Weltbereich" gefasst oder „gar das Erschaute" missdeutet.[60]

Doch weiß der Philosoph ebenso wie der zu geistigen Höhenflügen weniger bereite Mitbürger, „dass die menschliche Erkenntnis immer Wahrheit und Irrtum in sich schließt, wenn auch in verschiedenen Graden der Mischung"[61].

---

58 Vgl. die einschlägigen Partien in: Glondys, Tagebuch (Anm. 38); Wien, Friedrich Müller-Langenthal (Anm. 40); Popa, Die Rumäniendeutschen zwischen Demokratie und Diktatur (Anm. 38).

59 Dieter Schlesak: So nah, so fremd. Heimatlegenden. Prosa und Essay. Dinklage bei Vechta 1995, S. 316.

60 Pomarius, Vom Wesen unserer Welt (Anm. 16), S. 129.

61 Ebenda.

Darauf bauen wir, wenn wir neben den völkischen Politiker den natur-
philosophischen Gelehrten stellen.

Um das Beieinander und Ineinander von richtig, von einsichtig und un-
zutreffend bei diesem Denker zu benennen, ist man geneigt, von der Mehr-
wertigkeit der Verstandesvorgänge zu sprechen. Er selbst bietet uns aber
eine passendere Formulierung an, freilich ohne je geahnt zu haben, dass wir
sie an die „Silhuette" seiner eigenen Philosophie anlegen: Er spricht von der
„Wesenssichtigkeit des menschlichen Geistes" und hält, ohne ausdrück-
lichen Hinweis, das Gegenteil daneben, die Abirrung.[62]

Alfred Pomarius gibt im „Vorwort" zu seiner „Gesamtschau über die Natur-
wirklichkeit" an, er habe sich während der Niederschrift „als Glied einer
weltweiten Gemeinschaft früherer und gegenwärtiger Denker" gefühlt,
denen er „alles verdanke, was den schmalen Band, den die nachfolgenden
Zeilen ausmachen, geistig trägt".[63]

Der Verfasser ist bestrebt, das „Herzstück jeder Philosophie" ins Auge zu
fassen, das heißt, „die Wesensdeutung der drei Naturreiche" zu versuchen,
„in die verzweigt uns die Welt entgegentritt: das Reich des Anorganischen,
das Reich des Organischen und das Reich des Menschen". (S. 19)

Er beginnt mit dem Allereinfachsten, mit dem „Urstand der Weltwe-
senheiten". (S. 10) Durch das Wirken wird die Wirk-lichkeit, die „Wirkens-
gemeinschaft der Wesenheiten" (S. 10f.); durch Wirkung („Wirkung-
Ausüben" und „Wirkung-Empfangen") entwickelt sich die „Weltge-
meinschaft" aller „Wesenheiten". (S. 17) Solche Evolution geschieht durch
Energie, eine „intensive Größe", die „Wirkenswucht" (S. 41) erzeugt;
Energie ist „überhaupt universale Existenzgrundlage und letztes Existenz-
schicksal der Wesenheiten aller Weltstufen". (S. 109)

Bei der Herausbildung der drei Naturreiche lösen „makrokosmische" („all-
weltliche"), „mikrokosmische" („sonderweltliche") und „pankosmische"
(„vollweltliche") „Existenzstile" einander ab, doch bei aller Trennung gilt
weiterhin ein vielschichtiges „Ineinander-Verflochten-Bleiben". (S. 22)

Die „vollweltliche, pankosmische Naturstufe oder das Reich des Menschen"
(S. 22) wird durch „Vergeistigung oder Spiritualisierung" (S. 24) gekennzeichnet. Ausführlich werden erörtert das Denken („als existenzielles Zen-
tralereignis im Mensch-Sein", Kapitel 35) und das Sprechen („Sprache als
Daseinsthematik des Geistes", Kapitel 36).

Auf Begriff und Ausdruck gründet sich das Weltbild, dessen Konstitution als
„das entscheidende Kennzeichen der menschlichen Innenwelt angesehen
werden" kann. (S. 143) Es ist ein System, mit dessen Hilfe der „Weltbild-

---

[62] Ebenda.
[63] Ebenda, S. 7. Bibliografische Hinweise oder ein Verzeichnis benutzter Literatur fehlen; gelegentlich
werden die Namen jener genannt, die Pomarius zu seinen Ausführungen angeregt haben. Nach drei
Ansätzen, das Werk auszuführen, lag es 1969 druckreif vor. – Fortan vermerken wir am Schluss
übernommener Textstellen die zitierten Seiten.

träger" Mensch (S. 143) versucht, sich im Endlichen/Unendlichen zu orientieren und seine Existenzlage zu begreifen.

Längst hat in diesen Stadien der „Vollweltlichkeit" (S. 143) die Problematik der Kultur eingesetzt. Pomarius ordnet die „Welt der Kultur" – das heißt die „tragenden Allgemeinformen der spezifisch menschlichen Welt in der Allwelt" (S. 114) –, dem Ressort dessen ein,

> was die Philosophie den objektiven Geist nennt – besser wäre objektivierter Geist: Sprache, Kunst, Wissenschaft, Philosophie, Wirtschaft und Technik sowie Kult- und Gesellschaftsformen. (S. 114)

Die Analyse der Erscheinungen objektiven Geistes findet das Lesepublikum im gehaltvollen Schlusskapitel, betitelt *Der objektive Geist und seine vitalen Wurzeln*. Der „vitale Untergrund" (S. 167) von Wissenschaft und Technik wird untersucht, jener von Religion nicht minder, zu guter Letzt werden auch die „vitalen Wurzeln" der aus „Gemeinschaftssinn" entwickelten „sozialen Gebilde" (S. 175, 176) betrachtet, nämlich Wirtschaftsgefüge, Familie, Volk, Staat, Kirche.

Abschnitte über die Kunst und ihren Lebensgrund (S. 170–175) handeln von den Voraussetzungen des Kunstschaffens und Kunsterlebens, von Selbstvergessenheit im Unterschied zur Selbstbewusstheit, von Verinnerlichung. Die Rede ist vom „Kunstding", das durch prägnante und eindrucksvolle „Kunde vom Wesen des Mensch- und Weltseins" zum „Kunstwerk" wird, welches „im Empfänger Lösungs- und Erfüllungsgefühle im Bereich grundlegender Lebens- und Weltproblematik" entbindet. (S. 172) Erörtert wird das Schöne in der doppelten Ausprägung: „Kunst und Schönheit des geordneten Kosmos" sowie „Kunst und Schönheit des gärenden Chaos". (S. 174)

Ein der Dichtung gewidmeter Abschnitt liest sich fast als Aufforderung, als utopisches Pflichtgebot, als Beschwörung einer kaum mehr erreichbaren Disposition. Alfred Pomarius spricht von der

> Zusammenordnung der Bedeutungselemente der Wörter zu ausdrucksstarken, umfassenden geistigen Sinngehalten, in denen Wesentliches und Wesentlichstes des Menschseins und Weltseins zu repräsentativen geistigen Erlebniswelten geballt ist. (S. 173)

„Das Mysterium einer Landschaft"

Die Lektüre der essayistischen Texte Hans Bergels als interkulturelles Phänomen

MARIANA-VIRGINIA LĂZĂRESCU (Bukarest)

> Ich schreibe aus Gründen des existenziellen Bedürfnisses nach dem Dialog mit dem fiktiven Partner. Ist der Dialog beendet, erlischt mein Interesse an dem Skript, weil ich schon den nächsten Dialog beginne.
>
> Hans Bergel

Das Erlernen einer fremden Sprache wird heute generell mit dem Zugang zu einer fremden Kultur in Verbindung gesetzt. Von daher sind Fragen der interkulturellen Kommunikation, des interkulturellen Lernens und des Kulturverstehens Teile der Fremdsprachenwissenschaften, sowohl in der Forschung als auch in der Lehre geworden. Über die Definition des Kulturbegriffs wird dabei nicht immer genug reflektiert, und es besteht kein Konsens. In den Fremdsprachendisziplinen herrscht die Auffassung vom pluralisierten und auf prinzipiell alle Gesellschaftsformationen verallgemeinerten ethnologischen Begriff vor, wonach *Kultur* insbesondere die Gesamtheit der Lebensweise eines Kollektivs oder einer Gesellschaft bedeutet, wobei diese meist mit Nationen bzw. Staatsgesellschaften gleichgesetzt werden.[1] In diesem Zusammenhang spricht man beispielsweise von einer deutschen oder französischen oder japanischen Kultur.

Kulturen erscheinen als nach innen relativ homogene, nach außen weitgehend abgeschlossene Systeme, wobei die Individuen, die die Gesellschaft bilden, eine determinierende Kraft haben.[2] Kulturkonzepte sind demnach problematisch, weil sie der Vielfalt von Kulturen nach innen ebenso wenig

---

[1] Vgl. Kultur im Zeitalter der Globalisierung. Von Identität und Differenzen. Hrsg. von Paul Drechsel, Bettina Schmidt und Bernhard Gölz. Frankfurt am Main 2000.

[2] Vgl. *Zeitschrift für Interkulturellen Fremdsprachenunterricht*, 6(3)2002. URL: http://www.spz.tu-darmstadt.de/projekt_ejournal/jg_06_3/beitrag/kulturtheorie.htm [Stand Februar 2007].

gerecht werden wie der Dialektik von Individuum und Gesellschaft.[3]

Angesichts der Globalisierung, die zum Schlüsselwort unserer Zeit geworden ist und sich auch auf kulturelle Phänomene bezieht, ist die Auffassung von Kultur als einer homogenen und abgeschlossenen Einheit überholt. Gerade in den Fremdsprachenwissenschaften sollten die kulturtheoretischen Debatten verstärkt zur Sprache gebracht, Alternativen zu dem bisher vorherrschenden Kulturkonzept gesucht und überprüft werden.

Als ich 1994 meinen Literaturunterricht an der Deutschen Abteilung der Philologiefakultät an der Universität Transilvania in Kronstadt/Braşov begann, musste ich an einige meiner Lehrer vom Johannes-Honterus-Gymnasium und von der Bukarester Germanistik zurückdenken. Ausschlaggebend waren aber die Gespräche mit dem Schriftsteller Hans Bergel, mit dem ich mich lange und oft über sein Kronstadtbild, über die Geschichte und Kultur der Siebenbürger Sachsen unterhalten habe. Er erzählte mir vom Beisammensein der Rumänen, Ungarn, Siebenbürger Sachsen, Roma, Juden und unterbreitete mir Argumente für den historisch bedingten Multikulturalismus der Landschaft.

Einige Zeit danach startete ich mit den Germanistikstudenten und -studentinnen der privaten Fakultät *Sf. Apostoli Petru şi Pavel* in Kronstadt ein Projekt, das als Ziel die Übersetzung einiger repräsentativer Essays von Hans Bergel hatte. Die Studenten bekamen mehrere Texte von Hans Bergel zu lesen und fühlten sich sofort von seiner gekonnten Schreibtechnik sowie der Kunst des Formulierens angezogen. Sie erkannten in den Texten den versunkenen Reiz einer Region und hatten Freude an der Übersetzung seiner Texte im Seminar. Aus ihren Lektüren, aus ihren Fehlern und von ihren Fragen hatte ich sehr viel zu lernen. Langsam reifte die Idee eines Buches mit Essays von Hans Bergel in rumänischer Übersetzung als Beitrag der Kronstädter Germanistikstudenten und -studentinnen zur zeitgenössischen deutschen Kultur, Landeskunde und Geschichte in Rumänien heran. Der Band *Foaie de suflet pentru un oraş transilvan* [Gedenkblatt für eine Stadt in Siebenbürgen] kam 2005 im Kronstädter aldus-Verlag als Ergebnis eines Projektes mit Studierenden der Transilvania-Universität heraus.

Für den Band wählten wir acht Essays von Hans Bergel, die beim rumänischen Leserpublikum ein eindrucksvolles, geschichtlich und literarisch fundiertes Bild von der siebenbürgischen Heimat und gleichzeitig ein Porträt des Schriftstellers, seines (inter)kulturellen Horizontes entstehen lassen.[4]

---

[3]   Vgl. Claus Altmayer: Zum Kulturbegriff des Faches Deutsch als Fremdsprache. In: *Zeitschrift für interkulturellen Fremdsprachenunterricht* [Online] 2(2) 25pp. 1997. Internetquelle: http://www.spz.tu-darmstadt.de/projekt_ejournal/jg_02_2/beitrag/almayer3.htm [Stand Februar 2007].

[4]   Gemeint sind die Essays: Die Begegnung mit dem anderen. Gedanken über die Gestalt des Rumänen in den Büchern eines Deutschen; Homo Transsilvanus. Die Siebenbürger Sachsen im Licht Südosteuropas; Die zeitüberdauernde Existenzformel der Kunst. Der Kronstädter und Wahlpariser Henri Nouveau; Faszination des Landfremden. Notizen zum Weltmann und Südosteuropäer Oscar Walter Cisek; Gedenkblatt für eine Stadt zwischen Abend- und Morgenland. Kronstadt, die „Stadt im Osten";

Hans Bergel schrieb für den Band eine kurze Einleitung, *Das Mysterium einer Landschaft* betitelt, die ebenfalls ins Rumänische übersetzt wurde.

Der Band kann aus literatur-didaktischer Perspektive als Auseinandersetzung mit dem Phänomen der Interkulturalität verstanden werden. Für dieses Konzept, das heute landes- und weltweit in aller Munde ist, gibt es keine einheitliche Definition. Interkulturalität beschreibt im Allgemeinen Unterschiede zwischen Individuen, die sich aus der Zugehörigkeit zu verschiedenen Kulturen oder Gruppen ergeben. Dies ist auch ein Anliegen Bergels, das sich vor allem in seinen Essays nachweisen lässt:

> Die Faszination der Begegnung mit dem ‚Anderen' in einem Vielvölkerraum wie Siebenbürgen – der alten Terra Ultrasilvana –, die ich seit meiner Kindheit empfinde, ist um nichts geringer als diejenige meines Freundes, der als Schriftsteller in Elsass-Lothringen lebt und dessen geistige Individualität sowohl vom französischen als auch vom deutschen Kulturelement geprägt ist.[5]

Dem genauen Beobachten der Sprechweise, der Gebärden und des Verhaltens der verschiedenen Ethnien in Siebenbürgen dem Leben und der Kultur gegenüber schenkt Bergel besondere Aufmerksamkeit als Schriftsteller:

> In Melodie und Diktion der Stimme jener unter der Leitung großer Regisseure auf den deutschen Bühnen der Nachkriegsjahrzehnte berühmt gewordenen Schauspielerin, die einer deutsch-rumänischen Ehe entstammt, das siebenbürgische Timbre als das Geheimnis der Besonderheit ihrer phänomenalen künstlerischen Präsenz zu entdecken, bietet die gleiche Befriedigung wie in der Klangfarbe des nordamerikanischen Geigenvirtuosen das osteuropäische Vibrato wieder zu erkennen. Die Ausdrucks- und Verhaltensmuster, die sich in Europas ethnischen und nationalen Begegnungszonen eigengesetzlich entwickelten, gehören zu den Kostbarkeiten unserer Kultur- und Geistesgeschichte. Wie die nicht selten sehr unterschiedlichen Elemente sich aneinander abschleifen, sich ergänzen und zur Aussage von regionsspezifischer Relevanz umwandeln, erregte von jeher mein schriftstellerisches Interesse und lenkte meine Aufmerksamkeit immer wieder auf die adäquaten Erscheinungen in Siebenbürgen.[6]

Alle Essays, die in dem Band enthalten sind, stellen teils subjektive, teils objektive Argumente für die Interkulturalität dar, aber nicht in der Weise, in der sie die Theoretiker zu definieren vermögen, sondern so, wie es nur einem Schriftsteller gelingen kann, nämlich in gleicher Dosierung von Verstand und Gefühl. Siebenbürgen öffnet sich dem Schriftsteller Hans Bergel durch „die historische Dimension der Begegnungslandschaft in sinnenhafter Unmittelbarkeit."[7]

„Denn wer lässt mich in Frankreich Shakespeare spielen?" Ioana Maria Gorvin – die Tragödin mit dem transsilvanischen Melos in der Stimme; Nicholas Catanoy: Auf den Straßen des Hungers nach Erkenntnis; Kronstadt und das Burzenland: Das andere Siebenbürgen. Porträt eines Menschenschlags im Licht seiner Landschaft.

[5] Vgl. Hans Bergel: Das Mysterium einer Landschaft. Unveröffentlichtes Manuskript, S. 2.

[6] Ebenda, S. 2f.

[7] Ebenda, S. 3.

Bergels Essays sind exemplarisch für den Umgang mit kulturellen Differenzen bzw. mit Minderheiten. Die traditionell multikulturelle Stadt Kronstadt, in der Rumänen, Ungarn, Deutsche, Roma, Juden und Armenier lebten und leben, macht gegenwärtig tief greifende Veränderungen durch. Bergel wirft die Frage nach einem ethischen Konsens zwischen den Kulturen in einem multikulturellen Kontext auf, was vor allem nach dem EU-Beitritt Rumäniens besonders aktuell ist:

> Doch setzte sich ja, wenn auch stark verändert durch die politischen Ereignisse in der zweiten Hälfte des 20. Jahrhunderts, das Bild der Völkerbegegnungen in Siebenbürgen bis in unsere Tage fort. Mich mit ihm in Essays, Untersuchungen oder memorialistischen Texten zu beschäftigen und den Kulturreichtum zu beschwören, den Siebenbürgen ihm verdankt, wird mir ein Anliegen sein, solange ich schreibe.[8]

Wissbegierde und Nostalgie, Zuneigung und Identitätssuche liegen der Beschäftigung mit dem Thema und der Heimat Siebenbürgen zugrunde:

> Kann einer sich so endgültig von seinen Ausgängen lösen, dass sie ihm nichts mehr bedeuten? Ich kann es nicht, und ich will es auch nicht. Was in Siebenbürgen geschieht, ist immer auch ein Teil zumindest meines inneren Schicksals. Umso mehr, als Mittel- und Westeuropäer oft völlig ahnungslos vor den geistigen Dimensionen, den historisch gewachsenen Unwägbarkeiten, den aus uralten Traditionen entwickelten Denk- und Lebensstilen dieser südöstlichen Landschaft stehen und mit zutiefst falschen Vorstellungen zu beurteilen versuchen, was sich ihrer Beurteilungsfähigkeit endgültig entzieht.[9]

Kultur bildete sich als Generalbegriff, der nicht nur einzelne, sondern sämtliche menschlichen Lebensäußerungen umfassen soll, erst im späten 17. Jahrhundert heraus und trat erstmals 1684 beim Naturrechtslehrer Samuel von Pufendorf auf.[10] Er nannte *Kultur* das Insgesamt derjenigen Tätigkeiten, durch welche die Menschen ihr Leben als spezifisch menschliches, im Unterschied zu einem bloß tierischen, gestalten. Bis dahin war Kultur vielmehr ein relativer, auf einzelne Bereiche oder Tätigkeiten sich beziehender Ausdruck, der Jahrhunderte lang nur in solchen Zusammensetzungen auftrat und sich auf spezifische Tätigkeitsbereiche bezog. Erst mit Pufendorf wurde Kultur zu einem Kollektivsingular und autonomen Begriff, der vereinheitlichend sämtliche Tätigkeiten eines Volkes, einer Gesellschaft oder einer Nation zu umfassen beanspruchte. Dieser globale Kulturbegriff erhielt hundert Jahre später durch Herder, insbesondere durch dessen *Ideen zur Philosophie der Geschichte der Menschheit* (1784–1791), seine für die Folgezeit vorbildliche

---

[8] Ebenda.
[9] Ebenda, S. 4.
[10] Vgl. Samuel von Pufendorf: De iure naturae et gentium libri octo (1672) [Acht Bücher von Natur und Völkerrecht]. Frankfurt am Main 1711 (Nachdruck: Hildesheim 2001).

Form.[11] Viele halten Herders Kulturkonzept noch immer für gültig. Es sind dies nicht nur traditionell gesinnte Geister, sondern auch solche, die dieses Konzept wiederbeleben wollen und die von ethnischen Fundamentalismen bis zu Samuel Philipp Huntingtons Rede von „Zivilisationen" reichen.[12] Interkulturelle Literatur stellt fremde Kulturen oder die Begegnung mit fremden Kulturen dar. Literarische Texte, die fremde Länder und Völker, Unterschiede und Ähnlichkeiten mit dem eigenen Land thematisieren, hat es immer gegeben.[13] Der Blick auf das Fremde und Eigene ist mit der Suche nach Alternativen in Beziehung zu setzen, bedeutet aber immer auch den Blick auf das Eigene und Vertraute. Das Verdienstvolle daran ist, dass die Perspektive auf das Fremde eigene tabuierte Vorstellungen, Ängste und Wünsche objektiviert und gleichzeitig auch das Selbstverständnis durch Informationen über andere Kulturen und die Abgrenzung von ihnen festigt.

Die Essays von Hans Bergel haben ein spezifisches interkulturelles Potenzial, sie thematisieren zwar das Fremde und die Konfrontation mit dem Fremden, aber oft aus der Perspektive des Verhältnisses zwischen Mehrheit und Minderheit. Durch die Gegenüberstellung der jeweiligen kulturellen Erscheinungen bei den Siebenbürger Sachsen im Verhältnis zur *binnendeutschen* bzw. rumänischen Bevölkerung wird das Verständnis des Fremden ermöglicht und somit ein Bild der eigenen Kultur vermittelt. Wir haben es hier nicht mit der üblichen Vermittlungsfunktion der fiktionalen Literatur über kulturelle Entfernungen hinweg zu tun.

Im Essay *Homo Transsilvanus. Die Siebenbürger Sachsen im Licht Südosteuropas* definiert Bergel den Homo Transsilvanus Saxonicus, ein Pendant zum Homo Germanus Mitteleuropas, als „das Produkt einer sehr persönlichen Deutung der Wirkung siebenbürgischer wie südöstlicher Prägekräfte."[14] Es ist schwer, das Gemeinsame und das Trennende zwischen den Siebenbürger Sachsen und den Deutschen des binnendeutschen Raumes genau zu umreißen. Deshalb bringt Bergel dieses Problem auf eine einfache Formel, wie er selbst meint, nämlich darauf, dass *das Südöstliche, was man auch darunter verstehen mag*, die Deutschen im Hochland vor den Karpaten während acht Jahrhunderten in der südosteuropäischen Landschaft formte und umformte, bildete und umbildete, prägte und umprägte. Das Konzept von der Interkulturalität wäre bei Bergel meiner Meinung nach so zu verstehen, dass

---

[11] Johann Gottfried Herder: Ideen zur Philosophie der Geschichte der Menschheit. Hrsg. von Martin Bollacher. Frankfurt am Main 1989.

[12] Vgl. Wolfgang Welsch: Transkulturalität. Zur veränderten Verfassung heutiger Kulturen. In: Hybridkultur. Hrsg. von Irmela Schneider und Christian Thomsen. Köln 1997, S. 67–90.

[13] Vgl. Hans Esselborn: Interkulturalität in der deutschen Literatur des 20. Jahrhunderts. Vom Exotismus zur Ethnographie. In: Germanistische Erfahrungen und Perspektiven der Interkulturalität. Hrsg. von Franciszek Grucza, Hans-Jörg Schwenk und Magdalena Olpińska. Warszawa 2005, S. 86–110.

[14] Hans Bergel: Homo Transsilvanus. Die Siebenbürger Sachsen im Licht Südosteuropas. In: H. B.: Zuwendung und Beunruhigung. Anmerkungen eines Unbequemen. 32 Essays und ein Gespräch. Mit einem Vorwort von Peter Motzan. Thaur bei Innsbruck 1994, S. 152–161.

eine Minderheit wie die der Siebenbürger Sachsen in Rumänien bei allem Wunsch des Festhaltens an ethnischer Eigenwüchsigkeit zwangsweise in den Sog des autochthonen Umfeldes geraten ist, das Persönlichkeit und Lokalkolorit färbt. Er spricht von geistigen Energien der östlichen und südöstlichen Landstriche, mit denen es die siebenbürgischen Deutschen im Laufe der Zeit zu tun hatten. Eine Minderheit wird von der Mehrheit nicht nur äußerlich berührt. Bergel findet als Erklärung für die nachgesagte Abschottung und *splendid isolation* der Siebenbürger Sachsen die Tatsache, dass sie sich ihrer befleißigen mussten, um als ethnische Gruppe im Vielvölkermeer zu überdauern. Aber gleichzeitig spricht er von der *transsilvanischen Einheit trotz der Vielfalt*, vom Homo Transsilvanus ausgehend. Das Interesse an der fremdartigen Umwelt, das die siebenbürgischen Deutschen während ihrer gesamten Geschichte bekundeten, war lebensnotwendig. Andererseits behauptet Bergel, dass der westeuropäische Rationalismus den südöstlichen europäischen Kulturraum niemals erobern konnte.

Zu den typischen Attributen südöstlicher Lebensstimmung bei den siebenbürgischen Deutschen zählen laut Bergel die introvertierte Ernsthaftigkeit ihres Glaubens- und Frömmigkeitsverständnisses, die fast kultische Gastfreundlichkeit, die Zähigkeit der Bewahrungskraft, mit der sie an ihrem Volkstum und Bräuchen hängen, der Heimat- und Herkunftsstolz, der Humor, der Familiensinn, die Spontaneität des Freundschaftsverständnisses, die Melancholie in der Art, die Volkslieder zu singen, die Neigung zum Ausbruch ins temperamentvolle Laute, die passive Schicksalsannahme einerseits und die sinnenhafte Daseinsfreude andererseits.

In dem Essay *Kronstadt und das Burzenland: das andere Siebenbürgen. Porträt eines Menschenschlags im Licht seiner Landschaft*[15] spricht Bergel von Siebenbürgen als von einem „lebendigen Kosmos".

Der Essay *Die Begegnung mit dem anderen. Gedanken über die Gestalt des Rumänen in den Büchern eines Deutschen*[16] bringt eine heute sehr modern klingende Äußerung, nämlich dass am Unterschied zwischen den Ethnien nicht nur die Eigenheiten einer jeden deutlich werden, sondern dass ebenso das Gemeinsame als eine Notwendigkeit der historischen Existenz als Rumänen, Deutsche, Ungarn, Juden erkannt werden kann.

In einem früheren Beitrag[17] bemerkte Bergel, dass für ihn, den aus Rumänien stammenden und dort aufgewachsenen deutschen Schriftsteller, die Gestalt

---

[15] Hans Bergel: Kronstadt und das Burzenland: das andere Siebenbürgen. Porträt eines Menschenschlags im Licht seiner Landschaft. In: Kronstadt. Eine siebenbürgische Stadtgeschichte. Hrsg. von Harald Roth. München 1999, S. 244–252, hier S. 252.

[16] Hans Bergel: Die Begegnung mit dem anderen. Gedanken über die Gestalt des Rumänen in den Büchern eines Deutschen. In: H. B.: Gestalten und Gewalten. Innsbruck 1982, S. 183–190.

[17] Vgl. Hans Bergel: Das Bild der Rumänen in meinen literarischen Arbeiten. In: Rumänische Akademische Gesellschaft, Zweigstelle Deutschland: Deutsch-Rumänische Tagung 25.–27. 10. 1979 in München. Das Bild der Deutschen bei den Rumänen. Das Bild der Rumänen bei den Deutschen. Bd. 17. München 1980, S. 17.

des Rumänen auch nach der Umsiedlung in die Bundesrepublik Deutschland in vielen seiner literarischen Werke eine wichtige Rolle spielt. Der rumänische Hirte erscheint ihm als Urgestalt eines Volkes. Ihn interessiert vor allem die Verflechtung der rumänischen Geistigkeit mit dem deutschen Geist. Die Darstellung rumänischer Gestalten oder die Versuche einer begrifflichen Erfassung rumänischer Wesenszüge ergaben sich für Bergel, meint er, nicht auf der Suche nach fremden, exotischen Elementen. Sie stellen den Ausdruck seiner eigenen, infolge der Begegnung mit der geistigen Welt des Rumänentums als bereichert empfundenen spirituellen Existenz dar, sie sind ein Teil seiner Individualität, sie weisen auf seine im Literarischen aufscheinende Bruderschaft mit der Gestalt des Rumänen hin.

Bergel betrachtet die Theorien von der interethnischen Wechselwirkung als strapaziert und übertrieben, weil seiner Meinung nach der Homo Transsilvanus in jenem südöstlichen Deutschen deutlich erscheint, ohne den dieser nicht der wäre, der er ist. Der südöstliche Deutsche wurde zum Homo Transsilvanus, weil er der Erbe nicht allein mittel-westeuropäischer Maßeinheiten ist, sondern zu gleichen Teilen Miterbe der regionsspezifischen Kulturschichtungen des Südostens. Überall dort, wo der Homo Transsilvanus Germanicus bei seiner Begegnung mit dem zentraleuropäischen Homo Germanicus sein Anderssein empfindet, ist, nach Bergels Ansicht, „das Südöstliche in ihm der Grund". Die Siebenbürger Sachsen sind, laut Bergel, nie und nimmer allein das Produkt ihrer Treue zum abendländisch-germanischen Grundmuster ihrer Anlage, sondern ebenso Produkt eines historischen Wegs der tief in sie hineinwirkenden Berührung mit Völkern und Kulturen des Südostens. Das Gleiche gilt umgekehrt auch für die Siebenbürger Rumänen und Ungarn.

Für die Völker im siebenbürgischen Raum war der Homo Transsilvanus einst die „Brücke, über die sie aufeinander zugingen", das Gemeinsame, in dem sie sich trotz der Spannungen und Auseinandersetzungen immer wieder treffen konnten.

Die Bekanntschaft mit dem Volk der unmittelbaren Nachbarschaft, hebt Bergel hervor[18], brachte nicht nur Verständnis für und Vertrautheit mit dessen Eigenart, sondern auch Aufschlüsse über Veranlagung und Art des eigenen Volkes.

Der Interkulturalitätsansatz geht von der Annahme aus, dass verschiedene Gruppen von Menschen als Angehörige verschiedener Kulturen andere Merkmale, Eigenschaften und Verhaltensweisen aufweisen. Interkulturelle Verschiedenartigkeit wird demnach als Erklärungsmuster für Missverständnisse und Konflikte herangezogen. Durch Vermittlung von Wissen über kulturelle Andersartigkeiten können diese Probleme und daraus folgende Kon-

---

[18] Ebenda.

flikte gelöst werden.[19]

Der Begriff der Interkulturalität kann problematisch sein, wenn er nicht genau untersucht und kritisch hinterfragt wird. Das geschieht meistens auf politischer und medialer Ebene. Die gegenseitige Kenntnis der kulturellen Hintergründe kann zu gegenseitigem Verständnis, zu Toleranz usw. beitragen. Die Kenntnis der kulturellen Herkunft des Gegenübers ist wichtig für Kommunikation und gegenseitiges Verständnis, aber da es um alle Facetten des Individuums geht, sind damit viele Gruppenzugehörigkeiten wie Alter, soziale Herkunft, Geschlecht, Bildungslevel u. Ä. relevant. Die landläufigen Assoziationen zu Interkulturalität beschränken sich aber meistens auf eine Fixierung auf die kulturelle Identität eines Individuums oder noch öfter gleich einer ganzen Gruppe. Das Konzept der Interkulturalität ist dann sinnvoll, wenn man damit konkret umgehen und es effektiv verwenden kann. Ideal wäre es, das Konzept als flexibles, ständigen Veränderungen unterworfenes Phänomen der Wechselwirkung zwischen Kulturen aufzufassen. Kulturen sind in diesem Zusammenhang nicht nur ethnische und religiöse Herkunftskulturen, sondern auch soziale und wirtschaftliche Bedingungen, Alter, Geschlecht, Ausbildung, wirtschaftliche, politische und rechtliche Strukturen und Prozesse, die negative Einflüsse bewirken können.[20]

In seinem Interview vom 15. Juli 2005 in der *Siebenbürgischen Zeitung* anlässlich seines 80. Geburtstags erklärte Bergel, dass der Dialog für ihn ein existenzielles Bedürfnis ist. Für ihn ist das Siebenbürgisch-Sächsische, das „Herkünftige", das Entscheidende. Die erste Prägung und Orientierung erhielt er von der Herkunftslandschaft, von deren Menschen, Erfahrungen, Vibrationen. Es ist aber nicht eine Wagenburg, sondern vielmehr der Mutterboden, in dem er wurzelt, von dem aus er sich der Welt stellt und öffnet und sich diese aneignet. Doch dieses Siebenbürgisch-Sächsische fasst er zugleich als Teil des südost- und des gesamteuropäischen Raumes auf, ohne diese Einbindung verliert Siebenbürgen für ihn Sinn und Gesicht. Die in dieser Landschaft historisch entwickelte Haltung vererbte ihm auch sein republikanisches Gesellschaftsverständnis.

Es gibt kaum eine öffentliche Aussage, in der Bergel nicht behauptet, dass er der südöstlichen Kulturenvielfalt, in der er aufwuchs, die grundsätzliche Vertrautheit mit dem „Fremden", mit dem „Anderen" verdankt. Das ist das große Geschenk einer Landschaft, Bergels Mysterium und Faszination, aber auch seine Gewissheit und seine Lebensanschauung. Dieses Geschenk kam ihm auf Reisen durch subäquatoriale Landschaften Afrikas, durch Maori–Landstriche in Neuseeland oder kanadische Waldgebiete und beim Blick in entfernte Kulturen zu Gute. Die Verwurzelung in der Herkunft gab ihm die

---

[19] Vgl. Begriffsdefinitionen. Gleiche Chancen. URL: http://www.zara.or.at/materialien/gleiche-chancen/elearning/bd/e_interkultur.htm [Stand: Februar 2007].

[20] Ebenda.

Sicherheit, sich ans Fremde vertrauensvoll heranzuwagen. Ihm ist der historische Bruch bewusst, der mit und nach dem Exodus der Siebenbürger Sachsen eingetreten ist, er meint aber, dass jeder Siebenbürger das Geschenk überall dorthin mitgenommen habe, wo ihn das Schicksal verschlagen hat und dass er nur bereit sein müsse, es sehen zu wollen, um fähig zu werden, es sehen zu können.

In den von den Studierenden ausgewählten Essays kommen Künstler oder Schriftsteller vor, die aus Siebenbürgen stammen und außerhalb ihres Herkunftsraumes berühmt geworden sind. Der Kronstädter Komponist Henri Nouveau, „der Mann aus den Karpatenbergen", wie ihn die Franzosen nannten, lässt sich in Paris nieder und gelangt dort zu Bekanntheit und großem Ansehen.

> Gehalt und Vortragssprache des musikalischen Werks Henri Nouveaus speisen sich weitgehend aus dem Volkslied- und Volkstanzgut südosteuropäischer Landschaften. Dessen Melodik und Rhythmik setzt der im Geist der westeuropäischen Tradition Erzogene, an der linearen Prägnanz des späten Claude Debussy Geschulte und an Bartóks das ursprüngliche Material neu gestaltender Kraft Orientierte in ein eigenes Ausdrucksregister um; dabei ist das pianistische Grundkonzept allenthalben hörbar.[21]

In einem Interview mit der israelischen Literaturzeitschrift *Mosaik* 1998 bezeichnete sich Bergel als einen weltbürgerlichen Südosteuropäer mit deutscher Muttersprache. Seine Hermannstädter und Kronstädter Prägungen verhalfen Bergel, „einen Rumänen nicht schlechthin als Rumänen, einen Franzosen als Franzosen, einen Kenianer als Kenianer etc. zu sehen, sondern auf die wesentlichen, auf die menschlichen Merkmale zu achten."
Ein originelles, facettenreiches Konzept von Kultur liegt demnach beim Autor Hans Bergel vor, auf das man sich in der fremdsprachendidaktischen Diskussion mit Erfolg berufen kann.
Ein gewisses Bedenken gegenüber dem Konzept der Interkulturalität kann man aber dennoch haben. Bei allen guten Absichten enthält dieses, begrifflich gesehen, in einem großen Maße die Voraussetzung des traditionellen Kulturbegriffs, d. h. die Unterstellung einer insel- oder kugelartigen Verfassung der Kulturen im Sinne von Herder. Es erkennt zwar, dass diese Verfassung notwendig zu interkulturellen Konflikten führt, und es sucht dem durch interkulturellen Dialog zu begegnen. Wichtig ist es, die Primärthese von der Insel- oder Kugelverfassung der Kulturen zu bedenken, um die Folgeprobleme zu lösen. Das klassische Kulturkonzept ruft durch den separatistischen Charakter der Kulturen das Problem der schwierigen Koexistenz und strukturellen Kommunikationsunfähigkeit dieser Kulturen hervor.
Der Begriff der Interkulturalität, der sich im postmodernen Denken ent-

---

[21] Hans Bergel: Die zeitüberdauernde Existenzformel der Kunst. Der Kronstädter und Wahlpariser Henri Nouveau. In: H. B.: Zuwendung und Beunruhigung (Anm. 14), S. 123–127, hier S. 127.

wickelt hat, stellt die Existenz der jeweils eigenen Kultur in Frage. Das Schlüsselwort ist der Dialog zwischen den Kulturen. Die Essays von Hans Bergel beweisen aus der Sicht eines Schriftstellers, wie eine Kultur mit einer anderen Kultur in Dialog treten kann. Gerade der Literatur und den Geisteswissenschaften im Allgemeinen fallen in diesem Zusammenhang wichtige Aufgaben zu. „Mediale Hypertrophie und soziale Dystrophie sind die bestimmenden Tendenzen der Globalisierung – und auch die der Interkulturalität?" fragt Thomas Wägenbaur in seinem Aufsatz *Globalisierung und Interkulturalität*[22]. In kultureller Hinsicht, meint er, beobachten wir gegenwärtig eine *Homogenisierung* unter dem Primat der Ökonomie (*McDonaldisierung*) oder eine *Heterogenisierung* unter dem Primat fundamentalistischer Ideologien (Huntingtons *Kampf der Kulturen*), aber da sich diese Phänomene gegenseitig bedingen, müssen sie sich der übergeordneten Beobachtung einer *Hybridisierung* unterordnen. In gewisser Weise gibt die gute alte Dialektik einen Hinweis darauf, wie sich Positionen überholen (müssten) und wie komplexe Zusammenhänge sich selbst steuern (könnten). Wägenbaur behauptet, dass, je stärker ein kultureller Standard global „vertrieben" wird, desto mehr regionale Varianten werden sich bilden. Die Interpretationen werden unterschiedlich ausfallen. Die Hybridkultur formiert sich in interkulturellen oder virtuellen Gemeinschaften, deren Vertreter sich nicht mehr nur einer Kultur zugehörig fühlen, und diese Vertreter werden durch die ökonomische, technische und mediale Globalisierung immer zahlreicher: Migranten, Manager, Mitarbeiter multinationaler Unternehmen, weltreisende Experten, Akademiker usw. Hier werden Standards plural interpretiert, d. h. auch Ansichten, die sich widersprechen, werden zu übergeordneten Ansichten, die man teilt. Besonders die globale Durchsetzung von Menschenrechten ließe sich nur so erreichen.

Interkulturalität manifestiert sich in der grenzüberschreitenden Bewegung, sie kommt nicht zur Ruhe, sperrt sich der Kontrolle, weil sie laufend die Perspektive umkehrt und den Beobachter beobachtet, ihre Standards sind spontan und variabel – die ökonomische, technische und mediale Globalisierung jagt ihr hinterher. Interkulturalität erzeugt den semantischen Mehrwert aus den strukturellen Vorgaben von Ökonomie, Technik und Medien, den Letztere nur zu gerne vermarkten – und doch nie kontrollieren können, postuliert Wägenbaur. Der Grund liegt einfach in der zeitlichen Differenz zwischen Produktion und Konsum, in der der Konsument mit dem Produkt macht, was er oder sie will, Zeit der Interpretation also, die sich dem Produktionszyklus entzieht. So gesehen, ist Interkulturalität eine Beschreibung dessen, was passiert, und von der wir lokal zwar hart getroffen sein mögen, weil wir unsere

---

[22] Vgl. Thomas Wägenbaur: Globalisierung und Interkulturalität. In: parapluie. Elektronische zeitschrift für kulturen, künste, literaturen. Zeitenwenden no. 8/2000. Internetquelle: Copyright © 1997–2006 parapluie & die autorinnen und autoren, alle rechte vorbehalten. issn 1439–1163. impressum. url:http://parapluie.de/archiv/zeitenwenden/global/ Stand: Februar 2007].

‚Authentizität' verlieren, von der wir aber global profitieren, denn wir gelangen über unsere „Deauthentisierung" zu immer neuen Interpretationen unserer regionalen Identität. Diesen Vorgang könnte man auch als kulturelle Evolution beschreiben, um noch einmal auf eine a-teleologische Form von Geschichte zu verweisen, die keinen Anfang und kein Ende kennt, so Thomas Wägenbaur. Angesichts der Globalisierung und Interkulturalität werden keine Anlässe zu großen Hoffnungen gegeben, sondern eher zu einer immer genaueren Beobachtung dessen, was jeweils geschieht und nicht nur einen selbst betrifft. Das Paradoxe an der Geschichte von Globalisierung und Interkulturalität, stellt Wägenbaur fest, ist, dass es niemals so auf den Einzelnen ankam, obwohl es immer mehr werden und er/sie immer weniger relative Macht zu haben scheint.

Sich mit dem Werk Hans Bergels auseinanderzusetzen bedeutet, die Einsicht in die Kulturspezifik einer Gegend, in die Rolle interkultureller Prozesse bei der Produktion und Rezeption von Literatur, bedeutet Wechselwirkungen zwischen Literatur und Kultur deutlich zu machen. Literatur ist bei Bergel eine Domäne, die aus Grenzüberschreitungen besteht, aus Grenzsituationen, die ineinander greifen und sich gegenseitig beeinflussen und verflechten. Das Ziel ist das Erfassen eines möglichst kompletten Wissens vom Menschen. Anhand der Interkulturalität kann das geografische, historische und kulturelle Umfeld seiner essayistischen Werke abgesteckt werden, können seine geistigen Bezüge verfolgt werden. Interkulturalität überschneidet sich oft mit Intertextualität. Seine geistigen Bezüge sind Querverbindungen durch verschiedene Kulturräume, aus denen seine Werke entstehen.

In seinem Essay *Gedankenblatt für eine Stadt zwischen Abend- und Morgenland. Kronstadt, die „Stadt im Osten"*[23] kommt Bergels Intimität zu einem Kulturraum deutlich zum Ausdruck:

> Ich habe keine Stadt je wieder so geliebt wie diese – Kronstadt in Siebenbürgen. Keine der historischen siebenbürgischen Städte hat Künstler und Dichter der Siebenbürger Sachsen so häufig und so leidenschaftlich beschäftigt wie diese, keine auch brachte so viele von ihnen hervor – und das, obgleich Kronstadt am Rande der Terra Borza, des Burzenlandes, einst vor allem wegen des kühlen und kühnen Unternehmungsgeistes seiner Bewohner in Wirtschaft und Handel weithin bekannt war. Die bedeutendsten Musiker der Landschaft im Karpatenhochland kamen von hier; fast die gesamte neuere Malerei Siebenbürgens wurde von Kronstädtern geschaffen; die meisten der herausragenden Schriftsteller stammen aus ihr und ihrer Umgebung.

Gerade diese enge Beziehung zwischen Geistes- und Kulturgeschichte einerseits und politischer, wirtschaftlicher und sozialer Geschichte andererseits stellte die Studierenden vor Fragen, die die Auslandsgermanistik zu beant-

---

[23]   Hans Bergel: Gedenkblatt für eine Stadt zwischen Abend- und Morgenland. Kronstadt, die „Stadt im Osten". In: H. B.: Zuwendung und Beunruhigung (Anm. 14), S. 162–168, hier S. 163.

worten hat. Literarische Rezeption ist landeskundliche und kulturhistorische Erfahrung. Aus den Essays von Hans Bergel kann man mehr über die deutsche Geschichte und Kultur in Rumänien erfahren als aus den Lehrbüchern. Bergel hat stets die doppelte Perspektive, des Insiders sowie des Outsiders, wenn er von seiner geliebten Stadt Kronstadt, dem „geschichtsumwitterten Ort"[24], schreibt. Der Klang der Orgel in der Schwarzen Kirche erinnert ihn an Städte wie Regensburg, Passau oder Salzburg, wenn er aus der Oberen Vorstadt in die Wälder und Berge hinaufsteigt, bedeutet das für ihn den Anblick eines der schönsten Landstriche, die er zwischen den Hallyburton-Highlands in Kanada und Fjorden in den Neuseeländischen Alpen, zwischen der Costa del Sol in Andalusiens Süden und den Hochtälern auf Kreta gesehen hat. Am Beispiel dieser Unterschiede und Ähnlichkeiten werden jene Besonderheiten herausgearbeitet, die den geistes- und kulturhistorischen Hintergrund einer Region ausmachen. Der historische Hintergrund erscheint unentbehrlich für das Verstehen von Zeit- und Raumperspektiven im schriftstellerischen Werk Hans Bergels. Er selbst treibt praktische Kulturraumforschung, indem er die kulturellen Räume zwischen Südost-, Mittel- und Westeuropa, zwischen Europa und Asien, dem Fernen Osten und Amerika untersucht. Der Begriff Kulturraum kann sich sowohl auf regionale als auch auf größere Kulturräume beziehen. Heutzutage fällt er immer seltener mit nationalen bzw. staatlichen Grenzen überein.

Zu dieser Neubestimmung des Konzeptes trägt auch Bergel mit seinen Arbeiten bei, da er mit seinen überregionalen und übernationalen Querverbindungen die Rezeption von Denkern, Literaten und Künstlern fördert. Kulturen sind offene Systeme, die sich wechselseitig beeinflussen können. Interkulturalität bezieht sich auf die vorurteilsfreie Aufgeschlossenheit, die eine Kultur einer anderen gegenüber aufweist. Gleichzeitig kann sie sich in Texten als Intertextualität artikulieren.

Das Leben, meint Bergel, steht auch in Kronstadt „im Zeichen rasch voranschreitender völkerverlagernder Gewichtungen. Kenner sprechen von der Ethnomorphose, die ihren sofortigen Niederschlag im Kulturbild hat."[25]

Durch die Arbeit an dem Essayband lernten die Germanistikstudenten einen Autor kennen, der ein Zeitgenosse ist und doch nicht wie ein Zeitgenosse über ihre vertraute Landschaft und Umgebung denkt und schreibt. Bergel hat in Rumänien viel Angenehmes und Unangenehmes erlebt, er bereut trotzdem nichts. Aus dieser Erfahrung entstanden seine Bücher, seine Texte, die er nicht als endgültig betrachtet. An seinen Texten ändert er ab und zu einiges, passt sie den Umständen und dem Publikum, ja, der Zeiterkenntnis an. Literatur ist abhängig von neuen Erlebnissen, Erfahrungen, Kenntnissen. Litera-

---

[24] Ebenda, S. 166.
[25] Bergel, Zuwendung und Beunruhigung (Anm. 14), S. 167.

tur bzw. der Schreibakt ist für Hans Bergel niemals ein abgeschlossener Prozess.

Bergel entwickelt (s)einen Kulturbegriff, der nicht in die Stereotypen und Klischees der heutigen Kulturtheoretiker hineinpasst, der bunt und vital ist, wie das Leben selbst, wie das Universum. Er stellt mit seinem Werk unter Beweis, dass die klügsten Theorien vor der Faszination des festgehaltenen Eindrucks und der Einmaligkeit des geschriebenen Textes verblassen.

„Die Trauer des Verwirrens und die Trauer des Entwirrens"

Sinnverweigerung und Sinnwucherung in den Texten Oskar Pastiors

GRAZZIELLA PREDOIU (Temeswar)

Die beiden Pole Pastior'scher Schreibweise weisen auf die Eckpfeiler seines Œuvres hin, *Sinnverweigerung* und *Sinnwucherung*.[1] Der Dichter, dessen Werk einer dritten Generation von experimentell schreibenden Poeten zuzuordnen ist, nach der historischen Avantgarde und der experimentellen Phase der Nachkriegszeit mit ihren Ausprägungen in Österreich, der Wiener Gruppe, und der konkreten Poesie in Deutschland, betreibt Subversion im sprachlichen Bereich, Sinnverweigerung, versteckt die Botschaft, düpiert die Leser, um dann „Sinnwucherung"[2], „eine tendenziell maximale Bedeutungsdichte"[3], zu erreichen.

Das „Aufbegehren gegen die Regelhaftigkeit"[4] erlaubt das Ausloten imaginierter Freiräume in der Sprache. Zwar hat sich der Wörtlichnehmer Pastior die experimentellen und avantgardistischen Techniken zu eigen gemacht (auch wenn ihm Ismen abwegig erscheinen, da sie auf Zuordnung, auf Regelzwang hindeuten). Er hat auf der Mikroebene das Eingreifen im Wort, in der Silbe, im Laut bevorzugt, auf der Makroebene die „Ready mades", die Montage fremden Bildungsgutes, die oulipotischen Transduktionen mit Vorliebe verwendet. Doch er hat sich dabei aber immer und mit aller Leidenschaft der sorgfältigsten Regel, dem Kalkül jedes von ihm gebrauchten Wortes überlassen.

Der aus Siebenbürgen stammende Lyriker arbeitet sezierend im mikro- und makromolekularen Bereich der Sprache, wobei er eher mit Lauten als mit Silben jongliert, „die Haut (der Laut) ist mir näher als der Leib"[5]. Er erzielt

---

[1] Grazziella Predoiu: Sinn-Freiheit und Sinn-Anarchie. Zum Werk Oskar Pastiors. Frankfurt a. M. 2004.

[2] Oskar Pastior: Das Unding an sich. Frankfurter Vorlesungen. Frankfurt a. M. 1994, S. 62.

[3] Oskar Pastior: Und nimmt Sinn und gibt Sinn. Aus der Werkstatt der Nämlichkeit. In: *Schreibheft* 17(1993), Nr. 41, S. 148–154, hier S. 151.

[4] Pastior, Das Unding an sich (Anm. 2), S. 41.

[5] Michael Lentz: Interview mit Oskar Pastior. In: M. L.: Lautpoesie/-musik nach 1945. Eine kritisch-dokumentarische Bestandsaufnahme. Bd. 2. Wien 2000, S. 1089–1096, hier S. 1089.

einerseits Sinnwucherung, kämpft andererseits aber gegen das Zustande-kommen der „Sinnsache"[6] an und betreibt kalkulierte „Chaostheorie"[7], die aber für ihn ebenso Bedeutung zulässt, denn „kein Chaos ohne Bedeutung, keine Bedeutung ohne Chaos"[8]. Seine Schreibweise entwickelt sich – um mit Michael Markel zu argumentieren – aus dem Nexus von „Norm und Norm-abweichung bzw. Normpräsenz und Normabsenz"[9]. Die Konzentration auf den Laut, manchmal in den Anagrammgedichten auf den Buchstaben oder in Palindromgedichten auf das ganze Wort, vermag einerseits semantische Freiheit, aber auch Anarchie auszulösen, denn damit ist eine Lust an der Be-freiung von den Tentakeln der Grammatik, von den üblichen Zwängen der Konnotation und der Sinn-Wahrnehmung verbunden. Die benutzen Ver-fahren, das Aufspalten der Worte, die Permutationen und Silbenverdre-hungen, die Kalauer und die Sprachspiele, das krimgotische Privatidiom sind aber nicht allein in einem einzigen Band anzutreffen, sie tauchen, gleichfalls getarnt, in allen größeren Projekten des Lyrikers auf.

> Mit den Projekten, ihren Schreibverfahren, ja mit ihrem Namen haben sich gewisse poeti-sche Umgangsformen, Fertigkeiten, Fähigkeiten herausgebildet, die, nicht bloß abrufbar, sondern eigentätig weiterwirkend auch in späteren Projekten dann immer wieder mitmi-schen.[10]

Das mag auch ein Grund sein, weshalb Pastior nicht für das breite Publikum schreibt, da seine sprachlichen Verfahren teils auf Zufall, teils auf bewussten methodischen Eingriffen beruhen. Deshalb werden seine Methoden auch als „Werkzeuge der Tüftelei"[11] etikettiert. Sie stören die Gewohnheiten des Ver-stehens. Pastior durchbricht die traditionelle Syntax, um der Automati-sierung des Lesevorgangs entgegenzuwirken, er benutzt die Techniken der Inversion, Permutation, Wiederholung und Fragmentierung, dabei geht es ihm um die Dekonstruktion der konventionellen Sprachstruktur. Durch die entstehende Irritation soll der Blick auf das sprachliche Zeichen gelenkt werden, auf die Anschauung des Sprachmaterials. Georg Aescht spricht vom „Reiz der Verweigerung"[12], dem sich stets entziehenden Verständnis aus den Texten des Lyrikers, auf welche der Wörtlichnehmer selbst zu sprechen kommt, wenn er sich über die Unkenntnis des Lesers freut: „Es ist auch ein

---

6   Pastior, Das Unding an sich (Anm. 2), S. 72.
7   Ebenda, S. 63.
8   Ebenda, S. 92.
9   Michael Markel: „Wieder so ein Ding wie Buch". Oskar Pastiors neuer Gedichtband – die ganze Bandbreite seiner Schreibweisen in mustergültigen Texten. In: *Südostdeutsche Vierteljahresblätter* 47(1998), H. 4, S. 334–338, hier S. 335.
10 Pastior, Das Unding an sich (Anm. 2), S. 40.
11 Jürgen Koepp: „Ta titi ta titi ta ta oder Die Werkzeuge der Tüftelei". In: *Delfin* 4(1986), H. 1, S. 48–54, hier S. 48.
12 Georg Aescht: Oskar Pastior: Eine kleine Kunstmaschine. 34 Sestinen, Das Unding an sich. Frank-furter Vorlesungen. In: *Südostdeutsche Vierteljahresblätter* 44(1995), H. 3, S. 270–271, hier S. 270.

Spiel mit der Unwissenheit der Leser/Zuhörer. Dass ich mich natürlich freue, wenn jemand staunt, und ich weiß genau, was es ist, und er weiß es nicht ...".[13]

Die Auszeichnungen, die Pastior erhalten hat, sind der Beweis, dass es ihm gelungen ist, sich mit einer literarischen Produktion durchzusetzen, die nicht auf das große Publikum zielt; denn bei Pastior ist nicht die Botschaft, sondern die Sprache die Hauptperson, und mit dieser experimentiert er. „Pastior" hat er selbst einmal das artifizielle Misch-Idiom genannt, das viele seiner Texte charakterisiert: „Was spreche ich? Klipp und klar pastior"[14]. Oder wie Michael Lentz dieses Idiom treffend benennt: „Pastiorphonie."[15] Poesie ist bei ihm Technik, Machart, das scheinbar Spontane entstammt dem Kalkül, entzieht sich den vereinseitigenden „Übungen" der Dadaisten. Auch in den Anagrammgedichten, bei denen der Zufall eine Rolle spielt, gesteht der Lyriker im Nachhinein, hellhörig gewesen zu sein für Wortbedeutungen.

Dieses Privatidiom, welches Elemente aus seiner Sprachbiografie, dem Krimgotischen[16], enthält, ist in seinem Effekt eine Mixtur aus Leichtigkeit und Witz einerseits, Ernst und Strenge des quasi in naturwissenschaftlicher Systematik angelegten Sprachexperiments andererseits. Verwiesen sei dabei auf die Holografie, welche Pastior in vielen poetologischen Äußerungen berücksichtigt. Der Dichter, der sich im „populärwissenschaftlichen Zeitalter" verortet, mischt Termini aus der Biogenetik, Neurologie, Experimentalphysik und adaptiert sie metaphorisch. Er spricht von „Holographie", „einen Text so zu machen, dass jeder Teil das Ganze enthält"[17], er gebraucht die Begriffe „Biofunker", „Ribonukleinsäure", „Rebus-Klon", verwendet „Metaphern aus dem Bereich der Biochemie und der Atomphysik".[18] Dabei läuft er ostentativ gegen die Logik und die Grammatik/Semantik an.

Das Kriterium des „Gelingens" der Pastior'schen Arbeiten – der Dichter nennt sie „Projekte" – ist für ihn das Ohr, die Stimme. „Was ist Text ohne die Neugier eines Ohres."[19] Hinter solcher Akzentuierung der akustischen Dimension steht der Gedanke einer Privilegierung der Stimme gegenüber der

[13]   Lentz, Interview mit Oskar Pastior (Anm. 5), S. 1091.

[14]   Oskar Pastior: Und nimmt Sinn und gibt Sinn. Aus der Werkstatt der Nämlichkeit. In: *Schreibheft* 17(1993), Nr. 41, S. 148–154, hier S. 150 und 151.

[15]   Michael Lentz: Pastiorphonie. Für einen Bricoleur zum Fünfundsiebzigsten. In: *Sprache im technischen Zeitalter* 40(2002), H. 164, S. 454–470, hier S. 456.

[16]   Das „Krimgotische" ist als das Privatidiom des Dichters zu verstehen: „Die siebenbürgischsächsische Mundart der Großeltern; das leicht archaische Neuhochdeutsch der Eltern; das Rumänisch der Straße und der Behörden; ein bissel Ungarisch; primitives Lagerrussisch; Reste von Schullatein, Pharma-Griechisch, Uni-Mittel- und Althochdeutsch; angelesenes Französisch, Englisch [...], alles vor einem mittleren indo-europäischen Ohr". In: Oskar Pastior: Jalousien aufgemacht. Ein Lesebuch. Hrsg. von Klaus Ramm. München, Wien 1987, S. 34f.

[17]   Ebenda, S. 7.

[18]   Jacques Lajarrige: Oulipotische Schreibregel als Kontinuitätsfaktor in der Lyrik Oskar Pastiors. In: Vom Gedicht zum Zyklus. Vom Zyklus zum Werk. Strategien der Kontinuität in der modernen und zeitgenössischen Lyrik. Hrsg. von J. L. Innsbruck, Wien, München 2000, S. 285–307, hier S. 303.

[19]   Oskar Pastior: Dankesrede. In: *Akzente*, 39(1991), H. 1, S. 87–94, hier S. 89.

Schrift, eine mit Jandls Auffassungen kompatible Sicht aus dem poetologischen Band *Das Öffnen und Schließen des Mundes*:

> Das Gedicht sagt etwas, und es stellt es zugleich hörbar und sichtbar dar. Es bedarf also
> eines hörbaren und sichtbaren Sprechers, und es bedarf eines Publikums. Auf Videoband
> bekommt jeder es ebenfalls komplett; auf Schallplatte nur noch einen Teil davon; noch
> viel weniger auf der Buchseite.[20]

Das Hören der Texte ist auch die eigentlich intendierte Rezeptionsform; deshalb wurden einige seiner Bücher vom Urs Engeler Verlag mit einer CD
ausgestattet. Auch die Titel seiner Werke wenden sich explizit dem Bereich
der Akustik zu. So ist es der Fall mit *Höricht, Lesungen mit Tinnitus, Das
Hören des Genitivs*, die auf die akustische Dimension in seinen Texten verweisen, auf „den Sprachklang."[21] Die phonetischen Überbleibsel, die Pastior
gebraucht, vollziehen im Moment ihrer stimmlichen Realisation eine Bewegung hin zur Sinnwerdung, denn aufgrund der klanglichen Nähe zu semantischen Einheiten vermag sich ein aufleuchtendes Verstehen aufbauen. Es ist
immer die sinnlich wahrnehmbare Seite der Sprache, von der Pastior aus-
geht, die Klangbestimmtheiten der Wörter und das Ohr sind die Ausgangs-
punkte seiner Vorgehensweise.
Martin Maurach hat darauf hingewiesen, dass die Pastior'schen Texte an der
Grenze zwischen Akustik und Optik, „zwischen metrischen, mit dem Ohr
geschaffenen Regeln und grafischen Formen"[22] situiert werden können:

> Metrisch oder lautlich bestimmte Formen wie Sonettform, Buchstabenanagramm und
> ‚krimgotisches' Lautgedicht erscheinen einerseits als Ganzes oder zumindest teilweise vi-
> sualisiert. Andererseits kann aber zwischen Einzelnem und Ganzem nie ein hierarchisches
> Verhältnis erzeugt werden. Von einem zum anderen gleiten Augen und Ohr sozusagen in
> der endlosen Bewegung einer Aufmerksamkeitsfokussierung, die nie für länger ‚scharf'
> werden kann.[23]

Die Präsentation des materiellen Aspekts der Sprachzeichen und die Übertragung eines ästhetischen Modells der bildenden Kunst auf die Dichtung
führen dazu, dass das Gedicht zum visuellen Kunstwerk wird und somit auch
zum Reflexionsgegenstand der visuellen Kunst. Das lettristische Gedicht aus
dem Band *Gedichtgedichte* –

---

[20] Ernst Jandl: Das Öffnen und Schließen des Mundes. Frankfurter Poetikvorlesungen. Darmstadt 1985,
      S. 6.
[21] Klaus Ramm: Zehrt das Ohr vom Ohr das zehrt. Ein Radioessay über die verschlungene Akustik in
      der Poesie Oskar Pastiors. In: Vergangene Gegenwart – Gegenwärtige Vergangenheit. Studien, Po-
      lemiken und Laudationes zur deutschsprachigen Literatur 1960–1994. Hrsg. von Jörg Drews. Biele-
      feld 1994, S. 73–95, hier S. 77.
[22] Martin Maurach: Von Schlaufen und Tischbeinen. Pastiors Texte als „visuelle Poesie". In: Materiali-
      tät und Medialität von Schrift. Hrsg. von Erika Greber, Konrad Ehlich und Jan-Dirk Müller. Bielefeld
      2002, S. 183–191, hier S. 183.
[23] Ebenda, S. 183.

In der ersten zeile steht ein A und noch ein A es sind die beiden A der ersten Zeile
in der zweiten zeile steht ein A und noch ein A es sind die beiden A der zweiten zeile
aber untereinander vertauscht in der dritten zeile steht ein A und noch ein A
es sind nicht mehr die beiden A der ersten zeile sondern die beiden A der vierten zeile[24]

– hat nichts mehr mit Sinn zu tun, es nähert sich den Buchstabengedichten eines Gerhard Rühm oder Ernst Jandl. Das Gedruckte dient als Gestaltungsmittel, Laute und Buchstaben beginnen ein Eigenleben zu führen, Poesie und Grafik begegnen sich im visuellen Gedicht. Bereits Mallarmé hatte in *Coup de dès* versucht, die Bewegung des Textes durch eine der Typografie zu verstärken, indem er die verschiedenen Wortgruppen an verschiedenen Punkten der Druckfläche platzierte. Diese Versuche wurden unter anderem von Kurt Schwitters im *i-Gedicht* fortgeführt. Max Faust sieht darin eine „Bewegung der Literatur hin zum Visuellen" und spricht von einer „Ikonisierung der Sprache [...]; sprachliche Elemente vom Buchstaben über das Wort bis zum Text, aber auch Satzzeichen und typografische Zeichen werden entweder mit ihrer bildhaften Qualität vorgeführt oder zu visuellen Bedeutungsträgern montiert"[25].

Die Vorliebe des Lyrikers für Zeichnungen konnte man spätestens im Band *An die neue Aubergine* entdecken. Darin sind vielfältige Zeichnungen aufgenommen, die surrealistische Szenarien enthalten, die an den Stil Picassos oder René Magrittes erinnern bzw. die minimalistische Technik eines Pieter Cornelis Mondrian bevorzugen. Drei Gedichtbände Pastors bestehen zur Hälfte aus Zeichnungen. Es handelt sich um Gelegenheitszeichnungen, die einen biografischen Querschnitt ergeben. Auf das Modeheft des Oskar Pastior, aus der I A Klasse des Schuljahres 1934/35 (1987 bei Renner erschienen), folgen die bebilderten Gedichtprojekte *An die neue Aubergine*, *Der krimgotische Fächer*, die *Sonetburger* und schließlich *Römischer Zeichenblock*. Pastior legte die Buchstaben weg und dichtete in Ideogrammen. Viele Zeichnungen stellen eine Variation zum Thema Strich dar, welcher zur ausfigurierten Zeile wird.

Im Material Strich leben sie die Versöhnung und den Konflikt des Gegensätzlichen vor [...] Wie dabei der Sprache ihre Konvention weggestohlen wird, so dem bildnerischen Medium. Es wird reduziert auf seine minimalste Zeichenfunktion als gerade noch Unterscheidendes. Mit diakritischen Zeichen wird gedichtet und dekuvriert.[26]

Damit wird wiederum auf die Rolle des Visuellen in der Dichtung Pastors

[24] Oskar Pastior: „Jetzt kann man schreiben was man will". München, Wien 2003, S. 12.
[25] Wolfgang Max Faust: Bilder werden Worte. Zum Verhältnis von bildender Kunst und Literatur vom Kubismus bis zur Gegenwart. Köln 1987, S. 10.
[26] Wolfgang Rath: Wo der große Wosinn in den kleinen Wahnsinn. Zu Ideogrammen und Texten von Oskar Pastior. In: *Sprache im technischen Zeitalter*, 27(1989), S. 179–187, hier S. 185.

hingewiesen. Helmut Heißenbüttel betonte bereits 1966 die Rolle von Punkt, Linie, Fläche in der Malerei des 20. Jahrhunderts:

> Als das Konkrete eines Bildes wird danach nicht angesehen, was ein Bild an konkreter Erscheinung abbildet, sondern das, was die Eigengesetzlichkeit des Bildes ausmacht. Das aber sind nach Mondrian und dem Stijl die geometrischen Einteilungsprinzipien der Bildfläche und die Verhältniswerte der in die Felder eingetragenen Grundfarben schwarz, weiß, rot, gelb, blau [...], die Reduzierung der Bildelemente auf Punkt, Linie, Fläche.[27]

Pastors Gedichte wenden sich dem Visuellen wie dem Akustischen zu – „man muss mit dem Ohr lesen"[28] –, bedeuten aber nichts für den Buchstabenleser. Bei der Erschließung des Sinns sollen sich im Fall seiner Texte die Sinne ergänzen, das Auge soll sich zum Ohr gesellen. Es ist nicht immer der Sinngehalt der Zeilen, an den sich Pastior klammert, denn er macht keine Konzessionen bei seinen Sprachexperimenten. Schon die Überschriften seiner Bände sperren sich gegen konventionelle Lesererwartungen, so dass man mit den Mitteln der Logik in der Analyse nicht vorankommt. Deswegen setzt der Lyriker aus Siebenbürgen auf das Verständnisvermögen des Lesers, Deutungskonzeptionen herauszuarbeiten, aktiv an der Konstituierung des Sinnbildes zu partizipieren. Er plädiert für einen aufmerksamen, sich Zeit lassenden Leser, „denn gegen Unbestimmtheiten lesen wir zu schnell"[29], einen Leser, welcher die Verschiebungsbewegungen nachvollzieht und weiterdenkt, welcher dem diskursiven Spiel mit Bedeutungs- und Sinnebenen auf die Spur kommt. Die „Unlesbarkeit" vieler seiner Gedichte stellt aber auch einen Protest gegen naive Lesbarkeitswünsche dar, insistiert wird auf dem Recht zu kombinatorischer Freiheit im Umgang mit Zeichen. Der Text wird organisiert als „Manifest der Un-Ordnung oder der Um-Ordnung"[30].

Deswegen verstehe ich die Arbeit am Pastior'schen Text als ständigen Prozess der Weiterführung von Bedeutungsbewegungen, denn „du hörst etwas was ich nicht hör."[31] In Abhängigkeit von der Sprach- und Lesebiografie des Rezipierenden entwickelt sich der Sinn, kann das Verstehen konstituiert werden, denn „Text hat weniger Text als zusammen mit einem Leser."[32] „Lesen eines Gedichtes" – so Czernin – „heißt verschiedene Arten von Verstehen durchzulaufen oder sogar zu erzeugen."[33]

Sinnverweigerung und Sinnwucherung werden auf der Textebene durch

---

[27] Helmut Heißenbüttel: Über Literatur. Olten 1966, S. 71.
[28] Lentz, Pastiorphonie (Anm. 15), S. 470.
[29] Oskar Pastior: Kopfnuss Januskopf. Gedichte in Palindromen. München, Wien 1990, S. 9.
[30] Monika Schmitz-Emans: Die Sprache der modernen Dichtung. München 1997, S. 216.
[31] Pastior, „Jetzt kann man schreiben was man will" (Anm. 24), S. 111.
[32] Pastior, Das Unding an sich (Anm. 2), S. 107.
[33] Franz Josef Czernin, Sebastian Kiefer: Sprache, Musik und Tradition. Ein Gespräch. In: *Akzente* 51(2004), H. 4, S. 342–354, hier S. 343.

„Spielregel" und „Einschränkung"[34] erzeugt. Das Spiel wird zum poetologischen Kanon, gerinnt zur Textgenese, die Schreibregel wird zur Spielregel: „Spiel mir das Lied vom Topos Spielraum unter Tausend, Oulipo."[35] Sprache ist für den Wörtlichnehmer Pastior Spiel, sie erlaubt das Verbergen von Bedeutungen, das Tarnen des semantischen Aussagewertes. Mit angelesenem Wortzitat wird auch spielerisch umgegangen, der Dichter erlaubt sich Einverleibungen, spielerische Abschweifungen. Im Gegensatz dazu verschreibt sich Pastior als Oulipot der strengen Regel, pocht auf die Regeleinhaltung in den Anagrammen, Sonetten, Sestinen, Vokalisen – im Unterschied zur Gattungsvermischung der konkreten Poeten –, auf die Einschränkungen der „contraintes". Pastior arbeitet in der Werkstatt für potenzielle Literatur, Oulipo, einer Werkstatt der Sprache, bei der vordergründig das Programm der Regel, der „contraintes" dominiert. Oskar Pastior war das einzige deutschsprachige Mitglied der französischen Autorengruppe OULIPO, der Werkstatt für potenzielle Literatur. Sein umfangreiches literarisches Werk steht ganz im Zeichen der „contrainte", d. h. der produktiven Einschränkung, die das Herzstück der oulipotischen Poetik bildet.

Der Dichter Oskar Pastior verteidigt schreibend die Freiheit, so der Titel seiner Werkausgabe *Jetzt darf man schreiben was man will*, und misstraut den herkömmlichen Ismen. Er bevorzugt die Freiheit des Spiels, des Sprachspiels, der Literatur, der autonomen Kunst und findet Festlegungen auf ideologische oder ästhetische Regeln übertrieben, Konventionen und Normen gefährlich.[36] Es ist die Freiheit, anzukämpfen gegen „diese binäre, bipolare Art des Denkens und Sprechens – aus der wir nicht herauskönnen"[37], um sich im Zuge einer „lustvollen Destruktion"[38] ästhetische Freiräume zu erkämpfen. Es ist auch die künstlerische Freiheit, Kategorien wie Autorschaft und Originalität zu ignorieren und in seinen Kontaminationsversuchen nur die oulipotischen Regeln der „contrainte" wirken zu lassen. Erwähnt sei dabei das Gedicht *lebende bilder am wandschirm* aus dem Band *Das Hören des Genitivs*, welches eine „Oberflächenphantasmagorie [...] bei der Lektüre des Paradestücks von Hugo Balls"[39] dadaistischem Lautgedicht *Karawane* darstellt. Aus Balls Zeilen „ü üü ü/ wulubu ssubudu uluw aaubudu/ tumba ba- umf/ kusagauma/ ba-umf" entsteht im Pastior'schen Text „ü üü ü/ [...] in wollenem schweißfell unterm fellschweiß/ fallen sie um/ deinen gaumen küssend/ den

---

34 Oskar Pastior: Vom Umgang in Texten. Wiener Vorlesungen zur Literatur. In: *manuskripte* 35(1995), H. 1228, S. 20–109, hier S. 22.
35 Pastior, Das Unding an sich (Anm. 2), S. 118.
36 Vgl. Horst Schuller: Im freien Spiel mit vielen Sprachen. Laudatio auf den Dichter Oskar Pastior zur Verleihung des Ehrendoktor-Titels der Lucian-Blaga-Universität Hermannstadt. In: *Hermannstädter Zeitung*, 3. März 2001, S. 5.
37 Pastior, Jalousien aufgemacht (Anm. 16), S. 87.
38 Ramm, Zehrt das Ohr (Anm. 21), S. 83.
39 Oskar Pastior: Das Hören des Genitivs. München, Wien 1997, S. 135.

nabel am rumpf."[40] Schmitz-Emans spricht vom abwesenden Autor mit Blick auf die konkrete Poesie, denn der Autor trete hinter den Worten zurück, „die Wörter [sind] nicht mehr seine Ausdrucksvehikel, sprechen nicht von ihm, nicht über ihn, sondern entfalten ihren Eigensinn."[41]

Als Wörtlichnehmer bedient sich Pastior einer Methode, welche die Avantgarde und Neoavantgarde häufig eingesetzt haben: das Aufsplittern der Worte, die Arbeit mit Worttrümmern, das Sezieren aus dem alten Sinnzusammenhang und das Neumontieren, wobei neue, unerahnte Sinnkombinationen entstehen. Es ist eine experimentelle Arbeitsmethode, welche mit Ausgeschnittenem, mit dem Fragment, den Wortsplittern hantiert. Es ist so, wie es Thomas Bernhard im *Alten Meister* treffend formuliert, wobei er auf das Fragmentarische der Moderne verweist:

> Die höchste Lust haben wir ja an den Fragmenten, wie wir am Leben ja auch dann die höchste Lust empfinden, wenn wir es als Fragment betrachten, und wie grauenhaft ist uns das Ganze und ist uns im Grunde das fertige Vollkommene.[42]

Der Band *Lesungen mit Tinnitus* sperrt sich schon von der Überschrift her einem eindeutigen Verstehen, die Mittel der Logik helfen einem nicht weiter auf dem Wege der Sinndechiffrierung. Der Band enthält Neupublikationen, aber auch Gedichte, die zum Teil schon veröffentlicht worden waren. Im Unterschied zu den großen Projekten des Lyrikers, die nach Textsorten geordnet sind, so Sonette, Anagramme, Sestinen, Palindrome, bündelt dieser Band einen Teil der Bandbreite Pastior'scher Schreibweise. Spiel und Intertextualität werden eingesetzt, um dann überraschende Formulierungen aufzubauen: „es in die länge war am anfang/ das ledig wörtliche zieht es/ in faust und wenigkeit höher."[43]

Von einem nichtavantgardistischen Standpunkt aus erscheint es wenig Gewinn bringend, sich an die Texte Pastiors heranzuwagen. Denn der Lyriker aus der Gilde der Wörtlichnehmer betreibt semantische Anarchie, bei der aber trotz des sperrigen Rahmens wunderbare Sprachbewegungen zustande kommen. Er lauscht neugierig nach dem versteckten Sinn in Worten und Sätzen, spielt durch Silbenprellen und Silbenschmettern mit der Sprache, weicht übliche Formen des Sprechens auf, um überraschende Effekte zu erzielen. So das als *11* betitelte Gedicht aus dem Band *Lesungen mit Tinnitus*, in welchem der „selbstgenügsam vor sich hin experimentierende Denkbildner und Wortingenieur"[44] mit der Sprache spielt, denn „die Sprache generiert

---

[40]   Ebenda, S. 93.
[41]   Schmitz-Emans, Die Sprache der modernen Dichtung (Anm. 30), S. 193.
[42]   Thomas Bernhard: Alte Meister. Frankfurt a. M. 1988, S. 41.
[43]   Oskar Pastior: Lesungen mit Tinnitus. Gedichte 1980–1985. München, Wien 1986, S. 71.
[44]   Johann Hieber: Der gemeine Sinn, die gemeine Sense. Über Oskar Pastiors Lesebuch Jalousien aufgemacht. In: J. H. Wörterhelden, Landvermesser. Aufsätze und Kritiken. Frankfurt a. M. 1994, S. 172–178, hier S. 172.

aus Einerseits ihr Andernteils"[45]:

    a) fettauge
    gebenfinden
    zuckenmuckter
    derbflöge
    lärmelarm
    wörringenpösen
    verkommengrüm
    ismis-leokardäne

    b) fettauge
    denkbarkeitel
    binbilds unfluh
    gaubömbö
    klaure sause
    lichentürmen
    hinwendungsgröbe
    bidminger

    c) fettauge
    hammerclavir
    sättigensuchen
    an gaxir statt
    soloturner atzhaar
    brekentönen
    zia buntur
    eiger ferf [46]

Pastiors Spielregeln beruhen hier auf der Assoziation gewisser Verben mit „Infinitivpüree"[47], aufgrund von Reimprinzipien neu entstandener Wörter, Silbenaustausch, Verdopplung des Basiswortes, Permutierung einzelner Buchstaben, unsinnigen Assoziationen, wobei sich „verschiedenartigste Wörter in neuen Kombinationen begatten"[48]. Wort-Silben oder Phonemper-mutationen, oder aber eine Kette von sinnlosen Worten („ismis leokardäne"), die Pastior mit Vorliebe auch in den Anagrammgedichten eingesetzt hatte, werden ebenfalls verwendet und wirken „wirr und gar nicht so irr in der Geographie scheinbarer Dinge."[49] Diese Art von Dichtung brüskiert das In-terpretationsbedürfnis des Lesers, spielt mit Sinnerwartungen und wirft da-

---

[45] Pastior, Das Unding an sich (Anm. 2), S. 16.
[46] Pastior, Lesungen mit Tinnitus (Anm. 43), S. 92.
[47] Ebenda, S. 124.
[48] Alfred Liede: Dichtung als Spiel. Studien zur Unsinnspoesie an den Grenzen der Sprache. 2. Aufl. Berlin, New York 1992, S. 129.
[49] Pastior, Das Unding an sich (Anm. 2), S. 37.

mit die fundamentale Frage nach deren Berechtigung auf.

Die semantische Funktion kann von der Sprache nicht losgelöst werden, wie es die Theoretiker der konkreten Poesie, Franz Mon und S. J. Schmidt, unterstrichen haben. Für beide ist konkrete Poesie nicht der Versuch, Sprache von Bedeutung zu befreien, sondern, durch eine Gleichbetonung des semantischen wie des materialen Charakters von Sprache neue, nicht klischeehaft erstarrte Bedeutungsweisen zu erlangen. Reduktion oder gar Abschaffung von Bedeutung sind nicht Zweck der Experimentellen gewesen, sondern kalkulierte Strategie, um neue Bedeutungsmöglichkeiten zu erschaffen, die im alltäglichen Sprachgebrauch verkrustete Sprache überhaupt wieder kommunikationsfähig zu machen. Schon diese Argumentation reicht, um den Verdacht zu widerlegen, experimentelle Literatur opfere die Thematik der Faszination des Verfahrens. Darin besteht die Besonderheit konkreter Poesie, dass die Bedeutung nicht primär vom Autor in den Text hineingelegt wird, sondern im Betrachter entsteht durch den unausweichlichen Zwang, sich in den Strukturen von Sprache und Bedeutung zu orientieren. Schmitz-Emans beurteilt die konkrete Poesie, das Lautgedicht, „als eine Spielart des so genannten literarischen Nonsense". Letzterer „stellt das Prinzip Interpretation (bzw. literarische Kommunikation) zwar in Frage, verhält sich eben darum gegenüber diesem aber keineswegs indifferent."[50]

Pastiors avantgardistische Destruktionsarbeit, die beim Zerstückeln und Verfremden beginnt, basiert auf poetischem Kannibalismus, auf „Zerstückelung und Verzehr"[51]. Dieses Vorgehen wird evident, wenn man das Hörspiel *Mordnilapsuspalindrom*, die deformierten Sprichwörter („den Tag nicht durch Arbeit entweihen")[52] im Auge hat; ebenso die Intertextualität in Aussagen wie: „wer anderswo sein Gewissen ist rein aber nicht sein reines Gewissen hat als über Gütersloh der hebe es ab als erster zu stoßen"[53], oder das Eingreifen im Wort „o herm o eter"[54] bzw. das anagrammatische Zerteilen und Zergliedern . „Anagrammstrukturen als eine latente, dem Text bewusst oder unbewusst eingeschriebene zweite Wortschicht ‚Wörter unter Wörtern'"[55], „als Verfahren zum Verbergen eines Worts oder meist eines Namens innerhalb und außerhalb von Texten"[56] werden vom Wörtlichnehmer bevorzugt und sind „aus dem Buchstabenfleisch von Johann Peter Hebel geschnitten". Zergliederung und Zerstückelung sind gleichfalls die Techniken der Oulipoten, wenn sie neue Texte kreieren.

---

[50] Schmitz-Emans, Die Sprache der modernen Dichtung (Anm. 30), S. 131.

[51] Erika Greber: Textile Texte. Poetologische Metaphorik und Literaturtheorie. Studien zur Tradition des Wortflechtens und der Kombinatorik. Weimar, Wien 2002, S. 177.

[52] Pastior, Jalousien aufgemacht (Anm. 16), S. 63.

[53] Ebenda, S. 65.

[54] Ebenda, S. 67.

[55] Greber, Textile Texte (Anm. 51), S. 170.

[56] Ebenda, S. 170.

Der Schnitt oder Riss, der das einzelne Wort aus einem einstigen Kontext heraustrennt, wäre demnach Anlass zur Irritation, aber auch Ursprung und Bedingungsgrund des Poetischen. Dichtung wird zur Herstellung und Exponierung von Bruchkanten, mit denen sich der Rezipient auseinandersetzen muss, indem er das Zerrissene zusammenfügt oder weiter segmentiert, sei es lustvoll, sei es verzweifelt.[57]

Kombinatorische Reflexionsexzesse, schrankenlose Analogielust des Lyrikers treten auch im *fettauge*-Gedicht zum Vorschein. Geografische Bezeichnungen, welchen der Leser in den Anagrammen begegnete, werden ins Textgewebe eingeschleust und zeugen von der Verfügbarkeit des Dichters über alles und jeden. So „Wörringenpösen", in dem einerseits eine Anspielung auf den Stadtteil von Köln, „Wörringen", liegt, andererseits aber auch auf die Grenzmark „Posen-Westpreußen" hingewiesen wird. Sie demonstrieren „in unterschiedlichsten Verfahren, dass Pastiors Regelbrüche weder Aberwitz noch schiere Willkür darstellen, sondern genau kalkulierter künstlerischer Intention dienen"[58].

Das auf den ersten Blick absurd klingende Gedicht ist „ein Reihungsmuster, eine Auflistung bekannter und weniger bekannter Wörter und Namen und hat ein einziges Prädikat. Sieht man näher hin, d. h. hört man leibhaftig, wird die Liste zu einem recht wusligen, hin- und her tätigen Pilzgeflecht – ein „Myzel oder Scharmützel"[59], welches sich auf das Sattwerden und die Ernährung bezieht. Des Öfteren greift Oskar Pastior auf eine Poetik der Liste zurück, denn: „Jeder gute Text ist eine Liste", und „das nimmersatte Universum einer Liste ist zwar endlich, überschaubar, aber doch wieder chaotisch"[60]. Erinnert sei daran, dass Pastior die Transformation der Sprache im Sinne der Lebensmittelwerdung – „Speise als Sprachwerdung"[61] – in vielen anderen Gedichtbänden betrieben hatte. *Fleischeslust*, *Mordnilapsus-palindrom*, denn „insgesamt zehren Vor-, Haupt- und Nachspeise vom nominal-agglutinierenden Wortschatz und sind dem oralen Stil zuzuordnen. Sie dienen der Unterhaltung des Wissens"[62].

Durch die in der experimentellen Lyrik betriebene „Rückführung und Rückbesinnung der Sprache auf sich selbst"[63] wird diese ihrer Mitteilungsfunktion enthoben, das Wort verliert seinen kommunikativen Sinn. „Die Poesie heute" – notiert Mon –

reflektiert die eigentümliche Bedingtheit der Sprache, des Sprechens selbst. Sprache soll

---

[57] Schmitz-Emans, Die Sprache der modernen Dichtung (Anm. 30), S. 215.
[58] Markel, „Wieder so ein Ding wie Buch" (Anm. 9), S. 336.
[59] Pastior, Das Unding an sich (Anm. 2), S. 37.
[60] Ebenda, S. 270.
[61] Ebenda, S. 28.
[62] Ebenda, S. 29.
[63] Karin Krautschick: Von den Anfängen der sprachkritischen Moderne zu aktuellen Schreibstrategien sprachexperimentell arbeitender Autoren. Tendenzen der experimentellen Poesie untersucht am Werk des österreichischen Autors Hansjörg Zauner. Diss. Leipzig 1993, S. 7.

sich zu sich selbst verhalten und dabei ihren Zeichenkörper – Laut, Silben, Wörter, Satzformen usw. – hervortreten, Material werden lassen und dabei möglicherweise Sinnhinsichten erschließen, die anders nicht erreichbar sind, da sie nicht in den konventionellen Bedeutungs- und Sinnschemata erfasst sind.[64]

Das Gedicht *fettauge* produziert Sinnrudimente, Anspielungen, aber keinen konkreten Zusammenhang. Eine sinnvolle Interpretation scheint schon deshalb nicht möglich, weil in der bewussten semantischen Kollision die Worte ihre Mitteilungsfunktion verlieren. Durch das Aufbrechen gewohnter syntaktischer und semantischer Strukturen, durch das Sezieren der Sprache bleibt das Verständnis auf der Strecke. Die technischen Verfahren können zwar identifiziert, die neu erschaffenen Wörter in andere zerlegt werden, diese gedeutet, aber Assoziationsstränge zwischen ihnen lassen sich schwer aufstellen. „Ziel des Schreibverfahrens ist es nicht primär, das Zustandekommen einer auf Anhieb dechiffrierbaren Bedeutung zu erreichen"[65], was jedoch nicht ausschließt, dass über die Lücken im Kommunikationsprozess Bedeutungsspuren generiert werden können. Unverfänglich gibt ein Gedicht aus diesem Band den Ansatz des poeta doctus preis: „Sukzessiv/ bäckt und braut Jemand/ gegen die Leserichtung/mit der gerechnet wird."[66]

Aus der Perspektive der experimentellen Poesie, der historischen Avantgarde stellt das Gedicht ein Sprach-Spiel dar, insofern der Dichter die Regeln der Sprache aufgreift und neue aufstellt, welche die Rezeption in eine gewisse Richtung lenken, jedoch diese nicht festlegen. Der Dichter ist „der kenner der spiel- und sprachregeln, der erfinder neuer formeln."[67] Der Leser bearbeitet aktiv das Gedicht, nimmt Regeln auf und erweitert diese, um das „Aufhören im Wort"[68] zu vollenden, denn das Gedicht ist nur dann abgeschlossen, wenn der Rezipient die linguistischen Zeichen in seinen eigenen Interpretationshorizont einsetzt. Gemäß Ecos Poetik des offenen Kunstwerks erfordert jedes Werk die freie und schöpferische Antwort des Rezipierenden. Deswegen ist in den Pastior'schen Gedichten hinter dem anfänglichen Nicht-Verstehen immer ein Bedeutungskern aufzufinden. Der Dekodierungsprozess ist in der experimentellen Lyrik an den Einsatz des Lesers gebunden. Mit Sprache und an der Sprache bastelnde Künstler betreiben einen Desemantisierungsprozess, bei dem es des Lesers als Mitdenker bedarf, welcher den Semantisierungsprozess nachvollziehen soll. Darauf spielt der Lyriker in seinen poetologischen Schriften des Öfteren an, wenn er den „Unsinn" iden-

---

[64] Zit. nach: Klaus Schuhmann: Weltbild und Poetik. Zur Wirklichkeitsdarstellung in der Lyrik der BRD bis zur Mitte der 70er Jahre. Berlin, Weimar 1979, S. 237.
[65] Lajarrige, Oulipotische Schreibregel (Anm. 18), S. 287.
[66] Pastior, Lesungen mit Tinnitus (Anm. 43), S. 130.
[67] Eugen Gomringer: worte sind schatten, die konstellationen 1951–1968. Hrsg. von Helmut Heißenbüttel. Reinbek bei Hamburg 1969, S. 280.
[68] Pastior, „Jetzt kann man schreiben was man will" (Anm. 24), S. 161.

tifiziert, „Text auf ein Sinnkonstrukt zu reduzieren"[69], wenn er, wie die Surrealisten und Dadaisten, das Primat der Fantasie im Text zulässt:

> Sein und nicht Sein, deswegen der Text, Unding an sich, konsequenter Weise Text, in dem nicht unbedingt folgt, was wörtlich wäre [...] und nimmt sinn und gibt sinn, und nimmt sinn und gibt sinn; denn sinn gibt, was auch sinn nimmt und sinn gibt, was auch sinn nimmt.[70]

Der Leseakt kehrt nun den Herstellungsakt um, indem sich in ihm ein Aufstieg von einer bedeutungslosen Lautsequenz zu einem sinnvollen Gebilde vollzieht. Der zentrale Effekt besteht darin, dass sich die monoton voranschreitende Lautreihe an manchen Stellen bedeutungsvoll kontrahiert. Im Sinne einer sich wiederholenden Destruktion der gängigen sprachlichen Verstehungsdrähte wird der Leser zwischen zwei Einstellungen hin- und hergezerrt: Während das Einkopieren von Worten in die Phonemkette das bewusstlose Weiterartikulieren hemmt, zieht umgekehrt ein mechanisches Weitermurmeln die Aufmerksamkeit von den sich unwillkürlich einstellenden Bedeutungen ab.

Sprache wird auch in diesem Band „mit Fußtritten bedacht"[71], sie wird seziert, um im Gedicht *21* die Klage des Menschen über die unzugängliche Technik zu formulieren.

> Puten Daten Dum –
> Com Daten Puten:
> [...] Ach Caputen Daten
> Haben Ebenfalen Daten
> Ach Caputen Computen
> Haben Ebenfalen Computen [...][72]

Ernest Wichner hatte in der Laudatio auf Pastior anlässlich der Verleihung des Huchel-Preises die Übersetzung als Chiffre für die dichterische Arbeit des Lyrikers hervorgehoben. Gemeint ist nicht die Übersetzung der Sonette Petrarcas oder die Transponierung der *Winterreise* von Wilhelm Müller in eine neue Variante, sondern das „Reflektions-Spiel und [der] Zufallsweg von einem Wort, wie ‚Liebe' zur bestürzenden Formel: „Was als Gedanke in der Mitte zu wachsen anfängt", die „innersprachliche Oberflächenübersetzung mittels geringfügiger Lautverschiebung- und ersetzung: Üb'Ersetzen."[73]

---

[69] Pastior, Das Unding an sich (Anm. 2), S. 76.
[70] Ebenda, S. 8.
[71] Maurice Blanchot: Überlegungen zum Surrealismus. In: Surrealismus. Hrsg. von Peter Bürger. Darmstadt 1982, S. 37–51, hier S. 40.
[72] Pastior, Lesungen mit Tinnitus (Anm. 43), S. 31.
[73] Ernest Wichner: „Was als Gedanke in der Mitte zu wachsen anfängt ..." Laudatio auf Oskar Pastior anlässlich der Verleihung des Peter Huchel-Preises 2001. In: *Die Horen* 47(2002), H. 207, S. 97–103, hier S. 100.

Für Pastior als Meister der Verflechtung wird der Text zum Gewebe; verwiesen sei in diesem Zusammenhang auf Roland Barthes' viel zitierten Aufsatz *Die Lust am Text*:

> Text heißt Gewebe, aber während dieses Gewebe bisher immer als Produkt einen fertigen Schleier aufgefasst hat, hinter dem sich, mehr oder weniger verborgen, der Sinn (die Wahrheit) aufhält, betonen wir jetzt bei dem Gewebe die generative Vorstellung, dass der Text durch ein ständiges Flechten entsteht und sich selbst bearbeitet.[74]

Beliebte Techniken des Dichters, die Palindrome, „die Wendebuchstaben"[75], welchen der Dichter den Band *Kopfnuss Januskopf* gewidmet hat, werden im *Tinnitus* wieder aufgenommen, denn „mein Privatlabor kann ja von dem, was in ihm schon geschehen ist, nicht absehen"[76]. Im Palindrom wird die Linearität von Sprache und Zeit virtuell aufgehoben, die im linearen Diskurs unhintergehbare Irreversibilität wird im Medium der Schrift hintergehbar. Die palindromitische Reversibilität resultiert aus nichts anderem als der Materialität der Schrift.

> Als Schrift kann die immer nur vorwärts eilende Sprache aus der Diskursivität heraustreten und in verschiedene Richtungen gehen. Rückwärts laufend ist das Geschriebene nicht mehr einsinnig linear, sondern anazyklisch. Das Palindrom ist leserpermutativ und erfordert eine zweite retrograde Lektüre.[77]

Pastior unterstrich, dass „zur Hauptperson in diesen Gebilden anscheinend die Syntax [wird]. In deren Raster erscheint der Wortbestand wie zufällig, auswechselbar, das Fleisch des Textes"[78]:

> Wie soll ich nun nacheinander diese Frage in Antwort stellen oder bringen, oder kehren nur wieder die Dinge der Syntax zur Umkehr meiner, bitte, Danksagung ohne Gewähr für Angst, ohne Rücksicht auf Mangel im Nachdenken, zum Vorgang dessen, was wäre, wenn wäre, was dessen Vorgang zum Nachdenken im Mangel auf Rücksicht, ohne Angst für Gewähr, ohne Danksagung, bitte, meiner Umkehr zur Syntax der Dinge, die wieder nur kehren oder bringen oder stellen Antwort in Frage, diese, nacheinander, nun ich soll, wie?[79]

Der Lyriker stellt in den Palindromen alles in Frage, die traditionelle Grammatik, die Semantik, denn es „buhlen meine Gedichte und Texte mitsamt ihren Regelverstößen gegen das normative Denken"[80], fordert die Rezipienten

---

[74] Roland Barthes: Die Lust am Text. Frankfurt a. M. 1984, S. 94.
[75] Erika Greber: Wendebuchstaben, Wendebilder: Palindromie der Jahrtausendwende. In: Materialität und Medialität (Anm. 22), S. 131–151, hier S. 131.
[76] Pastior, Kopfnuss Januskopf (Anm. 29), S. 148.
[77] Greber, Wendebuchstaben (Anm. 75), S. 142.
[78] Pastior, Kopfnuss Januskopf (Anm. 29), S. 152.
[79] Pastior, Lesungen mit Tinnitus (Anm. 43), S. 78.
[80] Oskar Pastior: Brief an Bernhard Noel. In: *Akzente* 44(1997), H. 5, S. 444.

auf: „Folgen Sie einmal Sätzen, die nicht folgen. Folgen Sie noch einmal diesen Sätzen."[81] Es kann durchweg behauptet werden, dass Pastior diesen Text nicht schreibt, um einen Inhalt zu transportieren, sondern nur um die Entwicklung der Form, das innere Funktionieren des Gedichtes darzulegen. Seine Schreibintention hatte er in den *Jalousien* wie folgt offen gelegt: „Nicht ‚über' etwas reden, sondern einfach reden. Tun, als ob man rede. Das Reden imitieren."[82] Es stellen sich aber auch Anzeichen von lyrischer Materialermüdung ein, wenn der Lyriker den Titel des Bandes in seriellen Techniken aufrufen will. Da kommt es dann zu lyrischem Leerlauf, endlosen Wiederholungsreihen, die in einer Art Fleißübung im Gedicht *7* auftreten:

> Ein Molekül Tinnitus und ein Molekül Tinnitus ergibt ein Molekül Tinnitus. Und noch ein Molekül Tinnitus und noch ein Molekül Tinnitus ergibt noch ein Molekül Tinnitus. Aber kein weiteres Molekül Tinnitus und kein weiteres Molekül Tinnitus ergibt ein weiteres Molekül Tinnitus. Gleichwie ein Molekül Tinnitus und kein Molekül Tinnitus ein Molekül Tinnitus ergibt.[83]

Tinnitus aus dem Titel bezieht sich auf die Krankheit „Tinnitus Aurium", die als „Ohrtönen", „Ohrläuten", „Ohrklingen", als eigengeräuschliches „stetig fortdauerndes Geräusch im Innern des Ohres bei Stille"[84] definiert wird. Ohrensausen erzeugen die auf den ersten Blick absurd anmutenden Sätze Pastiors, die man auf das Sausen, auf das Rauschen der Sprache beziehen kann. Indem der Lyriker den „sprachlichen Molekularbereich"[85] auslotet, kreiert er Texte, die sich der Sinngebung dauernd zu entziehen versuchen. „Indem ich derlei Unordnungen herstelle" – gesteht der Lyriker –, „ordnen sie sich auf eine Weise, die durchaus Sinn macht – unordentlichen Sinn, mein Weggefährte, o. k."[86] Innerhalb des Bandes übernimmt es jeder einzelne Text, das Ohr dadurch zu verwirren, dass er das Wort Tinnitus oder dessen Synonyme dauernd wiederholt (Ohrensausen, Ohrenbeben, Ohrenklingen, Ohrenwurm); Wörter aus demselben Wortfeld anhäuft (Ohr, hören, Höricht). Lautmalerische Schnüre sorgen für eine unerträgliche Hintergrundmusik, die aus plätschernden, brummenden, tutenden Tönen besteht. Hinzu kommen homovokalische Reihen, wie: „Die morphe Ohrfeige frohlockt prophetisch."[87]
Der Leser wird in die Verzweiflung getrieben, denn Zuschreibungen sind durch konventionelle Logik nicht zu entschlüsseln, der Text bleibt hochgradig verwirrend und erzeugt Ohrensausen. Das Gedicht kann immer weiter gelesen werden, der Leseprozess kommt nie zum natürlichen Abschluss,

---

[81] Pastior, Das Unding an sich (Anm. 2), S. 27.
[82] Pastior, Jalousien aufgemacht (Anm. 16), S. 36.
[83] Pastior, Lesungen mit Tinnitus (Anm. 43), S. 88.
[84] Jürgen Drews: Das Rauschen der Sprache oder Pastiors neue Gedichte. In: *Lesezeichen. Zeitschrift für neue Kunst* 43(1988), Nr. 86, S. 8–11, hier S. 9.
[85] Pastior, Jalousien aufgemacht (Anm. 16), S. 11.
[86] Pastior, Und nimmt Sinn und gibt Sinn (Anm. 14), S. 152.
[87] Pastior, Lesungen mit Tinnitus (Anm. 43), S. 112.

auch die Leserichtung kann umgekehrt werden, ohne dass sich der Sinn und der infinite Charakter des Textes ändern. „Der Nicht-Sinn hat den ‚Schauplatz der Bedeutung' betreten und sich auf ihm breitgemacht", notierte Schmitz-Emans zur Sprache der modernen Dichtung, und fügte hinzu:

> jeder bedeutungsstiftende Vorgang wird begleitet von einem irreduziblen Moment an Sinnlosem, jede Deutung stößt schließlich auf etwas, das sich ihr verschließt, weil es eben nichts an ihm zu deuten gibt.[88]

„Die generelle Unsauberkeit der Sprache, diese Verschmutzung und Verschmutztheit im Hintergrundrauschen, das [...] für mich dann die Tinnitus-Metapher ergab"[89] als „Conditio sine qua non für das Eintreten des Tinnitus-Phänomens"[90] veranlasst den Dichter, die Pervertiertheit der Bedeutungen zu beklagen. Sein Versuch, Sprachfloskeln aufzubrechen, neue Bedeutungen zu „depistieren", den im Wort verborgenen Bedeutungen nachzugehen, sind so zu deuten. Pastior versucht in seiner Allergie gegen Inhalte, das Sprachgefängnis zu öffnen. Das scheint möglich nur in der spielerisch-schöpferischen Freisetzung neuer Sprachfindungen. „Ist das kunstwerk ergebnis eines spiels, dann ist es aufforderung zum spielen"[91], brachte es Oswald Wiener auf den Punkt.
Wie alle experimentell arbeitenden Dichter lotet Pastior die Materialität der Sprache aus, indem er sich „jenseits aller artistischen Metaphorizität der Worte"[92] situiert. Er bevorzugt das „entziehungsgedicht". Es „entzieht sich der beschreibung, indem es aussagt dass es sich während der beschreibung verändere ..."[93]. „Nein, es gibt keine allgemeine Grammatik – jeder Text schafft sich seine eigene"[94], gesteht Pastior, der sich dem Analogieprozess verschrieben hat und deutlich auf Defoes Robinson anspielt, indem er dessen Namen witzig verdreht.

> O Rabensohn o Rabensohn
> der krumme Hund der krumme Hund
> das Inselreich das Inselreich
> auf weiter Fluh auf weiter Fluh
> [...]

[88] Schmitz-Emans, Die Sprache der modernen Dichtung (Anm. 30), S. 107.
[89] Pastior, Das Unding an sich (Anm. 2), S. 42.
[90] Lajarrige, Oulipotische Schreibregel (Anm. 18), S. 292.
[91] Zit. nach Krautschick, Von den Anfängen der sprachkritischen Moderne (Anm. 63), S. 30.
[92] Axel Gellhaus: Fremd bin ich eingezogen ... – Notizen zu Oskar Pastior, zu seiner Gimpelschneise in die Winterreise-Texte von Wilhelm Müller und anderen Text-Phänomenen. In: Unerhört. Konkrete und visuelle Poesie. Hrsg. von Carola Dahmen und Thomas Heck. Aachen 1999, S. 119–124, hier S. 119.
[93] Pastior, „Jetzt kann man schreiben was man will" (Anm. 24), S. 22.
[94] Pastior, Das Unding an sich (Anm. 2), S. 42.

der Wochentag der Wochentag
auf weiter Fluh der Wochentag.[95]

Das Prinzip der Assoziation, welches schon in den Techniken des Barocks zum Tragen kommt, erläutert Pastior in seinen poetologischen Schriften als „vokabulare die Lust an der Serie"[96].

Außerdem kommen im Band die Sprachspiele zum Einsatz, das Aufbrechen des Konventionellen, die Verballhornungen von Redewendungen wie: „in bausch und rogen" (94), „der langen Rede zentrifugales Schinkenklopfen" (104), „hinzukommt dass unser Latein am Ende/ gar arabisch oder böhmisch ist" (130), „aus dem zusammenhaar gerissen" (33), „wenn ich trotzdem in Pointen patsche, die ich nicht zu ende denken will, weil dort Adam, der alte Stalin in der Sprache so richtig generell hockt und sich dazu geistreich gibt."[97] Sie zeugen von der ludistisch-kombinatorischen Sprachlust des Lyrikers.

Schlussfolgernd kann gesagt werden, dass es Pastior gelungen ist, sich mit einer literarischen Produktion durchzusetzen, die von vornherein nicht auf das große Publikum zielt, denn bei dem Lyriker ist nicht die Botschaft primär, sondern die Sprache die Hauptperson, und mit dieser experimentiert er. Der Autor übt sich in allen Texten „als Versteckspieler, als Verwandlungs- und Chiffrierkünstler"[98] der Botschaft, wobei „Sprachengemenge als Textgenerator"[99] funktioniert. Seine vertieft geführte Auseinandersetzung mit der Sprache setzt ihn an eine exponierte Stelle innerhalb der heutigen dritten Experimentellen-Generation.

---

[95] Pastior, Lesungen mit Tinnitus (Anm. 43), S. 134.
[96] Pastior, Das Unding an sich (Anm. 2), S. 12.
[97] Ebenda, S. 35.
[98] Lentz, Pastiorphonie (Anm. 15), S. 466.
[99] Pastior, Das Unding an sich (Anm. 2), S. 103.

Der siebenbürgisch-deutsche Schriftsteller Paul Schuster im Visier des rumänischen Geheimdienstes „Securitate"

STEFAN SIENERTH (München)

I.

Zunächst hatte alles recht harmlos begonnen. Um den 15. Mai 1961 hatten der in Bukarest lebende Schriftsteller Paul Schuster (geb. am 20. 02. 1930 in Hermannstadt/Sibiu, gest. am 05. 05. 2004 in Berlin)[1] und die Übersetzerin und Sprachwissenschaftlerin Gisela (Arz) Richter (1931–1998)[2] aus Hermannstadt/Sibiu beschlossen, den Dichter Moses Rosenkranz (1904–2003)[3], der zu der Zeit in der Popa-Petre-Straße Nr. 14 in der rumänischen Hauptstadt eine kleine Wohnung bezogen hatte, zu besuchen. Sie hatten vereinbart, sich in einem Bukarester Restaurant zu treffen, um danach zu Rosenkranz zu gehen.

Schuster war etwas überrascht und unangenehm berührt, als er Gisela Richter beim verabredeten Ort und zum ausgemachten Termin nicht allein antraf, sondern in Gegenwart eines gemeinsamen Bekannten, der sich anbot, Gisela Richter nach dem Besuch bei Rosenkranz abzuholen und zum Bahnhof zu begleiten. Als dieser, möglicherweise absichtlich, etwas früher bei Rosenkranz erschien, war Paul Schuster bereits weggegangen, doch der Hausherr bat den Gast in seine Wohnung und verwickelte ihn auch gleich in ein Gespräch. Man unterhielt sich über dies und jenes, u. a. auch über die rumänische Musik der Gegenwart. Rosenkranz sei ihm gegenüber, sollte der Bekannte später berichten, überhaupt nicht zurückhaltend gewesen, im Gegenteil, er habe behauptet, eine zeitgenössische rumänische Musik gäbe es überhaupt nicht, was es gäbe, sei wertlos und der vom kommunistischen

---

[1] Vgl. u. a., auch mit bio-bibliografischen Hinweisen, Stefan Sienerth: Schuster, Paul. In: Neue Deutsche Biographie. Hrsg. von der Historischen Kommission bei der Bayerischen Akademie der Wissenschaften. Bd. 23. Berlin 2007, S. 769–770.

[2] Vgl. zu Gisela Richter vor allem Joachim Wittstock: Richter, Gisela. In: Dicționarul General al Literaturii Române [Allgemeines Lexikon der rumänischen Literatur]. Bd. 5. București 2006, S. 626–629. (Hier auch bio-bibliografische Anmerkungen).

[3] Vgl. zu Moses Rosenkranz u. a. Stefan Sienerth: Rosenkranz, Moses. In: Neue Deutsche Biographie (Anm. 1), Bd. 22, S. 71–72.

145

Regime geförderte Stardirigent George Georgescu eine Null. Auch sonst habe sich Rosenkranz über die Rumänen recht abfällig geäußert.[4]

Erschüttert von dem Vorgefallenen, wollte er auf dem Weg zum Bahnhof von Gisela Richter mehr über diesen sonderbaren Mann erfahren. Sie habe ihm erzählt, Rosenkranz sei ein deutsch-jüdischer Dichter aus der Bukowina, der in der Zeit des Antonescu-Regimes in Rumänien interniert worden sei. Nach dem politischen Umbruch 1944 habe er beim Roten Kreuz in Bukarest gearbeitet, sei aber bald danach verhaftet und nach Sibirien verbracht worden, von dort sei er vor etwa drei Jahren zurückgekehrt. Er schreibe schöne Gedichte, die man jedoch nicht veröffentlichen könne, weil viele regimefeindlich seien, einige würden sogar seine Haftzeit in Sibirien thematisieren. Sie habe Rosenkranz über den Dichter Wolf Aichelburg (1912–1994) kennen gelernt, der zurzeit im Gefängnis sitze. Rosenkranz sei auch mit dem Literatur- und Kunsthistoriker Harald Krasser (1905–1981) befreundet. Derzeit lebe Rosenkranz sehr zurückgezogen, Paul Schuster sei einer der wenigen, die ihn besuchen dürften, auch wenn er darüber nur ungern spreche. Wie Schuster würde auch sie Rosenkranz sehr bewundern, er sei eine starke Persönlichkeit, er habe viel gelitten, doch sich nicht beugen lassen. Er wolle auch anderen Mut machen.

Aus all dem hatte der gemeinsame Bekannte von Gisela Richter und Paul Schuster geschlussfolgert, dass es sich im Falle von Moses Rosenkranz um ein „gemeingefährliches Element" handle, das junge Leute in seinen Bann ziehen wolle. Der „streng geheime" Bericht, den er am 26. Mai 1961 mit dem Decknamen „Johann Wald" zeichnete und in der konspirativen Wohnung „Progresul" seinem Führungsoffizier, Hauptmann Mircea Aurel, übergab[5], hatte eine aufwändige Überwachung des rumänischen kommunistischen Sicherheitsdienstes „Securitate" zur Folge, zunächst von Moses Rosenkranz, bald danach von Paul Schuster.

Auf den Bericht von „Johann Wald" hatte der Führungsoffizier u. a. notiert, Moses Rosenkranz sei aufgrund „seiner Agententätigkeit für den amerikanischen Geheimdienst" nach Sibirien verbannt worden, Gisela Richter verkehre in dubiosen sächsisch-nationalistischen Kreisen in Hermannstadt, und Paul Schuster gehöre zwar zu den wenigen „fortschrittlichen" jungen rumäniendeutschen Autoren, doch er habe ein nur „schwach entwickeltes ideologisches Bewusstsein". Als Maßnahmen empfiehlt der Führungsoffizier, es sollten u. a. in der Wohnung von Rosenkranz Abhörgeräte installiert

---

[4] Vgl. ACNSAS [Archiv des nationalen Rates für das Studium der Unterlagen des kommunistischen Geheimdienstes], i 184937, Bd. 1: Dosar de urmărire informativă (D.U.I.) „Paul Schuster"; hier Bd. 1, Bericht von „Johann Wald", 26. Mai 1961 (Bl. 166–168). Vgl. auch den fast identischen Bericht von „Johann Wald" vom 23. Mai 1961, ebenda, Bl. 169–170.

[5] Ebenda. Bericht von „Johann Wald", 26. Mai 1961.

und „Johann Wald" solle auf ihn angesetzt werden, um seine Tätigkeit genauer kennen zu lernen.[6]

Etwa einen Monat später war „Johann Wald", der gegenüber seinen Gesprächspartnern angab, er wolle seine Familie besuchen, nach Hermannstadt geschickt worden – „a fost marşrutizat", heißt es im Fachjargon der rumänischen Sicherheitsbehörde –, um von Gisela Richter mehr über Rosenkranz zu erfahren und Möglichkeiten zu eruieren, wie er sich ihm in Bukarest nähern und sein Vertrauen gewinnen könne. Nichts ahnend hatte Gisela Richter „Johann Wald" nicht nur den während Rosenkranz' Aufenthalt in sowjetischen Lagern unter dem Pseudonym Martin Brant 1947 in Bukarest herausgegebenen Band *Gedichte*, sondern auch zehn bis fünfzehn bislang lediglich in Maschinenschrift vorliegende Gedichte gezeigt, die „Johann Wald" als „poezii intimiste, apolitice, unele chiar cu accent demobilizator şi duşmănoase", als „subjektiv, apolitisch, einige sogar von pessimistischer, feindlicher Grundhaltung" einstufte.[7]

Sowohl die Themen, die in den Gedichten abgehandelt, als auch die Tatsache, dass sie unter der Hand verbreitet wurden, galten in einer Zeit, als das ganze Land zur Einschüchterung seiner Bevölkerung mit politischen Prozessen überzogen wurde[8], als gemeingefährlich und strafbar. Nicht nur die fünf Schriftsteller Andreas Birkner (1911–1998), Wolf Aichelburg, Georg Scherg (1917–2002), Hans Bergel (geb. 1925) und Harald Siegmund (geb. 1930) waren im September 1959 zu insgesamt 95 Jahren Zwangsarbeit verurteilt worden[9], auch andere Bürger des Landes, darunter Rumäniendeutsche, waren davon betroffen.[10]

Interesse vortäuschend, hatte „Johann Wald" Gisela Richter auch gefragt, wie er weitere Texte von Rosenkranz zu Gesicht bekommen könne. Daraufhin habe Richter ihm gesagt, er solle sich an Paul Schuster wenden, der sei im Besitz weiterer, politisch unbotmäßigerer und noch „schärferer" Gedichte von Rosenkranz, und dieser könne ihn auch zu Rosenkranz mitnehmen.[11]

Nach Vorlage dieses nun zweiten Berichtes – es sollten auch weitere folgen[12]

---

[6] Ebenda.

[7] Ebenda, Bericht von „Johann Wald", 24. Juni 1961 (Bl. 163–165).

[8] Mittlerweile gibt es über diese Periode rumänischer Geschichte eine ganze Reihe von wissenschaftlichen Beiträgen, die hier aufzuführen, zu weit gehen würde. Vgl. zusammenfassend: Comisia prezidenţială pentru analiza dictaturii comuniste din România: Raport final. [Präsidialkommission für die Analyse der kommunistischen Diktatur in Rumänien: Schlussbericht]. Hrsg. von Vladimir Tismăneanu, Dorin Dobrincu, Cristian Vasile. Bucureşti 2007, besonders die Seiten 459ff.

[9] Vgl. ausführlich darüber: Worte als Gefahr und Gefährdung. Fünf deutsche Schriftsteller vor Gericht. Zusammenhänge und Hintergründe. Selbstzeugnisse und Dokumente. Hrsg. von Peter Motzan und Stefan Sienerth. München 1993.

[10] Siehe beispielsweise: Corneliu Pintilescu: Procesul Biserica Neagră 1958. [Der „Schwarze-Kirche"-Prozess. 1958]. Braşov und Heidelberg 2008.

[11] Vgl. Bericht von „Johann Wald", 24. Juni 1961 (Anm. 7).

[12] „Johann Wald" hat sich nicht nur in diesem Fall, sondern möglicherweise auch in weiteren ähnlichen Fällen als zuverlässiger und fleißiger Mitarbeiter des rumänischen Geheimdienstes erwiesen. In einer handgeschriebenen Notiz beschwert sich der Vorgesetzte des Führungsoffiziers Mircea Aurel (vgl.

– erhielt „Johann Wald" vom Führungsoffizier den Auftrag, er solle Rosenkranz besuchen, um herauszubekommen, wo dieser die Gedichte „feindlichen Inhalts" aufbewahre, damit sie bei einer geheimen Hausdurchsuchung fotokopiert werden könnten.[13]

Doch dazu ist es anscheinend nicht mehr gekommen. Als sich Paul Schuster und „Johann Wald" am 14. August 1961 zufällig in einem Bukarester Restaurant begegneten, hatte „Wald" Schuster wissen lassen, er wolle, wenn die Zeit es ihm erlaube, Rosenkranz besuchen.[14] Das sei leider nicht mehr möglich, hatte Schuster entgegnet, da Rosenkranz das Land für immer verlassen habe. In einer Rekordzeit von nur 19 Tagen, nachdem er um die Ausreise angesucht habe, sei ihm die Genehmigung erteilt worden. Doch Rosenkranz habe, vertraute Schuster „Wald" an, viele seiner Manuskripte bei ihm hinterlassen, aus denen er ihm gelegentlich gern vorlesen würde. In seinem Bericht an den Führungsoffizier vermerkt „Wald", nicht ohne einen ironischen Unterton – wohl auch, um sich selbst zu schützen und seine Distanz zu Rosenkranz unter Beweis zu stellen –, er habe gegenüber Schuster ein „besonderes Interesse für diese Schriften" bekundet.[15]

Durch die Nachricht, dass Schuster in den Besitz des Vorlasses von Rosenkranz gelangt sei und dass dieser nicht aufhöre, dessen staatsfeindliche Texte unter jungen siebenbürgisch-sächsischen Intellektuellen zu verbreiten, war die „Securitate" hellhörig geworden. Einiges schien ihr auch nach der Auswanderung von Rosenkranz verdächtig und klärungsbedürftig zu sein. Deshalb wurde umgehend die Entscheidung getroffen, die Akte über Rosenkranz zu schließen und eine neue über Paul Schuster zu eröffnen.[16]

II.

So wurde durch die Hinweise, besonders von „Johann Wald", die Aufmerksamkeit der rumänischen Sicherheitsbehörde noch intensiver auf die Person von Paul Schuster gelenkt. Bis dahin war Schuster für die „Securitate" zwar kein unbeschriebenes Blatt gewesen, doch sie hatte keinen Anlass gesehen, ihn gezielt zu überwachen. Wahrscheinlich hat sie bis um die Mitte des

---

Anm. 4, Bl. 163), man solle den „Agenten" nicht mit solchen Kleinigkeiten belasten. Wer sich hinter diesem Pseudonym verbirgt und unter welchen Umständen er zum Informellen Mitarbeiter (IM) wurde, ob durch Erpressung oder Vergünstigungen, kann nur nach Einsicht seiner eigenen Akte festgestellt werden. Aus den Darlegungen und den Anmerkungen der Offiziere in Paul Schusters Akte geht hervor, dass „Johann Wald" und Paul Schuster das Hermannstädter Brukenthal-Gymnasium besucht hatten und sich seit damals kannten (vgl. ebenda, Bl. 139–143) und dass „Johann Wald" Dozent am Bukarester Germanistiklehrstuhl war und zeitweilig das Amt eines Prodekans an der Bukarester Universität, die damals den Namen „C. I. Parhon" führte, inne hatte. (Vgl. ACNSAS, i 184937, Bd. 1, Bl. 320 und Bl. 336).

[13]   Ebenda, S. 165.
[14]   „Johann Wald", Bericht vom 15. August 1961, vgl. Anm. 4, Bl. 162.
[15]   Ebenda.
[16]   Ebenda.

Jahres 1961 es nicht für nötig befunden, den inzwischen in Rumänien recht bekannten Schriftsteller und Publizisten näher unter die Lupe zu nehmen. Denn Paul Schuster galt, seitdem er 1949 – nach dem Besuch der Volksschule und des Gymnasiums in Hermannstadt – als Reporter für den *Neuen Weg*, die damals einzige deutschsprachige Tageszeitung in Rumänien, in Bukarest zu arbeiten begonnen hatte, als überzeugter Kommunist, der zum Leidwesen seiner Eltern und vieler siebenbürgisch-sächsischer Landsleute, seine politische Gesinnung auch in Wort und Schrift nachhaltig verkündete. Nachdem er zunächst in zahlreichen journalistischen Beiträgen, die vorwiegend im *Neuen Weg* erschienen, Attacken gegen die „siebenbürgisch-sächsische Bourgeoisie", vor allem gegen die Kirche der Siebenbürger Sachsen geritten und ihre Verstrickung in die Ideologie des Nationalsozialismus aufgedeckt hatte, veröffentlichte er seit Mitte der 1950er Jahre mehrere, zum Teil auch ins Rumänische und Ungarische übersetzte Erzählungen (*Der Teufel und das Klosterfräulein*, Erstauflage 1955, weitere Auflagen 1957, 1962; *Strahlenlose Sonne*, 1961, 1963; *Februarglut*, 1964 u. a.), in denen er sich von der bürgerlich-konservativen siebenbürgisch-sächsischen Welt distanzierte und sich als einer der wenigen rumäniendeutschen Autoren jener Jahre mit dem Nationalsozialismus in den Reihen seiner Landsleute auseinander setzte. In seinem zweibändigen Roman *Fünf Liter Zuika* (Bd. 1 1961, 1963, Bd. 2 1965; zweite verbesserte Auflage 1967 u. 1968; leicht überarbeitete und erweiterte Fassung des ersten Teiles 2002) gelang es ihm, ein paar Jahre später, anhand des Schicksals einer Familie in einer Vielzahl von Handlungsabläufen die Geschichte der Siebenbürger Sachsen seit dem Ende des Ersten Weltkrieges aufzurollen. „Ausgewogener Erzählrhythmus, gefeilte, vom linguistischen k. u. k.-Mischmasch gefärbte Sprache, geschickt gespannte einfache Alltagsgeschichten [...] bringen die einmalige Atmosphäre der am Fuße der Karpaten seit Jahrhunderten liegenden evangelischen Gemeinde ans Licht", sollte rund drei Jahrzehnte später, am 28. November 2002, das angesehene Hamburger Wochenblatt *Die Zeit*, über das Hauptwerk von Paul Schuster urteilen, nachdem der Roman im Aachner Rimbaud Verlag neu aufgelegt worden war.

Zweifellos gehörte Paul Schuster seit Mitte der 1950er Jahre zu den produktivsten und erfolgreichsten Schriftstellern der nach dem Zweiten Weltkrieg im kommunistischen Rumänien zu neuem Leben erweckten deutschen Literatur. Er leistete, vor allem seit er nach einer Zwischenstation in den Jahren 1951–1954 als Volksschullehrer in den siebenbürgischen Dörfern Talmesch und Burgberg in Bukarest erneut als Journalist des *Neuen Wegs* und – ab 1959 – als Redakteur der *Neuen Literatur* tätig geworden war, einen wesentlichen Beitrag zur Überwindung der starren Normen des sozialistischen Realismus, dessen ästhetische Vorgaben er bis dahin befolgt hatte.

III.

Rund ein Jahrzehnt nach der Ausreise von Moses Rosenkranz im August des Jahres 1961 bis 1972, als feststand, Paul Schuster habe die endgültige Entscheidung getroffen, nach einem Besuch in der Bundesrepublik Deutschland nicht mehr nach Rumänien zurückzukehren, hat der rumänische Geheimdienst „Securitate" den Schriftsteller mal zielstrebiger, mal nachlässiger verfolgt, ohne das Interesse an ihm gänzlich erlahmen zu lassen. In diesen rund zehn Jahren ist eine Unmenge von Berichten und Analysen über ihn verfasst, Fotos sind geschossen, Abhörgeräte aktiviert und zahlreiche Spitzel auf ihn angesetzt worden. Er wurde zeitweilig Schritt für Schritt und rund um die Uhr beobachtet. Mehrere Geheimdienstoffiziere aller Rangordnungen hatten sich mit ihm beschäftigen müssen. Paul Schusters Akte, die heute im Archiv für das Studium der Unterlagen des kommunistischen Geheimdienstes (Consiliul Național pentru Studiarea Arhivelor Securității, CNSAS) in Bukarest aufbewahrt wird, umfasst vier Bände mit insgesamt 995 „file", das sind in der Regel beidseitig beschriebene Blätter, also schätzungsweise rund 1 500 Seiten.[17]

Die Aufmerksamkeit des rumänischen Geheimdienstes hatte Schuster, aufgrund der mir vorliegenden Unterlagen, zunächst durch seine Begeisterung für den Bukowiner deutsch-jüdischen Lyriker Moses Rosenkranz erregt, den er nach dessen Rückkehr aus der sibirischen Deportation auch persönlich kennen gelernt hatte, nachdem er seine Gedichte dank der Vermittlung des Literaturkritikers und Übersetzers Herman Roth (1891–1959) schon Ende der 1940er Jahre erstmalig gelesen hatte. Vor allem die Texte, die Schuster nach Rosenkranz' Rückkehr aus der Sowjetunion in der Lektüre des Dichters zu hören bekommen hatte, beeindruckten den jungen siebenbürgischen Schriftsteller tief und nachhaltig. Er war von der Thematik, der Sprache und Bildlichkeit der Gedichte derart angetan, dass er nicht müde wurde, davon im Freundeskreis zu schwärmen, und diese Begeisterung auch auf andere zu übertragen. Zu den Texten, die er immer wieder zitiert haben dürfte und die in seiner Akte aufliegen, gehörte wohl auch das schlicht *Lied* betitelte Naturgedicht, das durch seine Klangmalerei, den Wohllaut und die Musikaltät seiner Sprache besticht:

> Sang den Sommer noch, den heitern,
> als er schon den Abschied schellte,
> und der Herbst die goldnen Leitern
> an die heißen Bäume stellte;
> sang den Sommer noch den heitern.

---

[17] Sie tragen folgende Signaturen: ACNSAS, i 184937, Bd. 1, 341 file (Blatt) und Bd. 2, 331 file, Bd. 3, 44 file; i 18938, 279 file, eigentlich ein separater vierter Band.

Über meinen Melodien
hörte ich den Nord nicht kommen,
sah ich nicht die Vögel ziehen
von den Dächern, von den Domen,
über meinen Melodien.

Stehe nun im weißen Schneien
wie der Baum, der ganz entlaubte,
den die Krähen schwarz umschreien;
Winter über meinem Haupte –
stehe nun im toten Schneien.[18]

Doch durch Vermittlung von solchen Texten, in denen von der Natur und nicht vom Klassenkampf, von der schlechten alten und vom Aufbau einer guten neuen Gesellschaftsform die Rede war, machte sich Schuster in den Augen der „Securitate" zumindest verdächtig. Die Gedichte von Rosenkranz entsprachen nämlich keineswegs den ästhetischen Vorgaben des damals offiziell im gesamten Ostblock propagierten sozialistischen Realismus'. Darüber hinaus gab es unter ihnen auch Texte, die Rosenkranz' Aufenthalt in Sibirien zur Sprache brachten, zum Teil sehr allgemein, wie im *Fragment einer Erinnerung*:

Ich denke an Sibiriens weisse Karte,
wo sie im Norden an das Eismeer grenzt:
Dort trägt die Nacht das Diadem des Nordlichts,
die Sonne sechsfach dort am Himmel glänzt;
dort blasen Stürme aus gewaltigen Schleusen
Gebirge weissen Firnschnees vor sich her;
nur grösste Ströme kommen an die Küste,
vermählend unterm Eise sich dem Meer [...][19]

Doch andere „Sibirien"-Gedichte verweisen unmissverständlich auf seine politischen Erfahrungen und seine Haltung gegenüber den machtausübenden Organen, beispielsweise *Das Verhör*:

Quält ihr mich, und soll ich euch noch preisen,
wollt gewaltsam gegen mich mich wenden?

---

[18] In der Akte von Paul Schuster (ACNSAS, i 184938, Bd. 2, Bl. 95–250) liegen viele Gedichte von Rosenkranz in Kopie vor, die meisten sind in Schreibmaschinenschrift, einige auch in der Handschrift des Bukowiner Dichters. Siehe zum *Lied*, ebenda, Bl. 119–120. Vgl. das Gedicht *Frohe Versäumnis* in: Moses Rosenkranz: Im Untergang. Ein Jahrhundertbuch. München 1986, S. 36, das wohl eine spätere Variante des *Liedes* ist. Vgl. auch Moses Rosenkranz: Bukowina. Gedichte 1920–1997. Zusammengestellt vom Verfasser unter Mitwirkung von Doris Rosenkranz und George Guṭu. Aachen 1998, S. 45, und Moses Rosenkranz: Visionen. Gedichte. Hrsg. und mit einem Nachwort von Doris Rosenkranz. Aachen 2007, S. 120.
[19] Vgl. ACNSAS, i 184938, Bd. 2, Bl. 249.

Soll, mit den von euch zerbrochnen Händen,
gegen mich erheben euer Eisen? […]

Fahrt nur fort zu reissen
jede Faser meines Leibes:
Ich kann bloss den Schrei in mir verbeissen,
das ist alles zwischen uns – und bleib' es.[20]

Willkürliche Rechtspraktiken werden im Text *Vor Gericht* angeprangert:

Der Edle schweigt; für sich spricht nur der Knecht.
Ich hör geneigt; verkündet euer Recht.
Ist's nicht auch meins, will ich die Häupter zählen:
Wie viele mich, wie viele euch erwählen.[…][21]

Eindeutig werden die harten Strafmaßnahmen im Gedicht *Lebenslage* aufgezeigt:

Im Kerkerhaus, im Mund den Knebel,
und auf der Brust das Stiefelknie,
was höher folgte, war Feldwebel,
das Fäuste mir ins Antlitz spie.

So lag ich hier auf dem Planeten,
von meiner Wiege bis zum Grab,
und wusste, dass sich Sonnen drehten
und Lenze blühten auf und ab.

Und wusste, dass die Sänger priesen
den Waibel, unter dessen Knie
ich selig war, mich auszuniesen,
wenn er einmal zur Seite spie.[22]

Wer solche Texte verfasste bzw. sie im privaten Kreis bekannt zu machen versuchte, wurde der Propaganda gegen die Sowjetunion, allgemein gegen die sozialistische Gesellschaftsordnung, deren Ideologie, Einrichtungen und Praktiken bezichtigt, und ist, wenn er angezeigt wurde, in der Regel mit schweren Strafen belegt worden.

---

[20] Ebenda, Bl. 227.
[21] Ebenda.
[22] Ebenda, Bl. 238. Paul Schuster ist es gelungen, dieses Gedicht mit kleinen Änderungen, die er möglicherweise mit Zustimmung des Verfassers vornahm, in seine Aufstellung aus der *Neuen Literatur* aufzunehmen. Vgl. Moses Rosenkranz: Gedichte. In: *Neue Literatur* 22(1971), H. 1, S. 44–56. *Fragment einer Erinnerung*, *Das Verhör* und *Vor Gericht* wurden meines Wissens in keinen der Gedichtbände aufgenommen.

Zwar hatte Rosenkranz in anderen Texten auch die Verfolgung und den Mord an seinen jüdischen Landsleuten während des Zweiten Weltkrieges thematisiert, so beispielsweise im Gedicht *Klage*:

> So leichenweiß
> ist kein Schnee wie die Not,
> kein Herd ist so heiß,
> mein Volk, wie dein Tod.
>
> Die Gräber glühn
> wie die Kohlen im Land,
> du drüber mußt ziehn
> im Sündergewand.
>
> Fällst wie ein Schnee
> und liegst wie ein Brand,
> o Wolke von Weh,
> mein Volk, in dem Land.
>
> So sprießt kein Reis,
> wo mein Israel ruht;
> der Glanz ist zu weiß,
> zu rot ist die Glut.[23]

Oder im Gedicht *Szene*:

> In einer Landschaft mit vier hohen Bäumen,
> mit schwarzen Pappeln, die den Himmel säumen,
> hab ich begraben meinen Freund, den Juden,
> den sie mir lachend auf die Schulter luden.
>
> Er war nur einer, ihrer waren viele,
> und so verlor er bei dem grausen Spiele;
> er stürzte weinend, in dem zarten Nacken
> der Arier kleine, weisse Messer staken.
>
> Ich habe ihn im Schutz der Nacht bestattet
> und sank im Schlaf, wie nie zuvor ermattet.
> Ich sah das Todesspiel im Traume wieder,
> hier sang dabei ein Vogel süsse Lieder.
>
> Und fragst du mich, was er gesagt am Ende,
> als ich ihm hielt die todesgrauen Hände:

---

[23] Vgl. ACNSAS, i 184938, Bd. 2, Bl. 124. Vgl. eine abgewandelte Variante dieses Gedichtes in Moses Rosenkranz: Im Untergang. Ein Jahrhundertbuch (Anm. 18), S. 88.

Ich weiss es nicht, mir war, als ob Gesänge
dem Mund entströmten, wundersame Klänge,

wie tief im Traum der Vogel sie geflötet,
als sie den Juden, meinen Freund, getötet.[24]

Doch offenbar haben diese Verse die rumänischen kommunistischen Machthaber nicht sonderlich beeindruckt, obwohl Paul Schuster immer wieder auf die Präsenz von solchen Gedichten im Werk von Rosenkranz hinwies.

Wer solch anprangernde Texte verfasste, konnte damit rechnen, dass sich die „Securitate" mit seiner Person, seiner Lebensführung, seinem Familien- und Bekanntenkreis und nicht zuletzt mit seiner Vergangenheit eingehender beschäftigte. Noch konnte ich bislang die von der rumänischen Geheimpolizei über Moses Rosenkranz angelegte Akte nicht einsehen, doch in jener von Paul Schuster hat neben Gedichten auch das eine oder andere Schriftstück über Moses Rosenkranz Eingang und Aufbewahrung gefunden. So liegt in rumänischer Sprache ein Auszug aus einer Gerichtsakte vor, die das Oberste Militärgericht der UdSSR in seiner Sitzung vom 29. August 1956 zu Rosenkranz angelegt hatte. Darin wird Bezug genommen auf das am 17. April 1948 gefällte Urteil, wonach Moses Rosenkranz wegen angeblicher Spionage für den amerikanischen Geheimdienst zu 25 Jahren Freiheitsentzug verurteilt worden war. Aufgrund des neuen Urteils sei die Strafe auf zehn Jahre Haft herabgesetzt worden.[25]

---

[24] Vgl. ACNSAS, i 184938, Bl. 219–220. Vgl. eine leicht abweichende Fassung des Textes unter dem Gedichttitel *Bericht* in: Rosenkranz, Bukowina (Anm. 18), S. 69.

[25] Siehe: Material din dosarul de anchetă 21.352 referitor la Rosenkranz M. [Auszug aus dem Verhörprotokoll 21.352 bezüglich Moses Rosenkranz]. ACNSAS, i 184937, Bd. 1, Bl. 31. Darin heißt es u. a.: „Sus-numitul se face vinovat de faptul că a fost agent al organelor americane de informații din ordinul cărora stringea informații de spionaj despre trupele sovietice aflate în România, se ocupa cu recrutarea nemților domiciliați în România, și efectua trecerea acestor elemente în zona americană de ocupație din Austria, unde trebuia să fie pregătite pentru desfășurarea de activitate clandestină teroristă și de diversiune împotriva URSS. In total Rosenkranz a trecut în Austria 128 de agenți. Vinovăția lui R. M. în desfășurarea activității de spionaj împotriva URSS a fost stabilită, însă pedeapsa i-a fost stabilită severă. Pe baza celor expuse mai sus și avîndu-se în vedere circumstanțele concrete ale cazului Colegiul militar decide: Hotărîrea Consfătuirii speciale de pe lîngă M.S.S. al URSS din 17. aprilie 1948 cu privire la M. R. să fie schimbată, reducîndu-i termenul de pedeapsă la 10 ani privațiune de libertate. [Der weiter oben Genannte macht sich schuldig, weil er ein Agent des amerikanischen Nachrichtendienstes war, in dessen Auftrag er Informationen über die in Rumänien stationierten sowjetischen Truppen sammelte. Er befasste sich auch mit der Rekrutierung der in Rumänien lebenden Deutschen für diesen Geheimdienst und organisierte deren Grenzübertritt in die amerikanische Besatzungszone Österreichs, wo sie für die Ausübung von terroristischen und feindlichen Aktionen gegen die UdSSR angelernt werden sollten. Insgesamt hat R. 128 Agenten nach Österreich eingeschleust. Die Schuld von M. R. bei der Entwicklung von Spionagetätigkeiten gegen die UdSSR ist erwiesen, doch das Strafmaß ist zu streng ausgefallen. Auf der Grundlage des weiter oben Erläuterten und angesichts der konkreten Umstände des Falles beschließt das Militärkollegium: Der Beschluss der Sondersitzung [...] vom 17. April 1948 betreffend den Fall von M. R. soll revidiert werden, die Haftzeit auf 10 Jahre reduziert werden.] Es ist mir nicht möglich, den Realitätsgehalt dieses Beschlusses der sowjetischen Gerichtsbehörde zu überprüfen. Ich bin jedoch der Meinung,

Im Falle Schusters komplizierte sich die Situation zusätzlich dadurch, dass sich Moses Rosenkranz nach seiner Ausreise im August des Jahres 1961 im – nach offiziellem Sprachgebrauch – „feindlichen kapitalistischen Ausland", zunächst in Österreich, danach in der Schweiz, später in der Bundesrepublik Deutschland niedergelassen hatte. Bevor er überstürzt Rumänien den Rücken gekehrt hatte, hinterließ er Paul Schuster, den er sehr schätzte und der zu den wenigen Menschen seines Vertrauens gehörte, seinen dichterischen Vorlass, wohl auch mit der wahrscheinlich nur mündlich ausgesprochenen Bitte, er solle ihm, wenn möglich, nach und nach Teile davon in sein neues ausländisches Domizil zukommen lassen.[26]

---

dass die Beschuldigungen, nach den hinlänglich bekannten Methoden des KGB, auch im Falle Rosenkranz' aus der Luft gegriffen sind. Moses Rosenkranz äußerte sich im Zusammenhang damit in einem Interview, das ich mit ihm im Jahre 1993 führte: „Laut den damaligen Bestimmungen durften die Hilfeleistungen des Internationalen Roten Kreuzes den Deutschen in Rumänien nicht zugute kommen. Ich setzte mich eigenmächtig über diese Verfügung hinweg und ließ Teile einer irländischen Schenkung (insgesamt 40 Waggons Lebensmittel und Kleidung) sächsischen Kinder- und Altenheimen zukommen. Ich wurde angezeigt. Der damalige rumänische Justizminister Lucreţiu Pătrăşcanu weigerte sich, mich zu verhaften. Auch die sowjetische Kommandatur, die meinen Fall übernahm, sprach mich zunächst frei. Das war Anfang 1947. Im April desselben Jahres wurde ich von der Straße entführt und über die rumänische Grenze – zur Täuschung der rumänischen Behörden hatte man mich in die Uniform eines russischen Majors gesteckt – nach Moskau geschafft, wo ich zunächst verhört und danach in den berüchtigten Gulag abgeschoben wurde. Dort mußte ich zehn Jahre unter den durch die Literatur hinlänglich bekannt gewordenen Bedingungen verbringen, wenn ich auch als sogenannte ‚bedeutende Person' nicht sterben sollte. Über mehrere Gefängnisse (u. a. Jilava und Gherla) kam ich im April des Jahre 1957 wieder frei." Vgl. Stefan Sienerth: „Daß ich in diesen Raum hineingeboren wurde ..." Gespräche mit deutschen Schriftstellern aus Südosteuropa. München 1997, S. 97.

[26] In der Akte (ACNSAS, i 184937, Bd. 2. Bl. 284–287) liegt das entsprechende Schreiben von Moses Rosenkranz an Paul Schuster vom 14. Juli 1961 vor. Möglicherweise hat Rosenkranz Schuster dies durch einen Boten, erst nachdem er das Land verlassen hatte, überbringen lassen. Der „Securitate" hat es Schuster wahrscheinlich erst bei seiner Befragung am 31. Juli 1963 selbst vorgelegt. Die Reverenz gegenüber Rumänien und seiner kommunistischen Führung sowie der Hinweis auf die nur flüchtige Bekanntschaft mit Paul Schuster sind von Rosenkranz sicherlich bewusst eingebaut worden, vor allem um Schuster, sollte dieser aufgrund des Vorlasses in Bedrängnis geraten, zu schützen. Der Brief hat folgenden Wortlaut: „Werter Genosse Paul Schuster, ich verlasse physisch mein geliebtes Vaterland. Leider kann ich meine Manuskripte nicht mitnehmen. Umschau haltend, bei wem ich sie zu treuen Händen zurücklassen könnte, fiel meine Wahl auf Sie, obgleich ich Ihnen nur flüchtig in Verlagszimmern begegnet bin und Sie persönlich kaum kenne. Aber was ich im Abdruck der ‚N. L.' von Ihrer ‚Zuika' las und ‚Hermann und Joschka' und vor allem die ‚Strahlenlose Sonne' bestimmen mich, in Ihnen dein talentiertesten meiner deutschen Landeskollegen zu sehen. Wo Talent und Können, dort ist auch Charakter. Darum fiel meine Wahl auf Sie, als ich nach bewahrenden Händen für meine Manuskripte mich umsah. Sie erhalten von mir gleichzeitig mit diesem [Brief] – ich weiß noch nicht, ob durch Bote oder die Post – vier Bände in Maschinenschrift, gebunden oder geheftet, und eine größere Anzahl loser Blätter in Maschinen- und Handschrift, enthaltend: 1). Eine große Auswahl meiner Gedichte; 2). Den Versuch einer episch-lyrischen Darstellung des historischen Verlaufs der kommunistischen Partei der Sowjetunion; 3). Den Romanbericht ‚Duba' in drei Entwürfen (unvollendet); 4). Verschiedene Versarbeiten. Sollten Sie diese Manuskripte, aus mir unbekannten Gründen, nicht bei sich aufbewahren können, bitte ich Sie hiermit, dieselben in den Manuskriptensammlungen der Akademie zu hinterlegen; noch angenehmer wäre mir, wenn sie, in diesem Falle, Aufenthalt in der Manuskriptensammlung der Bruckenthal'schen [!] Bibliothek in Sibiu finden könnten. Natürlich stehen Ihnen, Genosse Schuster, diese Arbeiten zum Lesen und Studium frei. Doch sollen Sie von ihnen nichts und in keiner Form an die lesende oder lauschende Öffentlichkeit bringen. Nachdem mein Werk aus den Tiefen des reinmenschlichen ausdrücklich die Wahrheit und das Gute gegen Entstellung und Bosheit erhebt, nehme ich an, daß gegen seine

Als die „Securitate" hiervon Wind bekam, fasste die Abteilung II. des Innenministeriums am 11. September 1961 den Beschluss („hotărîre"), die Überprüfungsakte Nr. 5252 (Dosar de verificare) von Paul Schuster in eine individuelle Überwachungsakte (Dosar de urmărire individuală, DUI, Nr. 3826) umzuwandeln.[27] Das bedeutete, dass Paul Schuster, der bis dahin wie jeder andere Staatsbürger des „volksdemokratischen" Rumäniens zwar unter der allgemeinen Beobachtung gestanden hatte, hinfort, zunächst 16 Monate gezielt beobachtet und verfolgt werden sollte.[28] Als Grund wurden die „engen Beziehungen" angeführt, die Paul Schuster zu Moses Rosenkranz unterhalten habe, und dass er im Besitz „einiger Schriften feindlichen Inhalts" des nun im Westen lebenden Autors sei, die ihm dieser bei seinem Weggang übergeben hatte. Es gelte nun vor allem herauszufinden, „in welcher Absicht" Rosenkranz diese Texte Schuster hinterlassen habe.[29]

IV.

Wie allgemein üblich in solchen Fällen[30], ging die „Securitate" auch diesmal systematisch zu Werke. Sie ließ von zuverlässigen Zuträgern, die Paul Schuster seit längerem kannten und freundschaftlichen Umgang mit ihm

---

Aufbewahrung keinerlei staatsrechtliche Bedenken geltend gemach[t] werden können. Ich bin überzeugt, daß es durch unseren für die Seelenbildung seiner Völker so freigebigen Staat dem fruchtbaren Genuß der Öffentlichkeit wäre zugeführt worden, wenn in den unteren Verwaltungsstühlen der Literatur und des Verlagswesens nicht Unfähigkeit den klaren Geistesruf der höheren Führung erstickten.

Werter Genosse Paul Schuster, ich habe Ihnen somit eine Last und nach allen Seiten im Umkreis und vertikal eine Verantwortung aufgebürdet, die Sie hoffentlich nicht abschütteln werden. Den Dank dürfen Sie von der Geschichte erwarten, die die Zeiten richtet. Denn als eine der beachtlichen Leistungen unserer Epoche ragt mein Werk heute schon in sie hinein.

Ich begrüße Sie mit Friedensgruß

Moses Rosenkranz."

[27] Siehe: Ministerul afacerilor interne. Dir. II-a.: Hotărîre pentru schimbarea dosarului de verificare nr. 5252 in dos. [de urmărire] individual, 11. 09. 1961 [Ministerium des Innern, Abt. II. Beschluss zur Änderung der Überprüfungsakte Nr. in eine individuelle (Überwachungs-)Akte]. Dieser Vorgang wurde, laut einer späteren Eintragung, am 18. März 1963 abgeschlossen. Signatur: ACNSAS, i 184937, Bd. 1, Bl. 4–5.

[28] Zum Unterschied zwischen einem „Dosar de verificare (D. V.)" und einem „Dosar de urmărire informativă" (D. U. I.) vgl. Sorin D. Ivănescu: Documentele securității și cercetarea istorică [Die Unterlagen der „Securitate" und die historische Forschung]. In: *Xenopoliana. Buletinul Fundației Academice „A. D. Xenopol" din Iași* [Periodikum der akademischen Stiftung „A. D. Xenopol" aus Jassy], H. X., 2001, (Internetausgabe, Stand: 19. 08. 2008).

[29] Siehe einen weiteren Bericht von „Johann Wald" vom 10. März 1962 und die Anmerkungen von Hauptmann Mircea Aurel dazu (ACNSAS, i 184937, Bd. 1, Bl. 156-159).

[30] Über die Vorgehens- und Arbeitsweisen der „Securitate" gibt es mittlerweile eine umfangreiche Fachliteratur, die vor allem von den Mitarbeitern des CNSAS erstellt wurde. Vgl. dazu vor allem die vom Bukarester Historiker Silviu B. Moldovan im Nemira Verlag betreute mehrbändige Reihe „Arhivele Securității". Siehe als weiterführende Literatur in unserem Zusammenhang besonders den Band „*Partiturile" Securității. Directive, ordine, instrucțiuni (1947–1987)* [Die „Partituren" der „Securitate". Direktiven, Befehle. Bestimmungen]. Hrsg. von Cristina Anisescu, Silviu B. Moldovan und Mirela Matiu. București 2007. Zu den Beziehungen der DDR-Schriftsteller zur Staatssicherheit siehe vor allem die umfangreiche Analyse von Joachim Walther: Sicherungsbereich Literatur. Schriftsteller und Staatssicherheit in der Deutschen Demokratischen Republik. Berlin. 1996.

pflegten, eine detaillierte Biografie erstellen, die auch eine Charakterstudie einschloss, wobei die Frage nach der sozialen Herkunft und nach besonderen politischen Auffälligkeiten eine vorrangige Rolle spielte.

Unter die Lupe genommen wurde auch das familiäre und berufliche Umfeld des Autors, die Lebenspartnerin, die Lebensgewohnheiten und Interessen, die Kontakte zu Nachbarn, Freunden und Kollegen und besonders zu Ausländern, und nicht zuletzt die Einstellung zum gegenwärtigen politischen Regime Rumäniens wie allgemein zu Sozialismus und Kommunismus. Das Endziel war das Bild einer möglichst vielseitig be- und durchleuchteten Person, über die eine Menge an Daten und Fakten gehortet wurde, die dann nach Bedarf jederzeit abgerufen werden konnten. Was auf diese Weise an Informationen über Jahre und meist von ihm nahe stehenden Freunden und Bekannten zusammengetragen wurde, ist – so paradox es auch klingen mag und bei aller Verwerflichkeit des Prozedere – für die literaturhistorische Forschung nicht ohne Interesse. Abgesehen von tendenziösen und anzweifelbaren Nachrichten, die möglicherweise aus Unkenntnis oder aus anderen Gründen entstellt worden sind, enthalten viele dieser Berichte, die nicht selten von literarisch bewanderten Fachleuten verfasst wurden, die Spitzeldienste für die „Securitate" leisteten, eine Fülle von biografischen Details, Analysen und Einschätzungen, denen man in den veröffentlichten Quellen zu diesem Autor und zur politischen und literarischen Situation der Zeit so nicht begegnen wird.

Zunächst war die „Securitate" darauf aus, alles zu sammeln, was sie über Paul Schuster in Erfahrung bringen konnte. Dabei wurde sie auch in ihren eigenen Archiven fündig.

Bereits am 9. Januar 1959 hatte die Daktylografin „Marga", die Paul Schusters Manuskripte abtippte und sein Vertrauen und das seiner damaligen Frau, der Schriftstellerin Ana Novac (Zimra Harsányi), genoss, ihrer Führungsoffizierin, Oberleutnant Aneta Roșianu, berichtet[31], Frau Novac sei zwar sehr sympathisch und klug, doch sie schimpfe ohne jede Zurückhaltung über das politische Regime in Rumänien. Man könne in diesem Land als Schriftsteller nicht mehr arbeiten, man fühle sich wie in Ketten, und man müsse glauben, was einem befohlen werde. Sie sei aus der kommunistischen Partei ausgeschlossen worden, weil sie als einzige Autorin den Mut gehabt habe, den Mund aufzutun. Sie sei schon etwas überrascht gewesen, schreibt „Marga", dass Ana Novac, die als Schriftstellerin vom Regime eigentlich profitiere, sich so freimütig ihr gegenüber äußere.

Fünf Tage später, am 14. Januar 1959, informierte „Marga", die sich angeboten hatte, auch weiterhin der Führungsoffizierin behilflich zu sein[32], die Aufsichtsbehörde, Paul Schuster, dessen Roman *Fünf Liter Zuika* sie gegenwär-

---

31 Vgl. ACNSAS, i 184937, Bd. 1, Bl. 187–190.
32 Ebenda, Bl. 185–186.

tig auf der Maschine abschreibe, sei als Nachfolger von Herbert Lamm beim ESPLA Verlag (Editura de stat pentru literatură şi artă) ausersehen worden. Sie schätze Schuster als Schriftsteller zwar sehr, er sei begabt, doch er habe als Sohn eines ehemaligen Wurstfabrikanten keine Armut gekannt und könne deshalb mit Geld sehr schlecht umgehen. Er sei ständig in finanziellen Nöten, sie könnten beispielsweise zurzeit nicht am Roman weiterarbeiten, weil er Heizholz beschaffen müsse.[33]

„Marga", die auch in den nächsten drei Jahren (1960–1963) mehrere Manuskripte von Paul Schuster abtippen sollte, hat der „Securitate", wie zu zeigen sein wird, noch eine Reihe weiterer wichtiger Informationen zukommen lassen. Neben „Johann Wald" und „Dorina Gustav" hat sie in der ersten Periode der operativen Beobachtung Paul Schusters die aufschlussreichsten Hinweise geliefert.

„Dorina Gustav", die dritte im Bunde der Hauptzuträger – sie wird in den Erläuterungen des Hauptmanns Ion Nardin als Malerin und Grafikerin bezeichnet, und ihre Aufgabe sei es, Bukarester sächsische Intellektuelle informell abzuschöpfen –, hatte zunächst den Auftrag erhalten, festzustellen, wie Schuster – und wohl auch andere – auf die Nachricht von den Verurteilungen deutscher Schriftsteller im Herbst des Jahres 1959 reagiert habe.[34] Von Astrid Connerth-Wiesenmayer (1929–1986) habe sie erfahren, berichtet „Dorina Gustav" am 20. November 1960[35], in Hermannstadt sei eine Frau, Grete Loew, verhaftet worden, die im Besitz von Gedichten Oskar Pastiors (1927–2006) gewesen sei, die er in der Sowjetunion während seiner Deportation geschrieben habe.[36] Auf diese Nachricht habe Schuster bestürzt reagiert („s-a îngrozit", heißt es im Original). Wahrscheinlich müsse Oskar Pastior unter diesen Umständen mit Gefängnis rechnen, habe Schuster gesagt. Er habe kurz davor Pastior getroffen, dieser sei verängstigt gewesen,

---

[33] Ebenda. Auch von „Johann Wald" liegt eine frühere Meldung vor. Schuster hatte ihn am 29. Oktober 1959 (ebenda, Bl. 184) zu einer Sitzung des Kreises junger deutscher Schriftsteller in Bukarest eingeladen. Der Schriftsteller Anton Breitenhofer (1912–1989), Chefredakteur des *Neuen Weg*, habe dem Redakteur Schuster den Auftrag erteilt, man solle junge Autoren zur Mitarbeit heranziehen, damit die Verlage und Zeitschriften wieder auf „ehrliche Beiträge" („materiale sincere"), d. h. ideologiekonforme, zurückgreifen könnten. Als parteilich zuverlässig habe Schuster Emmerich Stoffel (1913–2008), Arnold Hauser (1929–1989), Hedi Hauser (geb. 1931) und Oskar Pastior bezeichnet. „Johann Wald" hatte auch berichtet, er habe Pastior auf dem Flur der Universität getroffen, der ihm erzählt habe, man habe Harald Krasser, Astrid Connerth (Wiesenmayer) und deren Mann in Hermannstadt verhaftet. Pastior habe sich darüber sehr verwundert gezeigt, da er gehofft habe, dass sich nach dem Besuch des sowjetischen Parteiführers Nikita S. Chruschtschow (1894–1971) in Rumänien die Situation verbessern werde und solche Praktiken der Vergangenheit angehören würden. Auf diesem Bericht hatte Hauptmann Mircea Aurel notiert: Oskar Pastior, der zu jener Zeit auch den Zunamen Capesius – er war damals mit der Volkskundlerin und Kunsthistorikerin Roswith Capesius (1929–1984) verheiratet – führte, werde vom Geheimdienst aufmerksam verfolgt. „Wald" nähme an den Sitzungen dieses Kreises teil, um über das Verhalten seiner Mitglieder und speziell jenes von Pastior zu berichten.

[34] Vgl. Anm. 9.

[35] ACNSAS, i 184937, Bd. 1, Bericht von „Dorina Gustav", 20. November 1960 (Bl. 181–183).

[36] Ebenda, Bl. 182.

158

doch über die Gedichte, auf die die „Securitate" bei Grete Loew gestoßen sei, habe er ihm nichts erzählt. Schlimm sei es auch, dass Pastior im Haus von Andreas Birkner zwei dieser Gedichte vorgetragen habe, selbst wenn diese nichts Negatives über die Sowjetunion aussagen würden. Von „Dorina Gustav" nach seiner Meinung über den Kronstädter Schriftstellerprozess befragt, hatte Schuster behauptet, man spreche in sächsischen Kreisen nur ungern darüber. Er selbst bedauere es sehr, dass es zu keiner öffentlichen Diskussion gekommen sei. Dadurch dass man sich in Schweigen gehüllt habe, seien die Leute ungemein verunsichert worden, was – wie wir wissen – ja durchaus die Absicht jenes Prozesses war.

Zwei umfangreiche Gesamteinschätzungen aus dieser Zeit runden das Porträt des „Überwachungs- und Beobachtungsobjektes" Paul Schuster ab, wie der Ausgespähte in der Fachterminologie bezeichnet wird. Sie wurden von der „Securitate" gegen Ende der intensiven Überwachungsperiode wohl auch mit dem Ziele eingefordert, sich ein Gesamtbild vom Menschen und Schriftsteller zu machen, um zu entscheiden, ob er weiter individuell verfolgt werden solle, oder ob man ihn in die „allgemeine Beobachtung", die für alle Staatsbürger im kommunistischen Rumänien galt, entlassen könne.

Kein besonders gutes Zeugnis stellt Paul Schuster ein Agent aus, der unter dem Decknamen „Ion Lemnaru" geführt wurde.[37] Er schreibt, Paul Schuster entstamme kleinbürgerlichen Kreisen, die auch in Siebenbürgen den Nationalsozialismus unterstützt hätten. Er sei Mitglied der „Hitlerjugend" gewesen. Zurzeit brüskiere er die ehemaligen bürgerlichen Eliten der Siebenbürger Sachsen durch sein anarchisches Verhalten und durch seine ultrarevolutionären Ansichten, was dem Eindringen des Sozialismus in diese Kreise eher hinderlich sei. Er habe sich beispielsweise gegenüber dem Schriftsteller Erwin Wittstock (1899–1962) und dem in seiner siebenbürgischen Heimat zu Besuch weilenden DDR-Lyriker Georg Maurer (1907–1971) sehr daneben benommen. In seinen literarischen Schriften geißele er alles, was in herkömmlicher sächsischer Tradition stehe, vor allem auf die Leitung der evangelischen Kirche habe er es abgesehen. Ein solches Vorgehen sei aber jenem der Nationalsozialisten ähnlich, die Eigenständig-Siebenbürgisches bekanntlich auch abgelehnt hätten, weil es sich dem Pangermanismus widersetzt habe.

In der negativen Darstellung der „Hitlerzeit" sei Schuster nicht konsequent genug, seine „faschistischen Helden" habe er auch mit positiven Zügen ausgestattet. Auch über mehr oder weniger Privates scheut sich „Lemnaru" nicht, Auskunft zu geben. Schusters Heirat mit der Schriftstellerin Ana Novac sei für die Sachsen zwar eine Provokation gewesen, doch Schuster habe gehofft, er könne durch diese Heirat auch seine literarische Karriere befördern. Als kurz danach ihr Stück *Ce fel de om eşti tu* [Was für ein

---

[37] Ebenda, Bl. 89–93.

Mensch bist du] vom kommunistischen Presseorgan *Scînteia* [Der Funke] stark kritisiert und danach von den Bühnen abgesetzt worden sei, habe er sich von Ana Novac scheiden lassen. „Lemnaru" behauptet, Schuster habe einen negativen Einfluss auf seine Ehefrau ausgeübt, die bis dahin „fortschrittliche Stücke" geschrieben habe, doch aufgrund der Ehe mit dem „Anarchisten und ehemaligen Faschisten" habe sie eine bedenkliche dichterische Entwicklung eingeschlagen, was natürlich, wie vieles in diesem Bericht, als grobe Unterstellung angesehen werden muss. Einen ähnlich schlechten Einfluss übe er auch auf die Mitarbeiter der Zeitschrift *Neue Literatur* aus: was ihm zu politisch in deren schriftlichen Aussagen erscheine, streiche er einfach weg. Er sei überhaupt nicht an der „Parteilichkeit" der Literatur, einer der damaligen ideologischen Forderungen, interessiert, sondern an der Erneuerung des Stils und der literarischen Form. Ihm selbst habe er in einer Reportage mehrere solcher Passagen gestrichen, die der Chefredakteur Emmerich Stoffel, bei dem er sich beschwert habe, wieder eingefügt habe.[38]

Er kenne Paul Schuster seit sehr lange, beginnt „Johann Wald" seine ausführliche Darstellung vom 26. Dezember 1962[39], sie hätten beide das Hermannstädter Gymnasium „Brukenthal" besucht, Schuster hätte zu der Zeit eine Schülerzeitschrift[40] herausgegeben. Danach hätten sich ihre Wege getrennt, „Johann Wald" sei nach dem Schulabschluss nach Bukarest zum Studium gegangen und habe Paul Schuster zunächst aus den Augen verloren. Schuster habe evangelische Theologie studieren wollen, da er in der lutherischen Kirche der Siebenbürger Sachsen die einzige Institution erblickt habe, die in der Lage sei, den nationalen Fortbestand seiner Landsleute zu sichern. Bischof Friedrich Müller (1884–1969) habe jedoch seine Aufnahme an der theologischen Fakultät verhindert, weil Schuster in der Presse die Kirche verunglimpft habe. Da er auch über weitere sächsische Persönlichkeiten unflätig geschrieben habe, werde er in Hermannstadt als Nestbeschmutzer angesehen und seine Familie sei von der sächsischen Gemeinschaft ausgegrenzt worden.

In der Erzählung *Der Teufel und das Klosterfräulein* habe er die evangelische Kirche angegriffen, in *Hermann und Joschka*, in dem ein siebenbürgisch-sächsisches und ein jüdisches Kind im Mittelpunkt stünden, habe er sich kategorisch gegen den Rassenhass ausgesprochen. Nicht zuletzt um seinen Landsleuten zu beweisen, dass er gegen jedwede Rassendiskri-

---

[38] Ebenda.
[39] Ebenda, Bl. 139–143.
[40] Es handelt sich um den *Coetus Brukenthalia*, eine von Schülern in den Jahren 1946–1948 erstellte Publikation. Vgl. darüber Stefan Sienerth: Literarische Versuche in einer Umbruchzeit. Schülerzeitschriften deutschsprachiger Gymnasien in Rumänien nach dem Zweiten Weltkrieg (1946–1948). In: Benachrichtigen und vermitteln. Deutschsprachige Presse und Literatur in Ostmittel- und Südosteuropa im 19. und 20. Jahrhundert. Hrsg. von Mira Miladinović Zalaznik, Peter Motzan und Stefan Sienerth. München 2007, S. 277–296, besonders S. 290–294.

minierung sei, habe er die jüdische Schriftstellerin Ana Novac geheiratet, leider sei die Ehe nicht von Dauer gewesen.[41]

Bis zur Bekanntschaft mit Moses Rosenkranz habe Schuster in seinen Werken, auch im Roman *Fünf Liter Zuika*, eindeutig marxistische Positionen vertreten. Danach habe sich in seiner ästhetischen Konzeption ein großer Wandel vollzogen. Rosenkranz habe Schuster regelrecht „verzaubert", er könne viele Gedichte von ihm auswendig, würde sie bei jeder Gelegenheit zitieren und habe begonnen, sie zu kommentieren. Auch habe sich der einst linientreue Marxist idealistische Auffassungen zu eigen gemacht, er behaupte beispielsweise, zwischen sozialistischer Theorie und Praxis gäbe es enorme Unterschiede. Auch befasse er sich zunehmend mit idealistischer Philosophie – von Platon bis zur Gegenwart – und pflege Umgang mit den Bukarester Intellektuellen Klaus Kessler und Dieter Fuhrmann, die den Vorbildcharakter der westeuropäischen Kultur propagierten.

Er mache sich ernsthafte Sorgen um Schusters schriftstellerische Entwicklung, zwar sei er noch kein reaktionärer und dem Sozialismus feindlich gesinnter Autor, doch er könne durchaus einer werden. „Johann Wald" schlägt vor, Partei und „Securitate" sollten das Gespräch mit ihm suchen, um ihn möglichst bald auf den „richtigen Weg" zu bringen. Sollte dies nicht gelingen, dann habe er keine Bedeutung mehr für die Literatur, und sein Fall würde hinfort allein die „Securitate" interessieren.[42]

V.

Anfang des Jahres 1963 sollte die „Securitate" laut Maßnahmenplan die individuelle Verfolgung von Paul Schuster nach einem auf 16 Monate begrenzten Zeitraum zu einem vorläufigen Abschluss bringen. Darauf deutet die so genannte zusammenfassende Darstellung *Sinteza privind acțiunea de verificare dusă asupra numitului Schuster Paul* vom 4. Januar 1963 hin, die Hauptmann Mircea Aurel vorlegte und die auf mehr als zehn Blättern die Ergebnisse der bisherigen operativen Recherchen zusammenfasst.[43] Sie gelangt zum Schluss, Paul Schuster solle wieder auf den ideologisch richtigen Weg gebracht werden, nicht zuletzt durch den Versuch, ihn als Inoffiziellen Mitarbeiter (IM) zu gewinnen. Einen solchen Versuch habe es bereits 1958 gegeben, als Major Teodor Dorobanțu Kontakt zu ihm aufgenommen und ihn im Zusammenhang mit dem bevorstehenden Kronstädter Schriftstellerprozess[44] befragt habe. Schuster habe damals bereitwillig Auskunft gegeben und den Major nicht brüskiert („a dat unele relații interesante și a avut o

---

[41] Vgl. ACNSAS, i 184937, Bd. 1, Bl. 141.
[42] Ebenda, Bl. 143.
[43] Ebenda, Bl. 308–319.
[44] Vgl. auch Anm. 9.

atitudine binevoitoare față de organele noastre").[45] Der Offizier habe die Beziehung danach aufrecht erhalten, um ihn allmählich als Spitzel anzuheuern. Doch als er 1960 Schuster darauf angesprochen habe, habe dieser zweideutig geantwortet, er würde die „Securitate" zwar gern unterstützen und ihr jede illegale Handlung in seinem Umfeld melden, doch zu mehr sei er nicht bereit, weil er durch eine zusätzliche Verpflichtung von seiner schriftstellerischen Tätigkeit abgehalten werde. Trotz dieser Ablehnung solle nicht darauf verzichtet werden, betont der Offizier, Schuster zum Agenten zu machen. Wenn er nicht aus freien Stücken zur Zusammenarbeit bereit sei, solle ihm seine „antisozialistische Tätigkeit" der letzten Jahre vorgeführt werden, um ihm Angst einzujagen. Wenn auch das nicht nütze, und er sich immer noch sträube mitzuarbeiten, solle ihm gedroht werden.

Schusters Akte, die Lücken aufweist und möglicherweise nicht vollständig überliefert ist, gibt keine näheren Auskünfte darüber, ob er der Drohung widerstanden hat und standhaft geblieben ist, oder ob er letztendlich dem Druck doch nachgeben hat.[46]

Doch seine Akte wurde nicht, wie ursprünglich beabsichtigt, zeitgerecht geschlossen, im Gegenteil, sie sollte bald wieder neu eröffnet werden bzw. sie blieb offen und wurde mit weiteren Berichten gefüllt, da sich zwischenzeitlich Dinge in Schusters Leben und in seinem Umfeld zugetragen hatten, an denen der kommunistische Geheimdienst ein lebhaftes Interesse bekundete.

Wiederum war es die wachsame IM „Marga", die am 26. März 1963 ihre Auftraggeber wissen ließ, sie habe mit Paul Schuster vereinbart, für ihn jeden Montag, Dienstag und Donnerstag und jede zweite Woche auch mittwochs oder freitags Nachmittag in seiner Bukarester Wohnung in der Dinicu-Golescu-Straße 31 Schreibarbeiten zu erledigen.[47] Zwei Novellen, der dritte Teil seines Romans *Fünf Liter Zuika* und einige Zeitungsartikel stünden an, aber auch das Tagebuch seiner ehemaligen Frau Ana Novac und die Schriften von Moses Rosenkranz sollten abgetippt werden.[48] Um alles zeitgerecht bewerkstelligen zu können, habe sie einen Schlüssel ausgehändigt bekommen, so könne die Daktylografin, die das Vertrauen des Schriftstellers und seiner zweiten Frau Edith genieße, auch in Abwesenheit der Familie ungestört arbeiten. Wenn sie alles richtig einschätze, habe Schuster wahrscheinlich vor, die Schriften von Novac und Rosenkranz ins Ausland zu schmuggeln.

---

[45] Vgl. ACNSAS, i 184937, Bd. 1, Bl. 316.
[46] Ebenda. Von der Typologie her ordnet sich Schuster mit seiner Haltung jener Gruppe von potenziellen IM ein, deren Verhalten in der Fachliteratur als „abgelehnte Werbung" bezeichnet wird. Vgl. Walther, Sicherungsbereich Literatur (Anm. 30), S. 724–729.
[47] Vgl. ACNSAS, i 184937, Bd. 1, Bl. 111.
[48] Ebenda.

Mit ihrer Vermutung sollte „Marga" nicht falsch liegen. In ihrem Bericht vom 15. April 1963, der ihren detaillierten Arbeitsplan für die nächsten sechs Monate im Hause Schuster auflistet[49], teilt sie der Sicherheitsbehörde mit, sie habe den Auftrag von Schuster bekommen, die Gedichte von Moses Rosenkranz auf dünnes Papier zu tippen. Sie vermute, er wolle sie auf diese Weise leichter und unauffälliger ins Ausland schicken, und möglicherweise werde er dies über einen westdeutschen Touristen versuchen.[50]

In den Berichten, die „Marga" bis Juni 1963 der „Securitate" liefert, ist hauptsächlich von dieser Aktion die Rede. Zuverlässig und dienstbeflissen leitet sie alles, was sie von Paul Schuster über Moses Rosenkranz in dieser Zeit zu hören bekommt, an ihre Führungsoffiziere weiter. Moses Rosenkranz, laut Schuster der „begabteste Dichter unserer Zeit"[51], sei nach dem Ende des Zweiten Weltkrieges Direktor des Roten Kreuzes (Genf) in Bukarest gewesen und habe als solcher vielen Menschen geholfen. So sei beispielsweise der rumänische Schriftsteller Nichifor Crainic (1889–1972), der in der Zeit zwischen den beiden Weltkriegen zu den bekanntesten und erfolgreichsten Autoren Rumäniens gehört und hohes Ansehen genossen habe, in der Zeit des kommunistischen Regimes jedoch in Ungnade gefallen sei, eines Tage bei Rosenkranz aufgetaucht und habe ihn um Hilfe angefleht. Rosenkranz habe zu ihm u. a. gesagt, er würde ihm, obwohl er einst sein Feind war – Crainic habe in der Zeit zwischen den beiden Weltkriegen stark mit der rechtsgerichteten Bewegung der Legionäre sympathisiert –, jetzt, da Crainic in Not sei, helfen, und habe ihn daraufhin versteckt. Die kommunistischen Behörden hätten hierdurch Crainic, erst nach Jahren habhaft werden können.[52] Danach sei aber auch Rosenkranz verhaftet worden, weil er nach dem Frontwechsel Rumäniens am 25. August 1944 vielen durch die neuen Machthaber bedrohten rumänischen Bürgern zu Pässen verholfen habe, damit sie ins Ausland gelangen. Er sei deshalb vom sowjetischen Geheimdienst nach Sibirien deportiert worden, wo er viele Jahre habe verbringen müssen. Nach seiner unerwarteten Rückkehr sei er von seinem ehemaligen Czernowitzer Förderer und Dichterfreund Alfred Margul-Sperber (1898–1967) herzlich empfangen worden, der auch veranlasst habe, dass Rosenkranz in Bukarest staatlicherseits eine Wohnung zugeteilt wurde. Schuster habe auch erwähnt, dass Rosenkranz einen Band mit eigenen Gedichten für einen Verlag vorbereitet, diesen aber, weil die Zensur einige Texte entfernen wollte, zurückgezogen. Eine ähnliche Erfahrung habe auch Emmerich Stoffel von der *Neuen Literatur* mit Rosenkranz gemacht.

---

[49] Siehe den „Bericht" von „Marga" vom 15. April 1963 (Ebenda, Bl. 112).
[50] Ebenda.
[51] Ebenda.
[52] Vgl. über Nichifor Crainic: Dicționarul General al Literaturii Române (Anm. 2), Bd. 2, S. 428–432, vor allem S. 429.

Schuster habe „Marga" auch erzählt, wie es zum Zerwürfnis zwischen Rosenkranz und Sperber gekommen sei, die früher eng befreundet gewesen wären. Rosenkranz habe Sperber nach seiner Rückkehr aus Sibirien gebeten, ihm seine neuesten Texte zu zeigen, wozu Sperber zunächst nicht bereit gewesen sei. Daraufhin habe sich Rosenkranz die Gedichte Sperbers anderweitig beschafft und nach deren Lektüre seine Verachtung Sperber spüren lassen. „Ab heute sind wir keine Freunde mehr", habe Rosenkranz zu Sperber gesagt und ihm auch das Du entzogen. Sperber habe daraufhin zu weinen begonnen, doch Rosenkranz sei hart geblieben und habe Sperber wissen lassen, seine in den letzten Jahren verfassten Gedichte seien im Unterschied zu dem, was er früher geschrieben habe, wertlos. Das Verhältnis sei bis zu Rosenkranz' Weggang aus Rumänien zerrüttet geblieben.

Danach habe Schuster, der offenbar sehr ergriffen von seiner Erzählung gewesen sei – er habe Schweißausbrüche gehabt und sei gestikulierend im Zimmer auf und ab gegangen –, „Marga" auch darüber berichtet, wie es zur Freundschaft zwischen Rosenkranz und ihm gekommen sei. Schuster sei durch die Scheidung von seiner ersten Frau Ana Novac seelisch arg belastet gewesen und habe immer bis spät in die Nacht in den Räumlichkeiten der *Neuen Literatur*, wo er als Redakteur angestellt war, besonders an seiner Novelle *Die Amazonen* gearbeitet. Da habe er eines späten Abends das Bedürfnis gehabt, Rosenkranz' Meinung über diese Novelle zu erfahren und habe gleich danach Rosenkranz einen Besuch abgestattet. Rosenkranz habe ihn empfangen. Nach der Lektüre der Novelle habe ihn Rosenkranz in den Arm genommen und ihm das Du angetragen, bis dahin habe ihn Schuster immer mit „Meister" angesprochen. Seit jenem Abend seien sie Freunde geworden und hätten sich gegenseitig über alle Fragen und Nöte des Lebens ausgetauscht. Rosenkranz habe Schuster viel aus seinem Leben erzählt, und was ihn besonders an ihm beeindruckt habe, sei seine integre Persönlichkeit gewesen. Rosenkranz habe sich nie kaufen lassen, weder mit Geld noch mit schönen Worten.

Schuster, der Rosenkranz auch als Dichter sehr schätze, halte sich viel darauf zugute, zum Verwalter von dessen Vorlass auserkoren worden zu sein, und vor allem auch darauf, dass er ihm gestattet habe, seine Texte zu „bearbeiten".

Etwas verdutzt sei „Marga" schon gewesen, berichtet sie, als sie festgestellt habe, dass die Gedichte von Rosenkranz mit einem Heftumschlag versehen worden seien, auf dem der Name von Paul Schuster und nicht der des eigentlichen Autors stehe. Das habe sie hellhörig gemacht und zur Annahme verleitet, dass hier etwas nicht in Ordnung sei, was herauszubekommen, ihr sehr wichtig schiene. Deshalb habe sie sich bereit erklärt, fortan nach ihrer Dienstzeit jeden Tag vier Stunden mit Paul Schuster zusammenzuarbeiten, um auf diese Weise alles unter Beobachtung halten zu können. Dadurch werde Schuster nicht dazu veranlasst, sich nach einer anderen bzw. weiteren Schreibkraft umzusehen.

Alles, was ihr während dieser intensiven und engen Zusammenarbeit mit Paul Schuster für die Sicherheitsbehörde relevant scheint, leitet sie unumwunden an ihre Führungsoffiziere weiter. An einem Abend habe ihr Schuster u. a. einen Text vorgelesen, den Rosenkranz nach seiner Rückkehr aus Sibirien verfasst habe, da sei von einem Stiefel die Rede, der auf seiner Brust liege.[53] Sie erinnere sich nicht mehr genau an den Inhalt, doch werde sie das Gedicht, sobald sie es abgetippt habe, unverzüglich dem Offizier aushändigen.

Eines Tages habe Rosenkranz zu Schuster gesagt, fährt „Marga" in einem ihrer Berichte fort[54], „übermorgen verlasse ich das Land." Schuster sei wie vom Blitz getroffen gewesen und habe ihm diese Nachricht zunächst nicht abnehmen wollen. Doch Rosenkranz sei tatsächlich, wie verkündet, ausgereist. Nach einigen Monaten habe er von Rosenkranz eine Karte aus der Schweiz erhalten, mit der Bitte, er möge ihm die Anschrift von Sperber mitteilen – dieser sei krebskrank, hatte Schuster Rosenkranz in einem Brief wissen lassen –, er wolle sich mit ihm versöhnen. „Marga" habe daraufhin Schuster gefragt, ob er zu Rosenkranz noch Beziehungen unterhalte. Schuster habe erwidert, die Verbindung sei sehr lose, aber „sicher". Sie hätten nämlich vereinbart, wenn Rosenkranz wolle, dass Schuster mit der kritischen Lektüre seiner Arbeiten fortfahre, so solle er ihm eine Karte mit der Stadtansicht von Zürich zukommen lassen, wenn er die Arbeiten abzubrechen wünsche, möge er ihm eine mit der Stadtansicht von Basel schicken. Zuletzt habe er eine Karte aus Zürich bekommen, das bedeute, er möge die Arbeit fortsetzen.

Eine neue Dimension erreicht die Berichterstattung „Margas" ab Mitte des Jahres 1963. Am 4. Juni 1963 hatte sie ihre Auftraggeber[55] informiert, sie habe Teile eines Briefes von Schuster an Rosenkranz zu schreiben gehabt. Dieser Brief, dessen Entwurf sie gänzlich habe lesen können, weil Schuster zwischendurch das Haus verlassen habe, um Zigaretten zu holen, sei ihm ein äußerst wichtiges Anliegen gewesen. Obwohl er mehrere Arbeiten im Verlag hätte abliefern müssen, habe er sich auf diesen Brief konzentriert, der in drei Tagen hätte fertig gestellt werden müssen, weil Schuster eine Möglichkeit in Aussicht gehabt habe, ihn über eine vertrauenswürdige Person Rosenkranz direkt zukommen zu lassen. Sie vermute dies zumindest, weil Schuster „Marga" gesagt habe, er werde am Wochenende nicht in Bukarest sein.

„Marga", die in dieser Angelegenheit ihre professionellen informatorischen Qualitäten unter Beweis stellt, fragt sich, wer wohl diese Person, mit der sich

---

[53] Vgl. ACNSAS, i 184937, Bd. 1, Bl. 113. Offenbar handelt es sich um das Gedicht *Lebenslage*. Vgl. Anm. 22.

[54] Vgl. ACNSAS, i 184937, Bd. 1, Bl. 113.

[55] Ebenda, Bl. 107–111.

Schuster verabredet habe, sein könne, wo sie sich aufhalte und warum Schuster es auf sich nehme, selbst in die Provinz zu reisen, nur um diesen Menschen zu treffen. „Marga" habe versucht, in Erfahrung zu bringen, um wen es sich handeln könne, doch sie habe, um keinen Verdacht aufkommen zu lassen, nur zurückhaltend gefragt. Deshalb verlangt sie vom Führungsoffizier präzise Anweisungen für das weitere Vorgehen. Auch äußert sie die Ansicht, wenn man Schuster Schritt für Schritt beobachtete, würde man zweifellos erfahren können, wem er begegnen wolle. Die Gedichte und der Brief, die sie auf dünnes Papier habe tippen müssen, enthielten ihrer Meinung nach, keine brisanten, das sozialistische Rumänien schädigenden Nachrichten. Fragen werfe allein die Tatsache auf, warum er diese an und für sich unverfänglichen Materialien nicht der Post, sondern einer Vertrauensperson übergeben wolle. Verdächtig habe ihr auch der Satz geklungen, mit dem sich Schuster von ihr verabschiedet habe: „Ich bitte Sie um strengste Diskretion! Die Sachen sind streng geheim!"[56]

Was sowohl „Marga" als auch ihren Führungsoffizier nicht zur Ruhe kommen lässt, ist die Frage, wieso Moses Rosenkranz, der, wo es um seine Texte geht, üblicherweise sehr empfindlich reagiert und keine Ratschläge annimmt, die oft in harschem Ton vorgetragenen Argumente Paul Schusters – aus ihrer Sicht eines Novizen in Sachen Poesie – bereitwillig akzeptiert. Hier könne doch unmöglich alles mit rechten Dingen zugehen, da müsse wohl mehr als nur Literatur im Spiel sein, schlussfolgern der argwöhnische Führungsoffizier und seine beflissene Agentin. Die Gedichte, die Kommentare darüber und die Briefe, die gewechselt würden, dürften nicht nur von Literatur und Sprache handeln, sie enthielten – im Sinne der Logik der Behörde, der sie dienten – bestimmt auch verdeckte, ja sogar kodifizierte Botschaften, die zu entschlüsseln, ihnen bislang leider noch nicht gelungen sei.[57]

Vorerst galt es jedoch zu eruieren, wer der Mittelsmann zwischen Schuster und Rosenkranz sei. Siebenbürgisch-sächsischen Landsleuten, die als Aussiedler legal ausreisten, wage er nicht, die Texte anzuvertrauen, hatte Schuster zu „Marga" gesagt[58], die würden, bevor sie das Land verließen, an der rumänischen Grenze regelrecht gefilzt werden. Unproblematischer wäre es zweifellos, wenn man den Brief einfach mit einem der westdeutschen Touristen mitschicke, die in zunehmend größerer Zahl Rumänien besuchten. Diese würde man keiner strengen Grenzkontrolle unterziehen.

Damit hatte er „Marga" jenen Hinweis gegeben, auf den sie und ihre Auftraggeber wohl seit Wochen und Monaten gewartet hatten. Die „Securitate" hatte nämlich zwischenzeitlich auch Schusters Korrespondenz, beson-

---

[56] Ebenda, Bl. 111.
[57] Ebenda.
[58] Siehe Bericht vom 6. Juni 1963, ebenda, Bl. 105.

ders die, die er mit dem Ausland unterhielt, geöffnet und herausbekommen, dass Schuster mit dem westdeutschen Staatsbürger Hans Reiss, einem gebürtigen Siebenbürger und ehemaligen Freund, einen lockeren Brief- wechsel führe und dass beide eine Begegnung in Siebenbürgen vereinbart hätten.

Am 4. Juni 1963 ließ das Bukarester Ministerium des Innern die ihm unter- geordnete Zweigstelle in Kronstadt wissen[59], dass der westdeutsche Staats- bürger Hans Reiss mit seiner Frau einen zweiwöchigen Urlaub in Kronstadt angetreten habe. Reiss stünde im Briefverkehr mit dem Bukarester Schrift- steller Paul Schuster, der von der rumänischen Sicherheitsbehörde überwacht werde, weil man vermute, er wolle ein Manuskript außer Landes befördern, das dem Dichter Moses Rosenkranz gehöre, der in die Bundesrepublik Deutschland ausgewandert sei. Man werde Paul Schuster, der in Bukarest bekannt gegeben habe, er werde in drei Tagen in die Provinz verreisen, verfolgen und beobachten, um festzustellen, ob er sich mit Reiss trifft. Drei Tage später, am 7. Juni 1963, erhielt die Kronstädter Abteilung des Innen- ministeriums einen weiteren Brief von der Bukarester Zentrale[60], diesmal an den Direktor persönlich adressiert, in dem ihm mitgeteilt wird, Paul Schuster fliege am 7. Juni, 17:05 Uhr, in Begleitung seiner Frau nach Hermannstadt. Er werde einen Brief von zirka zehn Seiten Umfang, beidseitig in Maschinenschrift beschrieben, dem westdeutschen Touristen Hans Reiss zu übergeben versuchen. Man solle Paul Schuster beobachten und feststellen, an wen er den Brief weiterreiche. Danach werde man den westdeutschen Touristen bei dessen Rückkehr in die Bundesrepublik Deutschland an der Grenze einer strengen Kontrolle unterziehen und den Brief beschlagnahmen. Eine Woche später, am 13. Juni 1963, sandte die Kronstädter Abteilung des Innenministeriums an die Bukarester Zentrale ein Telegramm folgenden Inhaltes[61]: Man habe in einem Zimmer des Hotels „Carpați" in Kronstadt den Koffer und die Tasche des westdeutschen Touristen Hans Reiss in dessen Abwesenheit durchsucht und habe in einem Umschlag acht eng beschriebene dünne Blätter, insgesamt 16 Seiten, mit Gedichten in deutscher Sprache gefunden. Eine summarische Lektüre lasse erkennen, dass es sich um Ge- dichte mit doppelbödiger Aussage handle, die auch eine gegen das kommu- nistische Regime in Rumänien ausgerichtete Lesart anbieten würden. Den Gedichten sei auch ein Brief beigegeben, von Paul Schuster gezeichnet, in dem Bezug auf die literarischen Texte genommen werde, mit der Bitte, das ganze Konvolut an Moses Rosenkranz weiter zu leiten. Alle Materialien

---

[59] Siehe: Ministerul afacerilor interne. Dir. II-a., Nr. 241/33739, 04. 06.1963, Către Direcția regională M. A. I. Brașov [Ministerium des Innern, an die Regionale Abteilung Kronstadt], ACNSAS, i 184937, Bd. 1, Bl. 83.

[60] Ebenda, Blatt 84.

[61] Siehe: Telegramă. MAI [Ministerul afacerilor interne] Regiunea Brașov, Serv. 2, către MAI Direcția II-A București [Telegramm des Ministeriums des Innern, Kreis Kronstadt, Abteilung 2, an das Ministerium des Innern, Abteilung II, Bukarest]. Ebenda, Blatt 34.

seien sorgfältig fotokopiert, die Originale am Ort der Auffindung belassen worden, bei Bedarf könnten die Fotokopien nach Bukarest geschickt werden, was eine Woche später, am 19. Juni 1963, auch geschah. Allerdings habe man, wird vermerkt, die Fotos nicht alle ausarbeiten können, da den Kronstädtern das Fotopapier ausgegangen sei.[62]

Nachdem Paul Schuster und seine Frau vom 7. Juni, 18:10 Uhr bis zum 11. Juni 1963 abends rund um die Uhr verfolgt und beobachtet worden waren – eine Operation, die detailgetreu auf 22 eng getippten Seiten festgehalten wurde[63] –, und es sich herausgestellt hatte, dass Schuster tatsächlich mit Hans Reiss zusammengekommen war und ihm die Gedichte von Rosenkranz und den Brief an diesen übergeben hatte, verfügte die „Securitate" nun über alle nötigen Daten und Unterlagen, die sie brauchte, um gegen Schuster vorgehen zu können.

Um ihn zu überführen, solle man Schuster die dem Touristen Reiss an der Grenze abgenommenen Materialien vorzeigen und ihn aufgrund dieser Beweislage befragen, befiehlt Oberstleutnant Cosma Neagu seinen Untergebnen.[64] Das ganze Prozedere habe, schreibt er, auch einen erzieherischen Wert, es würde Schuster – und wohl auch anderen Autoren – als abschreckendes Beispiel dienen und sie veranlassen, von ähnlichen Schritten abzusehen.[65]

VI.

Da Schuster „in flagranti" ertappt worden war, konnte die „Securitate" ihn nun einbestellen und detailliert nach seinem Verhältnis zu Moses Rosenkranz befragen. In der auf den 31. Juli/1. August 1963 datierten Erklärung, die in doppelter Ausführung sowohl in Schusters Handschrift[66] als auch getippt[67] in der Akte aufbewahrt wird, hat Paul Schuster zu Protokoll gegeben, wann und unter welchen Umständen er zunächst die Gedichte und danach den Dichter Moses Rosenkranz kennen gelernt habe. Da Schuster

---

[62] ACNSAS, i 184937, Bd. 2, Bl. 90.

[63] In der *Nota de supraveghere operativă* [Bericht über die operative Beobachtung], Ebenda, Bl. 174–196, wird detailliert festgehalten, wie das Ehepaar aus dem Flugzeug steigt, wann und mit wem Schusters zunächst zu seinen Eltern fahren, danach ins Hotel gehen. Unterwegs streichelt die Ehefrau ihr bekannte Kinder. Vermerkt wird, was sie einkaufen („mezeluri", „covrigi", d. h. Wurst und Brezen). Alle Straßen, die sie im Laufe eines Tages passieren, werden genau aufgelistet. In Kronstadt, wohin sie von Hermannstadt mit dem Zug fahren, wurden sie ebenfalls rund um die Uhr beobachtet. Verzeichnet ist auch, dass sich das Ehepaar Schuster mit dem westdeutschen Touristen Reiss und seiner Frau getroffen und mit ihnen im Hotel „Carpați" gegessen und auch sonst viel mit ihnen zusammengesessen habe. Die intensive Beobachtung sei erst mit der Abfahrt der Familie Schuster nach Bukarest eingestellt worden.

[64] Vgl. Raport cu propuneri de demascare in cerc restrîns a lui Paul Schuster [Vorschläge zur Enttarnung von Paul Schuster in einem kleinen Kreis], 6. Juni 1963, ebenda, Bl. 28–31.

[65] Ebenda.

[66] Vgl. ebenda, Bl. 15–27.

[67] Vgl. ACNSAS, i 184937, Bd. 1. Bl. 94–102.

davon ausging, dass die „Securitate", wenn nicht alles, dann eh schon vieles wisse, und er davon überzeugt war, nichts Unrechtes getan, sondern einer guten Sache zum Wohle Rumäniens und des Kommunismus in der Welt gedient zu haben, verfasste er einen rund acht Seiten langen Bericht, der jenseits seines Rechtfertigungscharakters von literaturhistorischer Relevanz ist und auf den deshalb kurz eingegangen werden soll.

Schuster schreibt, er habe die Gedichte von Rosenkranz 1948 oder 1949 erstmalig kennen gelernt. Er habe die in den 1930er Jahren erschienenen Gedichtbände *Unter blauen Pflaumen*[68] und *Gemalte Fensterscheiben*, die in der Bibliothek der Rumänischen Akademie aufliegen würden, auf Empfehlung der Hermannstädter Literaturhistoriker Herman Roth und Harald Krasser gelesen, die behauptet hätten, Rosenkranz sei einer der bedeutendsten deutschen Lyriker der Gegenwart. Die Freunde von Rosenkranz, Alfred Margul-Sperber und Alfred Kittner (1906–1991), mit denen Schuster als Kulturredakteur des *Neuen Weg* zusammengearbeitet habe, hätten die Meinungen von Roth und Krasser bezüglich Rosenkranz bestätigt. Persönlich sei Schuster Rosenkranz im Herbst des Jahres 1958 in der Redaktion des *Neuen Weg* erstmalig begegnet. Rosenkranz habe den Autor des Romans *Der Teufel und das Klosterfräulein* kennen lernen wollen. Den Roman hatte Rosenkranz auf Empfehlung seiner Tochter Mariana Pîrvulescu, die ihn vor Jahren rezensiert hatte, gelesen, und er habe ihn für gut befunden. An Rosenkranz habe Schuster vor allem fasziniert, wie kompetent er über Literatur gesprochen habe. Besuche und Gegenbesuche seien die Folge gewesen. Rosenkranz habe ihm dabei immer auch seine neuesten Gedichte vorgelesen, und Schuster habe mit seiner Meinung zu den Gedichten von Rosenkranz nicht hinter dem Berg gehalten und sich oft sehr kritisch über einzelne Texte geäußert. Diese Offenheit habe Rosenkranz sehr beeindruckt. Auch habe Schuster versucht – so behauptet er zumindest –, Rosenkranz für den Sozialismus zu begeistern, doch Rosenkranz, der zwar kein Gegner des Sozialismus sei, habe von Politik nichts wissen wollen. Dennoch sei er der Meinung, dass mehr als 100 Gedichte von Rosenkranz, die zum Großteil vor dem Zweiten Weltkrieg geschrieben worden wären, eindeutig „antifaschistische" Züge trügen und als „fortschrittlich" – das Zauberwort, mit dem sich das bürgerliche Erbe mit der kommunistischen Ideologie vereinbaren ließ – zu bezeichnen seien.

Bei seinem Weggang aus Rumänien am 19. Juli 1961 habe ihm Rosenkranz sein gesamtes schriftstellerisches Werk zur Aufbewahrung und Verwaltung überlassen. Schuster habe den Vorlass von Rosenkranz übernommen, ihn aber beim letzten Gespräch nachdrücklich darauf hingewiesen, er, Paul Schuster, sei und bleibe ein überzeugter Kommunist, der sich unter allen Umständen am Aufbau der sozialistischen Gesellschaftsordnung in Rumä-

---

[68] Es handelt sich bloß um einen Zyklus und nicht um einen eigenständigen Gedichtband.

nien beteiligen wolle. Rosenkranz' dichterisches Werk betrachte er als der sozialistischen Lyrik Rumäniens zugehörig, und er sei der festen Überzeugung, dass der Tag kommen werde, an dem er dieses bedeutende Werk in Rumänien veröffentlichen werden könne.

Beim letzten Gespräch hätte Rosenkranz Schuster aufgetragen, er solle seine Gedichte einer kritischen Lektüre unterziehen, nach eignem Gutdünken Änderungen und Streichungen vornehmen und ihm diese Varianten auf sicherem Wege, d. h. nicht per Post, zukommen zu lassen. Desgleichen solle er ihm die *Aufzeichnungen des Franz Duba*, den titellosen autobiografischen Roman, Teile aus dem *Roten Strom*, einer versifizierten Darstellung der Geschichte der kommunistischen Partei der Sowjetunion, die er für gut befände – all diese Texte, mit Schusters kritischen Anmerkungen versehen –, über ähnlich sichere Kanäle zuschicken. Für den brieflichen Verkehr miteinander sollten sie sich einer kodifizierten Sprache bedienen, beispielsweise, wenn Rosenkranz über seinen Onkel berichte, sei damit Paul Schuster gemeint. Wenn Paul Schuster Rosenkranz schriebe, er sei krank, so bedeute das, er habe Schwierigkeiten mit den Behörden seinetwegen. Sollte Schuster Unannehmlichkeiten wegen der Schriften von Rosenkranz bekommen, bitte er ihn, den gesamten Bestand der Bibliothek der Rumänischen Akademie zu übergeben. (Diesen Wunsch lege Schuster auch der Sicherheitsbehörde ans Herz, sollte er verurteilt werden, beteuert er in seiner Erklärung.)

Nach Rosenkranz' Auswanderung habe er zunächst losen brieflichen Kontakt zu ihm gehabt, bloß ein paar Briefe und Ansichtskarten mit ihm gewechselt, danach habe er ihm über Hans Reiss zwei Briefe zukommen lassen, im Sommer 1961 mit Anmerkungen zu den Gedichtsammlungen *Unter blauen Pflaumen* und *Die Tafeln* und dann zwei Jahre später den Kommentar zu den Gedichtzyklen *Die Liebe* und *Aurora*, die von der „Securitate" bei Hans Reiss entdeckt worden waren.

Gedichte von Rosenkranz habe er u. a. Alfred Kittner, Oskar Pastior, Gisela Richter, Viktor Theiß, Klaus Kessler vorgelesen, einigen Schriftstellern wie Dieter Schlesak, Arnold Hauser und Harald Krasser welche aus dem Gedächtnis vorgetragen, da er viele auswendig könne.

Etwas eigenartig sei das Verhältnis zwischen Rosenkranz und Alfred Margul-Sperber gewesen, der Rosenkranz vor dem Krieg gefördert habe, das völlig zerrüttet worden sei. Nach Rosenkranz' Heimkehr aus Sibirien wären sich die beiden Dichter ein- bis zweimal begegnet, danach wäre jedweder Kontakt zwischen ihnen abgebrochen und Rosenkranz habe sich sehr abfällig über Sperber geäußert. Schuster habe versucht, zwischen beiden zu vermitteln und Sperber einen Gedichtband von Rosenkranz überreicht, danach habe Rosenkranz Sperber eine versöhnliche Postkarte aus dem Ausland geschickt. Von Sperber und Kittner habe Schuster auch die Namen und Adressen einflussreicher deutscher Kritiker erhalten, denen er über Reiss die Gedichte von Rosenkranz zukommen lassen wollte.

Schuster habe all dies unternommen, um dem Werk eines begabten Poeten zum Durchbruch verhelfen zu können. Das hätte bereits der namhafte deutsche Literaturhistoriker Franz Thierfelder 1936 versucht, der Rosenkranz für den Goethe-Preis vorgeschlagen habe, den allerdings der berüchtigte Autor Hans Grimm (1875–1959) für seinen Roman *Volk ohne Raum* erhalten habe. Für Rosenkranz hätten auch die bedeutenden rumänischen Schriftsteller Mihai Beniuc (1907–1988) und Zaharia Stancu (1902–1974) Partei ergriffen. Nachdem Rosenkranz aus der Sowjetunion zurückgekehrt sei, hätten sie sich für das Erscheinen eines umfangreichen Gedichtbandes von Rosenkranz im ESPLA Verlag eingesetzt, der Plan sei aber an Rosenkranz' Sturheit gescheitert, der sich mit den Redakteuren des Verlags überworfen habe. Aus denselben Gründen seien seine Gedichte und sein Roman *Die Aufzeichnungen des Franz Duba* nicht erschienen. Emmerich Stoffel, der Chefredakteur der *Neuen Literatur*, habe sich bereit erklärt, Fragmente aus dem Poem der *Rote Strom* abzudrucken, wozu es aber nicht gekommen sei, da Rosenkranz Stoffel brüskiert habe.

Schuster sei demnach nicht der einzige, der den Wert der Dichtung von Rosenkranz erkannt und sich für ihn verwendet habe. Dass Rosenkranz als Dichter nicht mehr erreicht habe, läge zum Großteil an seinem Charakter, er habe nämlich die Gabe, vor allem jene Menschen zu brüskieren, die ihm wohl gesinnt gewesen wären. Außerdem wäre er ein recht sonderbarer Poet, der zwar gut schreiben, seine Texte aber schlecht einschätzen könne. Seine Gedichte zeichneten sich durch die Verwendung klassischer Gestaltungsmodalitäten aus (Reim, Rhythmus, Strophe), durch visionäre Kraft, die ihren Ausdruck im Gebrauch starker Bilder und zahlreicher neuer Wortschöpfungen finde. Den Großteil seiner Texte machten Liebes- und Landschaftsgedichte aus. Aus seinen Gedichten spreche ein unzerstörbarer Glaube an die Zukunft des Menschen, und diese humanistische Note seiner Poesie sei durchaus kompatibel mit der kommunistischen Auffassung vom Leben.

Schuster sei, betont er am Ende seiner Rechtfertigung, überzeugt, dass Rosenkranz eines Tages nicht nur von der deutschen Leserschaft geschätzt, sondern auch in zahlreiche Sprachen übersetzt werde. Das sozialistische Rumänien könne sich dann damit rühmen, der Welt einen großen Dichter geschenkt zu haben. Rosenkranz habe sich stets als ein Sohn seines rumänischen Vaterlandes betrachtet, sich immer freundlich über die Rumänen und ihre Charaktereigenschaften und Begabungen geäußert. Aus seinen Briefen spreche zunehmend die Sehnsucht, in sein Vaterland zurückkehren zu wollen, und Schuster sei überzeugt, dass er dies tun werde, wenn man ihn von rumänischer Seite aus in diesem Vorsatz unterstützen würde.

Schuster habe die ihm nachgewiesenen Taten allesamt zugegeben und sämtliche Materialien, einschließlich die Korrespondenz mit Rosenkranz der Behörde abgeliefert, heißt es ihm Bericht vom 2. August 1963.[69] Man werde die Unterlagen der Direktion VIII übergeben, die für Auslandspionage zuständig war. Dort werde eine Kommission gegründet, vor die er zitiert werde. Auf diese Weise hoffe man, dass Paul Schuster wieder in die Reihe der „fortschrittlichen", d. h. der ideologiekonformen Dichter Rumäniens zurückgeholt werde. Auch würde man dadurch gleichzeitig vermeiden, dass weitere Gedichte von Moses Rosenkranz unter den deutschsprachigen Intellektuellen Rumäniens verbreitet werden.[70]

Ob es zu dieser Vorladung überhaupt gekommen ist, welchen Verlauf sie genommen hat und was für Entscheidungen getroffen worden sind, darüber gibt es in der Akte keine Informationen.

VII.

Die zweite Hälfte des Jahres 1963, das gesamte Jahr 1964 und die erste Hälfte des Jahres 1965 sind informativ sehr dürftig dokumentiert. Ob dies mit dem Verhalten von Paul Schuster zusammenhängt, der, verunsichert und eingeschüchtert, aus dem weiter oben geschilderten Vorfall seine Lehren gezogen und sich in der Zeit von September 1963 bis Juni 1965 weniger auffällig und aufmüpfig verhalten hat, oder ob die Zurückhaltung der „Securitate" auf den im Jahre 1965 erfolgten Machtantritt des im Vergleich zu seinem stalinistischen Vorgänger Gheorghe Gheorghiu-Dej viel liberaler eingestellten Nicolae Ceaușescu zurückzuführen ist, der auch auf die Tätigkeit des rumänischen Geheimdienstes nicht wirkungslos blieb[71], kann nur vermutet werden.

Tatsache ist, dass sich in Paul Schusters Akte erst ab dem Jahr 1965 wieder mehrere Berichte verzeichnen lassen. Doch es sind zunächst bis Ende der 1960er Jahre – verglichen mit der Zeit davor und danach – recht wenige. Ihre Präsenz wird sich dann ab etwa 1968 wieder verdichten und in den Jahren 1970 bis 1972 einen erneuten Höhepunkt erreichen.

Warum deren Zahl zunächst so stark zurückgegangen ist, darüber kann bloß spekuliert werden. Es lag in erster Linie wohl daran, dass die „Securitate" Ende Juni 1965 zur Schlussfolgerung gelangt war, dass Paul Schuster durch seine Beziehungen zu Moses Rosenkranz sein „Vaterland nicht verraten ha-

---

[69] Vgl. ACNSAS, i 184937, Bd. 1, Bl. 320–322.

[70] Ebenda, 322. Die Beziehungen zu Moses Rosenkranz hat Paul Schuster nach seiner Ausreise in die Bundesrepublik Deutschland erneut aufgenommen und sie zeitweilig sehr eng gestaltet. In Schusters Nachlass, der sich im Archiv des Instituts für deutsche Kultur und Geschichte Südosteuropas an der Ludwig-Maximilian-Universität München (IKGS) befindet, wird das komplizierte Freundschaftsverhältnis anhand der Korrespondenz und weiterer Unterlagen eindeutig belegt.

[71] Vgl. „Partiturile" Securității (Anm. 30), besonders S. 16–22.

be"[72]. Er habe nichts Feindliches gegen Rumänien unternommen und könne auch nicht der Spionage für einen ausländischen Geheimdienst bezichtigt werden. Man solle deshalb die Akte schließen und archivieren.[73]

Doch hängt die geringe informative Belegdichte in Schusters Akte während dieser Zeitspanne wohl auch mit dem Wandel der politischen, gesellschaftlichen und kulturellen Lebensverhältnisse in Rumänien in den endsechziger Jahren des 20. Jahrhunderts zusammen, dessen Verlauf hier bloß skizziert werden kann.

Um möglichst schnell die Macht an sich zu reißen und in seinen Händen zu vereinen, tat der 1965 zum Generalsekretär der Kommunistischen Partei Rumäniens gewählte Nicolae Ceaușescu so, als ob er ein Anhänger einer viel liberaleren kommunistischen Gesinnung als sein Vorgänger Gheorghe Gheorghiu-Dej sei, was ihm nicht wenig Sympathie unter den Bewohnern Rumäniens, auch bei den Intellektuellen, und nicht zuletzt bei einigen rumäniendeutschen Schriftstellern, einbrachte. Zu ihnen zählte an vorderster Front auch Paul Schuster, der sich von diesen Veränderungen viel erhoffte.

Ceaușescu rechnete mit zahlreichen Anhängern Dejs ab und entfernte auf diese Weise eine ganze Reihe von altgedienten Funktionären aus dem Partei- und Staatsapparat, die ihm auf dem Weg zur totalen Macht hätten hinderlich sein können. Um sein Image auch im Westen aufzupolieren, um an günstige Kredite zu kommen, tat er so, als wolle er sich vom Warschauer Pakt lösen und einen Sozialismus mit menschlichem Antlitz in Rumänien errichten.

In diesem Kontext muss auch Ceaușescus frühe Minderheitenpolitik gesehen werden. Um sich im Ausland, besonders in der Bundesrepublik Deutschland, mit der Rumänien 1967 diplomatische Beziehungen aufnahm, beliebt zu machen, wurde für die rund 400 000 Deutschen, die in Rumänien damals lebten, 1968 ein so genannter „Rat der Werktätigen deutscher Nationalität" ins Leben gerufen, dem u. a. die Aufgabe zukam, die künstlerische, literarische und wissenschaftliche Arbeit in der Muttersprache zu fördern. Ein Jahr später wurde ein Verlag für nationale Minderheiten, „Kriterion", in Bukarest gegründet, der wie auch die Abteilungen der Verlage in Klausenburg („Dacia") und Temeswar („Facla") zahlreiche Bücher in deutscher Sprache herausbrachte.

Diese relative kulturpolitische Entspannung machte es möglich, dass eine damals junge Generation rumäniendeutscher Schriftsteller den Anschluss an die Literaturentwicklung im deutschen Sprachraum finden konnte. Sozusagen alle rumäniendeutschen Schriftsteller, die in der literarischen Szene der Bundesrepublik Deutschland, Österreichs und der Schweiz bekannt ge-

---

[72] Siehe: Hotărîre pentru inchidere a dosarului individual nr. 3826 privind pe Paul Schuster și clasarea lui la arhivă [Verfügung die Akte Paul Schuster zu schließen und zu archivieren]. Vgl. Bericht vom 30. 06. 1965, ACNSAS, i 184937, Bd. 1, Bl. 334–337.

[73] Ebenda. Vgl. auch: Hotărîre [Verfügung] vom 23. 06. 1965, ACNSAS, i 184937, Bd. 3, Bl. 43.

worden sind, haben in jenen Jahren ihre ersten Texte in rumäniendeutschen Zeitungen und Zeitschriften und Verlagen publiziert.

Besondere Verdienste erwarb sich in der Bekanntmachung dieser Autoren, deren Texte nicht immer ideologie- und systemkonform waren, die in Bukarest monatlich erscheinende deutschsprachige Zeitschrift *Neue Literatur*, in deren Redaktion damals u. a die Autoren Paul Schuster und Dieter Schlesak, später die Dichterin Anemone Latzina und der Kritiker Gerhardt Csejka tätig waren.

Da Paul Schuster nach wie vor nicht nur an den Sieg des Kommunismus in der Welt und an die Reformierbarkeit des kommunistischen Systems glaubte, sondern zunächst auch an die von Ceaușescu in seinen zahlreichen Reden geäußerten Versprechungen, nahm er diesen oft beim Wort und geriet dadurch erneut ins Visier der „Securitate", die ihre Tätigkeit auch unter dem neuen kommunistischen Machthaber zwar weniger repressiv, doch mit unverminderter Intensität fortsetzte.

Suspekt waren der „Securitate" bereits ab dem Jahre 1965 Schusters Kontakte zu Ausländern und Ausländerinnen, wie es einige Briefe dokumentierten, in die sie hatte Einblick nehmen können.[74] Neben den Dichterfreunden aus der Deutschen Demokratischen Republik, zu denen er schon seit etwa 1960 – beispielsweise zu Heinz Kahlau – auch freundschaftliche Beziehungen unterhielt[75], waren es Familienfreunde und Verwandte, die ihn seit der Öffnung Rumäniens gegenüber der Bundesrepublik Deutschland des Öfteren besuchten. IM „Dorina Gustav" lässt ihren Führungsoffizier am 2. September 1965 wissen, sie habe erfahren, dass Paul Schusters Schwiegermutter, deren Schwestern seit einiger Zeit in der Bundesrepublik Deutschland leben würden und die zu Besuch in Bukarest gewesen seien, sich Gedanken mache, eventuell auch auszusiedeln. Schusters Ehefrau habe diesen Wunsch ebenfalls geäußert, doch aus Rücksicht auf ihren Mann, der davon nichts wissen wolle, komme ein solcher Schritt für sie und ihren gemeinsamen Sohn wohl nicht in Frage.[76]

Die sich unter der deutschen Bevölkerung Hermannstadts ausbreitende Auswanderung in die Bundesrepublik Deutschland würde den Schriftsteller Paul Schuster nicht gleichgültig lassen, berichtete IM „Lohengrin" am 12. November 1965.[77] Schuster sei hierdurch beunruhigt und habe sich ihm

---

[74] Vgl. Bericht vom 26. Oktober 1965, ACNSAS, i 184937, Bd. 1, Bl. 32 und ACNSAS, i 184938 [Bd. 4], Bl. 227.

[75] „Johann Wald" und „Dorina Gustav" hatten bereits 1962 über den Besuch von Heinz Kahlau und seiner Frau in Bukarest berichtet. Vgl. ACNSAS, i 184937, Bd. 1, Bl. 146 bzw. Bl. 115–116. Über die Eindrücke, die Paul Schuster während eines Aufenthaltes im Jahre 1965 in der DDR hatte sammeln dürfen, informierte IM „Ludwig Leopold" am 23. Juli 1965 die rumänische Sicherheitsbehörde. Paul Schuster, der in Berlin und Weimar auch eine Begegnung mit Autoren gehabt hatte, sei besonders über Johannes Bobrowski und Wolf Biermann voll des Lobes gewesen. Vgl. ACNSAS, i 184937, Bd. 2, Bl. 74–76.

[76] ACNSAS, i 184937, Bd. 2, Bl. 48.

[77] Ebenda, Bl. 65–66.

gegenüber auch beklagt, dass er den dritten Band seines Romans *Fünf Liter Zuika* nicht beenden könne, weil er darin die jüngste Geschichte der Siebenbürger Sachsen aufarbeiten wolle und er über deren Enteignung und Deportation in die Sowjetunion immer noch nicht schreiben dürfe.[78]

Solchen Nachrichten schenkte die „Securitate" vorerst keine besondere Beachtung, sie verzeichnete sie zwar, legte sie aber zunächst ad acta, ohne den Schriftsteller informativ erneut näher unter die Lupe zu nehmen. Sie schritt auch noch nicht ein, als ihr hinterbracht wurde, Schuster habe sich im Juli 1968 bei einer Begegnung mit deutschen Intellektuellen in Gegenwart von Nicolae Ceauşescu, der an den Arbeiten zeitweilig teilgenommen hatte, recht freimütig zur neueren Geschichte und zur gegenwärtigen Situation der deutschen Minderheit geäußert. Ohne eine Tagesordnung festzusetzen, hatte das Zentralkomitee der RKP führende rumäniendeutsche Intellektuelle zu einer Besprechung nach Bukarest eingeladen, um die Probleme der deutschen Minderheit besser kennen zu lernen. Was damals besprochen wurde, ist so nie veröffentlicht worden, in der Zeitung *Neuer Weg* wurden bloß die politisch unverfänglichen Ausschnitte wiedergegeben.[79] Wenn Schriftsteller, die dort anwesend gewesen waren, später im Freundeskreis davon sprachen, taten sie es meist hinter vorgehaltener Hand. Im Zuge der Aufarbeitung der kommunistischen Vergangenheit hat die Hermannstädter Journalistin Hannelore Baier die stenografierten Protokolle jener Arbeitsbesprechung entdeckt. Eine Kopie – rund 70 Seiten – liegt im Archiv des Instituts für deutsche Kultur und Geschichte Südosteuropas an der Ludwig-Maximilians-Universität München auf. Insgesamt hatten sich 14 Redner zu Wort gemeldet, bei zehn Rednern war Ceauşescu persönlich anwesend. In ihren Wortmeldungen rückten einige der Schriftsteller von den herkömmlichen, in den 1950er Jahren etablierten Diskursen der Parteirhetorik kaum ab. Paul Schuster, der neben Arnold Hauser und Georg Scherg den größten Mut bewies, sprach jedoch auch bis dahin tabuisierte Themenfelder an. Er erwähnte die undifferenzierte Schuldzuweisung und den generellen Faschismusverdacht, mit denen die deutsche Bevölkerung Rumäniens belegt werde, er ging auf die Januar 1945 erfolgte Deportation der Rumäniendeutschen in die Arbeitslager der Sowjetunion ein und sprach die Abwanderung der Banater Schwaben und Siebenbürger Sachsen in die Bundesrepublik Deutschland an, die schon damals besorgniserregende Ausmaße erreicht hatte.

Nie waren während der Zeit der kommunistischen Herrschaft in Rumänien die Belange der deutschen Minderheit so offen angesprochen worden. Ceau-

---

[78] Ebenda. Ähnlich habe sich Paul Schuster auch gegenüber dem Schriftsteller Georg Scherg geäußert, berichtet IM „Petrescu" am 17. März 1966, ACNSAS, i 184938 [Bd. 4], Bl. 150.

[79] Vgl. über all diese Ereignisse und Vorkommnisse auch das von mir mit Paul Schuster geführte Gespräch: „Ich stehe zwischen allen möglichen Stühlen". Paul Schuster im Gespräch mit Stefan Sienerth. In: *Südostdeutsche Vierteljahresblätter* 51(2002), H. 4, S. 343–344.

şescu habe zugehört, sollte sich Paul Schuster später erinnern[80], sich Notizen gemacht, einer uneingeschränkten Aufarbeitung der jüngsten Vergangenheit habe er jedoch nicht zugestimmt.

Vorerst sollte Paul Schuster durch solche Aktionen, die von der Partei damals geduldet, in Maßen auch gefördert wurden, keinen Schaden nehmen, im Gegenteil, der rumänische kommunistische Staat schenkte ihm in den Jahren 1965 bis 1969 volles Vertrauen. Schuster trat 1969 der Kommunistischen Partei Rumäniens als Mitglied bei und wurde bald daraufhin zum Stellvertetenden Vorsitzenden des „Rates der Wertätigen deutscher Nationalität" gewählt. Seine Bücher erschienen sowohl im In- als auch im deutschsprachigen Ausland, wurden von der Kritik positiv wahrgenommen[81] und in den Reihen der deutschen Minderheit auch gelesen. Seit 1964 verfügten Paul Schuster und seine Frau, laut „Securitate"-Unterlagen[82], über Reisepässe, und Schuster selbst sogar über ein Dauervisum sowohl für die „sozialistischen" als auch für die „kapitalistischen" Länder, ein seltenes Privilegium, von dem er ausgiebig Gebrauch machte. Ende des Jahres 1968 trat er eine Vortrags- und Lesereise in mehrere „kapitalistische" Länder (Österreich, Bundesrepublik Deutschland, Frankreich, Schweiz) an, von der er erst um die Mitte des Jahres 1969 zurückkehrte, nachdem er seinen Aufenthalt um Monate verlängert hatte.[83] Er habe sich mit dem Gedanken getragen, nicht mehr nach Rumänien zurückzukehren, sollte die „Securitate"[84], die wie auch die Redaktion der *Neuen Literatur* über die vielfach überzogene Frist beunruhigt war, später herausfinden.

Unanehmlichkeiten bereitete der Sicherheitsbehörde auch die Tatsache, dass Paul Schuster, obwohl verheiratet und Vater eines Sohnes, die Heimreise in Begleitung der Schweizerin C. F. angetreten hatte, die sich in Rumänien niederlassen und Schuster nach dessen Scheidung heiraten wollte.

Das war für die „Securitate", die u. a. auch für die Einhaltung der Regeln der „sozialistischen Moral" zuständig war, dann doch zu viel des Guten, zumal diese Angelegenheit unter den rumäniendeutschen Intellektuellen und über deren Kreise hinaus, Stoff für zahlreiche Gespräche bot, die bis zu den scharfen Ohren der IM und über diese auch zur obersten rumänischen Sicherheitsbehörde drangen. Ihre informelle Aufmerksamkeit widmet die „Securitate" in den nächsten zweieinhalb Jahren, vom 16. Juni 1969 nach der Einreise nach Rumänien bis gegen Ende des Jahres 1971, hauptsächlich der Schweizer Staatsbürgerin C. F. und ihrem Verhältnis zu ihrem schrift-

---

[80] Vgl. ebenda, S. 343.

[81] Vgl. ebenda.

[82] Vgl. Notă privind pe cetățeanul Paul Schuster [Information über den Bürger P. S.], 22. Juli 1969, ACNSAS, i 184938 [Bd. 4], Bl. 1.

[83] Ebenda. Vgl. auch das Interview, das Horst [Schuller] Anger mit Paul Schuster nach dessen Rückkehr führte: Heimat ist das Unverlierbare. Mit Paul Schuster nach seiner Reise. In: *Karpatenrundschau*, 18. Juli 1969.

[84] ACNSAS, i 184938 [Bd. 4], Bl. 2.

stellerisch und publizistisch tätigen Lebenspartner sowie ihrer Aktivität in Rumänien. Zeitweilig stand C. F. mehr im Fokus der informellen Beobachtung als Paul Schuster selbst.

Zunächst lief ihre Bespitzelung etwas träge an. Die IM hatten den Auftrag bekommen, auszukundschaften, bei wem C. F. wohne, mit wem sie Umgang pflege, wie sie sich in der Öffentlichkeit verhalte und ob das Verhältnis zu Paul Schuster ernsthaft und dauerhaft sei. Dazu gibt es in der Akte von Paul Schuster neben sachlichen Mitteilungen auch recht kuriose Nachrichten. So glaubt IM „Virgil Ionescu" am 12. August 1969 melden zu müssen[85], er habe erfahren, C. F. arbeite als Daktylographin bei der *Neuen Literatur*. Ein paar Monate später schreibt er, es sei ihm am 29. Oktober 1969 während einer Literaturlesung der Temeswarer Nachwuchsautorin Johanna Rückert in Bukarest aufgefallen, dass C. F. nicht neben Paul Schuster, sondern neben Anemone Latzina gesessen habe.[86]

„Traian" berichtet am 6. November 1969 über Schusters Wohnungsprobleme[87], seine ihm noch angetraute Gattin habe ihn rausgeschmissen. „Puiu", der expressis verbis auf Schuster angesetzt wurde, führt in einem Bericht vom 28. Januar 1970 die Schwierigkeiten auf, die sich für C. F. bei der Suche nach einer Arbeitsstelle in Rumänien ergeben hätten[88]. Er informiert die Behörde am 29. April 1970 über den Besuch von C. F.s Schwester und deren Mann aus Genf in Bukarest und über deren Reisevorhaben in die Südbukowina.[89] Auch leitet „Puiu", was er von zwei Kolleginnen vom *Neuen Weg*, in dessen Redaktion er tätig war, aufschnappen konnte, an seinen Führungsoffizier weiter. Diese hätten erzählt, C. F. würde ihren Lebenspartner nicht mehr wie bisher überallhin begleiten. Wahrscheinlich sei das einst innige Liebesverhältnis zwischenzeitlich wieder abgekühlt. Möglicherweise hätten sich auch finanzielle Schwierigkeiten bei ihnen eingestellt.[90]

Da über das Private hinaus nichts Auffälliges gemeldet wurde, hat sich die Sicherheitsbehörde zeitweilig nicht näher um C. F. gekümmert. Weil es sich jedoch um eine ausländische Staatsbürgerin handelte, was nach Auffassung der „Securitate" gleichzeitig immer auch eine zumindest potenzielle Agentin eines fremden Geheimdienstes bedeuten konnte, war auch hinfort Wachsamkeit geboten[91], zumal auch deren Lebensgefährte nicht zur Ruhe kam und sowohl privat als auch als Schriftsteller und Redakteur allerhand bewegen wollte. Den mehrmonatigen Aufenthalt in West- und Mitteleuropa hatte er

---

[85] Ebenda, Bl. 146.
[86] Ebenda, Bl. 142.
[87] Ebenda, Bl. 141.
[88] Ebenda, Bl. 139.
[89] Ebenda, Bl. 136.
[90] Ebenda, Bl. 131.
[91] Da C. F. und Paul Schuster nicht heiraten konnten, weil er nicht geschieden war, musste C. F. in Zeitintervallen von wenigen Monaten immer wieder um die Verlängerung ihrer Aufenthaltsgenehmigung ansuchen.

auch dafür genutzt, sich umfassend sowohl über die zeitgenössische deutschsprachige Literatur als auch über das politische und gesellschaftliche Leben in den von ihm besuchten Ländern zu informieren. Von der Lust an sozial-politischen Veränderungen der später als die 68er-Bewegung in die Geschichte der Bundesrepublik Deutschland eingegangenen Gruppierungen hat er sich bestimmt auch anstecken lassen, und möglicherweise ist der Gedanke in ihm herangereift, Ähnliches auch in Rumänien zu versuchen. Sein Interesse an der Jugend, das er nach seiner Rückkehr verstärkt bekundete, geht bestimmt auch auf die im Westen beobachteten gesellschaftlichen Prozesse zurück. Wenn auch sein ungeregeltes Privatleben, ein aufwändiger Scheidungsprozess und die Bittgänge um eine staatliche Mietwohnung ihn sehr in Anspruch nahmen, so dass er kaum zum Schreiben kam und in diesen Jahren vergleichsweise wenig veröffentlichte, entfaltete er als Redakteur der *Neuen Literatur* eine äußerst anregende, für das Kultuleben der deutschen Minderheit geradezu wegweisende Tätigkeit.

Im Sommer des Jahres 1970 fand beim Sitz der Bukarester Literaturzeitschrift ein Rundtischgespräch „über aktuelle Probleme der deutschen Literaturkritk in Rumänien" statt, das im Augustheft der *Neuen Literatur* unter dem Titel *Strukturalismus und Kerweih* veröffentlicht worden war und in den rumäniendeutschen Medien emotional und kontrovers geführte Diskussionen ausgelöst hatte.[92] Im Herbst desselben Jahres unternahm er mit drei weiteren Redakteuren der *Neuen Literatur* (Gerhardt Csejka, Anemone Latzina und Helga Reiter) eine eingehend vorbereitete Ausfahrt ins Banat. Im Laufe von mehr als einer Woche besuchten die Redakteure mehrere deutschsprachige Gymnasien. Sie trafen Schulleiter, Lehrer und Schüler, warben für ihre Zeitschrift, veranstalten Literaturlesungen und Diskussionsabende und verteilten Fragebogen, um sich ein Bild von den Lektüreinteressen ihrer künftigen Mitarbeiter und Leser zu machen.[93]

Obwohl das gesamte Programm mit den lokalen Parteibehörden, den zuständigen Schulinspektoraten und Schulleitungen abgesprochen werden musste, bot es den Redakteuren genügend Möglichkeiten zu Eigeninitiative. So wurden beispielsweise mit dem Fragebogen, der vorher minutiös ausgearbeitet worden war und rund 60 Fragen enthielt, Themen berührt, die auch in den liberalen Jahren des Ceaușescu-Regimes öffentlich tabuisert waren.[94] Die

---

[92] Vgl. *Neue Literatur* 21(1970), H. 8, S. 46–63. Vgl. dazu u. a. Gerhardt Csejka: Kerwei und der Elfenbeinturm. In: *Neue Banater Zeitung. Kulturbote*, 15. November 1970.

[93] Vgl. Kleine Chronik der NL-Reise zu den Banater Schülern. In: *Neue Literatur* 22(1971), H. 2, S. 4–13. Vgl. auch Paul Schuster: Außergewöhnlich, aber normal. In: *Neue Banater Zeitung. Kulturbote*, 13. Dezember 1970. Vgl. nun auch Eduard Schneider: Literatur und Literaturreflexion in der rumäniendeutschen Presse der Nachkriegszeit. Die *Neue Banater Zeitung* (Temeswar) und ihr Beitrag zur Förderung der literarischen Nachwuchsgeneration (1969–1975). In: Benachrichtigen und vermitteln. Deutschsprachige Presse und Literatur in Ostmittel- und Südosteuropa (Anm. 40), S. 321–322.

[94] Die Temeswarer Zweigstelle des rumänischen Sicherdienstes schickte am 4. Dezember 1970 den von den *NL*-Redakteuren ausgearbeiteten Fragebogen an die Bukarester Zentrale. Sie habe ihn bereits am

Schüler wurden aufgefordert, sich u. a. über folgende „Reizwörter" schriftlich zu äußern: Sozialismus, Partei, Kommunismus, Nationalität, Demokratie, Freiheit, Gerechtigkeit, Fortschritt, Opposition, Kritik, Mut, Liebe, Tod, Religion.[95] Die jungen Leute wurden auch nach ihrer Familiensituation, nach ihrem Verhältnis zu Eltern, Lehrern und Mitschülern befragt, ja noch mehr, ob sie die Aktivitäten des Verbandes der kommunistischen Jugend (VKJ/UTC) und seine Sitzungen anregend oder langweilig fänden, ob sie aus eigenem Antrieb je zu einer Schrift von Marx, Engels oder Lenin gegriffen hätten. Wissen wollte man von ihnen, ob sie in die Kirche gehen, ob sie ein positives oder eher ein ablehnendes Verhältnis zur Religion hätten und nicht zuletzt, welche Lektüre sie bevorzugen, ob sie eher moderne oder klassische Literatur und auch Bücher in rumänischer Sprache lesen würden.[96]

Insgesamt 1300 Schüler sollen auf diese Weise schriftlich interviewt worden sein. Da die Redakteure die Devise ausgegeben hatten, sie würden die Jugendlichen „nicht als Kinder und Schüler, sondern als Menschen, die in einem bestimmten Alter Probleme haben"[97], betrachten, und sie ihnen das Gefühl gegeben hatten, sie könnten mit fast Gleichaltrigen diskutieren und über Dinge, über die man mit den Eltern und Lehrern nicht redet, hielten die Schüler mit ihren Meinungen nicht hinterm Berg. Die Redakteure waren auch von Texten einzelner Schüler angetan, sie luden die begabtesten unter ihnen nach Bukarest zu einem gemeinsamen Gespräch in die Redaktion ein und bereiteten ein Heft der *Neuen Literatur* vor, das ausschließlich diesem Ereignis gewidmet war.[98]

Dass die „Securitate" an dieser Aktion der *Neuen Literatur*-Redakteure ein lebhaftes Interesse bekunden würde, war vorauszusehen. Da es sich um ein Gruppenphänomen handelte, an dem sowohl mehrere Akteure und Multiplikatoren als auch zahlreiche, besonders junge Menschen beteiligt waren, hat sie ihm bestimmt mehr Aufmerksamkeit geschenkt, als dies die Zeugnisse in Paul Schusters Akte belegen. Möglicherweise gibt es über die informativen Vorgänge im Zusammenhang und im Umfeld dieses Ereignisses eine eigne und wohl umfangreichere Akte.

Aus den in Paul Schusters Dossier aufliegenden Materialien geht hervor, dass die rumänische Sicherheitsbehörde über die Banat-Reise der Redakteure nicht nur vor Ort, sondern auch im Nachhinein umfassend informiert

---

31. Oktober 1970 vom IM „K" vom Temeswarer Lyzeum Nr. 2 erhalten. In der getippten Fassung, die in der Akte aufliegt, umfasst der Fragebogen insgesamt neun Seiten . Vgl. ACNSAS, i 184938 [Bd. 4], Bl. 120–128. Von „K" gibt es auch einen Bericht vom 4. Dezember 1970 über den Verlauf der Begegnung vom 29. Oktober 1970 der NL-Redakteuren mit Schülern seines Lyzeums (ebenda, Bl. 130).

[95]   Ebenda, Bl. 126.
[96]   Ebenda, Bl. 128.
[97]   Ebenda, Bl. 120.
[98]   Vgl. Anm. 94.

worden ist, sowohl durch abgefangene Korrespondenz und ihre IM als auch durch Paul Schuster selbst.

Laut Aktenlage hatte die „Securitate" aus einem Brief, den Paul Schuster am 17. November 1970, etwa drei Wochen nach seinem Banat-Aufenthalt an den Theologen Gerhard Hann, der in Brenndorf bei Kronstadt lebte, den Schuster als äußerst belesenen Intellektuellen schätzte und den er gern in der Kulturredaktion des *Neuen Wegs* untergebracht hätte[99], in Erfahrung gebracht, dass die *Neue Literatur* Februar 1971 „eine Sondernummer", von Schülern geschrieben, herausbringe: „Redaktionsinterne Devise: Gegen Schablonen, Routine, Formalismus."[100]

Schuster hatte in diesem Brief Hann u. a. auch recht ausführlich über die „große Banat-Reise der N[euen]L[iteratur]"[101] informiert. Es seien acht „turbulente, unwahrscheinlich schöne" Tage mit „echtem Massenkontakt" gewesen, die die vier Redakteure mit 1 300 Schülern im Alter zwischen 16 und 19 Jahren gehabt hätten.[102] Es habe auch Überraschungen gegeben. Zwei Tage vor dem Besuch des Lyzeums in Großsanktnikolaus habe „ein Schüler der 11. [Klasse] (Anton Sterbling, ein begabter Junge, von dem ich schon einiges gelesen und auf dessen Bekanntschaft ich mich sehr gefreut hatte) mit einem sehr abenteuerlustigen Kollegen [...] über die jugoslawische Grenze laufen wollen". Man habe ihn und seinen Kollegen „geschnappt u.[nd] nach Temeswar abgeschoben [...]. Jetzt sitzt er – Ausgang der Affäre ungewiß, aber wahrscheinlich nicht günstig."[103] Er wolle trotzdem „versuchen, sie herauszuboxen", ob es ihm gelingen werde, sei ungewiss.[104]

Aus diesem Anlass hatte Paul Schuster den „Securitate"-Hauptmann Gheorghe Preoteasa telefonisch kontaktiert und ihn um ein Gespräch gebeten. Die Inhalte dieses Gesprächs hat der Offizier, der ein Kenner der rumäniendeutschen Kulturszene gewesen sein muss, da sein Name in den Akten einzelner Schriftsteller sehr oft auftaucht, in einem auf den 23. November 1970 datierten und handschriftlich verfassten, mehr als zehn Seiten langen Protokoll festgehalten.[105] Er habe Paul Schuster in der Redaktion der *Neuen Literatur* kennen gelernt, wo er den Mitarbeitern der Zeitschrift die Bestimmungen des Ministerratsbeschlusses (HCM 957), der den Umgang der rumänischen Staatsbürger mit Ausländern regle, erläutert habe. Schuster habe zunächst über Heft 8 (1970) der Zeitschrift, besonders über das Gespräch zum Thema Strukturalismus und Kerweih gesprochen, habe dann die Fahrt ins Banat der vier Redakteure erwähnt und sei dann mit seinem eigentlichen Anliegen herausgerückt. Es sei ihm vor allem um die beiden Schüler aus Großsanktniko-

[99]   Bl. 202–208. Der Brief ist handschriftlich verfasst und von Paul Schuster unterzeichnet.
[100]   Ebenda, Bl. 206.
[101]   Ebenda, Bl. 202.
[102]   Ebenda, Bl. 206.
[103]   Ebenda, Bl. 202.
[104]   Ebenda, Bl. 204.
[105]   Ebenda, Bl. 15–25.

laus gegangen, die beim illegalen Grenzübertritt gefasst worden wären. Er habe inständigst darum gebeten, man solle sie nicht hart anfassen und keineswegs dem Gericht übergeben, und habe den Offizier gefragt, wo und bei wem er in dieser Sache noch intervenieren könne.[106]

Welche Ziele Paul Schuster bei der *Neuen Literatur* in letzter Zeit eigentlich verfolgte, darüber wurde die kommunistische Sicherheitsbehörde durch einen guten Hermannstädter Bekannten des Schriftstellers in Kenntnis gesetzt, der sich hinter dem Tarnnamen „Henry" verbarg.[107] Er berichtete am 30. November 1970 bei einem Treffen mit seinem Führungsoffizier, Paul Schuster und C. F. hätten an den zwei vorausgegangenen Tagen die Verwandtschaft in Hermannstadt besucht. Bei dieser Gelegenheit habe er mit dem Schriftsteller ein längeres Gespräch unter vier Augen führen können. Sie hätten sich zunächst über die Reaktionen unterhalten, die Heft 8 (1970) der *Neuen Literatur* bei den Lesern der *Hermannstädter Zeitung* ausgelöst hätten. Darüber hätten sie heftig und kontrovers diskutiert. Schuster habe die Positionen der jungen rumäniendeutschen Schriftsteller verteidigt, die sich recht kritisch, ja zuweilen abfällig über die Brauchtumspflege der Siebenbürger Sachsen geäußert hätten. Er habe auch die Meinung vertreten, eine Zeitung, auch in Rumänien, müsse nicht nur die politische Auffassung des Herausgeberorgans zum Ausdruck bringen, sondern auch die des jeweiligen Schreibenden. Darüber habe er sogar mit der „Securitate" gesprochen[108], die er überzeugt habe, dass die Redaktion der *Neuen Literatur* durch die Veröffentlichung freier Meinungsäußerungen keinen Fehler begangen habe. Sie werde fortfahren, ähnliche Materialien wie in Heft 8 (1970) zu publizieren. Ihm sei es wichtig, die Jugend zu erreichen, habe er zu „Henry" gesagt, und habe danach begeistert von der Banat-Reise der vier Redakteure erzählt und erwähnt, dass er vorhabe, auch im Kreis Hermannstadt, eine ähnliche Aktion zu starten. Die Jugend in Rumänien, habe Schuster betont, habe leider keine eigene Meinung, sie habe nicht die Möglichkeit, sich frei zu äußern und weder der kommunistische Jugendverband noch ihre Lehrer und Eltern würden sie verstehen.[109] Um diese Defizite zu beheben, müsse deshalb jede ihrer relevanten Verlautbarungen veröffentlicht werden, ganz gleich, ob sie gut oder schlecht sei. Die Jugendlichen müssten zur eigenen Meinungsäußerung erzogen werden, sie müssten die Chance erhalten, ihre eignen Standpunkte zu Liebe, Sexualität und Politik öffentlich zu artikulieren.[110] Paul Schuster könne gut argumentieren, hatte „Henry" berichtet, er würde seine Ausführungen gelegentlich auch mit Ceaușescu-Zitaten untermauern.

---

[106] Ebenda, Bl. 17 und 18.
[107] Ebenda, Bl. 116–119.
[108] Wahrscheinlich hatte er sich dabei auf das ein paar Tage vorher mit dem Offizier Preoteasa geführte Gespräch bezogen. Vgl. Anm. 106.
[109] Ebenda, Bl. 117.
[110] Ebenda, Bl. 118.

Ihm sei aufgefallen, dass sich Schuster seit seinem längeren Aufenthalt im Ausland sehr verändert habe, und dass sich dieser Wandel sowohl in seinen Auffasungen als auch in seiner Ausdrucksweise bemerkbar mache. Er habe Schuster zum Vorwurf gemacht, er bediene sich der Sprache des westdeutschen Schriftstellers Günter Grass, was Schuster nicht verärgert, sondern geschmeichelt habe.[111]

Auch an C. F. sei ihm eine Veränderung aufgefallen. Sie hätten über rumänische Betriebe gesprochen, die nach den letzten gesetzlichen Bestimmungen nun das Recht hätten, selbst Verträge mit ausländischen Partnern abzuschließen, ohne alles wie bisher über das zuständige Ministerium abzuwickeln. Die neue Sachlage habe C. F. lebhaft interessiert, und sie habe „Henry" mehrere Fragen im Zusammenhang damit gestellt. Das habe ihn sehr verwundert, denn bisher habe sie kein auffälliges Interesse an Rumänien gezeigt.[112]

Am Ende des Berichtes vermerkt der Hermannstädter „Securitate"-Major Mihail Andrei, der das Gespräch mit „Henry" aufgezeichnet hatte, man könne dem Agenten durchaus Glauben schenken, er sei zuverlässig, und man solle an ihm festhalten, er sei mit Paul Schuster verwandt und genieße dessen Vertrauen, er könne deshalb auch in Zukunft auf ihn und seine Lebensgefährtin angesetzt werden.[113]

Nicht nur gegenüber „Henry", sondern auch gegenüber dem „Securitate"-Offizier hatte Paul Schuster ziemlich unverfroren seine Meinung geäußert. Offenbar hatte er sich durch seinen längeren Aufenthalt im Westen, durch die Lektüre gesellschaftskritischer Schriften, auch solche marxistischer Orientierung, und die Freundschaft mit C. F., die in einer der ältesten Demokratien der Welt sozialisiert worden war und für die freie Meinungsäußerung als Selbstverständlichkeit galt, zur Schlussfolgerung gelangt, hinfort mit seinen Ansichten nicht mehr hinter dem Berg zu halten. Vielen westeuropäischen Linken ähnlich war er von der Reformierbarkeit des real existierenden Sozialismus überzeugt, in dem er immer noch das bessere Gesellschaftsmodell erblickte. Auch glaubte er, der damals vergleichsweise junge Generalsekretär der Rumänischen Kommunistischen Partei Nicolae Ceauşescu wäre bereit, die von ihm angestoßenen politischen Veränderungen in Richtung Liberalisierung und Demokratisierung konsequent fortzuführen.

Zu Offizier Preoteasa hatte Schuster u. a. gesagt, er sei dabei, einen Brief zu verfassen, den er an die oberste Parteiführung, eventuell an Ceauşescu persönlich schicken wolle, worin er alle Unzulänglichkeiten aufführen werde, die ihm in letzter Zeit aufgefallen wären. Die ministerielle Verordnung (HCM 957) werde er allerdings nicht befolgen, und auch keine Berichte

---

[111] Ebenda.
[112] Ebenda, Bl. 119.
[113] Ebenda.

(„rapoarte") über die Ausländer, denen er begegne, schreiben, weil er als Staatsbürger von Haus aus wisse, wie er sich den Fremden gegenüber zu verhalten habe, um seinem Land keinen Schaden zuzufügen. Obwohl ihn der Offizier darauf nicht angesprochen hatte, ließ ihn Schuster unumwunden wissen, dass für ihn eine Mitarbeit mit der „Securitate" nicht in Frage komme. Als ihn ein Offizier – er habe sich als „Preda" vorgestellt – habe anheuern wollen, habe er sogleich danach seiner Frau davon erzählt und sich damit selbst dekonspiriert. Er werde auch niemanden von der Begegnung mit Preoteasa erzählen, dass würde ihn gegenüber Freunden und Mitarbeitern in ein schlechtes Licht stellen.[114] Sogar seine finanziellen Nöte hatte Schuster im Gespräch mit dem Offizier erwähnt. Er habe erhebliche Schulden beim Schriftstellerverband, die er vorerst nicht begleichen könne, weil seine Bücher aus Papiermangel nicht gedruckt würden. Beunruhigen würden ihn die langen Warteschlangen bei den Passämtern, da müsse er sich fragen, warum man nicht allen Ausreisewilligen die Erlaubnis erteile, das Land zu verlassen.[115]

Das Gesprächsprotokoll ist von den Vorgesetzten von Hauptmann Preoteasa mit zahlreichen Randbemerkungen versehen worden. Schuster sei sehr von sich eingenommen, er glaube machen zu können, was er wolle, hatte ein Offizier notiert, und ein anderer hatte hinzugefügt, man solle ihn im Auge behalten, vielleicht sei er ein Agent eines ausländischen Geheimdienstes.

VIII.

Angesichts der erwähnten Vorkommnisse und seines aufbegehrend-kritischen Verhaltens war es nur eine Frage der Zeit, wann die „Securitate" erneut einen individuellen operativen Vorgang gegen Paul Schuster eröffnen würde. Tatsächlich geschah dies auch am 6. März 1971. Unter dem Codenamen „Scriitorul" (der Schriftsteller) wurde zunächst all das ausgewertet und beurteilt, was der Geheimdienst seit 1968 über Paul Schuster zusammengetragen hatte. Man ließ in überblickhaften Berichten all jene Ereignisse Revue passieren, wie sie die IM, beginnend mit Schusters Aufenthalt im Westen bis zur Banat-Reise, beschrieben und an ihre jeweiligen Führungsoffiziere weitergeleitet hatten, und man schloss daraus, Paul Schuster und seine Lebensgefährtin C. F. seien verdächtig, für einen ausländischen Geheimdienst tätig zu sein.[116]

---

[114] Ebenda, Bl. 22.
[115] Ebenda, Bl. 23.
[116] Siehe die Information über den Ergebnisstand im Beobachtungsvorgang „Schriftsteller" (Notă de stadiu în dosarul de urmărire informativă „scriitorul") vom 16. Juni 1971 (ebenda, Bl. 274–278). Vom 18. bis 26. Mai 1971 (vgl. ebenda, Bl. 237–250) wurden Schuster unter dem Codenamen „Şerb" und C. F. als „Ştefana" rund um die Uhr beschattet.

Um feststellen zu können, ob sich der Verdacht erhärte, wurde am 18. Juni 1971 ein Maßnahmeplan erarbeitet.[117] Es gelte herauszubekommen, mit welcher Absicht C. F. nach Rumänien gekommen sei und welche Ziele sie verfolge. Liebe allein könne es wohl nicht gewesen sein, eher sei ihm die Geliebte von einem fremden Geheimdienst aufgedrängt worden, lautete die abstruse Logik. Um sich Klarheit darüber zu verschaffen, solle deshalb eine breit angelegte Überwachungsaktion gestartet werden. Zunächst solle ihr Freundeskreis ausgeleuchtet, und dann sie selbst und ihr Lebensgefährte genauer ins Visier genommen werden. Drei IM, „Puiu", „Ion" und „Coman", die jeweils einem anderen Führungsoffizier unterstanden, wurden für diese Aufgabe auserkoren. Sie sollten in Erfahrung bringen, wie sich die Beobachteten über die Situation in Rumänien äußern und ob sie Informationen über das Land sammeln, die sie möglicherweise an einen ausländischen Geheimdienst weiterleiten würden.[118] Über die Abteilung III (Direcţia III-a) der „Securitate" solle eruiert werden, ob C. F. Beziehungen zur Schweizer Botschaft unterhalte und welcher Art diese seien.

IM „Henry" aus Hermannstadt werde nach Bukarest geschickt, um C. F.s Interesse an Rumänien in Erfahrung zu bringen. Falls die Schwester von C. F. Rumänien besuchen und dabei in die Bukowina reisen sollte – man hatte die Information der aufgefangenen Korrespondenz entnommen –, solle sie rund um die Uhr („filaj") beobachtet werden.[119]

Die Spitzel „Traian", „Zamfirescu" und „Nicu" – auch sie hatten jeweils einen anderen Führungsoffizier – erhielten den Auftrag, genau hinzuhören, zu welchen Themen sich Paul Schuster in den deutschen Literaturkreisen, in Bukarest und in der Provinz, äußern würde.

Und schließlich solle auch das Einzimmerappartment (Garçoniere), das Schuster mit C. F. in der Petrescu-Straße 55 bewohne, abgehört werden. Man solle besonders auf Kommentare feindlichen Inhalts achten und feststellen, ob das Paar Informationen sammle, die es durch Fremde ins Ausland schmuggle.[120]

Ende September 1971 wird eine erste Bilanz gezogen[121], möglicherweise weil Paul Schuster vom rumänischen Schriftstellerverband und dem „Komitee für Kultur und Sozialistische Erziehung" dafür ausersehen worden war, im deutschsprachigen Ausland mehrere Vorträge über die rumänische Gegenwartsliteratur und speziell über die Situation der Literatur der deutschen

---

[117] Siehe: Notă cu măsurile ce se vor intreprinde în dosarul de urmărire informativă „scriitorul" (Bericht über die Maßnahmen, die in der Akte „Schriftsteller" zu treffen sind, 18. Juni 1971), ebenda, Bl. 12 und 13.
[118] Ebenda, Bl. 12.
[119] Ebenda, Bl. 13.
[120] Ebenda, Bl. 234 (30. Juli 1971).
[121] Siehe die zusammenfassenden Berichte vom 23. September 1971, ebenda, Bl. 37–39, und vom 28. September 1971, ebenda, Bl. 270–272.

Minderheit zu halten. Ein Jahr zuvor hatte man ihm den Pass ausdrücklich verweigert.[122]

Obwohl die oberste Sicherheitsbehörde („Consiliul securității statului") aufgrund der ihr vorliegenden Unterlagen ernsthafte Zweifel am Verhalten und an der Zuverlässigkeit von Paul Schuster bekundete – seine ideologischen und „moralischen" Defizite werden erneut ins Feld geführt –, wurde ihm dennoch die Reisegenehmigung erteilt, mit der Begründung: „Tov[arăşul] Vice[preşedinte] Stoica a ordonat să-i dăm aviz pozitiv" (Genosse Vizepräsident Stoica hat befohlen, sein Anliegen positiv zu bearbeiten).[123]

IX.

Ende November 1971 hatte Paul Schuster seine Vortragsreise in die Bundesrepublik Deutschland antreten dürfen. Sein Weg führte ihn u. a. auch nach München, wo er am 10. Dezember 1971 in der Bayerischen Akademie der Künste einen vor allem von ehemaligen siebenbürgisch-sächsischen Landsleuten gut besuchten Vortrag hielt. In den Securitate-Unterlagen ist des Öfteren von 3 000 Zuhörern die Rede, das ist wahrscheinlich entweder reichlich übertrieben bzw. ein Tippfehler, rund 300 könnten es wohl gewesen sein. Laut Spitzelinformationen ist Paul Schuster dabei von Personen aus dem Publikum heftig kritisiert worden. Man habe seine Darstellung der kulturellen Verhältnisse in Rumänien als geschönt und als propagandistische Aktion bezeichnet, die von Bukarest aus gesteuert worden sei. Ähnlich habe sich auch die landsmannschaftliche Presse der Siebenbürger Sachsen geäußert, die in München erscheinende *Siebenbürgische Zeitung* vom 15. Januar 1972 habe ihn einen kommunistischen Kollaborateur, Stalinisten und Verräter genannt.[124]

Paul Schuster muss seit längerem innerlich mit sich gerungen haben, ob er sich in Rumänien, das seit den so genannten Junithesen des Jahres 1971 im Kulturleben einen offensichtlich stalinistischeren Kurs einzuschlagen sich anschickte, weiterhin für die Belange der durch die Aussiedlung merklich schrumpfenden deutschen Minderheit einsetzen solle, oder ob er seinem von

---

[122] Am 19. März 1970 informiert die Abteilung I. der „Securitate" die „Direcția controlul străinilor și pașapoarte", die für die Aufsicht der Ausländer und die Passkontrolle zuständig war, über Schusters Absicht, ins Ausland zu fahren. Sie sei benachrichtigt worden, er habe vor, nicht zurückzukehren, und man solle ihm bitte, man solle ihm kein Visum erteilen ohne die Zusage der Abteilung I. (Ebenda, Bl. 273).

[123] Ebenda, Bl. 270.

[124] Ebenda, Bl. 8. Vgl. auch Anneli Ute Gabany: Halb Verteidigungsrede, halb Ehrenerklärung. Ein Vortrag Paul Schusters: kommentiert. In: *Siebenbürgische Zeitung*, 15. Januar 1972. Siehe in diesem Zusammenhang und auch allgemein über Paul Schuster vor allem das Porträt von Hans Bergel: Erinnerungen an einen schwierigen Gefährten. Zum Tod des Schriftstellers Paul Schuster. In: *Südostdeutsche Vierteljahresblätter* 53(2004), H. 3, S. 199–202.

ihm nicht wenig geliebten Land den Rücken kehren und sich jenen anschließen solle, die vor ihm Rumänien bereits verlassen hatten.

Ein Jahr davor hatte er den Theologen Gerhard Hann noch beschworen, er solle sich den Vorsatz, das Land zu verlassen, noch überlegen, vielleicht mache eine Arbeit als Kulturredakteur bei einem rumäniendeutschen Periodikum doch mehr Sinn als die Entscheidung für eine ungewisse Zukunft.

> Ich wollte, lieber Hann, Sie verzichten auf Ihren Wegreiseplan (ich kenne Sie ja nicht, aber ich weiß jetzt schon: Würden auch Sie wegfahren, dann bliebe ich verdammt alleine hier. Sie können ja nicht wissen, wie viele mir schon weggefahren sind.) Freilich kann ich Ihnen für Ihren Verzicht nichts in Aussicht stellen. Aber was stellen Sie sich in Aussicht? [...] Warum ich selber zurückgekommen bin? Weder wegen Weib und Kind, noch wegen Parteibuch, noch wegen animalischer Heimatliebe, noch aus Masochismus, noch aus der Treue der Mittelmäßigkeit heraus: die da weiß, daß sie drüben sowieso nicht durchkommt. Das, was hier bei uns am wenigsten gefragt ist (falsch: drüben ist's noch weniger gefragt!), mir aber doch nur hier, wenn überhaupt irgendwo, möglich scheint, dürfte mich (tief unbewußt) bewogen haben: Engagement (transzendentales natürlich).[125]

Davon war jedoch bereits nach einem Jahr vermutlich nicht mehr viel übrig geblieben. In dem Brief an die Eltern vom 20. Januar 1972, der in seiner Akte aufliegt, behauptet Schuster, sein Entschluss, in der Bundesrepublik Deutschland zu bleiben, sei einige Jahre alt. Jetzt aber sei es soweit, er werde nicht mehr nach Rumänien zurückkehren.[126]

Diese Nachricht löste bei der Zentrale des rumänischen Sicherheitsdienstes in Bukarest regelrecht Panik aus. Am 2. Februar 1972 schickte die Hermannstädter Zweigstelle der „Securitate" Schusters Brief an die Eltern in rumänischer Übersetzung telegrafisch an den Präsidenten der Obersten Sicherheitsbehörde („Consiliul Securității Statului") Ion Stănescu.[127] Wahrscheinlich hatte die Hermannstädter Abteilung den Brief, sollte sie ihn nicht abgefangen haben, von „Henry" erhalten, der ihn zur Begegnung mit seinem Führungsoffizier mitgenommen hatte, wie dem Treffbericht vom 29. Januar 1972 zu entnehmen ist.[128]

Ein paar Tage später, am 1. Februar, verfasste die „Securitate" eine zusammenfassende Darstellung („Raport"), die den Stand der Ermittlungen und den Auftrag der Vorgesetzten enthielt, man solle versuchen, Schuster, der hohe politische Ämter im „Rat der Werktätigen deutscher Nationalität" – er war noch immer dessen Stellvertreter – und im Rumänischen Schriftstellerverband bekleide[129], zur Rückkehr nach Rumänien zu bewegen.[130] Er habe im

---

[125] Brief an Hann, ACNSAS, i 184938 [Bd. 4], Bl. 205 und 206.
[126] Einen Tag später, am 21. Januar 1972, hatte Paul Schuster auch seiner Frau Edith, von der er offenbar nicht geschieden war und die mit dem gemeinsamen Sohn in Bukarest lebte, seinen Entschluss, nicht mehr nach Rumänien zurückkehren zu wollen, mitgeteilt. Dieser Brief liegt wie auch das Schreiben an die Eltern in Kopie in der Akte von Schuster auf (ebenda, Bl. 172–174 bzw. Bl. 179–184).
[127] Ebenda, Bl. 192.
[128] Ebenda, Bl. 94–95.

Brief an die Eltern und auch sonst nicht politische, sondern berufliche Gründe für seine Entscheidung angeführt. Vermutlich bezog sich der Bericht primär auf jenen Abschnitt des Briefes, der möglicherweise auch für den Geheimdienst bestimmt war:

> Ich liebe Rumänien – mehr als so mancher Sachse, und meine damit nicht etwa Hermannstadt, Siebenbürgen, das Sachsenland, wie man so sagt, sondern Rumänien als Ganzes. Ich werde hier niemals etwas tun, sagen oder schreiben, was Rumäniens Ansehen schädigen könnte. Meine politische-gedankliche Einstellung ändert sich nicht.[131]

Vorerst sah es jedoch nicht so aus, als ob Schuster vorhabe, seinen Entschluss rückgängig zu machen. Die Rumänische Botschaft informierte die Bukarester Behörden[132], Paul Schuster habe am 15. Februar 1972 Petre Olaru, den Zweiten Sekretär der rumänischen Vertretung in der Bundesrepulik Deutschland, telefonisch kontaktiert und ihm mitgeteilt, dass er definitiv in Deutschland seinen Wohnsitz nehmen werde. Er habe berufliche Gründe für seinen Entschluss angeführt und ihm versichert, er bleibe ein überzeugter Kommunist und fühle sich auch in Zukunft Rumänien und seiner Kommunistischen Partei verbunden. Er habe im Übergangswohnheim in Nürnberg die Formalitäten bereits erledigt und habe vor, sich in Westberlin dauerhaft niederzulassen. Gegenüber Olaru habe er beteuert, er werde keine Erklärungen und Interviews geben, in denen er sich kritisch zur rumänischen Politik äußern werde. Er sei in der Bundesrepublik geblieben, weil er als deutschschreibender Schriftsteller ein deutsches Umfeld brauche und hier auch über bessere Informations- und Dokumentationsmöglichkeiten verfüge. Er habe erwähnt, wie schwierig es sei, in Rumänien einen Pass zu erhalten, und die Bürokratie kritisiert, die beim Schriftstellerverband in Bukarest herrsche.[133] Darüber werde er ein umfangreiches Schreiben verfassen und es an mehrere Ämter in Rumänien verschicken. Auch wolle er seinen juristischen Status gegenüber Rumänien klären, und dazu habe er Olaru nach Westberlin zu einem Gespräch eingeladen. Die Möglichkeit, weiterhin als rumänischer Staatsbürger in der Bundesrepublik Deutschland zu leben, habe er nicht in Erwägung ziehen wollen, doch werde er jede ihm sich bietende Gelegenheit wahrnehmen, Rumänien zu besuchen.[134]

---

[129] Ebenda. Im Brief an Hann (17. November 1970) schrieb Schuster in diesem Zusammenhang: „Heute bin ich – zu meiner eigenen, leicht schreckhaften, leicht freudigen Überraschung – ins innerste Parteigremium des Schriftstellerverbandes gewählt worden. (Ins 11er Komitee.) Das bringt einen Informationsvorsprung mit sich – und ich weiß, was für ein Privileg das ist. Es gibt aber auch Gelegenheit, öfter und schneller zu Wort zu kommen – und muß nicht unbedingt die allen eingeborene Feigheit bestärken. Es bringt Ärger: Einblick in viel viel viel Schmutz unter den eigenen Zunftbrüdern." (Ebenda, Bl. 207).

[130] Ebenda, Bl. 97.

[131] Ebenda, Bl. 172.

[132] Ebenda, Bl. 75–78.

[133] Ebenda, Bl. 76.

[134] Ebenda, Bl. 78.

Nicht nur an Paul Schuster selbst und an seinem Verhalten gegenüber Rumänien und in der Öffentlichkeit der Bundesrepublik Deutschland, sondern auch an den Reaktionen, die sein Wegbleiben unter Arbeits-, Schriftstellerkollegen und Bekannten ausgelöst hatte, war die „Securitate" lebhaft interessiert. Wie seine Hermannstädter Landsleute auf die Nachricht reagieren würden, konnte der Sicherheitsdienst auch Schusters Brief an die Eltern entnehmen. Schuster hatte seinem Vater geschrieben, er solle sich von Bemerkungen wie den folgenden nicht beirren lassen:

> ‚Na, Herr Schuster, Ihr Sohn, der große Kommunist, jetzt ist er also auch abgehaut! Alles, was er so von sich gegeben hat während der letzten Jahre, war nichts als Schwindel und Heuchelei.'[135]

Ähnlich hatten sich auch ehemalige Kollegen vom *Neuen Weg* und vom Germanistiklehrstuhl der Bukarester Fremdsprachenfakultät über seine aus ihrer Sicht nicht gerade ruhmreiche Tat geäußert. Jetzt würden sie begreifen, warum er in letzter Zeit den Patrioten und Kommunisten hervorgekehrt und in Sitzungen regelrecht getobt habe – alles sei nur Fassade und Täuschungsmanöver gewesen, um sich den Reisepass zu erschleichen.[136]

Doch immer noch hoffte die Bukarester Zentrale des Sicherheitsdienstes, Paul Schuster, der sich als Schriftsteller in der Bundesrepublik vermutlich nicht werde durchsetzen können, werde sich die Sache nochmals überlegen und nach Rumänien zurückkehren, zumal die Abteilung des Sicherheitsdienstes UM 0729 in Bukarest, die für Auslandsspionage zuständig war, wie einem Schreiben vom 22. Februar 1972 zu entnehmen ist, behauptet hatte, erfahren zu haben, Schuster habe diesen Wunsch geäußert.[137]

Daraufhin wurde Major Gheorghe Preoteasa beauftragt, einen zusammenfassenden Bericht zu verfassen und den Vorgesetzten Vorschläge zu unterbreiten, wie im Falle Schusters weiter vorzugehen sei. Die umfangreiche Darstellung vom 24. März 1972 – sie umfasst acht getippte Seiten – rekapituliert noch einmal alle wichtigen Daten aus der Vita Paul Schusters, über die der rumänische Sicherheitsdienst seit Ende der 1960er Jahre verfügte[138] – an der Zeit davor war er nicht mehr interessiert. Preoteasa schreibt, Paul Schuster sei als deutscher Schriftsteller in Rumänien sowohl von seiner Leserschaft als auch von den Parteibehörden geschätzt worden. Für seinen Roman *Fünf Liter Zuika* habe er den Staatspreis erhalten. 1969 sei er Mitglied der Rumänischen Kommunistischen Partei geworden, er habe vor allem publizistisch im Sinne der Partei gewirkt. Sie habe ihm vertraut, und Schuster sei zum Vizepräsidenten des „Rates der Werktätigen deutscher Nationalität"

---

[135] Ebenda, Bl. 173.
[136] Vgl. den Bericht der IM „Ioana Coman" vom 2. Februar 1972, ebenda, Bl. 106–107.
[137] Ebenda, Bl. 96 und 97.
[138] Ebenda, Bl. 4–11.

gewählt worden.[139] Was seinen Charakter anlange, müsse allerdings gesagt werden, dass er zur Leichtlebigkeit neige, recht unentschlossen und schwankend in seinen Vorhaben sei und oft spontan und unüberlegt handle. Auch sei er sehr eitel.[140]

Danach erwähnt der Bericht die aus der Sicht der „Securitate" wichtigsten Ereignisse, die sich in Schuster Leben zugetragen hätten, seit er 1968 eine Reise in den Westen unternommen habe[141], und von denen weiter oben bereits die Rede war. Als neue Informationen führt der Berichterstatter an, Paul Schuster habe beim Literaturfond des rumänischen Schriftstellerverbandes 80 000 Lei Schulden und betont, seinen Äußerungen in dem Brief an die Eltern bzw. gegenüber der rumänischen Botschaft und auch sonst, was die Verbundenheit zu Rumänien anlange, solle man nicht allzu großen Glauben schenken. Viele dieser Verlautbarungen seien demagogisch, Schuster habe zu Freunden u. a. gesagt, das Ende der deutschen Präsenz in Rumänien sei gekommen, deshalb habe er sich in die Bundesrepublik Deutschland abgesetzt.[142]

Als Maßnahmen, die unter diesen Voraussetzungen wirksam werden und Paul Schuster zur Rückkehr bewegen könnten, schlägt er u. a. vor, man solle Freunde und Bekannte Schusters veranlassen, ihm Briefe zu schreiben und ihn zu erinnern, wie gut er es in Rumänien gehabt habe. Aus Hermannstadt solle der IM „Heinrich", wahrscheinlich handelt es sich um den bereits weiter oben erwähnten „Henry", der mit Schuster verwandt sei und beruflich in der DDR zu tun habe, nach Westberlin geschickt werden und Schuster erzählen, wie sehr die Familie von seinem Wegbleiben in Mitleidenschaft gezogen worden wäre. Die Mutter beispielsweise sei herzkrank geworden, der Vater untröstlich. „Heinrich" solle auch auf die Eltern von Paul Schuster einwirken, ihrem Sohn einen Brief zu schreiben, worin sie ihre Betroffenheit und ihr Bedauern zum Ausdruck bringen sollten, dass er das Land verlassen habe.[143]

In der Bundesrepublik Deutschland solle IM „Silvestru Dan" den damaligen Leiter der Landsmannschaft der Siebenbürger Sachsen Erhard Plesch (1910–1977) dahingehend bearbeiten, Schuster in landsmannschaftlichen Kreisen zu diffamieren, ihm die Mitgliedschaft zu verwehren und ihn auf Distanz zu dem von ihm geleiteten Verein zu halten. IM „Georgescu" habe den Publizisten Alfred Coulin (1907–1992), einen ehemaligen Siebenbürger und guten Rumänienkenner, der beim Rundfunk arbeitete, zu kontaktieren und diesen dahingehend zu beeinflussen, er möge Paul Schuster klar machen, er habe in Rumänien mehr Chancen als Schriftsteller zu reüssieren und in seinem Beruf

---

[139] Ebenda, Bl. 4.
[140] Ebenda.
[141] Ebenda, Bl. 5.
[142] Ebenda, Bl. 8 und 9.
[143] Ebenda, Bl. 10.

zu arbeiten als in der Bundesrepublik Deutschland. Ähnlich hätten auch „Georgescu" und „Puiu" bei der Begegnung mit westdeutschen Journalisten zu argumentieren, würden sie auf das Wegbleiben Schusters angesprochen. Und schließlich solle auch seine Frau dazu angehalten werden, auf Schusters Briefe nicht zu reagieren und ihm keine Informationen über den gemeinsamen Sohn, an dem er sehr hänge, zukommen zu lassen. [144]

Doch offenbar hat keine dieser Maßnahmen bewirken können, Schuster von der getroffenen Entscheidung abzubringen. Um sich ein möglichst realitätsgetreues Bild von seiner Lebenssituation in Berlin zu machen, wird IM „Puiu", der sich vom 18. Mai bis 8. Juni 1972 in der Bundesrepublik Deutschland aufhielt, beauftragt, ihn zu kontaktieren und ihn nach Möglichkeit in seinem neuen Domizil in Westberlin zu besuchen. Der Bericht, den „Puiu" nach seiner Rückkehr nach Bukarest am 4. August 1972 seinem Führungsoffizier übergibt[145], umfasst fünf getippte Seiten und schildert eingehend, wie die Begegnung mit Paul Schuster in Westberlin verlaufen war. „Puiu" schreibt, er habe Schuster von Köln aus angerufen, und dieser habe ihn gebeten, nach Berlin zu kommen, weil er kein Geld habe, nach Köln zu reisen. Dienstbeflissen habe „Puiu" danach die rumänische Botschaft in Köln über dieses Gespräch unterrichtet, heißt es im Bericht. Diese habe „Puiu" gebeten, die Verbindung zu Schuster aufrecht zu erhalten. Am darauf folgenden Wochenende sei „Puiu" nach Westberlin gefahren, wo es zur Begegnung gekommen sei, deren Verlauf er nachfolgend detailliert schildert.[146]

Schuster und seine Lebensgefährtin C. F. würden sehr bescheiden leben, ein Wohnzimmer, in dem sich auch sein Schreibtisch befinde, ein Schlafzimmer mit einer größeren Matratze und zwei Schlafsäcken.[147]

Schuster habe zuerst gefragt, wie die ehemaligen Kollegen von der *Neuen Literatur* auf sein Wegbleiben reagiert hätten. Sie seien sehr verwundert gewesen, habe „Puiu" geantwortet, zumal Schuster davor in der Presse und sonst in der Öffentlichkeit dafür plädiert hätte, die deutsche Minderheit solle in Rumänien bleiben und nicht auswandern, und sich auch sonst parteilich engagiert und über den Westen kritisch geäußert habe. Dass auch er die Seiten gewechselt habe, darüber würden sich besonders seine Gegner und Widersacher freuen.[148]

Auf die Frage, wie es nun weiter gehe, habe Schuster geantwortet, nachdem er dank der Vermittlung des bekannten westdeutschen Schriftstellers Günter Grass in den Genuss eines dreimonatigen Stipendiums der Akademie der Künste gekommen sei, habe ihm der Berliner Senat – ebenfalls auf Vor-

---

[144] Ebenda.
[145] Ebenda, Bl. 70–74.
[146] Ebenda, Bl. 70.
[147] Ebenda.
[148] Ebenda, Bl. 71.

schlag von Günter Grass – eine monatliche Unterstützung von 1 000 DM gewährt, die er bis September 1972 in Anspruch nehmen dürfe.[149] Seine Lebensgefährtin C. F., die als Sekretärin arbeite, werde ihn, sollte er in finanzielle Schwierigkeiten geraten, unterstützen. Werde er sich als Schriftsteller nicht durchsetzen können, sei er bereit, an einer pädagogischen Hochschule die Ausbildung als Lehrer anzustreben, um später in diesem Beruf tätig zu sein.

„Puiu" verzeichnete zur Beruhigung seiner Auftraggeber, Schuster habe ihm versichert, er werde nichts Negatives über Rumänien schreiben, ihn würde die Lage der Sachsen in Rumänien nicht sonderlich interessieren, er möchte sich besonders für die Ost-Westentspannung und für die Bekanntmachung Rumäniens im deutschen Sprachgebiet publizistisch und schriftstellerisch einsetzen. Das sei der Grund, warum er auf Distanz zur Landsmannschaft der Siebenbürger Sachsen in Deutschland gegangen sei und warum er jede Mitarbeit angeblich mit dem Verfassungsschutz und mit der Presse abgelehnt habe.

„Puiu" bilanziert am Ende seines Berichtes, Schuster habe prioritär wegen C. F. das Land verlassen, der es in Rumänien nicht mehr gefallen habe. Er habe den Eindruck, Schuster sei bereits sehr vereinsamt und fühle sich in Berlin nicht heimisch. Er sei verunsichert und habe Angst vor der Zukunft. Wenn sich seine Situation in absehbarer Zeit nicht bessere, könnte es sein, vermutet „Puiu", dass Paul Schuster den Weg in die Öffentlichkeit suchen und sich in seinen Äußerungen auch gegenüber Rumänien nicht zurückhalten werde.

Dazu ist es jedoch nicht gekommen, sei es, dass die westdeutschen Medien nicht erpicht auf Schusters Meinung waren, sei es, dass der Schrifsteller sich weigerte, öffentlich kritisch zur Situation im kommunistischen Rumänien Stellung zu nehmen. Nachdem das alles nicht eingetreten war und ihm auch ein bemerkenswerter Durchbruch als Schriftsteller und Journalist nicht gelingen sollte, fasste die Bukarester Behörde Mitte des Jahres 1973 den Beschluss, die Akte Paul Schuster zu schließen und zu archivieren.[150]

---

[149] Ebenda, Bl. 72.
[150] Ebenda, Bl. 1. Ob sie noch weitere Teile enthält, etwa für die Zeit 1973 bis 1990, konnte bislang nicht ermittelt werden.

Die negative Poetik und die Mitteilbarkeit des Grauens

Überlegungen zu Dieter Schlesaks Dokumentarroman *Capesius, der Auschwitzapotheker* (2006)

Maria Irod (Bukarest)

In einem Interview, das im Februar 2007 in *Magazine littéraire* erschienen ist, erklärt Elfriede Jelinek, dass sie die berühmte Frage Adornos, ob Dichtung nach dem Holocaust überhaupt noch möglich sei, auf doppelte Weise verstehe. Zum einen könnte man darauf antworten, dass die Sprache dem Ungeheuren nie gewachsen sei. Zum anderen aber wäre eine Auseinandersetzung mit dem Holocaust in der Nachkriegszeitliteratur unvermeidbar, auch wenn es sich dabei um keine explizite Thematisierung des Geschehenen handelt. Die Autorin fühlt sich offensichtlich der letzteren Auffassung verpflichtet und versteht die eigene Literatur als ein „Anklagen und Klagen", das „jede scheinbare Ordnung"[1] auseinander reißt. Mit dieser Einstellung schließt sie sich einer Denkrichtung an, die u. a. von Autoren wie Peter Weiss, Primo Levi oder Giorgio Agamben vertreten wird, die den Holocaust nicht als historisch abgeschlossenes Geschehen betrachten, sondern eher als eine Art „unheilvoller Dauerzustand der Moderne"[2].

Eine ähnliche Radikalität vertritt Dieter Schlesak, dessen „posthume Poetik"[3] darum bemüht ist, eine diesem epochalen Umbruch angemessene Schreibweise zu erfinden. Die Frage nach der Möglichkeit der Darstellung, nach der Mitteilbarkeit des Unvorstellbaren steht daher im Zentrum seines Lebenswerks. Besonders akut tritt diese Problematik in Schlesaks jüngst erschienenem Buch, dem Dokumentarroman *Capesius, der Auschwitzapotheker* (Bonn 2006), hervor. Darin wird die Verbindung von Ethik und Ästhetik neu definiert und in die Nähe der Mystik gerückt. Im Rückgriff auf das ethisch-ästhetische Fundament der Dichtung erschließt sich zugleich ein radikal kul-

---

[1]   Elfriede Jelinek: Österreich. Ein deutsches Märchen. Rede zur Verleihung des Heinrich-Heine-Preises. URL: http://ourworld.compuserve.com/homepages/elfriede/.

[2]   Der Ausdruck stammt von Dr. Robert Buch. Vgl. seinen Aufsatz zu Peter Weiss' *Die Ermittlung*. URL: http://parapluie.de/archiv/zeugenschaft/ermittlung.

[3]   *Fragmente zu einer posthumen Poetik* heißt der Essay, den Dieter Schlesak seinem Lyrikband *Tunneleffekt* (2000) nachgestellt hat. „Posthum" bedeutet in diesem Zusammenhang „spät geboren", nach den großen Schockereignissen des 20. Jahrhunderts (Auschwitz, Hiroshima, Gulag) schreibend.

turkritischer Anspruch sowie ein völlig neuer Dichterbegriff. An verschiedenen Stellen seines Werks, sowohl in den Essays als auch in der Fiktion, behauptet Schlesak, der Dichter könne nicht mehr der Schöpfer einer ästhetisierten Welt innerhalb der bestehenden sein, ihm sollte vielmehr die Rolle eines Vermittlers zukommen, der „vom Undenkbaren ins Erfahrbare Brücken baut"[4]. Dieses Zusammenspiel von ästhetischer Betrachtung und ethischem Gestus, das auch ein radikales Umdenken der bisherigen kulturellen Tradition voraussetzt, soll hier am Beispiel des oben genannten Romans diskutiert werden.

Ohne an dieser Stelle auf einen ausführlichen Vergleich mit Peter Weiss' *Die Ermittlung* eingehen zu können, möchte ich jedoch feststellen, dass zwischen seinem dokumentarischen Experiment und dem Dokumentarroman Dieter Schlesaks gewisse Übereinstimmungen bestehen. Auch bei Schlesak geht es zentral um das Problem der Zeugenschaft, das fehlende Schuldbewusstsein der Täter bzw. ihre Unfähigkeit zu trauern, und die Grenzen der Darstellung. Zumindest auf den ersten Blick. Denn Schlesaks Überlegungen kann man zugleich als sprachphilosophische Meditationen lesen, die hauptsächlich darauf abzielen, ein zeitgemäßes „posthumes" Sprachkonzept vorzuschlagen, wo die Sprache als „Spiegel der Transzendenz" fungiert und ein „Zuhause jenseits der Vorstellung und sinnlicher Erfahrung" zu bieten vermag, so Dieter Schlesak in seiner *Einleitung* zum Essayband *Zeugen an der Grenze unserer Vorstellung.*[5] Die sprachphilosophische Reflexion durchzieht aber ein dichtes Geflecht von Informationen, die wie bei Peter Weiss in ihrer schmerzhaften Konkretheit zu einem erschütternden Sprachdenkmal von großer Wirksamkeit wachsen.

Im Unterschied zu Peter Weiss' Dramatisierung des Auschwitz-Prozesses, wo sich die Universalisierung des Genozids an den europäischen Juden aus einer weitgehenden Namenlosigkeit der dramatischen Figuren ergibt, haben die von Schlesak erwähnten Personen eine genau dokumentierte Identität. Es gibt sogar einen Anhang mit Angaben zu den wichtigsten Personen, die im Buch vorkommen. Die einzige Ausnahme ist die fiktionale Gestalt Adam, dessen Name symbolisch ist und an dem alle Aporien von Auschwitz, das „Paradox des Zeugens" (Primo Levi) sowie die Schuld- und Schamgefühle der Überlebenden exemplarisch, ausgelotet werden. Zugleich spielt eine gewisse Betroffenheit des Ich-Erzählers und Interviewers, der die Stimmen der Täter und Opfer gegenüberstellt und den Makrotext des Romans aus ihren protokollierten Aussagen beim Frankfurter Prozess und aus verschiedenen anderen Berichten bzw. Tonbandmitschnitten von persönlichen Gesprächen zusammenflicht, im Roman eine wesentliche Rolle. Die siebenbürgisch-

---

[4] Dieter Schlesak: Die nachzustotternde Welt. Paul Celans „Wahn-Sinn" – Leid und Erkenntnis eines milenaren Zeitbruchs. In: D. S.: Zeugen an der Grenze unserer Vorstellung. München 2005, S. 25.
[5] Dieter Schlesak: Einleitung. In: D. S.: Zeugen an der Grenze (Anm. 4), S. 8.

sächsische Abstammung oder sogar Blutsverwandtschaft, die den Autor mit manchen Tätern verbindet, bietet dem Erzählen eine lebensgeschichtliche Grundlage und stellt den subjektiven Impetus des epischen Unternehmens bloß. Genauer gesagt, geht es in diesem Fall um einen Versuch „durch nachgetragenes Wissen einen Code des Erwachsenen über den naiven Code der Kindheitserlebnisse"[6] zu legen. Damit wird eine Ethik und Ästhetik der Teilhabe gegründet, die beim Schreiben sowohl des Fiktionalen als auch des Dokumentarischen und des Wissenschaftlichen niemals die tradierte Objektivität der Unparteilichkeit vortäuscht. Die Thematik zwingt sich also dem Schreibenden auf als Zeichen der äußersten Authentizität. Denn im Einklang mit der Quantenphysik, die bei den Experimenten immer das Subjekt hinzurechnet, um ein Maximum an Erkenntnis über das betrachtete Objekt zu gewinnen, setzt Dieter Schlesak die „Teilhabe und Zugehörigkeit" als Gradmesser der Wahrheit voraus.[7]

Dieter Schlesak schreibt seinen Dokumentarroman in einer Zeit, in der die Schwierigkeiten beim Schreiben der Wahrheit, wie eigentlich der Wahrheitsbegriff selbst, schon längst in der deutschsprachigen Literatur durchdacht und problematisiert wurden. Die fast schon zum Klischee heruntergekommene Einsicht, dass im modernen Roman die Wirklichkeit fragwürdig sei und sich nicht mehr im erzählerischen Totalentwurf vermitteln lasse, wurde bereits im Bewusstsein des bundesdeutschen Publikums durch die Romanpraxis eines Böll, Grass, Frisch usw. geprägt. Die endgültige Überwindung des auktorialen Erzählens, das Wirklichkeit noch als Totalität begreift, tritt jedoch später mit der Skepsis und der Kritik der literarischen Avantgarde ein. In der Umbruchsphase der 1960er und 1970er Jahre, als das Unbehagen der jüngeren Generation an den herkömmlichen Romanfiktionen immer deutlicher wurde, entdeckten Autoren wie Peter Handke oder Hubert Fichte die Möglichkeit für sich, solch unterschiedliche Verfahrensweisen wie das Collagieren von dokumentarischen Materialien, die subjektive Reflexion und den wissenschaftlichen Kommentar anzuwenden und zur Großform des Romans zu verknüpfen. Von dieser Möglichkeit macht auch Dieter Schlesak bewusst Gebrauch, wenn er sich vornimmt, „beeindruckende und lebensverändernde Zeitzeugenschaften zweier Diktaturen und des Exils"[8] an den Leser weiterzugeben. Das beabsichtigt er etwa in den „erlebten" Essays, die nach eigener Aussage zum größten Teil aus persönlichen Bekanntschaften erwachsen sind. Und dieselbe Intention liegt auch seinen Romanen zugrunde, in denen sich das Misstrauen gegenüber der Omnipotenz des Fiktionalen in einem Rückzug auf den eigenen Erfahrungsraum ausdrückt. Vor allem handelt es sich dabei um die Thematisierung eines ost-westlichen Spannungs-

---

[6] Ebenda, S. 7.
[7] Ebenda.
[8] Ebenda.

verhältnisses anhand von Berichten aus „leidgeprüften östlichen Gegenden"[9], die dem westlichen Lesepublikum nur mittelbar bekannt sein können. Die Situation des Erzählers, des rumäniendeutschen Linken und des in der Anti-Psychiatrie-Bewegung engagierten, deutsch schreibenden und in Italien lebenden „Zwischenschaftlers" wird also stets in die Romane hinein mitgenommen.

Was macht aber das wirklich innovierende Moment dieser Prosa aus? Es wäre ja unzulänglich, wenn man das allein in der Thematik oder dem reflektierten Umgang mit realen Daten und Fakten suchen würde. Freilich sind viele der behandelten Themen völlig neu, wie es auch im hier besprochenen Roman der Fall ist, wo es um die rumäniendeutschen Täter in den Konzentrationslagern Nazideutschlands geht. Und aus einer Perspektive des New Historicism könnte man Schlesaks Literatur sicher als wertvolles historisches Archiv betrachten. Jedoch gibt es genug Indizien im Text, die sich gegen eine solche reduzierende Interpretation wehren.

Die Differenzqualität dieser Prosa liegt meines Erachtens zum einen in dem Blick, der sich für die Transzendenz öffnet, indem er die Werke als ständiges Erforschen der politischen, ontologischen und epistemologischen Grenze auffasst. Zum anderen geht es um den Versuch, die Sprache als „Ort der Integrität" und Zugehörigkeit, als ein „Zuhause jenseits der Vorstellung und sinnlichen Erfahrung"[10] durchzusetzen. Dieses Sprachbewusstsein an der Nahtstelle zur Mystik, das in dieser Radikalität im Bereich der deutschsprachigen Literatur nur von Schlesak entwickelt worden ist, soll hier am Beispiel des Dokumentarromans *Capesius, der Auschwitzapotheker* erörtert werden.

Dabei konzentriere ich mich in erster Linie auf folgende Aspekte, die für Schlesaks Poetik von besonderer Relevanz sind: die Buchstäblichkeit, die sowohl der Faktizität als auch der „Bildinflation" entgegengestellt wird, die „alexandrinische, reinterpretative Zitatenbesessenheit"[11] und den Dialog zwischen Deutsch und Hebräisch, der als konstanter Verweis auf das Unsichtbare, Nur-Gedachte, Transzendente zu verstehen ist.

Das poetische Experiment ist bei Schlesak nie Selbstzweck, folglich wäre es unangemessen, Form und Inhalt in seinem Roman auseinander zu halten und sie jeweils an einem hypostasierten Konstrukt von Progressivität bzw. postmoderner Schreibweise zu messen. Sie sind vielmehr einander bedingende Bestandteile einer Problemformulierung, die sein Lebenswerk bestimmt: das Begreifen- und Aufhebenwollen der „ontologischen Zensur"[12], die alles rati-

---

[9] Ebenda.
[10] Ebenda.
[11] Dieter Schlesak: Die verborgene Partitur. Herkunft und Frühwerk von Paul Celan als Schlüssel zu seiner Metapoesie. In: Ebenda, S. 74.
[12] In diesem Zusammenhang spricht Dieter Schlesak über eine „kulturbedingte Blickbeschränkung", die jeden Zugang zu Realitäten jenseits des Sinnlich-Wahrnehmbaren abzublocken versucht. „Für den Umgang mit dieser gefährlichen Grenze hat die Literaturwissenschaft ähnlich wie die Psychiatrie, be-

onal Unfassbare aus dem ernstzunehmenden Erkenntnisbereich ausgrenzt. Diese Entlarvung des totalisierenden Ordnungswillens als eines Ortes der Gewaltausübung geschieht allerdings nicht (oder nicht nur) im Sinne einer psychoanalytischen Aufdeckung der vielfältigen irrationalen Motivationen, Brüche und Widersprüche, die das gesellschaftliche System unterminieren. Die Kritik an den Zwängen der bürgerlichen Ordnung ergibt sich eher aus einer spezifischen Art der Anschauung *sub specie aeternitatis*, welche von Schlesak der gewöhnlichen Betrachtungsweise gegenübergestellt und als Alternative nicht nur zum Oberflächenrealismus aber auch zum postmodernen Beharren in der Immanenz vorgeschlagen wird. In dieser Verschiebung zur metaphysischen Sicht der Welt treten die Gemeinsamkeit von Ethik und Ästhetik und ihr Bezug zur Mystik deutlich hervor.

Der Topos der Unsagbarkeit wird oft im Zusammenhang mit dem Holocaust bemüht, was von Seiten mancher Autoren zu Vorwürfen der Verharmlosung geführt hat. So fragt sich etwa der italienische Philosoph Giorgio Agamben: „Warum die Vernichtung mit dem Ansehen der Mystik schmücken?" Aber so wie Robert Buch, der Agambens Werk *Was von Auschwitz bleibt* zitiert, in seinem Aufsatz zu Peter Weiss' *Die Ermittlung* zeigt, kann dieser Topos nicht einmal von seinen schärfsten Kritikern vermieden werden. So etwa übernimmt Agamben im Anschluss an Primo Levi die Idee, dass „vollständige" Zeugen nur die Toten bzw. die so genannten „Muselmänner" sein könnten, d. h. Häftlinge, deren körperlicher Verfall den tiefsten Punkt der Enthumanisierung erreicht hat. Damit drehen sich auch seine Überlegungen um den bereits von Levi aufgedeckten Zusammenhang von Tod und Sprachlosigkeit. „Denn der Muselmann personifiziert die Unfähigkeit zu sprechen. Von ihm zu berichten, heißt dementsprechend, Zeugnis abzulegen von der Unmöglichkeit, Zeugnis abzulegen".

So fasst Buch die paradoxe Situation zusammen, die das Schreiben über den Holocaust bestimmt.

Dazu kommt auch noch die von Agamben konstatierte Aporie von Auschwitz, nämlich die Tatsache, dass dieses Geschehen trotz genauester Faktenkenntnis und Rekonstruktion opak bleiben muss. Aus dieser Unvorstellbarkeit des Holocausts wird ersichtlich, dass die herkömmlichen Kategorien der Aufklärungstradition versagt haben. Damit wird die „Grenze unserer Vorstellung", d. h. des bisherigen Erklärens und Verstehens, erreicht. Die Umkehr, die angesichts dieses beunruhigenden Verlustes des Vorstellungsvermögens „nötiger denn je"[13] wird, sieht Schlesak im Zusammenbringen der beiden durch die Aufklärung unversöhnlich voneinander getrennten Pole:

---

sondere Methoden und Techniken entwickelt, um das ‚Übernatürliche', das wesentlich für weite Teile der Weltliteratur ist, abzuschieben." (Vgl. D. S.: Liebe ist Leben für immer! Über die unheimliche Kommunikation zwischen Diesseits und Jenseits in der Literatur und Parapsychologie. Ein Radioessay, unveröffentlicht).

[13] Schlesak, Die nachzustotternde Welt (Anm. 4), S. 25.

der Geschichte und der Transzendenz. Die vom Versagen des alten Kausalitätsdenkens hinterlassene Leere wird als absolut Bildloses und reine Absenz, als das Nichts der negativen Theologie interpretiert. Schlesak zitiert Agnes Heller, eine Lukács-Schülerin, die die marxistische Kontinuitätsthese zwischen Kapitalismus und Faschismus vertritt, andererseits aber auch auf das „absolut Unvernünftige" und Unsagbare des Holocausts verweist, das sie als „Gottes absolut negative Abwesenheit" bezeichnet. Schlesaks Kritik an ihrem Ansatz besteht darin, dass sie zwar die Existenz der beiden Pole erkennt, ohne jedoch die strikte Trennung von Geschichte und Transzendenz zu verlassen.[14] Als paradigmatisches Beispiel für einen vollständigen Erkenntnis- und Darstellungsversuch des historischen Grauens nennt Schlesak Celans Dichtung, wo ein „Zusammentreffen zweier seit der Aufklärung getrennter Kulturen" stattfinde: „Geist" und „Politik", „exakt" und „human", „Engagement" und „Transzendenz".[15]

Vor diesem Hintergrund der Celan-Interpretation sollte man die Fragen der Darstellbarkeit verstehen, die der Dokumentarroman *Capesius, der Auschwitzapotheker* aufwirft. Falsche Darstellbarkeit würde in diesem Kontext Verharren in der falschen Mimesis, d. h. der „sklavischen" Widerspiegelung der objektiven Realität oder Rückgriff auf die abstrakten Totalitätsbegriffe bedeuten. In seinen Überlegungen zum zeitgemäßen Realitätsbegriff, die er hauptsächlich im Anschluss an die Kabbala und die Erkenntnisse der Quantenphysik formuliert[16], erklärt Schlesak das Konzept der linearen Zeit und den damit verbundenen Fortschrittsglauben für überholt. Ebenso den Materialismus der mimetischen Kunst:

> Worte und Bilder dienen zur Beruhigung, zur Illusionsherstellung [...] was wir mit Worten und Bildern verdrängen und beruhigen reicht in jenen Bereich des Unheimlichen und des Todes, der zum Verschwinden gebracht werden soll, damit diese die Erde vernichtende Zivilisation überhaupt existieren kann!

In diesem Punkt kommt er solchen Dekonstruktionen der metaphysischen Konzepte entgegen, wo diese etwa als herkömmliche Mittel zur Disziplinierung und Beruhigung entlarvt werden.[17] Für Schlesak sind es „die weltlose Abstraktion der Begriffe, der blutleeren formalen Logik", aber auch die „äußere Bildinflation", die für die Individuen als Entlastung fungieren. Diese verloren gegangene Komplexität gilt es wiederzugewinnen. Und sie wird

---

[14] Ebenda.
[15] Ebenda, S. 32.
[16] Dieter Schlesak: Fragmente zu einer posthumen Poetik. In: D. S.: Tunneleffekt. Gedichte mit einem Essay. Berlin 2000, S. 232.
[17] Vgl. Gianni Vattimo: Dialectică, diferență, gândire slabă [Dialektik, Differenz, schwaches Denken]. In: Gândirea slabă [Das schwache Denken]. Hrsg. von Gianni Vattimo und Pier Aldo Rovatti. Übersetzt von Ștefania Mincu. Constanța 1998, S. 10–25. Vattimo hält die stärksten Konzepte der Metaphysik wie etwa den einheitlichen Sinn der Geschichte, die Identität des Subjektes, den Weltzusammenhang für obsolet angesichts der heutigen Technik, die die gewohnten Perspektiveverhältnisse aufheben.

von Schlesak im Sinne der Holistik bzw. der Quantenlogik, die das Kausalitätsprinzip transzendieren und Erfahrungen des Numinosen zulassen, gedeutet. Das erinnert vor allem an die Hermeneutik Friedrich Weinrebs, die die Heilige Schrift als archetypisches Muster und die Sprache als eine Brücke zwischen dem Vergänglichen und den Ursprüngen, dem Historischen und dem Wesentlichen versteht. Für Weinreb ist die Sprache ein Geschenk der spirituellen Welt, der so genannten „mythischen Dimension", und dementsprechend kann sie, ebenso wie die Mathematik der Pythagoreer, den spirituellen Sinn der Dinge in ihrem Gesamtzusammenhang aufdecken. Zugleich besteht eine Affinität zum Prinzip der Synchronizität, das von Carl Gustav Jung dem Kausalitätsgesetz entgegengestellt wird.

Schlesaks Auseinandersetzung mit der Frage der Darstellbarkeit inkorporiert auch viele Ansätze, die vom gegenwärtigen, als postmodern bezeichneten Stand der Theorieentwicklung bestimmt sind. So etwa nimmt er Bezug auf Lyodards Überlegungen zum „Now" im Augenblick des Schreckens, die im Rückgriff auf das „Nichts" der Kabbala den Riss im Zeitkontinuum und die Wiederkehr des Verdrängten thematisieren. Karl Heinz Bohrers *Ästhetik der Plötzlichkeit*, die vom minimalen Schock handelt, der für einen Augenblick die Bodenlosigkeit der diskursiven Zugriffe aufreißen könnte, wird auch in diesem Kontext erwähnt, allerdings unter Vorbehalt. Schlesak bedauert allgemein bei der postmodernen Theorie die Ausgrenzung des Numinosen aus dem wissenschaftlichen Diskurs und spricht von einer „ontologischen Zensur", die im Falle Bohrers wie auch der Untersuchungen zum Tod, dem größten Tabu der Moderne laut Foucault, „eine Reduktion ins Fachliche" vollzieht.[18] Diese „Reduktion" beruht auf einem rationalistischen Diskursmodell, das die Wahrheit als Ereignis diskursiver Prozeduren betrachtet. In diesem Paradigma, das zum größten Teil auch das postmoderne Denken prägt, ist die Wahrheit durch Konsensbildung herstellbar. Im Gegensatz dazu ist die so genannte „apokalyptische Wahrheit", um einen Ausdruck Derridas zu verwenden[19], der jüdisch-christlichen Tradition ein Geschehen, ein dramatisches Ereignis, dessen Status nicht von seinen Diskursakteuren abhängt. Vom apokalyptischen Modell der Wahrheit wird ein vormoderner Begriff der Autorschaft abgeleitet, der das Schreiben zum Schauplatz eines Anderen, nämlich des *totaliter aliter* macht. Der Autor ist kein souveränes Subjekt, sondern ein *subiectum*, ein vermittelndes Schreibgerät der göttlichen Offenbarung.[20]

---

[18] Dieter Schlesak: Über Sprachskepsis, Bildverbot und den Begriff Zeit. In: D. S.: So nah, so fremd. Dinklage 1995, S. 345.

[19] Vgl. Jacques Derrida: Apokalypse. Übersetzt von Michael Wetzel. Graz, Wien 1985. Derrida geht von der ursprünglichen Bedeutung des Wortes *apokalypsis* aus, das überhaupt nicht Katastrophe oder Weltuntergang hieß, sondern Offenbarung, Enthüllung der Wahrheit. Siehe dazu auch Hartmut Böhmes Auseinandersetzung mit Derrida: Vergangenheit und Gegenwart der Apokalypse. In: H. B.: Natur und Subjekt. Frankfurt am Main 1988, S. 380–397.

[20] Böhme, Vergangenheit und Gegenwart (Anm. 19), S. 384.

Dieser Wahrheitskonzeption nähert sich Schlesak mit seiner Feststellung, dass die Geschichtlichkeit und Präsenz Projektionen und die Gegenwart „eine gesammelte Zensur von Individuen" seien, die „intersubjektiv eine Art Halluzination herstellen, BILD, eine ‚gedeutete Gegenwart', wo das ‚Noch-Nicht' bzw. das ‚Noch-Nicht-Nachvollziehbare' nicht vorkommt." (Hervorhebung: D. S.)[21] Folglich sollte der kreative Prozess der Meditation, der Ausschaltung der äußeren Sinne, ja der *kenosis* der Mystiker angeglichen werden. „Beim Schreiben weiß auch der Autor, dass er sich mit seinem Ich beim kreativen Prozess nicht einmischen darf, sonst blockt er ihn ab."[22] Andererseits wird, wie schon in Anlehnung an die Quantenlogik festgestellt wurde, das Subjekt ins Zentrum gerückt, „den der dichteste Ort des Alls ist der menschliche Kopf"[23]. Das „Ich" wäre in diesem Zusammenhang das Vernunftsubjekt als Produkt der fortschreitenden Rationalisierung. Übrigens wird das „Ich" unter den drei Instanzen, die Freud im Prozess der Identitätsfindung identifiziert, als äußere Situation beschrieben. Das Subjekt der zweiten Aussage scheint vielmehr das zu sein, was in „Abwesenheit der sinnlichen Welt als Anwesenheit ihrer Tiefenstruktur"[24] aufscheint. Der menschliche Kopf also als Vorrat von Archetypen, die sich jenseits jeder identitätsstiftenden Beschränkung auf das Soziale und das Greifbare befinden.

In diesem Kontext könnte man auf die Überlegungen Carl Gustav Jungs zur Rolle der Seele in der westeuropäischen religiösen Erfahrung hinweisen.[25] Jung spricht von einem oberflächlichen Christentum, das die seelischen Abgründe vieler Europäer unberührt lässt, und stellt ein Erstarren im mechanischen Formalismus des Rituals fest. Dies sei das Ergebnis der so genannten „westlichen" Haltung, die in der Welt der sichtbaren Gegenstände verharrt und deren Grundverhältnis zur Realität die Spaltung zwischen Subjekt und Objekt ist. Die abendländische Kultur entwickelt sich in einer Geschichte der religiösen Objektivierung, wo die Seele ausgehöhlt und sowohl der höchste Wert (Christus) als auch der höchste Unwert (die Sünde) nach Außen verlegt werden. Diese Abtrennung zwischen der psychologischen Realität und dem offiziellen Glauben erklärt, so Jung, das Archaische und Gewaltsame vieler individueller und kollektiver Taten, die von der christlichen Ethik kaum geprägt sind. Mit seiner Kritik an dem „im Okzident vorherrschenden Realitätsglauben und vulgären Materialismus"[26] steht Schlesak Jungs Auffassung sehr nah. In diesem Zusammenhang entfaltet er auch seine Theorie zur Ästhetik, der ein initiatisches Moment zugesprochen wird und die ein „Anglei-

---

[21] Schlesak, Über Sprachskepsis (Anm. 18), S. 343.
[22] Ebenda, S. 348.
[23] Dieter Schlesak: Fragmente zu einer posthumen Poetik (Anm. 16), S. 214.
[24] Vgl. Schlesak, Über Sprachskepsis (Anm. 18), S. 344.
[25] Carl Gustav Jung: Psihologie și alchimie [Psychologie und Alchemie]. Übersetzt von Carmen Oniți und Maria Magdalena Anghelescu. București 1998, S. 18–20.
[26] Vgl. Schlesak, Über Sprachskepsis (Anm. 18), S. 342.

chen an den inneren Meister"[27] (d. h. eine Mimesis im ursprünglichen Sinne des Wortes) sein sollte.

Schlesaks Poetik ist darum bemüht, Querverbindungen zwischen der esoterischen Tradition, etwa der negativen Theologie, und den neuesten wissenschaftlichen Erkenntnissen, etwa der Informatik und der Quantenlogik, herzustellen und in diesem Spannungsfeld der Dichtung eine anthropologische Dimension zu verleihen. Bei den deutschsprachigen Gegenwartsautoren findet Dieter Schlesak wenige Ansätze, die seinem Unterfangen entgegenkommen würden. Eine Affinität empfindet er zu Durs Grünbeins Überlegungen, aus denen er ausführlich zitiert. Bei Grünbein sollte „das Gedichtwort" „jenseits der protokollarischen Einzelheiten eines Menschenlebens und über alle Stilepochen und Kunstideale hinweg" eine „Verbindung zu den Gedächtnisgründen, den im Erdreich versunkenen Zivilisationen, den allgegenwärtigen Toten"[28] enthalten.

Ich breche hier ab, um an die erzählerische Realisierung dieser allgemeinen Fragen der Darstellbarkeit im Dokumentarroman *Capesius, der Auschwitzapotheker* heranzukommen. Als Erzählform, die der Thematik am besten gerecht wird, bevorzugt Schlesak die Collage aus Dokumenten, Interviews, Berichten und Selbstreflexionen. Ohne das zerstörerische, zwiespältige Moment des Fragens zu verkennen, setzt der Fragende in diesem Dokumentarroman zu seiner Entdeckungsreise an. Um die imperiale Asymmetrie des fragezentrierten Erforschens abzuschwächen, bedient sich der Interviewer mancher Vorsichtsmaßnahmen. Er beschreibt etwa den Ort im Dispositiv, von dem aus er spricht, und betont dabei seine biografische Nähe zu den Interviewten. Zu seinen Strategien gehört auch das geschickte Zurücktreten hinter das Sprechen des Anderen, das einer kaum lernbaren, nur durch Erfahrung zu gewinnenden Fähigkeit zwischen Neugier und Diskretion, zwischen Lenkung und Laufenlassen entstammt.

Dazu kommt noch die langjährige Beschäftigung Schlesaks mit der rumäniendeutschen Mittäterschaft, die dazu führt, dass die in den Roman hineinmontierten Interviews mit Capesius oder Roland Albert das Resultat vielstündiger Vorgespräche sind, die den Befragten die Chance der Entfaltung einräumten. Die Rolle des Erzählers wird im Roman nicht nur vom fragenden Alter ego des Autors übernommen, sondern auch mit der fiktionalen Gestalt Adam geteilt, der hauptsächlich die poetologischen Reflexionen überlassen werden.

Im Roman sind drei unterschiedliche Darstellungsmöglichkeiten des historischen Grauens erkennbar. Die eine, die von Capesius vertreten wird, stellt das rein Faktische, die Daten und Zahlen, mit anderen Worten das Greifbare

---

[27] Ebenda.

[28] Durs Grünbein im Gespräch mit Brigitte Oleschinski und Peter Waterhouse. In: Die Schweizer Korrektur 1994. Hrsg. von Urs Engeler. Zit. nach Schlesak: Fragmente zu einer posthumen Poetik (Anm. 16), S. 227.

und Sichtbare, in den Vordergrund. Eine andere Art, über Auschwitz zu erzählen, ist das spekulative Herumphilosophieren Rolands, das mitunter als Spiel mit hohlen Abstraktionen erscheint. Den dritten Weg der Darstellung, der der „Sprachskepsis" und dem „Bildverbot" der „postumen" Poetik Folge leistet, könnte man mit einem Ausdruck Schlesaks „Buchstäblichkeit" bezeichnen. Adam, der mit dem „Paradox des Zeugens" im Sinne Primo Levis konfrontiert wird, als Überlebender keine vollständige Auskunft über das ganze Ausmaß des Leidens in den KZs geben zu können, geht in seinen Berichten von den Notizen aus, die er direkt vor Ort, in der Lagerhölle, auf kleine Papier-Röllchen niedergeschrieben hatte. Diese Röllchen, die mit der Thora verglichen werden, fungieren wie eine Art Ur-Schrift, in deren Buchstäblichkeit die Toten inkorporiert sind. Es geht gewissermaßen um eine „apokalyptische Rede", die der Arbitrarität und Konventionalität der Sprache entzogen wird. Die Sprachzeichen sind die Gegenwart des Wesens der Sache, in diesem Fall aber dessen, was geschehen ist, nicht was geschehen muss. Die Röllchen riechen noch nach Asche und Rauch und sind deswegen eher „vollständige" Zeugen als ihr Urheber:

> In Adams winzigen Papier-Röllchen auf Deutsch, die aussehen wie Minipapyrusrollen, stand auch das, was sogar er vergessen hatte, ja, vergessen musste, um weiterleben zu können. Er holte diese Röllchen hervor, als wären sie die Zeugen, nicht er, und als beginne mit ihnen erst jenes ... ja, jenes ... Er nahm sie mit zögernder Hand aus dem uralten verschlissenen Schreibtisch, zaghaft, als wären sie etwas, das nicht in diesen Alltag, in diese Welt gehört, nicht wahrnehmbar, nicht sichtbar sein kann, als wären es Abschriften der verbrannten Thorarollen, so fasste er sie an ... diese vergilbten Papierröllchen ... auf seiner flachen Hand lagen sie ... und er beugte sich plötzlich über sie ... und roch daran ... Dann hielt er sie auch mir hin ... als wollte er mir etwas mitteilen, was anderes unmöglich mittelbar ist ... nein, sie rochen nicht nach altem Papier ... immer noch war Rauch, Asche, und der Geruch von verbrannter Haut in ihnen ...[29]

Adam, der immer stockend und ungern über „damals" spricht, versucht in diesem entstellten Erzählfluss einer „adamitischen" Sprache das Geschehene zu buchstabieren. Dies ist, was Walter Benjamin „Namensprache" nennt, in welcher die Welt zur Sprache kommt. Adams Versuch dreht sich um die Zentralfrage des Buches, ob es möglich sei, das Grauen in Schönheit zu verwandeln.[30] Es ist die Frage, ob die Literatur eine Sprache sprechen kann, in welcher das Signifikant und das Signifikat, das Wort und das Wesen des Bezeichneten koinzidieren. Dies ist das Wort der Schöpfung, worin Zeichen und Wesen kopräsent sind. In der Literatur wäre ein sprachmystisches kabbalistisches Prinzip, eine „über den eigenen Text hinausweisende alexandrinische, reinterpretative Zitatenbesessenheit" anzustreben, wie sie etwa von Dieter Schlesak im Falle der Poetik Paul Celans konstatiert wird. In Celans

---

[29] Dieter Schlesak: Capesius, der Auschwitzapotheker. Bonn 2006, S. 9.
[30] Ebenda, S. 205.

Gedichten vollzieht sich

> eine paradoxale Verschränkung des Deutschen mit jenem Ur-Text [des Hebräischen – Anm. M. I.], manchmal auch wie ein (oft gescheiterter) Übersetzungsversuch aus der Partitur ins Deutsche, das unfähig ist, die Bedeutungen aus jener anderen Sphäre zu tragen.[31]

Wie Paul Celan verwirft auch Adam die deutsche Sprache nicht, die seine Muttersprache ist und die er liebt, trotz der auf Deutsch ausgesprochenen Befehle, die die Juden in den Tod schickten. Das Schweigen wäre für ihn „Selbstaufgabe", ein „Sichducken vor dem unvorstellbaren Grauen"[32]. Das Schreiben hingegen ist eine Art Trauerarbeit, die die Millionen Toten in Worten auferstehen lässt, indem es durch wiederholtes Herbeirufen ein Tor ins Jenseits öffnet, eine Brücke, die so wie die von Celan in seiner *Todesfuge* hineinmontierte chassidische Vorstellung beschreibt, „ein Grab in den Lüften ist"[33].

Adams Schreiben geht auch gegen die traditionelle „heile" Schreibweise an, die mit alten Begriffen und Kategorien das Unfassbare erzählbar zu machen versucht. Und zugleich gegen die materialistische Auffassung, die den Tod als endgültiges Ende und die Toten nur als verwesende Materie ansieht. Das Schöne, ein „unendlich helle[s] Licht jenseits von Körper und blutiger Geschichte"[34] zu erleben, verbindet sich im Schreibakt mit dem ethischen Gestus, die Fetischisierung der sinnlich wahrnehmbaren Wirklichkeit als Übel der Zivilisation zu entlarven. Die radikale Umkehr der überholten Vorstellungen ist nicht nur auf der Ebene der Ästhetik, sondern auch als ethischer Imperativ notwendig:

> [...] es sei denn, dass alle, die es nicht wissen oder die weiter denken wie bisher, *zu den Tätern* gehören! Denn es hat sich, seit *das* geschehen ist, auf der Erde alles verändert! (Hervorhebung: D. S.)

Dem Einwand, dass die Erklärung der Katastrophe durch eine extreme Entwicklung des Rationalismus einen Ausgleich der Verantwortung bedeuten würde, stellt Schlesak die Einsicht entgegen, dass nicht jede Schuld juridisch messbar sei:

> Die Kritik dieser Auffassung, dass diese drei Ereignisse [der Holocaust, Hiroshima, der Gulag – Anm. M. I.] Resultat einer infernalen Zivilisationsmaschine seien, mit dem Gegenargument, so werde die Verantwortungsfrage nivelliert, ist unter diesem Gesichtspunkt eines totalen Sturzes bisheriger Geschichte zum Ende hin, nicht haltbar, da die Täter, als

---

[31] Schlesak, Die verborgene Partitur (Anm. 11), S. 68.
[32] Schlesak, Capesius (Anm. 29), S. 209.
[33] Zitiert von Dieter Schlesak in: Schlesak, Capesius (Anm. 29), S. 206. Auch in: Ders., Die nachzustotternde Welt (Anm. 4), S. 14.
[34] Schlesak, Capesius (Anm. 29), S. 206.

Mitverantwortliche dafür, erst recht zu Schuldigen werden, allerdings mit einer Schuld, die juridisch nicht messbar ist, aber das Stigma einer riesengroßen Kluft zwischen banalem Bewusstsein und apokalyptischer Täterschaft trägt, die einer fast alttestamentarischen Verdammnis gleicht.[35]

So wird es wiederholt und an verschiedenen Stellen in Schlesaks Werk betont, dass der Holocaust mit herkömmlichen Maßstäben nicht zu messen und mit traditionellen psychischen, politischen und kulturellen Verarbeitungsstrategien nicht zu überwältigen ist. Hier würde sich die Frage stellen, ob die Ästhetik des Erhabenen, die von vielen als Zentrum der Moderne[36] betrachtet wird, auch zu den oben genannten herkömmlichen Mitteln gehört. Im heraufziehenden säkularen Zeitalter schlägt das Apokalyptische ins Erhabene um. Bei Kant etwa wird der Zustand des Schreckens und der Ohnmacht mit einer „subjektinterne[n] Herausforderung an die Kraft rationaler Selbstbehauptung"[37] verknüpft. Dabei geht es nicht um die Rettung des empirischen Ich, sondern um die „Selbstaffirmation der in der Katastrophe triumphierenden Vernunft"[38]. Ohne explizit auf Rudolf Ottos Buch *Das Heilige* hinzuweisen, rückt Böhme das Erhabene in die Nähe des Numinosen, indem er in der Erhabenheit der Vernunft ein Angstlust-Syndrom konstatiert, das als Verführung erscheine, der Angst vor dem Untergang dadurch zu entkommen, dass man ihn verursacht. Auf der anderen Seite bedeutet die Ästhetik des Erhabenen ein Übergang zum „Abstraktions-Heroismus"[39], wo die Spaltung zwischen Körper und Geist noch mehr zuungunsten des Körpers vertieft wird.

In der Ästhetik des Erhabenen, wo der physische Untergang immer eine Rettung des idealen Selbst bedeuten kann, wird also ein ziemlich starkes kathartisches Element sichtbar. Sie erlaubt eine Entzifferung des ästhetischen Genusses, der in den Katastrophen herrscht und vor dem Böhme in seinen Ausführungen warnt. Zugleich würde ein solches Deutungsmuster, das notwendigerweise mit der Selbstbehauptung der Vernunft endet, eine Reintegration in die althergebrachte Ordnung bedeuten.

Bei Adorno waren eben der durch Kunst erzeugte Lustgewinn und die damit einhergehende kathartische Entspannung des Verhältnisses zum Monströsen ein Problem. Vermutlich[40] war Celans Gedicht *Todesfuge* der Anlass, der bei Adorno ein Überdenken seiner Position gezeitigt hat. Und es ist nicht zufällig, dass Dieter Schlesak ausgerechnet an die Poetik Celans anknüpft. Dabei versucht er, sowohl der „Verdinglichung dessen, was sich seinem Wesen nach dem profanen Dingcharakter entzieht" als auch der „Fetischisierung

---

[35] Schlesak, Über Sprachskepsis (Anm. 18), S. 357.
[36] Böhme, Natur und Subjekt (Anm. 19), S. 393.
[37] Ebenda, S. 392.
[38] Ebenda, S. 393.
[39] Ebenda, S. 394.
[40] Ich beziehe mich dabei auf Moshe Zuckermann: Mühsal der Erinnerung. Zur Darstellbarkeit der Shoah. In: Freuds verschwundene Nachbarn. Hrsg. von Lydia Marinelli. Wien 2003.

seiner Undarstellbarkeit"[41] zu entrinnen.

Schlesaks negative Poetik (die im engen Zusammenhang mit der negativen Theologie, aber auch mit der negativen Dialektik Adornos zu verstehen ist) gehört zu den individuellen Praktiken (wie Meditation oder Gebet), die darauf abzielen, durch die Bewusstseinserweiterung einen Raum zu schaffen, wo ein neues Wirklichkeitsbild entstehen kann. Damit ist eine Aufwertung der Literatur verbunden, die aber kaum etwas mit einer idealistischen Überschätzung oder einem quer zum Zeitgeist stehenden Ästhetizismus zu tun hat. Vielmehr kommt dem Schreiben die lebensverändernde Rolle zu, Erfahrungen des Unheimlichen und des Fremden durch sprachliche Mittel jenseits der normativen und kognitiven Einordnungsversuche zu potenzieren. Bei Schlesak entfernt sich also die ästhetische Erfahrung von ihrer traditionellen kathartischen Funktion. Statt Gefühlsentladung und Geborgenheit anzubieten, erscheint sie als Außerkraftsetzung der gewohnten Mechanismen der Logik und des Verstandes und vermittelt ein Gefühl des permanenten Un-zu-Hause-Seins. Im Celan-Gedicht etwa, das Adam zitiert, scheinen „die Toten, die Opfer, die Ermordeten zu sprechen, die Grenze zu uns Lebenden zu überschreiten"[42].

Es ließe sich folglich eine Parallele zwischen Schlesaks Konzeption der ästhetischen Erfahrung und Heideggers Theorie des Stoßes bzw. Benjamins Schock-Begriff ziehen.[43] Dieses Insistieren auf der Unheimlichkeit macht die literarische Darstellung des Holocaust moralisch nicht mehr so fragwürdig und trägt der von Adorno skizzierten Aporie in gewissem Maße Rechnung.

---

[41] Ebenda, S. 104.

[42] Schlesak, Capesius (Anm. 29), S. 9.

[43] Vgl. dazu Gianni Vattimo: Arta oscilării [Die Kunst des Zögerns]. In: Societatea transparentă [Die durchsichtige Gesellschaft]. Übersetzt von Ștefania Mincu. Constanța 1995, S. 52–69.

Faktizität und Fiktionalisierung in der Prosa von Joachim Wittstock

HORST SCHULLER (Hermannstadt / Heidelberg)

Für den theoretischen Einstieg empfiehlt sich ein interdisziplinärer Blick: einmal auf die Faktenproblematik in der Geschichtswissenschaft und zum zweiten auf die Klärungen der Literaturphilosophie zum Begriff der Fiktionalisierung.

Mit einigem Staunen stößt man dabei zunächst auf die tiefe Verunsicherung der ihr Metier reflektierenden Historiker, eine Verunsicherung, die der Narratologie, der Erzähltheorie zu schulden ist. Unter ihrem Einfluss wie auch unter dem allgemeinen theoretischen Druck der Sprachwissenschaft sprechen die heftigsten Kritiker der Geschichtsschreibung davon, dass diese sich im vorparadigmatischen Stadium der Protowissenschaft, gar der Nichtwissenschaftlichkeit befände, dass sie keine disziplinäre Matrix gefunden habe. Genau genommen, arbeite sie (prophetisch nach hinten gerichtet) mit Vorerzähltem: mit Quellentexten, Chroniken, Urkunden, also mit schon mannigfach vorgeprägten Texten, mit Texten über Fakten und eigentlich nicht mit Fakten selbst, im Unterschied etwa zu den nach logischem Empirismus urteilenden Naturwissenschaften. Auch archäologische Funde werden nicht rein faktisch, sondern theoriegeleitet, d. h. nach Denkmodellen bzw. im Hinblick auf ihre Funktion als museale Vorstellungshilfen, als Rekonstruktion ausgewertet. Kurzum: Geschichtsschreibung handle von Vergangenem, das mal besser, mal schlechter erzählt werde.

So gesehen, könne man bloß von zum Teil parallel existierenden geschichtlichen Erzähltraditionen sprechen, genauer von etwa vier narrativen Grundstrukturen, in denen Geschichte als Romanze (etwa bei Jules Michelet), Tragödie (Leopold von Ranke), Komödie (Alexis de Toqueville) oder als Satire (Jacob Burckhardt) zu lesen ist, wobei besonders das 20. Jahrhundert durch satirisches, distanziertes Schreiben gekennzeichnet sei. Neuere Diskussionsbeiträge[1] schlagen vor, Geschichte zugleich auch als besondere Spielart

---

[1] Text und Wahrheit. Ergebnisse der interdiziplinären Tagung Fakten und Fiktionen der Philosophischen Fakultät der Universität Mannheim, 28.–30. November 2002. Hrsg. von Katja Bär, Kai Berkes, Stefanie Eichler, Aida Artmann, Sabine Klaeger und Oliver Stoltz. Frankfurt am Main, Berlin, Bern, Bruxelles, New York, Oxford, Wien 2004.

des erzählenden Totengedenkens zu reflektieren und den historischen Diskurs insgesamt letzten Endes als Mischform zwischen Nacherzählung und logischem Diskurs zu akzeptieren.

Demgegenüber scheint nun das Verhältnis zwischen Fakten und ihrer poetischen Funktionalisierung, d. h. Fiktionalisierung, von der Dichtungstheorie und Literaturphilosophie[2] grundsätzlich geklärter: Fakten können Elemente der Dichtung, Mittel der Darstellung sein, und hier mögen sich Literatur und Geschichtsschreibung berühren, aber Dichtung referiert nicht auf Fakten, transportiert nicht Fakten um der Fakten willen, sondern nutzt sie für den Aufbau einer präzisen Unpräzision, einer bestimmten Vagheit, einer polyvalenten Bedeutung, einer eigenen ästhetischen Wahrheit, die sich unmittelbar, in reiner Temporalität und reiner Lokalität, ohne Referenz zur empirischen Wirklichkeit und durchaus auch mit vorsemantischen, klangautonomen Ausdrucksformen fiktionalisierter Rede im Text konstituiert. Bei Joachim Wittstock[3] gibt es für diese eigentümliche Fiktionalisierung, diese träumerische Konzentration, die umschreibende Formel „dezent magisch". Literatur wolle eher „traumhaft Wahrscheinliches"[4] darstellen.

Wie die pränatale und frühe postnatale Entwicklungspsychologie des Kindes zeigt, verfügt der Mensch über ein doppeltes Bewusstsein, ein Fiktional- und ein Real-Bewusstsein, das im Redestatus, in der Textproduktion, Textstruktur, Textrezeption und in Sprachhandlungssituationen unterscheidbar ist. Die jeweiligen Bewusstseinsformen werden durch unterschiedliche Signale aktiviert. Der Wechsel von einer Bewusstseinsform zur anderen bereitet dem menschlichen Verstand keine Mühe, sondern Vergnügen.

Uns interessieren hier nun im Weiteren spezielle textexterne und textinterne Fiktionalisierungssignale in der Prosa des Autors Joachim Wittstock, des kontinuierlich produktivsten und angesehensten der rund 20 heute noch deutsch schreibenden Autoren in Rumänien.[5]

Zunächst sei allgemein festgehalten, dass der in Hermannstadt lebende Autor in seinem mittlerweile mehr als ein Dutzend Bücher zählenden Werk gerne mit Funden, d. h. mit Briefen, Zitaten, veröffentlichten oder unveröffentlichten Zeugnissen, wuchert. Zuletzt am auffälligsten in dem Roman *Bestätigt und besiegelt*. Der Roman wurde in Teilen vor der politischen Wende in Rumänien geschrieben, Proben daraus hat der Autor in Literaturzirkeln gelesen, im Druck erschien der Text erst 2003 im Verlag der *Allgemeinen Deut-*

---

[2] Jürgen H. Petersen: Fiktionalität und Ästhetik. Eine Philosophie der Dichtung. Berlin 1996; ders.: Die Fiktionalität der Dichtung und die Sprache der Philosophie. München 2002.

[3] Joachim Wittstock: Keulenmann und schlafende Muse. Sibiu 2005, S. 174.

[4] Joachim Wittstock: Bestätigt und besiegelt. Roman in vier Jahreszeiten. Bukarest 2003, S. 262.

[5] Dazu gehören neben Joachim Wittstock u. a. Michael Astner, Hannelore Baier, Lorette Brădiceanu-Persem, Ioana Crăciun Fischer, Petra Curescu, Edith Guip-Cobilansky, Benjamin Józsa, Hans Liebhardt, Wilhelm Meitert, Juliana Modoi, Walther Peter Plajer, Annemarie Podlipny-Hehn, Carmen Elisabeth Puchianu, Eginald Schlattner, Siegfried Schullerus, Walther Gottfried Seidner, Christl Servatius Schullerus, Ricarda Terschak, Christl Ungar-Ţopescu, Lucian Vărşăndan und Balthasar Waitz.

schen Zeitung für Rumänien in Bukarest. Dazu der Autor:

> Es stimmt zwar, dass vor 1989 vieles von der Dokumentation bewältigt und manche Episode bereits ausgeführt war, und doch ist der Roman im Großen Ganzen ein Nach-Wende-Produkt, glücklicherweise, weil nach 1990 das Zu-Sagende besser sagbar wurde. (Brief an den Verfasser, vom 3. Dezember 2005)

In diesem Zeit- und Gesellschaftsroman schaffen grafisch durch Kursivdruck abgesetzte Auszüge aus den Aufzeichnungen einer Romanfigur, eines Notars, zusätzliche Möglichkeiten mehrperspektivischen Erzählens. Im Buch finden sich nun reichlich (externe und interne) Fiktionalisierungssignale (z. B. in den intertextuellen Motti zu den vier Hauptteilen, in den punktuellen Bibelbezügen), vor allem aber sehr deutlich im Peritext, d. h. in Titel, Untertitel und ganz besonders in der Vorbemerkung, die sich auf Figuren und ihre Namen bezieht, auf den Romantitel und auf die übernommenen (aber freilich selektiv zitierten, montierten, weiter geschriebenen, also fiktionalisierten) Stellen aus dem authentischen Tagebuch des langjährigen Heltauer Obernotars Michael Klein, der Modell stand für die literarische Figur des Thomas Böhm im Roman. Man liest also in diesen Vorüberlegungen erwartungsgemäß, dass den

> nach Modell gezeichneten Personen [...] Äußerungen in den Mund gelegt worden seien, die sie nicht getan haben, aber hätten tun können. Gegebenes und Gedachtes mischen sich auf diese Weise in den Porträts, in den Handlungen und Haltungen, und was chronikalisch verbürgt anmutet, ist oft nichts anderes als Fiktion [...]. Namen glaubte ich abändern zu müssen.[6]

Jahrzehnte vorher hatte sich Joachim Wittstock in diesem Punkt noch anders entschieden. In den zum Roman zusammengeführten Erzählungen *Ascheregen. Parallele Lebensbilder und ein Vergleich* (1984), der wie ein Totengedenken das Kriegsschicksal von sechs Vertretern der Opfer-Generation vergegenwärtigt, werden Lebenseinzelheiten zum Teil frei erfunden, die Namen (u. a. Erwin Brestowski, Lejser Fichman, Kurt Hochmeister, Remus Petru, Konrad und Gerhard Müller) aber nicht verhüllt:

> Die folgenden Schilderungen wurden anhand dokumentarischer Quellen entworfen. Bei den oft beträchtlichen Lücken der Überlieferung ist manches nach Wohlmeinen des Verfassers ergänzt worden. Die Namen der handelnden Personen wurden zumeist beibehalten, obwohl dies bei in letzter Hinsicht freiem Umgang mit den Fakten, zumindest in den Augen jener, die über die einzelnen Schicksale zutreffender orientiert sind, wohl vermessen wirkt. Doch erschien es sinnvoll, die Personen der Erzählungen mit Namen zu versehen, die einst einem kleineren oder größeren Kreis etwas bedeutet haben. Mag diese Erinnerung im Einzelfall auch keines öffentlichen Gedenkens bedürfen, so doch in dem Sinne, dass durch die Personen charakteristische Vertreter jener Generation ins Blickfeld treten,

---

[6] Wittstock, Bestätigt und besiegelt (Anm. 4), S. 6.

die – um 1920 geboren – als jüngste in den Zweiten Weltkrieg eintrat und deren Opfer mit dem Preis der Jugend bezahlt wurde. Die Titel der Erzählungen zeigen jeweils Endpunkte an, die sich – wie auch in Plutarchs Parallelen Lebensbeschreibungen – nur in der Erörterung, im Vergleich der Einzelschicksale in gewissem Maß relativieren und aufheben lassen. Dieses vergleichende Nebeneinander und Miteinander nimmt in unserem Fall die Form einer frei erfundenen ‚Begegnung vor den Pforten der Unterwelt' an.[7]

Diese abschließende, als Fabulat geschriebene Begegnungserzählung trägt den Titel *Ascheregen*. Damit wählt der Autor Joachim Wittstock nicht nur eine den Gesamttitel spendende Metapher für den Krieg, sondern deutet (neben dem offen beabsichtigten Dialog mit Plutarch) als zusätzliches hypotextuelles Zeichen, als Fiktionalisierungssignal auch den (eher verkappt gehaltenen) Bezug zu Erwin Wittstocks Novelle *Die Begegnung* an, in der ein italienischer Infanterist und ein in österreichischem Dienst kämpfender Offizier an der Front zusammenfinden und sich in dem Augenblick trennen, als eine Mine einschlägt und „feines graues Flockengeriesel, ein Ascheregen"[8] niederfällt. Erwin Wittstocks Novelle spielt im Ersten Weltkrieg, an dem der Autor als Frontkämpfer direkt beteiligt war. Joachim Wittstock, der Sohn, Jahrgang 1939, schreibt über den Tod im Zweiten Weltkrieg, den er aus der Distanz von Zeit und Raum, aber im stillen Zwiegespräch und thematischen Zusammenspiel mit Vorgängern dokumentiert.

Nach dieser längeren Klammer kommen wir nun wieder auf den Roman *Bestätigt und besiegelt* - und den hier nun verhüllenden Umgang mit Privatheit, zum Bespiel mit authentischen Namen - zurück. Wittstock, die Kenntnis historischer Abläufe grundsätzlich als bekannt voraussetzend, versteht seinen Text nicht als Faktentransporter, als Zeitprotokoll oder Geschichtslektion, deshalb wird der Leser auch beim Vorführen des aus Opfern und Tätern gemischten Figurenensembles nicht denunziatorisch auf konkrete Identitäten im Realleben, sondern auf entgrenzende Ähnlichkeiten, mithin auch auf sein Leser-Ich verwiesen. (Diese Rücksicht des Autors auf Namen erstreckt sich auch auf die animalische Kreatur. Sein Hund Till taucht im Roman als Sheriff Bill auf.)

Für Leser, die mit überlieferten Episoden oder mit den weniger amalgamierten Figuren des Romangeschehens aus geografischer oder sonstiger Nähe vertraut sind, wird bei dem Versuch identifikatorischen Lesens der Vorgang der Namensverhüllung allerdings durchscheinend. Es sind die aus Schlüsselromanen bekannten Verfahren: Namen werden latinisiert bzw. eine Latinisierung durch die andere ersetzt (Der Hermannstädter Arzt Erwin Jekelius, 1905–1952, der in Wien an Euthanasie-Aktionen beteiligt war, mit der

---

[7]   Joachim Wittstock: Ascheregen. Parallele Lebensbilder und ein Vergleich. Cluj-Napoca 1985, S. 3–4.
[8]   Erwin Wittstock: Einkehr. Prosa aus Siebenbürgen. Mit einem Vorwort von Stefan Sienerth. München 1999, S. 163.

Berliner Zentralstelle T4 in der Kanzlei des Führers in Verbindung stand[9], wird zum Dr. Lupini), Namen ändern die Phoneme, behalten aber die gleiche Silbenzahl (Klein → Böhm, Paula [Hitlers Schwester] → Berta), ein fremdländischer Familienname wird durch einen anderen fremdländisch klingenden (Krawetzki → Brilinsky) ersetzt usw. Fakten werden mit fiktionalisierten Verursachern verknüpft: Verfasser des im Januar 1946 im Lager Almasna (bei Rowinki) aufgeführten *Christi Geburt-Spiels der Siebenbürger Sachsen im Donbas* ist nicht die literarische Figur des Konsumschreibers Heinrich Schirmer, sondern der aus Bukarest deportierte Publizist Kurt Felix Gebauer (1906–1989).[10]

Ein weiteres textinternes Fiktionalisierungssignal stellen die poetologischen, die schreibtaktischen Überlegungen des „Konsumschreibers" dar, der im Roman nicht nur das erwähnte Krippenspiel verfasst, sondern auch eine erklärende Bittschrift, eine Art Memorandum zur Rückführung der Verschleppten aufsetzt, das er mit Hilfe eines Dolmetschers in die Ukraine schicken will. Er setzt seine Hoffnungen auf die Kiewer *Darnitza*, eine traditionelle Einrichtung zur Entgegennahme von Geschenken, der er auch die höchste Autorität des Landes verpflichtet glaubt. Als dies misslingt, beschäftigt er sich mit einem Rückholprojekt, einer literarischen Darstellung, der er beschwörende Kraft zutraut, falls es ihm gelingt „die gedanklich geordnete, seelisch gespiegelte Wirklichkeit auf die magische Ebene" zu heben.[11]

Überraschung bereitet die paradoxe Art, wie im Peritext, im Vorwort, auf den Titel des Romans Bezug genommen wird. Der Autor, heißt es, sehe sich genötigt, vor dem Titel *Bestätigt und besiegelt*, vor dieser auch im Erzähltext (jeweils am Ende der vier Großkapitel) sich – leicht abgewandelt – wiederholenden Authentifikationsformel des Notars zu warnen. „Was so eindeutig, so endgültig und streng wie ein Amtsstempel anmutet, erscheint aus anderer Sicht durchaus ungewiss"[12].

Diese Warnung steht nicht nur im interdisziplinären Einklang mit der skeptischen Kritik an dem Wahrheitsanspruch faktenpositivistischer Geschichtsschreiber, sondern sie öffnet vor allem kommunikationsstrategisch die (von Herbst 1945 bis Sommer 1946) vorgegebene Handlungsperiode dieses Romans, sie öffnet rezeptionssteuernd den 416 Seiten starken epischen Text gleichzeitig für den vom Autor gewünschten Aktualitätsbezug.

Dieser Zeiten übergreifende Bezug betrifft u. a. Themen wie auch heute weiter anzutreffende Formen der modern als Sterbehilfe drapierten oder direkt empfohlenen Euthanasie, das Thema der eigenwilligen, Hybridität generie-

---

[9] Vgl. Ernst Klee: Das Personenlexikon zum Dritten Reich. Wer war was vor und nach 1945. Frankfurt am Main 2003, S. 286.

[10] Vgl. Kurt Felix Gebauer gestorben. In: *Siebenbürgische Zeitung* vom 31. Juli 1989.

[11] Vgl. Wittstock, Bestätigt und besiegelt (Anm. 4), S. 392.

[12] Ebenda, S. 6.

renden Dynamik von Identität und Alterität (dargestellt an der rein imaginierten Liebesgeschichte zwischen dem jüdischen Mädchen Laila Wechsler und dem sächsischen Soldaten Frank Bergleiter), weiter das schwierige Leben, Lieben (und selbstverständlich auch Schreiben) in nahen, durchaus empfindlichen Vielvölkerverhältnissen.

Dennoch wird diese vom Autor deutlich ausgesprochene Warnung im Peritext vor der einengenden Festlegung auf einen vermeintlich abgeschlossenen Zeitabschnitt, seine Warnung vor der Illusion der Endgültigkeit, so weit wir sehen, von den bisherigen Rezeptionshandlungen und Epitexten nicht berücksichtigt.

Der Roman thematisiert gleichzeitig – freilich jeweils unterschiedlich gewichtet und in sich weitenden Kreisen – die Lebenskrise des Heltauer Notars, seiner Großfamilie, seiner ins internationale Geschehen eingebundenen Nationalitätengruppe, seines Landes im großen Umbruch des ersten Nachkriegsjahrs.

Zu den besonderen Lebens- und Erfahrungsbildern gehören die um Gerechtigkeit bemühten Geschichten über den kommunistischen Arzt Wechsler und den nationalsozialistischen Dr. Lupini.

Der Autor wetteifert in diesem Roman nicht mit inzwischen veröffentlichten Sachberichten, Lebenserinnerungen oder biografischen Erzählungen ehemaliger Russland-Deportierter. Die Deportation wird – und das ist auch neu an dieser Bewältigungsliteratur von Joachim Wittstock – aus der Sicht der (vor der Verschleppung, der Zwangsmigration) verschont Gebliebenen erzählt und kommentiert.

Das Grundproblem ist die Verständigung und Selbstverständigung in einer Zeit, wo es um Leben und Tod geht, wo Nachricht und Gerücht nicht mehr unterscheidbar sind, wo auch im engeren, moralisch ebenfalls korrumpierten Interessenverband (dem „Konsumverein" des Romans) eines gesagt und etwas anderes gemeint wird.

Es geht den aktiven Protagonisten im Roman um Verständigungsversuche aller Art, sie sind bemüht, die Trennung zu überwinden, „im Gespräch zu bleiben", einen Kontakt zu den Verschleppten herzustellen, sie physisch, seelisch, in Gedanken und schließlich auch im Gedenken heimzuholen.

Wo direkte Kommunikation aber nicht mehr möglich, wo traditionelle christliche Moral erschüttert und auch das Gebet „aus der Mode gekommen" ist, wo die Partner verstorben oder deportiert sind, greifen die Protagonisten zum Ersatz: Briefe, die nicht abgeschickt werden, Tagebücher, Horoskope, Hellseherei, Telepathie, Traumdeutung, Wahrsagerei, aber auch stille Zwiesprache und Selbstfindung in der Natur oder durch Musikerlebnisse.

Musik als Kommunikationsform oder Kommunikationshilfe spielt übrigens eine wichtige Rolle. Der Untertitel *Roman in vier Jahreszeiten* klingt an Vivaldis Komposition an, aus der dann auch Teile in einer Konzertszene gespielt werden. *Solvejgs Lied* von Edvard Grieg erinnert im gleichen Konzert an die „Gnade des Wartenkönnens".[13] Die Totenmesse im Wiener Stephansdom trägt zum Sinneswandel, zur Läuterung von Dr. Lupini bei. Zur Stärkung der „Lebensgeister", die Schirmers Heimkehr-Schilderung „durchwirken und zur praktischen Ausführung bringen sollen", gehören „beschwingte Divertimento-Rhythmen"[14] von Mozart, aber auch Adjuvantenmusik.

Eine ganz besondere Leistung des Autors liegt in der erzählperspektivischen Fülle und genau gehörten Differenziertheit sprachlichen Ausdrucks. Unterschieden wird nicht nur zwischen auktorialer und personaler Redeführung, dazu kommen je nach Kapitelschwerpunkten Worte und Fügungen aus dem Bereich der Kanzelsprache, der Sprache von Verwaltung, Politik, Kriegsfront, Medizin usw.

Das Spezifische dialektalen oder schichtenspezifischen Sprachgebrauchs, der leitwortgestützte Individualstil einzelner Figuren (der Geschäftsführer Alfons Zehschnetzler wiederholt: „Ich sage Ihnen ehrlich, Herr ..."), die Begegnung mit fremdsprachigen (rumänischen, lateinischen, französischen) oder gemischten (siebenbürgisch-sächsischen und rumänischen) Äußerungen, die Nachgestaltung eigentümlicher Satzformen in den Sprüchen wahrsagender Roma-Frauen – all dies trägt zu unverwechselbarer ästhetischer Authentizität bei.

Die hier zur Veranschaulichung aufgereihten Sprach- und Sprech-Varietätenbeispiele stammen alle aus dem ersten Hauptkapitel:

- *Dialektwörter*: Schnäffels, Getäster, die Großkopfeten, lahmlaket, Jösses Maria, Kajelles, Torbesvueter, Geraffel, Gespriegel, gefedemt;
- *Rumänisch*: Primar, Stamba, mulţumesc, beci, muncă şi lumină, picior, picior în fund, consăteni, Heiduck;
- *Lateinisch*: pro forma, Finis Transsilvaniae, Finis Saxoniae, Rosaceaen;
- *Französisch*: merci, parterre, Trance;
- zum Bereich *Deportation* gehörig: Rotarmist, Kommissar, Gendarmen, Gepäcklast, Infanterist, Verschleppung, Arbeitseinsatz, Zwangsrekrutierung, Dispens, Polizeiquästur, Fronknecht, Arbeitsbrigade;
- *Kanzelsprache*: Babel, Hunger und Krankheit in urzeitlicher Größenordnung; „wir werden offenbar und wir müssen offenbar werden", die Pharisäer Bethlehems, „Brüder und Schwestern", ein Spiel der Wellen, „sie sind reif geworden und fallen ab vom Baum des Lebens", „wen sehen wir, wer sieht uns?"

---

[13] Ebenda, S. 187.
[14] Ebenda, S. 375.

Wittstocks (inzwischen nicht mehr lieferbarer) Roman erschien in Rumänien und teilt damit das Los anderer Autorenveröffentlichungen dort, die zwar von den Publikationen der Rumäniendeutschen besprochen, in der Regel aber von den überfütterten zentralen, den großen deutschen Büchermarkt bestimmenden Medien nicht wahrgenommen werden.

Das wirksamste Medium der Erfolgsmanager bildet außerdem nicht die Presse, sondern das Fernsehen: „Auftritte und Talkshows [...] gehören" – wie man in der Hamburger *Zeit* vom 30. März 2006 lesen kann – „zu den wichtigsten Zielen jener Buchverlage, die mit Auflagen ab 50 000 rechnen. Dagegen sind Rezensionen in den fünf klassischen überregionalen Zeitungen ökonomisch relativ unbedeutend."

Was sagt, wenn wir nun zusammenfassen wollen, der Text, diese Mischung aus Memorat und Fabulat, von Joachim Wittstock aus? Was ergibt nun die vom Autor (durch die beiden komplementären Alter-ego-Figuren des Notars und des „Konsumschreibers") vorgenommene Fiktionalisierung des Faktischen, die „Durchleuchtung des ‚Gegenständlichen'"?[15]

Über das – wie es heißt „verfängliche" – Thema der Deportation spricht im Roman die Schreiber-Figur Schirmer. Er plädiert, sozusagen als ein poetologisches Sprachrohr seines Herrn, in seinem (fiktionalisierten) Rückholplan dafür, „sich im Ausdruck zu mäßigen"[16], ersetzt das Wort „Zwangsarbeiter" durch „Aufbauarbeiter", statt „Fron" und „Plackerei" wählt er „Mühe". Auf „Hungerkost" und „fetziges Zeug" verzichtet er ganz. Und doch sollte man nicht vor lauter diplomatischen Rücksichten „entschuldigen, was unbillig ist, und sollte Missgriff und Ausschreitung nicht beschönigen".[17]

> Es [das Wort] darf, gerade auch beim Benennen und Erklären der Deportation, nicht Abneigung und Hass aufkommen lassen, auf alle Härte hat die Rede zu verzichten, sie sollte nicht vorwurfsvoll klingen und auf Abrechnung drängen, sondern nachsichtig sein. Wenn auch erkennbar sein wird: die Milde ist vorsätzlich, so darf man nicht davon abgehen, die vermittelnde Sprache zu verwenden. Später dann, in hoffentlich nicht zu ferner Zukunft, wird aus der vorsätzlichen Versöhnlichkeit vielleicht gar Freundschaft.[18]

Auf den Schluss-Sinn zielende direktere Aussagen finden sich vor allem in den Partien, die dem Notar, also dem Brief-Chronisten (letzten Endes ebenfalls einem Alter ego des Autors) zugeschrieben und durch Kursivdruck und Diktion abgehoben werden. Er gibt zu, von manchem möglicherweise als „Fossil aus altbürgerlicher Epoche"[19] angesehen zu werden, macht aber keine Abstriche in seinen moralischen Forderungen: „In Zeiten wie diesen lügt

---

[15] Ebenda, S. 251.
[16] Ebenda, S. 327.
[17] Ebenda, S. 333.
[18] Ebenda, S. 374
[19] Ebenda, S. 286.

man nicht, vielmehr muss man den Mut haben, den Tatsachen in die Augen zu blicken.“[20] So ist er auch kein Freund von Geplauder und dem, was man unverbindliche Konversation nennt. Zu seinen Eigenheiten gehört vielmehr „ein erhöhter Drang“, sich „mit verständnisvollen Menschen auszusprechen“.[21] Man mag an dieser Stelle an die Rätselfragen denken, die die kluge Schlange im berühmten *Märchen* in den *Unterhaltungen deutscher Ausgewanderten* von Goethe beantwortet:

,Was ist herrlicher als Gold' fragte der König.
,Das Licht', antwortete die Schlange.
,Was ist erquicklicher als Licht?' fragte jener.
,Das Gespräch', antwortete diese.[22]

Der Notar ist keine reine Idealfigur, aber auch kein philiströser Provinzbanause. Er interessiert sich für die Rolle der Bekennenden Kirche, für die Theologen im Widerstand, er hat auch von Teilhard de Chardin gehört. Seine ernst zu nehmenden moralischen Überzeugungen sind von der Botschaft der christlichen Kirche geprägt:

In dem Verfall der geistigen Werte, den wir erlebten und als schweren Zusammenbruch auch heute noch erfahren, in unserer Welt des Hasses, der Selbstsucht, der Heuchelei, muss wieder das Kreuz zum Wahrzeichen werden. Ein einfaches, gesundes, der Natur zugewandtes, arbeitsames Leben hat uns wieder begehrenswert zu erscheinen, und sind wir damit von neuem vertraut, wird sich auch unser gestörtes Verhältnis zum Mitmenschen ändern. [...] Lege jeden falschen Ehrgeiz, jede Überhebung, jede Missgunst zur Seite.[23]

Wir müssen umdenken lernen und uns nach den als zutreffend erkannten Leitsätzen richten. Diese sind im Grunde nicht neu, sie sind bloß aus der Mode gekommen. Es mag Dir deshalb altbacken klingen, wenn ich sage: Bescheidner, fleißiger, gläubiger müssen wir werden. [...] Von verschiedenen Seiten hört man: Das Christentum sei überlebt und habe im Krieg versagt. Kein größerer Unsinn als dies – richtig ist vielmehr: Die gegeneinander kämpfenden Völker haben sich von Gott zu sehr entfernt und dadurch jeden Halt verloren. Erst das Bestreben, den Weg des Heils wieder zu finden, wird den Menschen Frieden bringen.[24]

Von der Fiktion zurück zu den Fakten: Die Briefe, die der Heltauer Notar 1945–1949 in etwa dreißig Hefte niederschrieb, erreichten den Adressaten, das heißt der deportierte Sohn konnte sie nach seiner Heimkehr vom Vater in Empfang nehmen. Der Notar starb 1964 in Heltau, der Sohn Philipp (= Erhard) lebt, als letzter der vier Geschwister, in Augsburg. Heinrich Schirmer ist eine Kunstfigur, der Name des „Konsumschreibers“ ist sprechend: er soll

---

[20] Ebenda, S. 302.
[21] Ebenda, S. 412.
[22] Goethes Werke: Festausgabe. 14. Band. Leipzig 1926, S. 187.
[23] Wittstock, Bestätigt und besiegelt (Anm. 4), S. 350.
[24] Ebenda, S. 407.

mit schirmender Hand über den Augen weit blicken und als „Schirmherr" auch Schutz gewähren können. Eine Komponente dieser selbstironisch zusammengesetzten Figur ist jedoch transparent: Der Autor Joachim Wittstock trägt (in Erinnerung an einen seiner Großväter) den zweiten Vornamen Heinrich.

Kommen wir nun auf Wittstocks 2005 im Hermannstädter hora-Verlag veröffentlichtes Buch *Keulenmann und schlafende Muse* zu sprechen, wo sich zum größten Teil subjektive bis private, durch keine oder nur sehr durchsichtige Stellvertreternamen gedämpfte Aussagen zur eigenen Person finden. Man erfährt hier, autobiografisch gehäuft wie noch nie zuvor, Bruchstücke aus der Lebens- und Sozialisationsgeschichte des Autors. Die bekenntnishaften, aber auch in diesem Buch nicht rein faktizistischen Berichte reichen von nachgezeichneten und deutend kommentierten Kontakten zum Denken des Philosophen Marc Aurel, über eine Rechenschaftsablegung des Autors zu den Prägungen, die er von den formenden Kräften der schwindenden Urväterkultur erfahren hat, über das requirierende Interesse der „Securitate" an Manuskripten, bis zu den tagebuchähnlichen Notizen (mit freundlichen, dem Quartiergeber gewidmeten Intarsien) von einem Reiseaufenthalt in der Toskana. Bei allen Fakten bleibt auch diese Wahrheit eine Dichtung.

Angeregt von dieser Reiseerfahrung, schreibt der Autor den Text *Toskanische Türme*. Er kommt dabei auf eine vor Jahrzehnten veröffentlichte, damals von einer Ansichtskarte inspirierte Schilderung über *Die rund fünfzehn Türme von San Gimignano* zurück und versucht nun, im zeitlichen Abstand, aber auch herausgefordert durch das nach der politischen Wende nun möglich gewordene Erlebnis der Besichtigung dieser Türme eine ausführlichere Variation auf das einmal angeklungene Thema zu schreiben.

Was an Einleitung für die neue Betrachtung, nennen wir sie den Text zwei oder Zweittext, nötig sein könnte, findet sich auf diese Weise ausgelagert in der Vorbemerkung und in dem zitierten Ersttext. In dieser Vorbemerkung mit knappen narratologischen Reflexionen finden sich die bei Wittstock eher seltenen Selbstkommentare zum eigenen literarischen Versuch. Indem er präsumtive Kritikermeinungen zu seiner Scheinangepasstheit selbstironisch vorwegnimmt, sich als Verteidiger genügsamer Alternativen und von Ersatzerlebnissen anzeigt, indem er durch bewusst gehäufte Komponentenbildungen mit dem Bestimmungswort „h(H)eimat" reduktionistische Rubrizierungen in ihrer Plattheit ironisch enthüllt, nennt er auch den erhofften ästhetisch-moralischen Ertrag:

> Nur mittelbar ist ein matter Protest zum Ausdruck gebracht, der den effizienten Verhinderungen des Fahrtentriebs galt. Ein wenig Bitternis angesichts der Gegebenheiten, aber beileibe nicht mehr, außerdem hinzugedacht, aber unausgesprochen die vage Hoffnung, es werde nicht immer so sein.[25]

---

[25] Vgl. Wittstock, Keulenmann (Anm. 3), S. 172.

Mit zu den charakteristischen Zügen humorig-selbstironischen Erzählens gehören bei Wittstock auch die von hoch zu nüchtern geschalteten Tonlagen rhetorischer Ausdrucksweise. Wenn es zum Beispiel in anspruchsvoll distanzierter Uneigentlichkeit des „hohen Stils" heißt: „Mir stand das Hinüberwechseln in die räumliche Abstraktion bevor, und um diesen Vorgang zu begünstigen, hatte ich mir eine Substanz eingeflößt, die geistig-seelische Erhöhungen" erleichtert, folgt darauf wie eine prosaische Ausnüchterung Folgendes: „Das heißt, ich hatte in einer Konditorei auf dem Hauptplatz eine Tasse Kaffee getrunken, bevor ich ins Museum gekommen war."[26]

Solch Spiel mit Kontrasten kann auch innerhalb des gleichen Satzes versucht werden, etwa wenn an anderer Stelle vom „Zusammenschluss von Idee und Rusikaquadern"[27] die Rede ist.

Ganz am Anfang des neuen Anlaufs zum geistigen Turmbesteigen steht als interliterarischer Verweis, ein Motto aus Dante Alighieris *Göttlicher Komödie*, im Text selbst tauchen Vers-Zitate aus Eichendorffs *Mailied*, ein zum geflügelten Wort gewordener Goethe-Spruch, dann wieder Hinweise auf die Turmgesellschaft in Goethes *Wilhelm Meister* und nacherzählte Kernzeilen aus dem 12. Gesang in Dantes *Fegefeuer* auf. Diese inter- und intratextuellen Anspielungen, wiederum typische Fiktionalisierungssignale, diese Text- und Titelzitate amplifizieren punktuell und longitudinal den ästhetischen Resonanzraum des Textes, wobei Dantes Werk nicht nur als Teil des italienischen genius loci, ja der römischen Kultur der Antike (mit Vergil) bis zur lateinischen Gesamtkultur des Mittelalters und der Renaissance, sondern mit seinen berühmten Szenen am Läuterungsberg auch sinnvertiefend für die aktualisierte Turm- und Stufenmetapher abgerufen wird.

Den Dante-Szenen ist es wohl zu danken, dass im Zweittext von Wittstock die aktive, intensive Stufenmetapher den Text zu dominieren beginnt. Und wenn der reisende Erzähler, ein Wanderer ins „Jenseits", auf der obersten Plattform des Torre Guinigi in Lucca Blattwerk, Sträucher und Olivenbäume entdeckt, so wird an diesem Punkt das irdische Paradies auf dem Läuterungsberg mit imaginiert.

Darüber hinaus mag auch die Mischstruktur der *Toskanischen Türme*, das Nebeneinander von Vorbemerkung, Selbst- und Fremdzitat, theatralischen Dialogen mit redenden Statuen usw. ästhetische Legitimation aus der Gattung des von Dante in der *Vita Nouva* vorgeführten *Prosimetrums* beziehen. Ob über Dante auch zusätzliche, über die konventionellen Symbolzahlen hinaus gehende, zahlpoetische Anregungen für diesen Zweittext wirksam geworden sind, müsste eine gründlichere Analyse untersuchen. Dante lässt die Läuterung Suchenden im *Fegefeuer* vom 7.–14. April unterwegs sein,

---

[26] Ebenda, S. 178.
[27] Ebenda, S. 193.

Wittstock startet seinen „dezent magischen" d. h. literarischen Besuch in italienischen Turm- und Städte-Landschaften in reiner Temporalität, das heißt an einem frühen, nicht näher real datierten „Nachmittag eines Tages [ebenfalls] im April". Am 9. April 2004 beobachtet er laut Tagebuch eine in voller Opernfarbigkeit inszenierte Karfreitagsprozession in Camaiore, die dann im Text mit der Freiheit der Fiktionalisierung und über mannigfache Umwege und Turmbesteigungen in sechs Städten nach San Gimignano transferiert wird. Dieses Volksfest sozusagen auf der Horizontale wird auch von Wittstock (in unaufdringlicher Parallele zu Dante) in kontrastierender Buntheit festgehalten. Realiter, wie man aus den Tagebuchnotizen erfahren kann, besichtigte der Autor San Gimignano am 25. April 2004.

Weitere Hintergründe, Topoi, Requisiten, Riten, rätselhafte Sprüche für Intertextualität in diesem Text über die Turmbesteigungen in der Toskana liefern auch die Geheimbundromane sowie das Initiations-Zeremoniell von Freimaurer- und Illuminatenorden.

Zusätzliche Bedeutungsdimensionen gewinnt der Text durch Zeiten und europäische Räume verbindende Mehrsprachigkeit. Diese Pluralität führt nicht zu babylonischer Sprachverwirrung, es gibt, wie zuversichtlich vorgeführt wird, sprachgeschichtliche Gemeinsamkeiten, Verständigung ist durchaus möglich. Vom lateinischen „Cicerone" bzw. der im Mittelalter gebräuchlichen Bezeichnung „CIBINVM" für „Herm.stat" über einzelne rumänische (durch die deutsche Orthografie als Nomina oder Nichtnomina erkennbare) Wörter (Circuit, prin favoare, Abatia, Păcat) führt der Weg zu mehr als 30 Italienismen. Am Schluss verabschiedet sich der Autor von seinen Lesern mit einer Reverenz an diese Sprache, in dieser Sprache, der Sprache Dantes, mit der Dreier-Formel: „Grazie! Prego! Per favore!"

Nicht vergessen sei die nüchterne Themenfrage im zitierten Ersttext, die auch im Zweittext eine Antwort sucht, sie lautete: „Was nötigte einen früher, so hoch aufragende Bauwerke [Türme] zu errichten?"[28]

Darauf versucht der Text über seinen Erzähler und die Figuren (Bewacher, Hüter, Statuenmenschen), über den Vergleich vertraut scheinender, siebenbürgischer, diesseitiger mit fremden, toskanischen, jenseitigen Verhältnissen Antworten zu finden, Antworten, die im Gesamttext implizit stehen. Es gibt zwar als kommunikationserleichternde Verständnishilfe auch explizite Teilformulierungen und schließlich wie in jedem literarischen Text mit „änigmatischem Surplus"[29] auch bloß Zugedachtes.

Im 17. Jahrhundert sollen Ärzte Heimwehkranken empfohlen haben, auf Türme zu steigen. Es handelte sich allerdings um Schweizer Soldaten, die im fremden Flachland dienen mussten:

---

[28] Ebenda, S. 173.
[29] Fiktion, Fiktivität, Fiktionalität. Analysen zur Fiktion in der Literatur und zum Fiktionsbegriff in der Literaturwissenschaft. Hrsg. von Frank Zipfel. Berlin 2001, S. 112.

Sein Name war Sunnenberg, er stammte aus Luzern. Wie er mit Vornamen hieß, ist nicht überliefert, nur dass er Fähnrich war und seine Heimatstadt verließ, um sich in der Fremde als Söldner zu verdingen. Das wurde ihm zum Verhängnis. ,Der Sunnenberg gestorben von heimwe', meldete der Kommandant Pfyffer am 14. März 1569 an den Luzerner Rat. In diesem Brief taucht zum ersten Mal ein Wort auf, das bald darauf zum Inbegriff eines rätselhaften Leidens wird. Man nennt es die ,Schweizer Krankheit', weil es vor allem an eidgenössischen Rekruten beobachtet wird, die in Frankreich oder den Niederlanden Dienst tun. Dass es ein Leiden ist und nicht bloß ein Gefühl oder eine Stimmung, da sind sich die Mediziner des 17. und auch des 18. Jahrhunderts ganz sicher. Wie sonst ließe sich erklären, dass die Betroffenen oft schon beim Klang heimatlicher Volksweisen förmlich vom Fieber gepackt werden? Französische Offiziere lassen das Spielen und Singen bestimmter Schweizer Lieder angeblich gar bei Todesstrafe verbieten – um Aufruhr und Desertionsversuche zu vermeiden. Ärzte stellen die gewagtesten Theorien über die Ursachen der Krankheit auf. Einer führt sie auf veränderten Luftdruck zurück, ein anderer empfiehlt den ehemaligen Bergbewohnern daraufhin in einer Schrift von 1732, das Besteigen von Türmen als Therapie.[30]

Heimweh, in späterem Beispielfall nach transzendentalen Höhen, wird auch in Eichendorffs *Mailied* zum tragenden Motiv. Wittstock zitiert eine Strophe daraus, verballhornt sie dann allerdings, durchlöchert also eine schwärmerisch-religiöse Antwort auf diese Frage. Es sind schließlich Wohntürme und Städte, denen das Hauptinteresse des Erzählers gilt.
Die deutsche Erfolgsautorin und Filmemacherin Doris Dörrie lässt eine Figur ihres Romans *Was machen wir jetzt?* (1999) fasziniert zusehen, wie Ameisen

vollkommen sinnlos, aber hübsch anzusehende Türme bauten. Sie schienen sich etwas in den Kopf zu setzen, und dann taten sie es einfach. [...] Ich sah ihnen zu und kam mir nicht nur faul vor, sondern auch völlig ohne Ziel. Ich hätte gern einen sinnlosen Turm gebaut, wenn ich nur den inneren Antrieb gehabt hätte. Immer habe ich alle Besessenen beneidet. [...] Woher nehmen sie bloß die Energie, ihre Sicherheit, dies Durchhaltevermögen?[31]

Auch in Wittstocks Roman *Bestätigt und besiegelt* kommt übrigens auch eine den Vergleich mit menschlichen Verhältnissen herausfordernde Ameisenszene vor:

,So wie heute bin ich oft vor Ameisenhaufen gestanden' – der Notar kommt auf Eindrücke der Wanderung zurück – ,und habe sie, für mich, mit einem Staat oder gar mit der ganzen Menschenwelt verglichen. Die Arbeitsfreudigkeit der kleinen Wesen, die Zielsicherheit ihrer Unternehmungen, ihr Pflichteifer beeindrucken mich immer wieder.
Nun wird durch irgendeine rohe Tat der mit hoher Kunst aufgebaute Staat zerstört, Tausende sterben. Doch nur kurze Zeit herrscht Panik, und schon setzen, ohne Lärm und Jammergeschrei, die Räumungsarbeiten und der Wiederaufbau ein. Mit einer Ruhe, einer

---

[30] Johanna Romberg: Wo Heimat liegt. In: *Geo* (29)2005, H. 10, S. 107–108.
[31] Doris Dörrie: Was machen wir jetzt? Roman. Zürich 1999, S. 276–277.

Disziplin und Einsatzbereitschaft, welche die Menschen nicht kennen. Sollten diese überhaupt einmal soweit sein?'[32],

Diese Szene scheint den Menschen zwar mehr Bewusstheit, Sinn und Übersinn zuzutrauen als Doris Dörries Figur den Ameisen zutrauen darf. Aber auch Wittstock konstatiert als Erzähler Defizite, Kontraste, Divergenzergebnisse zur Gegenwart, einen Bruch zwischen früher und jetzt. Er sucht das Verlorengegangene, Verschwundene, Fehlende.

Beim literarischen Besuch des ersten Wohnturms, des heutigen Haller-Hauses in Hermannstadt, heißt es: „Welche Enttäuschung! Der Wohnturm erwies sich demnach als in waagerechte Segmente geschnitten, und diese hoben die früher so wenig bezweifelbare Vertikalität einfach auf"[33]. Aber anderen Orts haben sich, wie der Bericht von der Jenseitsfahrt „beschwingten Sinnes" belegt, bis heute doch noch Spuren erhalten von Stadtstaaten, deren Bewohner „früher ihr Leben und ihre Geltung so sehr auf die Senkrechte eingestellt hatten. [...] Wenig, und dennoch genug, um uns [...] stets an die stumm zur Höhe weisenden Linien zu erinnern [...]"[34]

Zugedacht, nicht ausgesprochen, dürfte der Text die Erfahrung vermitteln, dass man – banal und sehr konkret gesprochen – hüben, das heißt in Siebenbürgen allein, kein rechtes Maß entwickeln kann, wenn man nicht auch die Möglichkeit zum Vergleich mit drüben, zum Beispiel mit der Toskana hat.

Im freien Vergleichen und Suchen stellt sich, stellt der Erzähler die Frage nach der Entscheidung für das Rechte und Echte, um dann durch den Mund der weiblichen Statue bemerken zu lassen, dass auch das Echte eine historische Relativitätskategorie ist: „Was kann echt sein und unverwandt auf Dauer bleiben?"[35] Das richtige Maß zu finden, Weitblick und Überblick zu gewinnen fordert Anstrengung, macht wiederholtes Auf- und Absteigen nötig, und auf den Türmer und sein gewonnenes Wissen kommt Verantwortung zu.

Der Erzähler richtet in diesem auch poetologisch deutbaren Text die Mahnung an sich selbst, die Suche nach dem schwierig zu erreichenden Wesentlichen (Vertikalen) über reizvollen Ablenkungen und malerischen Landschaften (in der Horizontale) nicht zu vergessen. Im Zweittext gibt es ebenfalls mahnende Nebenfiguren, die zur Konzentration auf das Problem „Turm" drängen. Es fällt auf, wie sich der Erzähler in der Tat dekorative oder gar anekdotische Details (sprachlich verführerische Angebote aus der anschaulichen Fachsprache der Baukunst wie zum Beispiel „Fledermausgauben", „Zahnschnittfries", „Konsolgesims"), die abseits des Weges

---

[32] Wittstock, Bestätigt und besiegelt (Anm. 4), S. 77.
[33] Wittstock, Keulenmann (Anm. 3), S. 176.
[34] Ebenda, S. 166.
[35] Ebenda, S. 199.

liegen, erspart, um das symbolische und figurative Gewicht der Grund-metapher nicht zu schmälern.

Türme, „höhere Wahrheitsregionen der Stadt und vielleicht auch der Welt"[36], – so könnte die Botschaft dieses Textes lauten – scheinen also gebraucht zu werden, um nach mutigem Besteigen Überblick, ruhigen Abstand, ja Klärung zu gewinnen. Entscheidungen sollten mit Weitsicht und Einsicht getroffen werden. So könnten Verirrungen im Lebensziel vermieden oder durch Selbstbeherrschung, hohen Selbstanspruch, unentwegtes und wiederholtes Bezwingen von Stufe um Stufe, durch wachsendes Verantwortungsbewusstsein überwunden werden. Verirrungen im Lebensziel und Lebensmaß sind in Dantes *Fegefeuer* die sieben Todsünden. Die erste in diesem katholischen Glaubenskatalog ist der Hochmut (Superbia) mit den annähernd synonymen Spielarten wie Anmaßung, Menschenverachtung, Stolz, Ruhmsucht, Ungebühr, Vermessenheit.

Wittstock schreibt einen säkularisierten Text, der aufklärerisch vor der Hybris und rücksichtslosen Geltungsgier der Wissenden warnt, für geistige Urbanität, aufrechten Gang und Weltbürgertum wirbt, also einen Text, der in der Alternative eher mit den Anstrengungen der Vernunft als mit der Selbsterleuchtung rechnen möchte. Und wie steht es – um zum Schluss zu kommen – bei dieser Turmperspektive um weltliche Tugenden, d. h. um Wertkategorien und Glücksvisionen?

Das in diesen Texten von Joachim Wittstock vertretene Prinzip Bescheidenheit und Hoffnung antwortet auf diese Frage, indem der Autor bei einem der Besichtigungserlebnisse auf die humanisierenden Wirkungskräfte von Kunst verweist: „Unendlich wertvoll war das Minimum an Eindrücken, das doch jedermann davontrug – etwas Stimmung, ein wenig Wissen, ein lange nachwirkendes Staunen [...]"[37]

---

[36] Ebenda, S. 174.
[37] Ebenda, S. 196.

Hybridität – Métissage – Diaspora

Zur Anwendbarkeit aktueller Identitäts- und Kulturkonzepte in der Erforschung von Minderheitenliteraturen, überprüft am Beispiel von Herta Müllers *Der König verneigt sich und tötet* (2003)

HELGA MITTERBAUER (Graz)

1. Einleitung

> In der Dorfsprache – so schien es mir als Kind – lagen bei allen Leuten um mich herum die Worte direkt auf den Dingen, die sie bezeichneten. Die Dinge hießen genauso, wie sie waren, und sie waren genauso, wie sie hießen. Ein für immer geschlossenes Einverständnis. Es gab für die meisten Leute keine Lücken, durch die man zwischen Wort und Gegenstand hindurch schauen und ins Nichts starren mußte, als rutsche man aus seiner Haut ins Leere.[1]

Dieser Auszug aus Herta Müllers autobiografischer Collage *Der König verneigt sich und tötet* evoziert die Differenz von Signifikant und Signifikat, konkret Jacques Derridas Vorstellung von *différance*. Der Glaube an die Übereinstimmung von Bezeichnung und Bezeichnetem ist verloren gegangen. Die Erfahrung diktatorischer Gewaltherrschaft, von Dislozierung und dem damit verbundenen Wechsel zwischen Sprachen machen die Lücke zwischen Oberfläche und Hintergrund schmerzlich spürbar, lassen den Abgrund der Leere aufklaffen. Herta Müller apostrophiert die Metapher vom Aus-der-eigenen-Haut-ins-Leere-Rutschen als Bloßstellung:

> Es ist eine Bloßstellung, wenn man sich aus der Haut ins Leere rutscht. Ich wollte der Umgebung nahekommen und verschliss mich an ihr, ließ mich so von ihr zerstückeln, daß ich mich nicht mehr zusammenkriegte.[2]

Die Biografie der 1953 im Banat geborenen Herta Müller weist eine Reihe von Bruchstellen, Wendungen auf; analog dazu ruft ihr Werk immer wieder Irritationen hervor, verursacht etwa durch die Technik der Collage – oder auch durch die reichhaltige und ungewöhnliche Metaphorik. Müllers ästhe-

---

[1] Herta Müller: Der König verneigt sich und tötet. München 2003, S. 7.
[2] Ebenda, S. 14.

tischer Erfindungsreichtum wurde bereits mehrfach betont. Ralph Köhnen etwa verglich sie mit Thomas Bernhard und strich hervor, dass für sie „Banatschwaben" (wie Österreich für Bernhard) „Schimpfobjekt, aber auch Textmaschine, Motor der knarrenden Sätze einer ausgehöhlten Alltagssprache"[3] sei. In ihren Texten werden Sprichwörter, Gemeinplätze, Phraseologismen kakophonisch vermischt, metonymisch ver-rückt, durch Orts- und Perspektivenwechsel verschoben, und somit eine hohe Offenheit der Bildstrukturen erzielt, in denen Schönheit und Hässlichkeit ineinander ebenso verschwimmen wie das Opfer-Täter-Verhältnis. Besonders deutlich sichtbar wird dies etwa im Roman *Herztier* (1994), wenn „alle" für Lolas Ausschluss aus der Partei wegen ihres Suizids stimmen:

> Der Turnlehrer [der Lola geschwängert hatte, was den Anlass für den Selbstmord bildete – Anm. H. M.] hob als erster die Hand. Und alle Hände flogen ihm nach. Jeder sah beim Heben des Arms die erhobenen Arme der anderen an. Wenn der eigene Arm noch nicht so hoch wie die anderen in der Luft war, streckte so mancher der Ellbogen noch ein bißchen. Sie hielten die Hände nach oben, bis die Finger müde nach vorne fielen und die Ellbogen schwer nach unten zogen.[4]

Wiederholungen, Selbstzitate und die Montage wiederkehrender Sprachspiele decken aggressive Dummheit, mangelnde Zivilcourage und die Wirkungsmacht von Angst in totalitären Systemen auf, schreiben dagegen an. Es hieße allerdings das Werk Müllers allzu eindimensional zu betrachten, würde man es auf eine Kritik an untragbaren politischen Verhältnissen reduzieren. Sie selbst setzte sich dagegen mehrfach zur Wehr, betonte, auch wenn es in ihren Büchern „notgedrungen um schlimme Zeiten, um das amputierte Leben in der Diktatur, um den nach außen geduckten, nach innen selbstherrlichen Alltag einer deutschen Minderheit und um deren späteres Verschwinden durch die Auswanderung nach Deutschland" gehe, dürften diese keineswegs als „Zeugnisse" gelesen werden; vielmehr habe sie das Schreiben „vom Schweigen und Verschweigen" gelernt.[5] Schreiben in Gewaltregimes wird zu einem Sprechen, bei dem das für alle Verständliche verschwiegen wird, zur notwendigen Camouflage, um den drohenden Repressalien möglichst auszuweichen. Im Falle Müllers entsteht dabei eine spezifisch ästhetische Form, in der die Handlung in den Hintergrund tritt, statt dessen werden mittels der häufig angewandten Bildfigur des Ideogramms, einer Untergattung der Metonymie, einzelne Elemente aus ihrem Kontext isoliert und neu zusammengesetzt. Ralph Köhnen erläuterte diese ideogrammatische Schreibweise am Beispiel der Erzählung *Barfüßiger*

---

[3]   Ralph Köhnen: Terror und Spiel. Der autofiktionale Impuls in frühen Texten Herta Müllers. In: *Text und Kritik* (**Jg. ?**) (2002), H. 155: Herta Müller, Der König verneigt sich (Anm. 1), S. 21.

[4]   Herta Müller: Herztier. Roman. Reinbek bei Hamburg 1994, S. 35.

[5]   Herta Müller: Wenn wir schweigen, werden wir unangenehm – wenn wir reden, werden wir lächerlich. Kann Literatur Zeugnis ablegen? In: *Text und Kritik* (2002), H. 155: Herta Müller, S. 6.

Februar, in der das Auge als Organ der Macht in „allen möglichen Signi-
fikanten gespiegelt wird": als Sonne, Glut eines Zigarettenstummels,
Augäpfel im Sand, als Gewehrkugel, Ei, Teich, also in allen kreisförmigen
Gegenständen.[6] Verschiebung und Verdichtung, das Verfahren der Addition
führen zu einem parataktischen Schreiben, das die gewohnten Ordnungen
der sprachlichen Logik unterminiert. Was in äußerster Konsequenz zur Ver-
selbständigung der Phoneme führt, stellt Wahrnehmung und Wahr-
nehmungsfähigkeit grundsätzlich in Frage und eröffnet durch die extreme
Verfremdung neue Assoziationsräume.
Erhellen lässt sich diese Poetik mittels der 2003 unter dem Titel *Der König
verneigt sich und tötet* gesammelten Aufsätze, die zum Teil auf Müllers
Heidelberger Poetikvorlesungen zurückgehen. Darin ist vom Verlassen
gefährlicher Orte „zum gerade noch richtigen Zeitpunkt" die Rede, dem
Finden eines zwar halbwegs richtigen Landes, in dem jedoch der falsche
„Ort zum Bleiben" gewählt wurde und es am „Entschluß zum Gehen"[7]
mangelt. Hier wird eine Mehrfach-Identität umrissen, werden dauernd „neue
Räume geöffnet"[8], höhlt sich Identität durch Dislozierung aus, wogegen auch
„Bücher lesen oder gar selber schreiben [...] keine Abhilfe"[9] mehr bereithält.
Als Austragungsort dieser Problematik erweist sich die Sprache: „Von einer
Sprache zur anderen passieren Verwandlungen", heißt es, und die Muttersprache wird zu einer „Mitgift, die unbemerkt entsteht", zum „einzige[n]
Maß der Dinge"[10]. Ihre zweite Sprache, das Rumänische, habe sich ihr gegenüber wie das Taschengeld verhalten, das niemals ausreiche, um all die
verlockenden Gegenstände im Laden zu bezahlen.[11] Doch nicht nur der Weg
vom deutschsprachigen Nitzkydorf nach Temeswar, wo sie mit dem Rumänischen konfrontiert wurde, erwies sich als Irritation der Identität, sondern
ebenso die Emigration nach Deutschland:

> Deutsch ist meine Muttersprache. Ich verstand von Anfang an in Deutschland jedes Wort.
> Alles durch und durch bekannte Wörter, und doch war die Aussage vieler Sätze
> zwiespältig. Ich konnte die Situation nicht einschätzen, die Absicht, in der sie gesprochen
> wurden. [...] Ich kannte das Reden und das Schweigen, das Zwischenspiel von ge-
> sprochenem Schweigen ohne Inhalt kannte ich nicht.[12]

Jeder neuerliche Kontextwechsel treibt tiefer in den nicht zu lösenden
Zwiespalt, nicht so zu werden, „wie die anderen, und nicht so bleiben [zu]
können, wie [sie] war"[13]. Migration und die Transgression von kulturellen

---

6   Ausführlicher bei Köhnen, Terror und Spiel (Anm. 3), S. 24.
7   Müller, Der König verneigt sich (Anm. 1), S. 17.
8   Ebenda, S. 21.
9   Ebenda, S. 20.
10   Ebenda, S. 25–26.
11   Vgl. ebenda, S. 26.
12   Ebenda, S. 177.
13   Ebenda, S. 159.

Gefügen führen unweigerlich zur Ausgrenzung, machen das Individuum zum Außenseiter. Allerdings erscheint die Beschäftigung mit „Minderheitenliteratur" gerade deshalb besonders lohnenswert, weil in Zeiten einer zunehmend globalisierten Welt, die durch Massenmigration und Massenmedien bestimmt ist[14], alle Menschen sukzessive zu Außenseitern und damit wiederum zur Norm werden. An Autorinnen wie Herta Müller lassen sich die Herausforderungen dieser gesellschaftlichen Transformation ebenso studieren wie deren kreatives Potenzial.

2. Hybridität – Métissage[15]

Die von Herta Müller thematisierten Krisen der Identität und der Sprache finden ein theoretisches Äquivalent in rezenten Ansätzen innerhalb des New Historicism und der Postcolonial Studies, in denen vor dem Hintergrund der postkolonialen Situation ein neuer theoretischer Zugang zum Begriff von Kultur entwickelt wurde. Diese Konzepte betrachten Kultur nicht mehr im Anschluss an Herder als Homogenisierung nach innen und Abgrenzung nach außen, nicht mehr als dauerhaft fixierbare Entität, weder als einheitliches noch als abgrenzbares Gefüge, sondern als dynamischen Prozess, in dessen Verlauf es ständig zu Überschneidungen und Vermischungen kommt.

Mit dem vor allem im angloamerikanischen Raum breit diskutierten, von Homi K. Bhabha formulierten Konzept der Hybridität korrespondiert in der Frankophonie jenes des Métissage, das Laurier Turgeon als Prozess der kulturellen Vermengung definiert, bei der die Multiplizierung der Kontakte, des Austauschs, der Vermischung favorisiert werde; dieser Prozess führe dazu, dass die ursprünglichen Teile nicht mehr auseinander gehalten werden können.[16] Als Metapher für die postmoderne Welt lenkt der Métissage-Begriff den Blick auf die multi-ethnischen und multikulturellen Metropolen mit deren Netzen des Informationsaustauschs.[17]

Während das frankophone Konzept des Métissage stärker soziologisch argumentiert, ist Bhabhas Konzept der Hybridität eher poststrukturalistisch-diskursiv orientiert und rekurriert auf Jacques Derridas *différance*-Begriff, wodurch die interne Differenziertheit kultureller Formationen und die

---

[14]   Vgl. dazu z. B. Arjun Appadurai: Modernity at Large. Cultural Dimensions of Globalization. Minneapolis, 5. Auflage. London 2000, insbes. S. 16; Ulf Hannerz: Transnational Connections. Culture, people, places. London, New York 1996.

[15]   Vgl. dazu ausführlicher Helga Mitterbauer: Verflochten und vernetzt. Methoden und Möglichkeiten einer Transkulturellen Literaturwissenschaft. In: *Moderne. Kulturwissenschaftliches Jahrbuch* 1(2005), S. 15–30.

[16]   Vgl. Jean-Loup Amselle: Logiques métisse. Anthropologie de l'identité en Afrique et ailleurs. Paris 1990, S. 248.

[17]   Vgl. Laurier Turgeon: Les mots pour dire les métissages: jeux et enjeux d'un lexique. In: *Revue germanique internationale* (2004), H. 21, S. 53–69.

globale „Zirkulation von Menschen, Dingen, Zeichen und Informationen" hervorgehoben werden.[18] Die Vorstellung der *différance* trägt zur Überwindung binärer Alteritätsvorstellungen bei und rückt stattdessen das „Gewebe von Gleichheiten und Differenzen, das sich der Aufspaltung in starre binäre Gegensätze entzieht"[19], ins Blickfeld.

Operationalisierbar wird das Konzept durch die Vorstellung eines Dritten Raums, der sich Homi K. Bhabha zufolge aus der Überschneidung, der Überlagerung und Interaktion der in sich differenten Kulturen entsteht. In dieser diskursiven Kontaktzone werden Sinnzuschreibungen, Zeichen oder Symbole in andere Kontexte verschoben und dabei transformiert, wobei es zu „Gleichgewichtsstörungen", zu Irritationen kommt, mit denen Bhabha das kreativ-produktive Potenzial des Dritten Raums verbindet, weil dadurch „machtvolle [...], kulturelle [...] Veränderungen" ausgelöst werden.[20]

Einen solchen Raum der Konfrontation, dem kreatives Potenzial zugeschrieben wird, kennt auch das Konzept des Métissage: Alexis Nouss – neben dem bereits erwähnten Laurier Turgeon einer der wichtigsten Vertreter der Métissage-Forschung – verweist in diesem Zusammenhang unter anderem auf James Joyce und Samuel Beckett, die Dublin verlassen haben, um in Frankreich zu leben und zu schreiben, und weder Irland noch Frankreich eindeutig zuordenbar seien. Die außergewöhnliche Kreativität und ästhetische Innovationskraft der beiden Autoren führt Nouss gerade auf die Dislozierung und die damit verbundenen Identitätserschütterungen zurück.

Besonders in der Métissage-Debatte wird breit diskutiert, dass es zu einer Vermischung nicht erst in Folge des Modernisierungsprozesses kommt, sondern Migrationen und Völkerwanderungen zu allen Zeiten multikulturelle Gesellschaften gebildet haben;[21] dieser Prozess habe sich in jüngster Zeit lediglich intensiviert und neue Formen angenommen.[22] Daraus resultiert, dass die Kulturen, die sich miteinander vermischen, bereits vermischt sind.[23] Außerdem darf dieser Prozess der Interaktionen und wechselseitigen Aneignungen[24] nicht als friedlich-idyllischer Zwischenort missverstanden

---

[18] Elisabeth Bronfen, Benjamin Marius u. Therese Steffen: Hybride Kulturen. Beiträge zur anglo-amerikanischen Multikulturalismusdebatte. Tübingen 2003, S. 17–18.

[19] Stuart Hall: Ideologie, Identität, Repräsentation. Ausgewählte Schriften 4. Hrsg. von Juha Koivisto u.nd Andreas Merkens. Hamburg 2004, S. 196.

[20] Homi K. Bhabha: Die Verortung der Kultur. Aus dem Englischen übersetzt von Michael Schiffmann und Jürgen Freudl. Tübingen 2000, S. 58.

[21] Vgl. Serge Gruzinski: La pensée métisse. Paris 1999, S. 12.

[22] Vgl. Hall, Ideologie (Anm. 19), S. 191–194; David Harvey: The Condition of Postmodernity. An Enquiry into the Origins of Cultural Change. Oxford 1989.

[23] Vgl. Amselle, Logiques métisse (Anm. 16), S. 10; vgl. auch Jean-Loup Amselle: Métissage, branchement et triangulation des cultures. In: *Revue germanique internationale* 21(2004), S. 41–51.

[24] Vgl. Turgeon, Les mots (Anm. 17), S. 53–69.

werden[25], sondern vielmehr als Prozess der dialogischen Auseinander-setzung, der Konfrontation.[26]

Zu den Kernthesen der Konzepte der Hybridität und des Métissage zählt die Auffassung von Kultur als dynamischem Prozess der Überschneidung und Vermischung. Dieses Phänomen wird bei Herta Müller mehrfach themati-siert. „Ich wundere mich, wie wenig ich an jeder Gegenwart das Gepäck erkannt habe, das sie mir, als sie vorbei war, mitgegeben hat für die Zu-kunft"[27] – beschreibt sie das Sich-Verbinden von „Details von jetzt und da-mals"[28]. Die Stadt Marburg an der Lahn mutiert in ihren Augen zu einem scheinbar „intakten Ort, der [ihre] Verstörtheit erst recht zur Schau" stellt. Der Versuch, „Vertrauen zu diesem Ort" zu gewinnen, sich „den ruhigen Blick aufs Schöne wieder an[zu]gewöhnen", scheitert unweigerlich an der Erinnerung daran, „die Diktatur verlassen" zu haben, zumal andere dort „weiter ruiniert werden". So verschiebt sich das Bild von Enten mit ihren gelben Schnäbeln in jenes des goldenen Bestecks und der „goldenen Was-serhähne des Diktators", die als Metapher für Verfolgung und Grausamkeit des Ceaușescu-Regimes dienen.[29]

Hybride Identität als ein Gewebe von Gleichheiten und Differenzen wie-derum drückt sich bei Müller in „zurückgelassenen Spuren, indiskret nackt und changierend verpuppt in einem selbst"[30] aus – „Je mehr Augen [sie] für Deutschland ha[t], umso mehr verknüpft sich das Jetzige mit der Ver-gangenheit."[31] In diesem Zusammenspiel von Übereinstimmung und Wider-sprüchlichkeit baut die Welt „sich Stück für Stück zusammen gegen den Verstand"[32], womit sie sich sogar den Verdacht einhandelt, „daß [ihr] Kopf nicht richtig tickt"[33].

Das kreative Potenzial des Dritten Raums umschreibt Herta Müller mit der Metapher vom „fremden Blick", der „hiesige Leute" so sehr irritiert, sie so grundlos und maßlos beunruhigt.[34] „Das Wissen, wieviel Zerbrochenes so je-mand mitbringt in eine ordentlich funktionierende Welt, macht Angst" und begründet zugleich ein Missverständnis der „Literaturprofis", die „den Fremden Blick für eine Eigenart der Kunst, eine Art Handwerk [halten], das Schreibende von Nichtschreibenden unterscheidet"[35]. Der fremde Blick „kommt aus den vertrauten Dingen, deren Selbstverständlichkeit einem ge-

---

25 Vgl. Laurier Turgeon u. Anne-Hélène Kerbiriou: Métissages, de glissements en transferts de sens. In: Regards croisés sur le métissage. Hrsg. von Laurier Turgeon. Saint-Nicolas (Québec) 2002, S. 1.
26 Vgl. François Laplantine u. Alexis Nouss: Le Métissage. Paris 1997, S. 10.
27 Müller, Der König verneigt sich (Anm. 1), S. 107.
28 Ebenda, S. 108.
29 Ebenda.
30 Ebenda, S. 136.
31 Ebenda, S. 185.
32 Ebenda, S. 133.
33 Ebenda, S. 104.
34 Ebenda, S. 142.
35 Ebenda, S. 144.

nommen wird"[36]. In *Der König verneigt sich und tötet* verdichtet Müller diese unüberwindbare Ausgegrenztheit zu folgendem Gedicht:

> Und der nicht mehr zu Hause war
> den kriegt der Heimwehhund
> der hat ein weites Gras statt Haar
> und Nachtbusaugen im Geschau
> aus jedem Mund pfeift fremdes Brot
> der Frühapfel gefiedert grau
> der Kuckuck später backenrot.[37]

Müllers Technik der Collage, die in dem Gedicht in Komposita wie dem „Heimwehhund" oder den „Nachtbusaugen" zum Ausdruck kommt, ebenso in den verschobenen, ver-rückten Bildern wie dem aus jedem Mund pfeifenden fremden Brot, den grau gefiederten Frühäpfeln, dem backenroten Kuckuck, ist der literarische Ausdruck des dynamischen Prozesses von Überschneidungen und Vermischungen. Aus diesem resultiert die kreative Transformierung und Kompilation von Bildern, die die spezifische Poetik und Ästhetik von Müllers Texten ausmachen. Eine ähnliche Funktion erfüllen die Metaphern des Königs und des Herztiers, die sich durch das Werk Herta Müllers ziehen:

> Der König war von Kind an in meinem Kopf. Er steckte in den Dingen. Auch wenn ich nie ein Wort geschrieben hätte, wäre er dagewesen, um die neu hinzugekommenen Komplikationen der Tage in den Griff zu bekommen, durch eine, wenn auch böswillig, so doch gut bekannte leitmotivische Gestalt. Es war, wo sich der König präsentierte, keine Schonung zu erwarten. Dennoch sortierte er das Leben, kam dem Durcheinander, wenn es dem Sagbaren davonlief, ohne Worte bei. Der König war immer schon ein gelebtes Wort, mit dem Reden war ihm nicht beizukommen. Ich habe mit dem König viel Zeit verbracht, und in der Zeit war nebenbei oder hauptsächlich Angst.
> Das ‚Herztier' ist im Unterschied zum gelebten ‚König' ein geschriebenes Wort. Es hat sich auf dem Papier ergeben, beim Schreiben als Ersatz für den König, weil ich für die Lebensgier in der Todesangst ein Wort suchen musste.[38]

Die Metapher vom *König*, von dem keine Schonung zu erwarten ist und der Angst repräsentiert, während das *Herztier* die Lebensgier in dieser Todesangst symbolisiert, scheidet zugleich die gesprochene von der geschriebenen Sprache. Während Müller unter dem Ceaușescu-Regime „so lange das Schweigen geübt" hat und auch nachdem sie in Deutschland angekommen war, nicht über das Maßlose dieser Verbrechen sprechen konnte – „Das glaubt euch keiner, damit macht man sich nur lächerlich. Das führt höchstens

---

[36]   Ebenda, S. 147.
[37]   Ebenda, S. 130.
[38]   Ebenda, S. 57.

dazu, daß man uns für verrückt hält und gar nichts mehr glaubt"[39] – bleibt Schreiben als letzte Möglichkeit sich mitzuteilen: „Von außen betrachtet, ähnelt das Schreiben vielleicht dem Reden. Aber von innen ist es eine Sache des Alleinseins."[40] Wo vom Reden Gefahr droht oder man nicht erwarten kann, dass einem geglaubt wird – „Wenn wir schweigen, werden wir unangenehm – wenn wir reden, werden wir lächerlich"[41] –, bleibt Schreiben als letzte Bastion eines brüchigen Heimatgefühls, in dem es sich allerdings recht einsam lebt.

Hybridität und Métissage sind keinesfalls ideale Zustände des friedlichen kulturellen Interagierens, sie sind vielmehr ein Prozess der Konfrontation. Mit der Formulierung: „Ich entgleise aus dem Wir-Gefühl, obwohl ich es teilen wollte"[42], formuliert Herta Müller pointiert den von den erwähnten Theoretikern angesprochenen Verlust eindeutiger Zugehörigkeit infolge von Emigration. Dislozierung bringt „[d]as Gewöhnliche der Dinge" zum Platzen, führt dazu, dass man sich „den Vergleichen stellen" muss;[43] sie lässt den „sicheren Boden unter den Füßen" ins Wanken geraten.[44] Unter den Umständen „einer aussichtslosen Fremde" verstärkt sich das Beharren auf sich selbst, als dessen Konsequenz Sprache zur Heimat wird.[45] Diese Verknüpfung von Sprache mit Heimat korreliert jedoch mit der Ausgrenzung, die Emigranten, basierend auf eben diesen Konzepten, erfahren, haftet doch jedem Begriff von Heimat zugleich etwas Provinzielles, Xenophobisches und Arrogantes an[46], und auch Sprache ist und war „nirgends und zu keiner Zeit ein unpolitisches Gehege, denn sie läßt sich von dem, was einer mit dem anderen tut, nicht trennen"[47].

3. Diaspora

Dass Hybridität, Métissage keineswegs nur Phänomene einer postmodernen, globalisierten Welt der Massenmigration und der Massenmedien sind, sondern eine Erscheinung aller historischen Epochen, postulieren nicht nur die Vertreter postkolonialer Theorien; Herta Müller hat dies quasi am eigenen Leib erfahren: „Wie alle außer den Rumänen war und blieb auch ich zur deutschen Minderheit gehörig, trotz der dreihundert Jahre seit der

---

[39] Ebenda, S. 103.
[40] Ebenda, S. 85.
[41] Ebenda, S. 74. – Dieses Selbstzitat zieht sich durch das Werk Herta Müllers, bildet etwa auch das Ende des Romans *Herztier*. Vgl. Müller, Herztier (Anm. 4), S. 251.
[42] Müller, Der König veneigt sich (Anm. 1), S. 163.
[43] Ebenda, S. 49.
[44] Ebenda, S. 29.
[45] Ebenda, S. 28–29.
[46] Ebenda, S. 29.
[47] Ebenda, S. 39.

Ansiedlung meiner Familie ein in der Heimat der Rumänen geborener Gast."[48] Zweifellos hat die dreihundertjährige Geschichte der Familie dazu geführt, dass Müller zwar problemlos den Sinn der deutschen Wörter versteht, die Sprache aber dennoch nicht decodieren kann, was den Dritten Raum markiert. In dem Zitat wird aber auch das Beharren auf mitgebrachten kulturellen Elementen angesprochen, das in den kurz umrissenen postkolonialen Konzepten weniger berücksichtigt ist, weil sie die Vermischungen und Überschneidungen privilegieren.

Hier erscheint das Einbeziehen aktueller Vorstellungen von Diaspora als fruchtbar. Der ursprünglich auf Juden, Griechen, Armenier bezogene Begriff der Diaspora erfuhr in der rezenten Forschung eine größere semantische Ausdehnung auf spezifische transnationale Identitäts-Formationen: Zu den zentralen Definitionsmerkmalen zählen die Exil-ähnliche Separation, eine konstitutive Tabuisierung der Rückkehr bzw. deren Hinausschieben auf eine ferne Zukunft sowie der Gemeinschaftssinn, der verschiedene Teile einer zerstreuten Population miteinander verbindet und mittels der modernen Technologien des Transports und der Kommunikation aufrecht erhalten wird.[49] Dies führt zu Identifikationen außerhalb der nationalen Zeit- und Raumordnung (in Form eines Lebens innerhalb dieser Ordnung bei gleichzeitiger Distanzierung), womit der dem diasporischen Diskurs eingeschriebene Kosmopolitismus in Spannung mit dem Nationalstaat und mit Assimilations-Ideologien gerät.[50]

Die Ablehnung von Assimilation trifft zweifellos auf die deutschsprachige Minderheit in Südosteuropa zu, übrigens nicht nur für diese, wie wir auch von Herta Müller erfahren: „Die Nachbardörfer waren zwei rumänische Dörfer, ein slowakisches und ein ungarisches Dorf. Jedes für sich mit seiner anderen Sprache, seinen Feiertagen, seiner Religion, seiner Kleidung."[51] Die Separation von der Mehrheitsbevölkerung sowie die länderübergreifende Identifikation mit Gruppen der eigenen Ethnie in anderen Regionen führen zu einem „Mythos der Überlegenheit"[52], der die Nicht- oder nur teilweise Zugehörigkeit kompensiert. Herta Müller schreibt in diesem Zusammenhang: „Parallel laufend zur staatlichen eine banatschwäbische Ideologie. Sie sollte die Stigmatisierung durch den Staat ausgleichen"[53]. Und auch das transitorische Moment, die Vorläufigkeit des Aufenthalts, der sich mitunter über Jahrhunderte erstrecken kann, werden von ihr thematisiert: „Man sah in

---

[48] Ebenda, S. 182.
[49] Vgl. James Clifford: Routes. Travel and Translation in the Late Twentieth Century. Cambridge/Mass. London 1997, S. 246.
[50] Ebenda, S. 252.
[51] Müller, Der König veneigt sich (Anm. 1), S. 161.
[52] Ebenda, S. 162.
[53] Ebenda, S. 163.

diesem Land nur den vorläufigen Ort seines Lebens. Der Glaube, daß sich früher oder später die Gelegenheit zur Flucht ergibt, war der einzige Halt."[54] Bei Müller wird die diasporische Situation gleich in doppelter Hinsicht thematisiert: Einmal wird der deutschsprachigen Minderheit in Rumänien der Status des Gasts zugewiesen, eines geduldeten Fremden, der, obwohl er nicht nur drei Tage, sondern drei Jahrhunderte bleibt, nicht heimisch wird. Mit der Ablehnung von Assimilation, der Tabuisierung von Rückkehr und dem Zusammengehörigkeitsgefühl zwischen verschiedenen Teilen einer zerstreuten Population weist dieses Bild sämtliche Definitionskriterien der Diaspora auf. Doch durch die Rückkehr verdoppelt sich die Problemlage, denn konträr zum Jahrhunderte hindurch aufgebauten Mythos der Heimat, erweist sich diese erst recht als Fremde:

> Das ist nicht unser Haus, dort wohnen jetzt andere, schrieb ich der Mutter. Zu Hause ist dort, wo du bist. [...] Und die Mutter schrieb zurück: Was zu Hause ist, das kannst Du nicht wissen. Wo der Uhrmachertoni die Gräber pflegt, das ist sehr wohl zu Hause[55],

heißt es im Roman *Herztier*. Wo die Tochter versucht, Zugehörigkeit von einem geografischen Ort abzulösen, beharrt die Mutter auf der Einbeziehung der Ahnenreihe, die mit dem Friedhof des Herkunftsortes verknüpft wird, und rekurriert damit auf der Beibehaltung der ursprünglichen diasporischen Situation.

In der darin mythisierten Heimat, die der realen Überprüfung nicht standhält, entspricht zwar die Umgangssprache auf der lexikalischen Ebene der „Muttersprache", deren Semantik entzieht sich allerdings der Ich-Erzählerin.[56] Mit der Rückkehr geht auch noch die Hoffnung auf eine geografische Zugehörigkeit verloren, woraus die Vorstellung von Sprache als Heimat erhellt:

> SPRACHE IST HEIMAT [Hervorhebung in der Vorlage] war den Emigranten in einer aussichtslosen Fremde das in den eigenen Mund gesprochene Beharren auf sich selbst. Leute, deren Heimat sie nach Belieben kommen und gehen läßt, sollten diesen Satz nicht strapazieren. Sie haben sicheren Boden unter den Füßen.[57]

Der Heimatbegriff, von Müller als „provinziell, xenophobisch und arrogant"[58] apostrophiert, mutiert zu einer Sehnsucht nach einem nicht erreichbaren Ort, die auch die Sprache nicht stillen kann, zumal sie „nirgends und zu keiner Zeit ein unpolitisches Gehege"[59] war oder ist.

---

[54] Ebenda, S. 168.
[55] Müller, Herztier (Anm. 4), S. 245.
[56] Vgl. Müller, Der König verneigt sich (Anm. 1), S. 177.
[57] Ebenda, S. 28–29.
[58] Ebenda, S. 29.
[59] Ebenda, S. 39.

Die Schriftstellerin Herta Müller ist noch auf einer weiteren Ebene von der diasporischen Situation betroffen, und zwar durch den immer wieder gegen sie erhobenen Vorwurf, ihre Qualität als Schriftstellerin würde erst dann sichtbar werden, wenn sie sich thematisch von der Diktatur in Rumänien abkehre, wirklich in Deutschland angekommen sei und sich über hiesige Stoffe zu schreiben traue.[60]

4. Conclusio

Abschließend stellt sich die Frage, welchen Erkenntnisgewinn die eben vorgestellten Positionen gegenüber bislang praktizierten Ansätzen zur Erforschung von deutschsprachiger Literatur im südöstlichen Mitteleuropa bereithalten.

Schon Hans Bergel hat in seiner *Literaturgeschichte der Deutschen in Siebenbürgen* festgestellt, dass die „poetische Literatur der Deutschen in Siebenbürgen […] während ihrer gesamten historischen Existenz zwischen dem 12. und dem 20. Jahrhundert vor einem unausweichlichen Doppelanspruch" stand: Einerseits aufgeschlossen gegenüber allen kulturellen Einflüssen aus den deutschsprachigen Ländern, trennte sie andererseits die Eingebundenheit in eine völlig anders verlaufene südosteuropäische Geschichte, denn die dort lebende deutschsprachige Bevölkerung hatte in ihrem geografischen und geopsychischen Lebensraum doch Begegnungen und Auseinandersetzungen „mit Völkern und Kulturen zu bewältigen, die der Mittel- und Westeuropäer fast nur dem Namen nach kennt"[61]. Stefan Sienerth machte als Dilemma des siebenbürgisch-deutschen Schriftstellers namhaft die „meist unfreiwillige Entscheidung zwischen dem kleinen Adressatenkreis der engeren Heimat und dem Publikum, das er über die deutsche Hochsprache zu erreichen vermochte"[62]. Dieter Kessler wiederum betrachtet in seiner sehr differenzierten Studie die Literatur aus Siebenbürgen, dem Banat und der Bukowina als Regionalliteraturen, Literaturen aus multiethnischen Regionen mit jeweils eigenständigen historischen Entwicklungen, weshalb sie für den von ihm gewählten Untersuchungszeitraum 1848–1918 schwer in eine gemeinsame Kategorie zusammen zu fassen seien.[63] Die

---

[60] Vgl. Ernest Wichner: Herta Müllers Selbstverständnis. In: *Text und Kritik* (Anm. 5), S. 3.

[61] Hans Bergel: Literaturgeschichte der Deutschen in Siebenbürgen. Ein Überblick. 2. Auflage. Thaur bei Innsbruck 1988, S. 9.

[62] Stefan Sienerth: Der siebenbürgisch-deutsche Autor im Dilemma der Entscheidung zwischen dem einheimischen und dem europäischen Adressatenkreis. In: Die siebenbürgisch-deutsche Literatur als Beispiel einer Regionalliteratur. Hrsg. von Anton Schwob und Brigitte Tontsch. Köln, Weimar, Wien 1993, S. 119–139, hier S. 119.

[63] Vgl. Dieter Kessler: Die deutschen Literaturen Siebenbürgens, des Banates und des Buchenlandes von der Revolution bis zum Ende des Ersten Weltkrieges (1848–1918). Köln, Weimar, Wien 1997, S. XVII.

Literatur im südöstlichen Mitteleuropa auf den Begriff der Regionalliteratur zu reduzieren, hieße jedoch ihren Stellenwert nicht entsprechend zu würdigen. Weder lässt sich Herta Müller darauf einschränken, noch Schriftsteller früherer Jahrhunderte wie etwa Karl Emil Franzos oder Adam Müller-Guttenbrunn, was nicht heißen soll, dass es nicht auch Autoren und Texte aus diesen Regionen gäbe, deren Bezugsrahmen ausschließlich in diesem engeren Kreis liegt. Doch gerade die erwähnten Autoren machen deutlich, dass ein Schriftsteller meist in mehrere Kontexte gleichzeitig eingebunden ist und diese auch in seinen Texten eine Rolle spielen.

Die vorgestellten theoretischen Ansätze ermöglichen eine Mehrfachperspektive, die sowohl die lokale Gebundenheit impliziert wie auch den weiteren Horizont, der bis zur Kategorie der Weltliteratur reichen kann. Sie ermöglichen auch, das Verhältnis zwischen Minderheitenliteratur und Migrationsliteratur abzustecken, was angesichts der historischen Veränderungen im 20. Jahrhundert zunehmend wichtig erscheint, zumal ein Teil der ehemals „volksdeutschen" Literatur in der Zwischenzeit aufgrund der politischen Umstände zur Migrationsliteratur mutiert ist, und die beiden Kategorien ineinander verwischen. Durch die Betonung der Prozessualität kann die historische Variabilität der Literatur im südöstlichen Mitteleuropa besser gefasst werden, wird ihre Vermischung mit anderen Kulturen beziehungsweise Ethnien ebenso sichtbar, wie ihre im Laufe der langen Geschichte immer wieder postulierte Abgrenzung gegenüber diesen.

Bild, Wort, Satz, Text –

Wie Herta Müller über die Gattungsgrenze ging

THOMAS KREFELD (München)

1. Ein Buch eigener Art

Der Gegenstand dieses Beitrags ist ein Buch; daran lässt sich nicht zweifeln. Es hat fortlaufend beschriebene und illustrierte Seiten, einen festen Umschlag, auf dem ebenso wie auf der ersten bzw. dritten Seite vertraute Angaben stehen: ein verständlicher Titel in deutscher Sprache, der Name einer bekannten Autorin und ein nicht weniger bekannter Verlagsname: Herta Müller, *Die blassen Herren mit den Mokkatassen*, Carl Hanser Verlag 2005.
Mit dieser lakonischen Feststellung sind die charakteristischen Attribute der Spezies ‚Buch' allerdings schon aufgezählt. Es handelt sich nämlich um ein sehr wenig prototypisches, ja geradezu um ein idiosynkratisches Exemplar dieser Kategorie. Die üblichen Routinen, mit denen man Bücher in der Regel konsumiert, müssen versagen, da zahlreiche ‚normale' Charakteristika fehlen. So findet sich im Titel kein Hinweis auf die Zugehörigkeit zu einer bestimmten Gattung, einer Disziplin oder Diskurstradition (‚Roman', ‚Essay', ‚Untersuchung' etc.). Für den geübten Leser ist das zunächst ein untrügliches Anzeichen dafür, dass es sich um ein literarisches Werk, d. h. ein Werk mit ästhetisch-künstlerischem Anspruch handelt; unweigerlich damit verbunden ist zudem die Erwartung einer ungewohnten Lese-Erfahrung.
Und in der Tat erhebt sich sofort die Frage, was man denn da eigentlich lese: einen zusammenhängenden Text, eine Sammlung von jeweils selbständigen Texten oder eine Art Zyklus von miteinander mehr oder weniger eng verknüpften Texten? Unklar ist sodann die Funktion der Bilder, die sich auf jeder Seite finden. Sind sie der sprachlichen Botschaft als Illustrationen untergeordnet, bilden sie eine eigene ästhetische Ebene, oder soll man womöglich den sprachlichen Text als Kommentar zu den Bildern verstehen? Beide Ausdrucksformen – Schrift und Bild – sind ja in ihrer optischen Realisierung durchaus verwandt, so dass gegenseitige Beeinflussungen und (in modischer Diktion) Hybridisierungen immer wieder vorkommen oder

unternommen werden. Dabei werden eher bildliche, d. h. abbildende Techniken in die Schrift gebracht, und das Bild wird der Visualisierung der Schriftbedeutung unterworfen. Diese ideografischen Verfahren sind übrigens keineswegs auf einzelne Zeichen beschränkt, sondern können durchaus auch auf der komplexen Ebene des Textes eingesetzt werden. Ein berühmtes Beispiel aus der frühen literarischen Moderne sind die so genannten *Calligrammes* von Guillaume Apollinaire, bei denen die typografische Gesamtgestaltung Inhalte der sprachlichen Elemente wiedergibt.

La cravate et la montre

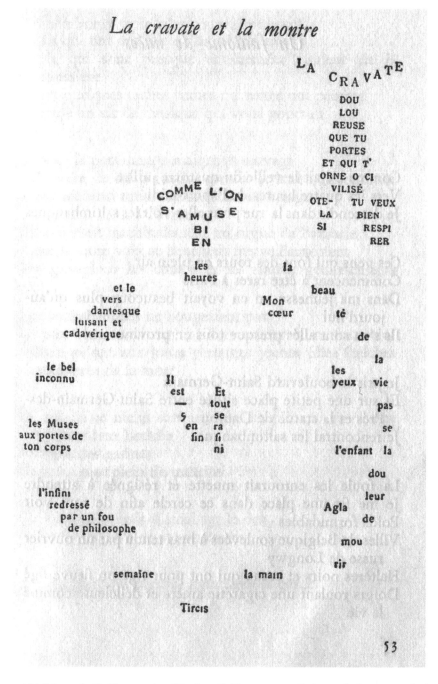

Abbildung 1: Guillaume Apollinaire: *Calligrammes. Poèmes de la paix et de la guerre (1913–1916)*. Paris 1966 (erste Auflage 1925), S. 53.

Ein Vergleich der beiden abgebildeten Apollinaire-Texte zeigt sehr schön die Spannung, die bei der Verschränkung von Bild und Schrift auf Anhieb aus dem fundamentalen Unterschied dieser beiden semiotischen Techniken resultiert. Im Unterschied zum Bild ist die Schrift ja auf die Linearität der Zeichenfolge angewiesen; während nun der Text *La cravate* noch im linearen Sinn von links nach rechts und von oben nach unten zu lesen ist, entzieht sich *la montre* diesem für den Textaufbau konstitutiven Prinzip. Es handelt sich sozusagen um Textbilder.

Semiotisch gegenläufige Versuche, die Schrift in nicht-ikonischer Absicht, also unabhängig von der Wortbedeutung und auch über die Typografie der Buchstaben hinaus bildlichen, aber eben gerade nicht abbildenden Verfahren zu unterwerfen, sind äußerst selten. Ausgeschlossen sind sie jedoch keineswegs, wie *Die blassen Herren mit den Mokkatassen* zeigt. In Herta Müllers Buch hat die Visualisierung der Schrift eine grundlegende, ästhetisch-programmatische Funktion, die nicht zuletzt darin besteht, bei der bzw. durch die Lektüre die Frage nach der Textualität oder, allgemeiner, nach der semiotischen Natur dieses Werkes überhaupt zu evozieren. Explizit formuliert wird diese Frage, die unmittelbar zum ‚Sinn'[1] des Buches führt, zwar nicht, aber sie stellt sich auf Grund ganz unterschiedlicher und stark verunsichernder Merkmale sofort ein. In erster Linie sind die eingangs genannten fehlenden Bucheigenschaften zu nennen und zunächst die formalen Besonderheiten, die zu einer uneindeutigen Gliederung und mittelbar zu multiplen Lesarten führen.

So fehlen auf der Makroebene des Ganzen Seitenzahlen und Kapitelüberschriften[2]; daraus könnte man einerseits schließen, dass jeweils die aufgeschlagene, aktuell ohne umzublättern seh- und lesbare Doppelseite eine Einheit bildet, ohne im fortlaufenden Bezug mit den vorhergehenden und folgenden (Doppel-)Seiten zu stehen; wir hätten es demnach mit einer Reihe einzelner Textbilder[3] zu tun. Ebenso könnte man die fehlende Makrogliederung allerdings auch als Strategie auffassen, alle Bilder und sprachlichen Passus maximal zu einem Ganzen, sozusagen zu einem Text-Bild-Mosaik zu integrieren und sich gewissermaßen der streng linearen Abfolge

---

[1] Vgl. zu dieser textsemantischen Kategorie Eugenio Coseriu: Textlinguistik. 3. Aufl. Tübingen / Basel 1994, S. 64ff.: „Bezeichnung und Bedeutung, d. h. das, was die sprachlichen Zeichen benennen und das, was sie durch eine Einzelsprache allein bedeuten, bilden – zusammengenommen – im Text den Ausdruck für eine Inhaltseinheit höherer, komplexerer Art, eben für den Sinn." Und: „Wir haben etwas gelesen, wir haben etwas in seiner rein sprachlichen Bedeutung genau verstanden und fragen uns dennoch: «Was ‚bedeutet' dies alles?» Wir betrachten also den gesamten Text in seinem rein sprachlichen Ausdruck und Inhalt als eine Art von Vehikel für eine ‚Bedeutung' auf einer anderen Ebene, für den ‚Sinn'." (65f.)

[2] Hier wird daher nur Text ohne Seitenangaben zitiert; Schrägstriche (/) im Zitat stehen für den Zeilenumbruch im Original.

[3] Dieser für die *Calligrammes* zutreffende Ausdruck erscheint mir angesichts der durchgängigen Text-Bild-Verknüpfung und speziell im Blick auf die ausgeprägte Verbildlichung und optische Isolierung der Einzelwörter (vgl. die folgenden Ausschnitte) auch für Herta Müllers *Blasse Herren* angebracht.

der Seiten zu entziehen. Natürlich ist der Umbruch von einer Seite zur anderen rein materiell unvermeidlich, aber erst durch die Paginierung wird die Seitenfolge explizit zum grundlegenden Ordnungsprinzip erhoben.

Auf der Mikroebene der syntaktischen Textbausteine fehlen sämtliche Satzzeichen; die Gliederung des Ganzen wird jedoch immerhin durch nichtsprachliche Mittel unterstützt, nämlich durch die regelmäßige Einfügung von Bildern, meistens Collagen, sowie durch die strenge Konsequenz in der eigenwilligen grafischen Gestaltung des Schriftbilds.

2. Groteske Szenen

Bei der ersten schnellen Lektüre ergibt sich der Eindruck locker aneinander gefügter einzelner Szenen, die im Wesentlichen durch Bilder getrennt sind, und die jede für sich eine mehr oder weniger klar erkennbare inhaltliche Kohärenz aufweisen. Von einer Lesbarkeit im herkömmlichen Sinn kann jedoch auch auf dieser Ebene nicht die Rede sein; vielmehr handelt es sich meistens um kurze, ein oder zwei Seiten umfassende groteske Szenen in anekdotenhafter Form; die elementare, gelegentlich nur rudimentäre Syntax steht in oft witzigem Gegensatz zur Ausgefallenheit des Lexikons und den oft überraschenden, nicht normgerechten Wortfügungen.[4] Exemplarisch ist der folgende Ausschnitt:

---

[4] Vgl. „[...] ich aber war/ nur für eine kurze Reise kostümiert ein/ junger Wind oder ein alter Hunger hatte mir das Mützchen destabilisiert [...]".

Abbildung 2: Herta Müller: *Die blassen Herren* (ohne Seitenangabe)

Auch wenn diese Anekdoten stark surreale Züge tragen, bleibt oft ein erlebtes Substrat spürbar, wie die barfüßigen Zollbeamten im folgenden Beispiel.

Abbildung 3: Herta Müller: *Die blassen Herren* (ohne Seitenangabe)

Hier werden offenkundig Eindrücke abgerufen, meistens Bilder, aber auch Gerüche und Geräusche, in denen sich in komprimierter Form die unvergesslichen unter den nicht selten ganz banalen Alltagserlebnissen im Gedächtnis abgelagert haben. Bisweilen erschöpft sich auch der anekdotische Sinn in der Mitteilung der Gedächtnisspuren, die ihren Reiz aus der Präzision ganz punktueller Wahrnehmungen entfalten; exemplarisch ist der folgende Abschnitt: „Als ich ging quietschte die Tür/ der Martin sagte hinter mir die/ hat extrem nach Lehm gerochen/ sie läuft in Antilopenschuhen mit/ Absätzen wie Vogelknochen".

Im Laufe der Lektüre macht man mit einem kleinen Pandämonium Bekanntschaft; dazu gehören unter anderen die angelnden „greisen Zwillinge die beide Willi heissen", Gschwindtner – ein Beau der Nachkriegszeit mit kleinem Schönheitsfehler („frontverletzt") –, die Zwillinge Matache mit ihrem glänzenden, aber problematischen Unterscheidungsmerkmal, dem Goldzahn („der hilft nur wenn sie lachen"), „der Uhrmacher Andrei", Herr Rauch, der hin und wieder im Hotel um die Ecke übernachtet, („weil er den Schuhputzautomaten vor Zimmer 30 liebt"), Frau Osang, Herr Gruffat mit der Auszeichnung der Schuhfabrik, Herr Grabosch, der in Bielefeld in den Schrank gestellt wird („dick die Zunge blau wie Flieder und kirschrote Augenlider").

3. Grotesken über Betroffenheit?

Vor allem sind es jedoch Bekannte (Klaus, Heinrich, Lili, „der schmale Martin/ sein Kinn wie eine Seifenschale", ein Nachbar, die „gelähmte Nachbarin") und Vertraute, und immer wieder, in allererster Linie, die Eltern, die den Textraum bevölkern: die Mutter „wurde eine Nessel" und der Vater, „der wie prophezeit nicht wieder kam" und gleich in mehreren Episoden verschwindet bzw. abgeholt wird.

Diese kleine Aufzählung und die sich mehrfach wiederholende Vater-Mutter-Konstellation weisen auf einen gemeinsamen Mittelpunkt hin, auf das Text-Ich, das jedoch nicht nur als vorgeschobene Erzählerin (mit weiblicher *gender*-Zuweisung) Kohärenz stiftet; sie steht auch als erlebende Person, ja als Betroffene im Zentrum vieler Episoden, die gelegentlich mit *sex* und anderer Verführung[5], jedoch sehr viel öfter mit *crime* und Krieg, mit alltäglicher und staatlicher Gewalt oder einfach mit dem Tod zu tun haben. Mehrfach kommt darin die eigene Beschädigung zur Sprache: „den Hund

---

[5] Leitmotivisch ist in dieser Hinsicht wohl der *Zucker* zu verstehen: „in einer Knorpeltasse/ bot er mir [...] Zuckerwürfel ", „in meine Schläfen zogen/ kurz nacheinander zwei/ Zuckerhändler [...]": „ES kam der König mit dem Zuckerstreuer)", „die Zuckergasse ist aus purem Salz ", „Zuckerlöffel in der einen Wange UND IN der anderen die Zuckerzange" (beide Geräte mit zugeordneten Abbildungen), „verkauf mir nicht/ den wunden Punkt/ mit Löffel drüber, Zucker drauf" usw.

erschlagen das Pferd erschossen/ das Haus geschlossen […] im Kopf bin ich/ seitdem verquer ein Wägelchen fährt/ Hügellehm das andere rollt leer".

Beschädigungen, Behinderungen, Verirrungen und Bedrohungen zeigen in surreal verfremdeter, aber suggestiver Weise auch die meisten Bildcollagen und stehen insofern in enger semantischer Solidarität mit den sprachlichen Abschnitten. Da sie inhaltlich jedoch in der Regel nicht direkt auf spezifische Wörter oder Passus bezogen sind, konstituieren sie eine eigenständige semiotische Ebene des Buches, auf die an dieser Stelle nicht weiter eingegangen wird. Nur ganz selten doppelt ein Bildinhalt, eine Wortbedeutung, so wie es mit der Visualisierung der Leichtigkeit im folgenden Ausschnitt geschieht:

Abbildung 4: Herta Müller: *Die blassen Herren* (ohne Seitenangabe)

Das Text-Ich wird als Frau mit allerlei Grenzerfahrungen präsentiert, solchen der Macht der Männer, der Macht des Staates und beider Mächte in Tateinheit: „alle vier Abende klopf ich an seine Tür mein Kleid/ das kann ich anlassen […] einmal sagte er bei dir im Kopfkino rauscht sowieso/ ein anderer Film aber für einen Pass kann ich/ rein gar nichts machen […]".

Man könnte also meinen, Sinn des Buches sei es vorzuführen, wie Betroffenheit auf harmlos unterhaltende Weise in der Groteske aufgelöst werden kann – also: ein unverbindlicher Reigen von Betroffenheitsgrotesken?

4. Betroffenheit als Groteske

Dieser soeben angedeuteten Meinung muss man jedoch nicht unbedingt sein; denn das Buch lässt sich durchaus als ein Gesamttext lesen, ja sogar als ein Text, dessen literarische Qualität nicht zuletzt in der Raffinesse seiner geschlossenen Komposition liegt. Mein Ausgangspunkt für eine solche Lesart ist die große formale Strenge des Textes, speziell das konsequent durchgehaltene Schriftlayout, das allenfalls aus den Erpresserbriefen des Kriminalfilms bekannt ist. Soll man darin nur ein billiges Versatzstück, typografisches Dekor sehen? Ich glaube nicht, denn es gibt gute Gründe, einen textfunktionalen Kunstgriff der Autorin anzunehmen, der zum Verständnis nicht unwesentlich beiträgt.

Hier ist zunächst eine kurze zeichentheoretische Erinnerung hilfreich. Sprachliche Zeichen stehen zum Gebrauch bereit; wer sie kennt, kann sie auch benutzen. Im aktuellen Gebrauch jedoch sehen sie dennoch immer ,wie neu' aus, denn sie werden stets aufs neue geschrieben. Hier jedoch sind sie deutlich aus zweiter Hand; so wie sie präsentiert werden, tragen sie äußerliche Spuren vorherigen Gebrauchs, ohne dass die jeweiligen Kontexte der früheren Verwendung auch nur im geringsten rekonstruierbar wären. Ein Heer von unbekannten Schreibern lieferte das Material: Jedes Wort, gerade auch jedes Allerweltswort und bisweilen auch ein minimaler Wortteil, ist gewissermaßen ein anonymes Zitat, das aus einem geschriebenen Text buchstäblich ausgeschnitten wurde. Das Motiv dafür ist nicht die Jagd nach Kuriosa, obwohl sich auch solche in großer Zahl finden.[6] Die erste wichtige Information, die durch diese Visualisierung gegeben wird, ist die Fremdheit des verwendeten sprachlichen Materials: Das Text-Ich sagt damit: Alle diese Wörter, die ich den Lesern mitteile, sind eigentlich nicht meine eigenen.

Die zweite wichtige Information ist allerdings gegenläufig, sie zielt auf den radikalen Konstruktivismus des Textes und besagt: Jedes Wort, lieber Leser, gelegentlich auch einzelne Endungen, habe ich, das Text-Ich, ganz bewusst und ebenfalls ganz ausdrücklich, als isoliertes Stückchen Geschriebenes, an die Stelle geschoben, wo du es im Text siehst. Der Prozess der Produktion, die Vertextung der Wörter, ihre artifizielle Verknüpfung und Einbettung wird so auf optisch prägnante Art sinnfällig gemacht.

Hinter dieser grafischen Oberfläche werden übrigens gelegentlich akustische Effekte versteckt; so kommen immer wieder gereimte Abschnitte vor; im folgenden Beispiel verdeckt die visuelle Collage des Zeilenumbruchs eine ganze Seite aus Knittelversen:

---

[6] Vgl. *Zahnschmelztassen, Knorpeltasse, Windhunddame, Pelzlippen, Bohnenbeine, Herzscheisse, Seifenblasenkropf, Bleibquadrat* usw.

Umbruch gemäß der Reime:
über mir der Herr Grabosch
hat seit/ Jahren einen Frosch
kommt sein Bruder/ zu Be-
such
frisst er ihm das Einsteck-
tuch
fährt Grabosch nach Bie-
lefeld
wird er in den/ Schrank
gestellt
dick die Zunge blau wie/
Flieder
und kirschrote Augenlider
in der / atemengen Stille
riecht ER passiv nach/ Va-
nille
wenn er durchs Hinter-
zimmer rennt
hört man seinen Bergakzent

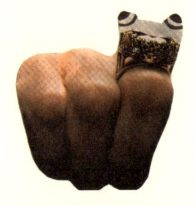

Abbildung 5: Herta Müller: *Die blassen Herren*
(ohne Seitenangabe)

Hier buchstabiert (und reimt) sich jemand ein Leben wieder zusammen, indem die zahllosen Schnipsel zerschnittener und unendlich fragmentierter fremder (Kon-)Texte restrukturiert werden. Herta Müller zeigt in einzig- artiger Manier die mühselige Anamnese einer Person, der die eigene Lebensgeschichte abhanden gekommen war, aus den atomaren Bestandteilen anderer, fremder Geschichten.

Sowohl die Person, das Text-Ich[7], wie auch ihr Leben erhalten im Verlauf dieses Prozesses allerdings ein durchaus bewegendes Profil, so dass man die Skurrilität, Surrealität und Komik als Symptome einer zutiefst unlustigen, desolaten und eigentlich sprachlosen Verstörung deuten muss, die sich nur in der gewaltsamen Aneignung namenloser fremder Texte artikulieren kann.[8]

Das Groteske ist Ausdruck von echter Betroffenheit. Fast alle Seiten stehen in engem Bezug zum Text-Ich; entweder sind sie in der ersten Person geschrieben, oder sie gelten Figuren, die durch Possessiva der ersten Person bzw. durch bestimmte Artikel oder durch Eigennamen als bekannt und vertraut dargestellt werden. Lediglich die erste und die letzten Seiten sind davon ausgenommen; sie sind denn auch grundlegend für die Komposition des Buches, da sie dem nicht linear entwickelten Text-Bild-Mosaik immerhin einen festen Rahmen geben. Den Anfang und Ausgangspunkt auf der ersten Seite bildet das turnusgemäße Treffen einer Gesellschaft feiner Dunkelmänner mit roter Nelke im Knopfloch; sie sind mit allerlei mafiösen Attributen ausgestattet („weißbeschuht") und bringen auch gleich einen Vertreter der Staatsmacht („einen Soldaten") zum Verschwinden: „kann sein dass er ertrank". Auf dieser Anfangsseite verweisen Bild und Text eindeutig auf einander, so wie es sonst nur selten vorkommt:

---

[7] Vom ‚lyrischen' Ich mag man angesichts der schwebenden Gattungszugehörigkeit nicht reden.

[8] Diese Notwendigkeit, die Sprache mittelbar zur Überwindung der eigenen Sprachlosigkeit (wieder) zu erwerben wird übrigens im Text selbst thematisiert: „Nehmen wir an wir sitzen schweigend auf einer Bank/ Du kannst doch nicht ständig Vokale kaufen". An anderer Stelle heißt es, „dass ich den Wörtern die/ es nicht mehr gibt den Mund/ abkauf".

Abbildung 6: Herta Müller: *Die blassen Herren* (ohne Seitenangabe)

Auf dieser ersten Seite werden, ohne Ich-Bezug, sozusagen die unheimlichen Rahmenbedingungen skizziert, mitsamt dem Personal, das sie diktiert, eben „feine Mitglieder", „Hauptvorsteher" und ihre Adjutanten. Andere Autoritäten vertreten diese Männerwelt im Folgenden, u. a. ein „Inspektor", ein „Grenzer", ein „Vizeadmiral", ein „Zollbeamter", ein „Bademeister", ein

„Inspektor", „Herr Theodor aus der Dorfelite", „der Kleinmütige in seiner Amtsjacke", der „Versöhnungsingenieur" und – nicht zuletzt – die „blassen Herren mit den Mokkatassen", die zum Schluss die „feinen Mitglieder" der ersten Seite wieder aufnehmen. Am Ende des Buches steht als letztes Wort, ebenfalls ohne Ich-Bezug, bescheiden und kleingedruckt, aber unausweichlich auch für den Leser: „die Gegenwart".

Abbildung 7: Herta Müller, *Die blassen Herren* (ohne Seitenangabe)

Dazwischen wird, so legt es die letzte Seite nahe, auf groteske Art „das Alphabet der Angst", der Lebensangst buchstabiert. Dieses Grundgefühl des Textes ist auf das Engste mit dem Motiv der Reise verknüpft, das auf zahlreichen Seiten in sehr unterschiedlicher Weise thematisiert wird: als freiwillige und erzwungene Fahrt, als lang geplante, verworfene und doch vollzogene Flucht etc.; von Sack- und Umschlagbahnhöfen, von Häfen, Hubschrauberlandeplätzen, Lieferwagen, Taxis, Buckelautos, Bussen, Zügen, Straßenbahnen, Schiffen, Fähren, Ausflugsdampfern, verpassten Abendzügen usw. ist ebenso die Rede, wie vom Packen, Paketen, Koffern, Gehtaschen und dergleichen. Es finden sich auch nicht wenige Stellen, die sich unschwer als Anspielung auf eine Ausreise aus Rumänien deuten lassen, obwohl explizite Hinweise oder Lokalisierungen völlig fehlen – vielleicht abgesehen von der rumänischen Zeile: „mă cam doare bila". Man sollte das semantische Feld der Reise jedoch keineswegs auf eine strikt biografische Deutung reduzieren; auf keinen Fall zielt das Buch auf nostalgische Beschwörung einer Entwurzelung: Heimat wird ja geradezu als Bedrohung empfunden: „Wer den Respekt verliert […] wird in die Heimat überführt", warnen die „blassen Herren mit den Mokkatassen". Vielmehr wird die Bewegung und Grenzüberschreitung mit den dazu gehörenden Trennungen und Begegnungen als existenzielle Grunderfahrung literarisiert.

Nun handelt es sich zweifellos nicht um ein Buch mit theoretischen Absichten, und es gibt keinen Anlass, dergleichen hinein zu interpretieren. Ebenso unübersehbar ist trotzdem die Tatsache, dass es gerade im extensiven Gebrauch von Ausdrücken aus dem Bereich der Reise durchaus Indizien für eine metaphorische, genauer gesagt, poetologische Deutung gibt. In diesem Textsinn ist der kreative Prozess der Versprachlichung gemeint, also gewissermaßen die Reise der vergangenen Wirklichkeit in den Text – und die Illusion, sie dort, an ihrem Zielort („als ein bisschen Bahnhof") fixieren zu können:

> wer hat den Vagabundenhund / erfunden dass ich den Wörtern die/ es nicht mehr gibt den Mund/ abkauf dass ich ihren ganzen/ Schädel dabei krieg […] wenn ich/ das ZIMMER in den KOFFER pack sagst/ du das Wort mit dem die Fliege auf den Esstisch fällt und ich BIN dann im/ Atemzug DEN man mit großen Augen für/ ein kleines bisschen Bahnhof hält.

Emigriert

Zu Aspekten von Fremdheit, Sprache, Identität und Erinnerung in
Herta Müllers *Reisende auf einem Bein* und Terézia Moras *Alles*

RENÉ KEGELMANN (Eger)

1. Herta Müller und Terézia Mora

In diesem Beitrag geht es um zwei deutschsprachige Schriftstellerinnen aus
Rumänien (Herta Müller) bzw. Ungarn (Terézia Mora), die beide Ende der
1980er Jahre ihr Land verlassen haben und seitdem in der Bundesrepublik
Deutschland leben. Die 1971 in Sopron geborene Terézia Mora verließ 1988
Ungarn, studierte an der Filmakademie in Berlin und lebt heute als Autorin
(vor allem als Verfasserin von Prosa und Drehbüchern) und Übersetzerin
ungarischer Literatur (u. a. Péter Esterházy, Lajós Parti Nagy, István Ör-
kény) in Berlin. Bisher liegen von ihr der Erzählungsband *Seltsame Materie*
(1999) und der von der Kritik begeistert aufgenommene Roman *Alle Tage*
(2004) vor. Herta Müller (1953 im Banat geboren) verließ 1987 Rumänien,
seitdem veröffentlichte sie zahlreiche Romane, Essays und Collagen, ihr
Werk wurde vielfach preisgekrönt; die Autorin kann mittlerweile zu den bedeutendsten deutschsprachigen Gegenwartsautoren überhaupt gezählt werden.
Nach ihrer Ausreise aus Rumänien in die Bundesrepublik Deutschland wurde Herta Müller oft im Umfeld einer ganzen Gruppe, zumeist ebenfalls aus-
gereister jüngerer Autoren als rumäniendeutsche Autorin etikettiert, fand a-
ber dann – nicht zuletzt, weil sie sich selbst gegen eine solche Verein-
nahmung zur Wehr setzte – sehr rasch über eine verengende Minder-
heitenzuordnung weit hinausgehend literarische Anerkennung innerhalb der
deutsch(sprachig)en Literatur.[1] Sicherlich spielte der Umstand, dass die Muttersprache von Herta Müller Deutsch ist, bei der etwas später einsetzenden
wissenschaftlichen Rezeption und der Frage der Etikettierung eine nicht un-
wichtige Rolle. Gerade in jüngeren wissenschaftlichen Studien zum Werk

---

[1] Vgl. z. B. Ralf Schnell: Geschichte der deutschsprachigen Literatur seit 1945. Zweite, überarbeitete
und erweiterte Auflage. Stuttgart 2003, S. 566.

der Autorin werden allerdings wieder stärker der rumänische „Hintergrund", die in den Texten präsente, teilweise dem rumänischen Kulturkreis entstammende Bildwelt und sprachliche Besonderheiten (Redewendungen etc.) beleuchtet.[2] Die in ihrem Werk angelegte, sich auf verschiedenen Ebenen zeigende, bikulturelle Struktur macht die Texte von Herta Müller zunehmend für interkulturelle Studien interessant.

Bei Terézia Mora ist die Situation ähnlich und doch anders. Unmittelbar – und lange unüberwindbar – an der Grenze zum deutschen Sprachraum in einer deutsch-ungarischen Familie aufgewachsen, ist sie ebenfalls früh mit der deutschen Sprache vertraut. Doch im Gegensatz zu Herta Müller, die innerhalb der deutschsprachigen Minderheit des Banats einen Ort fand, der auch zu einem literarischen werden konnte, gab es für Terézia Mora kein ungarndeutsches Milieu (mit den entsprechenden „Feldern" wie Publikum oder Literaturkritik), in dem sie ihre deutsche Sprache hätte pflegen oder gar darin publizieren können. Das Deutsche trägt in ihrem Fall eher zu einer extremen Außenseiterposition und Fremdheitsgefühlen bei, wie in ihrem Debütband *Seltsame Materie* (1999) anhand einiger Figuren sehr deutlich wird.[3] Interessant ist, dass Mora, die mittlerweile in Deutschland literarisch zu den renommierten jüngeren Autoren gehört, häufig im Umfeld der Migrationsliteratur rezipiert wird.[4] Vielleicht hängt damit auch ihre in Interviews zu beobachtende Tendenz oder gar Strategie[5] zusammen, die Herkunft als prägendes Element für ihr Werk abzustreiten und sich gegen die Etikettierung als Autorin ungarischer Herkunft vehement zu wehren. Im Gegensatz dazu betont Herta Müller immer wieder Rumänien als den ihr Werk prägenden geografischen und kulturellen Raum. Doch sie muss auch nicht mehr fürchten, im Literaturbetrieb mit einem Etikett versehen zu werden, dass die Herkunft über die literarische Qualität stellt.

Nicht nur im Lebensweg und der bikulturellen Prägung gibt es Parallelen zwischen den beiden Autorinnen, sondern auch in ihrem Werk. Diese Beobachtung ist Ausgangspunkt folgender Ausführungen und bezieht sich vor allem auf die beiden Romane *Reisende auf einem Bein*[6] von Herta Müller

---

[2] Vgl. Iulia-Karin Patrut: Schwarze Schwester – Teufelsjunge. Ethnizität und Geschlecht bei Paul Celan und Herta Müller. Köln u. a. 2006; Paola Bozzi: Der Fremde Blick. Zum Werk Herta Müllers. Würzburg 2005.

[3] Vgl. z. B. die Erzählung *Der Fall Ophelia* in Moras Erzählband *Seltsame Materie*. Reinbek bei Hamburg 1999.

[4] Vgl. Corinna Schlicht: Fremd in der Welt: Über Heimat, Sprache und Identität bei Terézia Mora. In: Momente des Fremdseins. Kulturwissenschaftliche Beiträge zu Entfremdung, Identitätsverlust und Auflösungserscheinungen in Literatur, Film und Gesellschaft. Hrsg. von C. S. Oberhausen 2006, S. 53–61, hier S. 54.

[5] Vgl. zu der Frage der Einordnung von Kulturgrenzen überschreitender Literatur grundsätzlich Norbert Mecklenburg: Interkulturelle Literaturwissenschaft. In: Handbuch Interkulturelle Germanistik. Hrsg. von Alois Wierlacher und Andrea Bogner. Stuttgart 2003, S. 433–439, hier S. 437.

[6] Herta Müller: Reisende auf einem Bein. Berlin 1989. Bei Zitaten aus diesem Text verwende ich im Folgenden das Kürzel „R" mit der entsprechenden Seitenzahl.

und *Alle Tage*[7] von Terézia Mora. In beiden Büchern geht es um das Phänomen der Emigration, allerdings in unterschiedlicher Ausprägung: Im Falle von Irene in *Reisende auf einem Bein* handelt es sich um eine junge rumäniendeutsche Frau, deren Herkunftsland Rumänien als Ceauşescu-Diktatur innerhalb des Textes klar (wenngleich oft abstrakt als das „andere Land") markiert ist, und auch nach der Ausreise in die Bundesrepublik Deutschland, wo sie sehr heterogene Erfahrungen macht, „stabil" als Kontrastfolie vorhanden ist; bei Abel Nema, dem Protagonisten in *Alles*, hingegen lässt sich die Herkunft kaum mehr gewiss feststellen. Das liegt zum einen am Erzählverfahren Moras, die konkrete Ortsbeschreibungen zugunsten einer exemplarisch vorgeführten (und insofern überall möglichen) Biografie vermeidet.[8] Abel Nema ist in existenziellem Sinne ortloser Emigrant, „ein Halbungar" (AT 171), der aus „einer Stadt in der Nähe dreier Grenzen" (AT 24), aus einer „untergegangenen Föderation" (AT 262) kommt, was später auch zu seiner Staatenlosigkeit führt (AT 266, 269). Sein Weg ist gleichsam weniger vorgezeichnet als bei Irene, die als Angehörige der deutschen Minderheit schließlich in der Bundesrepublik mit der Anerkennung als deutsche Staatsbürgerin und dem deutschen Pass rechnen kann. Abel Nemas Schicksal ist eher das eines Emigranten, der nirgends wirklich aufgenommen wird und dementsprechend u. a. zum Mittel der Scheinehe mit Mercedes greifen muss, um an einen Pass zu gelangen.

Gewisse Ähnlichkeiten bestehen im Motiv für die Ausreise beider Protagonisten. Irene wird politisch verfolgt, findet im Herkunftsland keinen Raum mehr für ihre Tätigkeit. Abel Nema ist Deserteur, der seiner Einberufung (AT 22) durch die Flucht entkommt und schließlich irgendwo in der Nähe von Gleisen, mit „Matratze und Standleitung" (AT 15) lebt. Im Unterschied zu Nema steht das Zielland für Irene eindeutig fest. Im neuen Land wird sie zwar vom Bundesnachrichtendienst daraufhin befragt, ob sie möglicherweise im Herkunftsland Kontakt zum Geheimdienst hatte, auch steht zunächst ihr genauer Status nicht eindeutig fest: „Keine Rubrik hätte mich beschreiben können, dachte Irene." (R 28) Dennoch besteht niemals ein Zweifel daran, dass die Bundesrepublik Deutschland ihr dauerhafter Aufenthaltsort sein wird.

Erwähnenswert ist auch der Aspekt der Sprache, der bei beiden Protagonisten sehr unterschiedlich konnotiert und dennoch auch wiederum ähnlich ist. Während Irene mit ihrer deutschen Muttersprache einreist, sich also von Anfang an problemlos verständigen kann, aber dennoch feststellt, dass sich ihre mitgebrachte deutsche Sprache fundamental von der sie nun überall vernehmbaren deutschen Sprache unterscheidet, geht Abels ganzes Bestre-

---

[7] Terézia Mora: Alle Tage. Roman. München 2004. Im Folgenden verwende ich bei Zitaten aus dem Text das Kürzel „AT" mit der entsprechenden Seitenzahl.

[8] Vgl. z. B. den Beginn des Romans: „Nennen wir die Zeit jetzt, nennen wir den Ort hier. Beschreiben wir beides wie folgt." (AT 9)

ben dahin, Sprachen im Sprachlabor perfekt und unter fast klinisch zu nennenden Umständen zu erlernen.[9] Sein Ziel ist die perfekte Assimilation. Aus seiner Sprachverwendung lässt sich seine Herkunft – im Gegensatz zu der Irenes, die mehrfach im Roman mit Osteuropa in Verbindung gebracht wird[10] – nicht mehr ableiten.

Schließlich verläuft auch das Schicksal der beiden Protagonisten nach der Ausreise sehr unterschiedlich: Irene bleibt zwar am Ende *Reisende auf einem Bein*, kommt nicht wirklich in der Bundesrepublik Deutschland an, aber sie ist nun deutsche Staatsbürgerin mit allen dazu gehörenden Rechten und Pflichten. Abel hingegen wird Opfer eines Gewaltverbrechens, das ihn seiner erworbenen Sprachkompetenzen und damit letztlich seiner Identität beraubt.

In der Erzählkonstruktion gibt es große Unterschiede zwischen beiden Büchern, die hier kurz zusammengefasst werden. Insgesamt behandelt *Alles* einen Zeitraum von dreizehn Jahren, nicht chronologisch erzählt, sondern in großen Zeitsprüngen, Vor- und Rückblenden. Auch die Erzählperspektive verändert sich permanent. Nur selten wird aus der Perspektive von Abel selbst erzählt, sondern zumeist aus der schnell, sogar innerhalb eines Satzes wechselnden Perspektive verschiedener Figuren, gegenwärtiger wie auch vergangener, ein das Geschehen überblickender und strukturierender Erzähler fehlt. Eingefügt sind Dialoge und Gesprächsfetzen, auch Gedankengänge, wobei nicht immer einfach zu erkennen ist, wer denkt oder spricht. Auch die Zeitebenen (Vergangenheit, Gegenwart) vermischen sich. Wir haben es insgesamt mit einem Erzählverfahren zu tun, das dem Prinzip der Brüchigkeit folgt und nicht darauf aus ist, zu erklären oder Kontinuität herzustellen. Auf diese Weise wird die Disparatheit der Figuren und Schicksale innerhalb des Romans glaubhaft gespiegelt.

Bei Herta Müller gibt es zwar auch keine alles überblickende Erzählinstanz, was damit erklärbar ist, dass das Geschehen wesentlich enger an die Hauptfigur Irene angebunden ist, aus deren fragmentarisierter, brüchiger Perspektive die Welt wahrgenommen wird. Alles, was im Roman geschieht, bezieht sich auf Irene, wenn nicht aus einer Innenperspektive, so durch die häufig in wörtlicher Rede eingefügte Sicht anderer Personen. Ein klarer Handlungsverlauf ist leicht rekonstruierbar, auch wenn sich äußere Beschreibungen, Gefühle Irenes, Erinnerungen und Assoziationen permanent mischen.

Im Zentrum der nun folgenden Überlegungen steht die Frage, was für die beiden Protagonisten Irene und Abel Nema die Emigration bedeutet. Wie gehen sie damit um? Wie nehmen sie ihre neue Umgebung wahr? Wie werden sie von den anderen gesehen und kategorisiert? Unterscheiden sich die Selbst- und die Fremdwahrnehmungen? Aspekte, die dabei immer wieder

---

[9] Tibor B., der Abel im neuen Land wichtige Türen öffnet, spricht im Roman über dessen Sprachkenntnisse: „Deswegen ist alles, was er sagt, so, wie soll ich sagen, ohne *Ort*, so klar, wie man es noch nie gehört hat, kein Akzent, kein Dialekt, nicht – er spricht wie einer, der nirgends herkommt." (AT 13)
[10] Vgl. z. B. R 116.

berührt werden, gruppieren sich um die Themenkomplexe Fremdheit, Erinnerung, Identität und Sprache.

2. Zeichen der Fremdheit

Paola Bozzi weist zu Recht in ihrer 2005 erschienenen Müller-Studie *Der Fremde Blick*[11] darauf hin, dass „Identität [...] ein zentrales Thema der deutschsprachigen Migrantenliteratur"[12] ist und immer in Verbindung mit dem Parameter des „Fremden"[13] zu sehen ist. Wie wird also Fremdheit in den Romanen dargestellt? Steht sie wirklich in Verbindung mit der Identität? Dabei wird das Fremde im Sinne von Ortrud Gujahr nicht als starre Kategorie gesehen, sondern „als Relations- oder Unterscheidungsbegriff zum Eigenen"[14], der auch an den jeweiligen kulturellen Kontext gebunden ist. Fremdheit entsteht nach solcher Definition durch den sozialen Status, den sich Partner gegenseitig zuschreiben, indem sie festlegen, wer „zu Hause" und wer „in der Fremde" ist.[15] Identität oder Identitätsfindung bzw. Selbstkonstruktionsversuche oder kulturelle Selbstdefinition davon wären in einem solchen Kontext die permanent wieder auszuhandelnde Beziehung zu den Anderen[16], zu denen also, die über die Definitionsmacht über das „Eigene" verfügen. Für Herta Müllers Protagonistin Irene trifft eher zu, dass sie durch ihr „flanierendes Sehen"[17] die Außenwelt als fremd und ihre eigene Alterität davon erkennt, was durch ein „zerschneidendes Sehen"[18], eine Vergrößerung der sie umgebenden Details verstärkt wird. Die Protagonistin trifft permanent auf Figuren, die draußen stehen, die fremd sind. Worte wie „fremd", „Ferne", „heimatlos", „Angst", „kaltes Land", „leer" sind wiederkehrende Chiffren für den Themenkomplex Fremdheit in dem Text. Fremdheit bestimmt sich auch durch den Zustand des *Dazwischen*, wie daran sichtbar wird, dass die Hauptfigur permanent unterwegs ist, zwischen Städten hin- und herpendelt, sich auf Bahnhöfen, Flughäfen, in Zügen und Bussen aufhält, eine Ortlose ist, eben eine *Reisende auf einem Bein*. Hinzu kommt, dass

---

[11] Bozzi, Der Fremde Blick (Anm. 2).

[12] Ebenda, S. 29.

[13] Ebenda; vgl. zum Begriff des Fremden auch Ortrud Gutjahr: Alterität und Interkulturalität: Neuere deutsche Literatur. In: Germanistik als Kulturwissenschaft. Eine Einführung in neue Theoriekonzepte. Hrsg. von Claudia Benthien und Hans Rudolf Velten. Reinbek bei Hamburg 2002, S. 345–369, hier S. 349 f., 352.

[14] Gutjahr, Alterität und Interkulturalität (Anm. 13), S. 354.

[15] Ebenda, S. 359.

[16] Ebenda, S. 354; vgl. auch Marion Gymnich: Individuelle Identität und Erinnerung aus Sicht von Identitätstheorie und Gedächtnisforschung sowie als Gegenstand literarischer Inszenierung. In: Literatur – Erinnerung – Identität. Theoriekonzeptionen und Fallstudien. Hrsg. von Astrid Erll, Marion Gymnich und Ansgar Nünning. Trier 2003, S. 29–48, hier S. 31.

[17] Bozzi, Der Fremde Blick (Anm. 2), S. 102.

[18] Ebenda.

Irene sich selbst zum Teil als Fremde sieht: „Das Fremde an Irenes Gesicht war die andere Irene gewesen." (R 18) Es kann keinesfalls davon die Rede sein, dass Irene sich selbst immer verstehen würde oder ihr Verhalten immer im Griff hätte. Zwar reflektiert sie häufig, ist sich also über eigene Verhaltensweisen relativ bewusst, aber vieles entzieht sich auch einer selbstreflexiven Beurteilung. Bozzi ist in ihrer Einschätzung zuzustimmen, dass sich Irene zudem dagegen sträubt, Nähe oder gar eine Assimilierung zu suchen.[19] Die Distanz zu den Menschen wird im Verlauf des Romans sogar größer. Auf Fremdsein wird hier in gewisser Weise insistiert. Identität, so lässt sich anmerken, ist aufgrund dieses Verfahrens nicht möglich bzw. wird gar nicht angestrebt, und wenn nur in einer geteilten, zersplitterten Form. Bozzi bemerkt hierzu zu Recht:

> Wenn sie [Irene] überhaupt eine Identität besitzt, so ist diese durch die verschiedenen subjektiven Zuschreibungen, die sie erhält, eine relative. Über Irene zu reden, heißt also etwas über verschiedene Irenes zu sagen.[20]

In diesem Kontext sollen kurz die Fremdbilder anderer Personen erwähnt werden, auch wenn sie aufgrund der Erzählkonstruktion keine dominierende Rolle spielen. In einem Gespräch mit einem Sachbearbeiter, von dem Irene Kleidergeld erhält, zeigt sich beispielsweise, dass beide Gesprächspartner völlig andere Vorstellungen von bestimmten Begriffen wie „Lebenslauf" oder „Heimweh" haben. Während der Sachbearbeiter auf seiner Sicht besteht, wundert er sich, dass Irene jedes Wort auf die Goldwaage legt und darauf beharrt: „Sie sind so empfindlich, sagte der Sachbearbeiter, so empfindlich. Man könnte meinen, dass unser Land alles aufwiegen soll, was Ihr Land verbrochen hat." (R 51) Seine Interpretation entspringt einem bestimmten Bild von Empfindlichkeit, das mit Irenes Gefühlen kaum etwas zu tun hat. Ihre Empfindlichkeit ist nämlich keinesfalls in einem Vorwurf an das neue Land begründet, sondern vielmehr einer in Rumänien lange eingeübten Genauigkeit der Worte.
Im Roman von Terézia Mora scheint das Fremdsein von Abel Nema, dieser „moderne[n] Odysseus-Figur"[21], der sich im Grunde in einem einzigen „Transitbahnhof" (AT 113) aufhält, stärker als im Text von Müller über die Zuschreibungen der Außenwelt gesteuert zu werden, während der Leser sehr wenig aus einer Innenperspektive über die Empfindungen und Wahrnehmungen des Protagonisten selbst erfährt. Der Protagonist scheint außer seiner Stimme, die „überhaupt das Einzige an ihm (ist), das dem Eindruck der allgemeinen und zunehmenden Desolation immer entgegenstand" (AT 18), kaum ein eigenes Profil zu besitzen. Vielmehr wird er innerhalb des

---

[19] Ebenda, S. 99.
[20] Ebenda, S. 101.
[21] Schlicht, Fremd in der Welt (Anm. 4), S. 60.

Romans durch die vielen Zuschreibungen zum Besitz der anderen. Abel ist „eben anders, er fällt überall auf". (AT 229) Er ist „verdächtig" (AT 13f.), er trägt den „Geruch der Fremde" an sich; „Sie roch Fremdheit an ihm" (beides AT 17), er hat den „Geruch des Zuges" (AT 67), er kommt permanent zu spät (AT 11). Und häufig taucht im Roman das Motiv des Unechten auf, so z. B. als Abels (Schein-) Ehe auf ihre Glaubwürdigkeit durch die Behörden überprüft wird:

> Als wäre etwas nicht echt an ihm. Der Authentischste und Unglaubwürdigste. Wie schlecht er zum Beispiel gekleidet ist. Diese Gummisohlen, diese Bundfalten sind doch noch aus den Achtzigern übrig geblieben. […] Aber heute, hier passt das einfach nicht zum *Rest*. Die Frau, der Junge sind auf einem ganz anderen *Niveau*. (AT 315)

Die Sicht auf Abel ist in vielen Fällen eine äußerliche, das heißt wie in diesem Beispiel eine an seiner Kleidung orientierte. Abel wird sozusagen beobachtet, passt nicht in das gängige Raster und erhält daher den „Stempel" des Fremden aufgedrückt. Ein Interesse an der Innenperspektive Abels kann kaum ausgemacht werden, wobei das damit korrespondiert, dass Abel fast zu einer Maschine mutiert ist, wie der Versuch der Sprachperfektionierung zeigt. Zu dem Bild, das sich die Außenwelt von Abel macht, gehören zwangsläufig auch positive, allerdings ebenso äußerliche Zuschreibungen. So ist z. B. die Rede von seiner „*Aura*" (AT 17), die ihn zum Mittelpunkt der Gespräche macht, an denen er freilich selbst nicht wirklich teilnimmt. Der Emigrant ist in einer solchen Sichtweise der Exotische, der interessant, ungewöhnlich ist, weil er aus dem Rahmen fällt.

3. Sprache – Identität – Erinnerung

Abel Nema bleibt letztendlich Fremder in seiner Umgebung, auch in den Kreisen der Emigranten bzw. derjenigen, die einen ähnlichen Lebensweg gegangen sind (ein Teil des Romans „spielt" in Emigrantenzirkeln). Der extremen äußeren Instabilität durch den Landwechsel, aber auch den verwirrenden Verhältnissen in seiner jeweiligen Gegenwart versucht er eine Kontinuität auf anderer Ebene entgegenzusetzen. Jahrelang geht er tagaus, tagein ins Sprachlabor, bis er zehn Sprachen perfekt beherrscht, und zwar auf eine Weise, die durch seine Aussprache nicht mehr erkennen lässt, woher er stammt. Er perfektioniert seine Sprachkenntnisse auf geradezu mechanische Weise. Sein Verhalten scheint seine Wurzeln in der Verdrängung bzw. Verwaltung der Vergangenheit zu haben. Noch vor der Ausreise, im alten Land auf der Suche nach dem spurlos verschwundenen Vater, setzt dieser Prozess ein, der für Abel Nema wie eine Rettung ist, weil er das Labyrinth der Erfahrungen und Erinnerungen in eine überschaubare Ordnung bringt:

Was in diesen drei Tagen in Abel Nemas Gehirn vor sich ging, lässt sich nicht genau erfassen. Er selbst hat keine Erinnerung daran, lediglich eine Vorstellung davon. Etwas in der Art, als hätte ein Jemand die einzelnen Teile eines Schiebespiels so lange hin und her geschoben, bis sich ein völlig neues Bild ergab. So organisierte etwas, so organisierte sich das Labyrinth in Abel Nemas bis dahin in allen Schulfächern gleichermaßen begabtem und desinteressiertem Verstand so lange um, bis alles, was bis dahin eine Rolle gespielt hatte, das Gewusel von Erinnerung und Projektion, Vergangenheit und Zukunft, das die Gänge verstopfte und in den Zimmern lärmte, irgendwo verstaut war, in geheimen Wandschränken, und er, nun leer, bereit zur Aufnahme einer einzigen Art von Wissen: von Sprache. Dies ist das Wunder, das Abel Nema widerfahren ist. (AT 74f.)

Sprache wird in dieser Perspektive ausschließlich als Wissen gesehen, ist also extrem reduziert und übernimmt zudem die Funktion der Identitätsbildung. Freilich stellt sich die Frage, ob eine solchermaßen reduzierte Sprachauffassung tatsächlich Identitätsersatz sein kann. Abel Nema baut sein gesamtes Sprachsystem auf Memorisierbarkeit, auf „Objektivität" auf. Der äußeren Instabilität setzt er das scheinbar unverrückbare und Stabilität verleihende Konstrukt einer Sprachperfektionierung entgegen, das auch die exakte Kenntnis des für das Hervorbringen der Sprache nötigen Fachwissens mit einschließt. Sprache wird verglichen mit einer Landschaft, im Fall von Abel ersetzt sie sogar eine nicht mehr vorhandene Heimat. In der „Sprachlandschaft" kennt sich Abel genau aus, während er seine eigene Landschaft unwiederbringlich verloren hat:

[…] jetzt war das Innere seines Mundes das einzige Land, dessen Landschaften er bis ins Letzte kannte. Die Lippen, die Zähne, die Alveolen, das Palatum, das Velum, die Uvula, die Lingua, der Apex, das Dorsum, die Zungenwurzel, der Kehlkopf. (AT 100)

Doch die zitierte Stelle zeigt auch die Reduktion und Versehrtheit Abels, dessen Versuch, die Sprache im wissenschaftlichen Sinne perfekt zu beherrschen, in auffälligem Kontrast zu einer Unfähigkeit zur Kommunikation bzw. sich zu artikulieren steht.
Seine Weise, mit Sprache umzugehen, gibt Abel zwar einerseits das Gefühl von Sicherheit, führt aber gleichzeitig zu seiner Isolation. (AT 100) Daraus könnte man den Schluss ziehen, dass eine Überlebensstrategie, die aus einem Fremdwerden resultiert, erneut zu einem Fremdwerden führt.
In diesem Licht betrachtet, scheint dem Verbrechen, dem Abel Nema zum Opfer fällt (und mit dem der Roman einsetzt), im Text von Terézia Mora eine grundsätzliche Bedeutung zuzukommen. Denn Abel verliert nicht nur sein Sprech- und Urteilsvermögen und seine Erinnerung (AT 427f.), sondern auch seine Identität. Nur eine Sprache, interessanterweise die Landessprache, bleibt zumindest in rudimentärer Form erhalten, das heißt er kann darin noch einfache Sätze sprechen. (AT 428) Mit seiner „Zehn-Sprachen-Aphasie" wird Abel Nema schließlich zu einem der „interessantesten neuro-

linguistischen Fälle". (AT 427)

Bei Herta Müller spielen die Sprache und die Sprachverwendung Irenes e-
benfalls eine wichtige Rolle, doch ihnen kommt in *Reisende auf einem Bein*
eine völlig andere Bedeutung zu. Sprache dient Irene in jedem Falle zur
Kommunikation, aber es zeigt sich, dass die Menschen im Text durch eine
unterschiedliche Sprachverwendung aneinander vorbeireden, ein tieferes
Verstehen nur in seltenen Fällen möglich ist. Die Missverständnisse entspringen sehr häufig (aber nicht nur) interkulturellen Unterschieden. So verwendet Thomas, um eine vorbei fliegende Vogelschar zu beschreiben, den
Vergleich „wie fliegende Blätter" (R 102), und Irene fragt sofort nach „Blätter wie Laub, oder Blätter wie Papier" (R 102) und fügt später hinzu: „In
dem anderen Land gibt es zwei verschiedene Wörter für Blätter. Ein Wort
für Laub und ein Wort für Papier. Dort muss man sich entscheiden, was man
meint."[22] (R 102) Und Thomas antwortet etwas später: „Ja, dort spricht man
eine andere Sprache. Wieso vergleichst du immer. Es ist doch nicht deine
Muttersprache." (R 103)

Viele Missverständnisse in *Reisende auf einem Bein* beziehen sich auf die
unterschiedliche Bedeutung, die Sprache für Irene und ihre Gesprächspartner
hat. Während die junge Frau sehr viel Wert auf Genauigkeit legt, diese sogar
mit eigenen Gefühlszuständen verbindet, und sich eben diese Genauigkeit
aus dem rumänischen Hintergrund mit allen Erfahrungen erklären lässt, sind
die westlichen Gesprächspartner oft wesentlich lässiger im Umgang mit der
Sprache. Sehr selten beziehen sie Sprache auf ihre Person. Vor allem Stefan
erscheint im Roman als der Prototyp des unbekümmerten Westlers, dessen
Sprache eher den Regeln der Flüchtigkeit als einer reflektierten präzisen Be-
nennung zu entspringen scheint. Sprache dient ihm als Ausdruck flüchtiger
Wahrnehmungen, deren Bedeutung sich im nächsten Moment bereits auflöst.
Sprache nähert sich hier der Ungenauigkeit des Plauderns, für Stefan ist
nicht nachvollziehbar, wieso man jedes Wort genau abwägen sollte.[23] Für I-
rene hat das Gesagte hingegen dauerhafte Bedeutung, bei ihr ist spürbar,
dass jedes gesagte Wort als Realität stehen bleibt und insofern eine große
Macht auf die Person ausüben kann.

Aus den bisherigen Ausführungen ging hervor, dass die Sprache für die I-
dentitätsbildung der beiden Protagonisten eine wichtige, wenn auch sehr unterschiedliche Rolle spielt. Für die folgenden Ausführungen ist von Bedeutung, dass bei Irene Sprache wesentlich stärker auf ihre Herkunft verweist,
weil einzelne Wörter oft den Bezug zur Vergangenheit herstellen, bei Abel
Nema Sprache hingegen zu einem sterilen System wird, das gewissermaßen

---

[22] Vgl. Bozzi, Der Fremde Blick (Anm. 2), S. 39.

[23] Vgl. folgende Stelle, in der Stefan sagt: „Ich habe was mitgebracht. Wir können vergleichen, sagte Stefan. Ein Gummigeschoß. Das Eisen ist dicker geworden und das Gummi noch dünner. Das isn Ei, du
wirst sehn. Du willst mir eine Kugel zeigen und redest von Eiern. Du bist akribisch, du hängst dich an
jedes Wort. Wieso hängst du dich an jedes Wort." (R 149)

die Vergangenheit substituiert. Irene in *Reisende auf einem Bein* ist – wenn auch vielfach in traumatischer Form – über die Sprache noch mit ihrer Vergangenheit verbunden, während Abel Nema radikal von seiner eigenen Vergangenheit abgeschnitten ist und insofern, wie Corinna Schlicht zu Recht bemerkt, zu einem „fiktive[n] Fallbeispiel für Isolation und Entfremdung"[24] wird.

Doch Identitätsbildung konstituiert sich immer, bewusst oder unbewusst, auch über die Vergangenheit und die dort gemachten Erfahrungen. Die Gedächtnisforschung hat sehr differenziert verschiedene Systeme des Langzeitgedächtnisses herausgearbeitet, wobei insbesondere das *episodische Gedächtnis* – es beinhaltet die Erinnerungen an die zurückliegenden Ereignisse – für die Identitätsbildung von Bedeutung[25] ist. Selbstverständlich ist auch das *prozedurale Gedächtnis* (d. s. unbewusst eingesetzte Verhaltensweisen) für das Gefühl der Fremdheit von nicht zu unterschätzender Bedeutung, weil es schließlich die Grundsemantik unserer Alltagsorientierung bildet.[26] Ich gehe mit der modernen Gedächtnisforschung davon aus, das Gedächtnis ein konstruktives System ist, bei dem Realität nicht einfach abgebildet, sondern stark gefiltert wird.[27] Sich erinnern heißt, assoziativ Muster zu aktivieren, was sehr selten authentisch ist.[28] Dabei scheint die emotionale Einbettung einer erlebten Situation eine größere Rolle für die Erinnerung zu spielen, als das, was „wirklich" passiert ist[29] – Harald Welzer spricht von „affektiver Kongruenz"[30]: Für die Erinnerung sei es wichtig, inwieweit der gegenwärtige emotionale Zustand mit dem früheren übereinstimmt. Diese Erkenntnis in der Gedächtnisforschung korrespondiert mit Herta Müllers Ausführungen in ihren Paderborner Poetikvorlesungen *Der Teufel sitzt im Spiegel*:

> Das, was man später mal von früher her erinnert, sucht man sich nicht aus. Es gibt keine Wahl für eine Auswahl, die sich zwischen den Schläfen, hinter der Stirn selber trifft.[31]

Die Autorin betont dabei vor allem auch die subjektive Komponente, d. h. die inneren Bedrohungen und existenziellen Gefühlszustände, die sich tiefer ins Gedächtnis einprägen als die reinen Fakten.[32] Von Bedeutung ist für *Rei-*

---

[24] Schlicht, Fremd in der Welt (Anm. 4), S. 54.
[25] Vgl. Gymnich, Individuelle Identität (Anm. 16), S. 36.
[26] Vgl. Harald Welzer: Das kommunikative Gedächtnis. Eine Theorie der Erinnerung. München 2002, S. 28.
[27] Harald Welzer berichtet über den Fall Wilkomirski/Dösseker, eine Erinnerungsgeschichte an den Holocaust, die so gar nicht stattgefunden haben konnte und vor gut zehn Jahren für anhaltende Diskussionen über die Frage von Authentizität von Erinnerungen führte. Vgl. Welzer, Das kommunikative Gedächtnis (Anm. 26), S. 33.
[28] Vgl. ebenda, S. 20.
[29] Ebenda, S. 33f.
[30] Ebenda, S. 36.
[31] Herta Müller: Der Teufel sitzt im Spiegel. Wie Wahrnehmung sich erfindet. Berlin 1991, S. 10.
[32] Ebenda.

sende auf einem Bein der „Zeigefinger im Kopf"[33], der plötzlich bestimmte Situationen und Gefühle wachruft und als meist traumatische Erinnerung in das Leben der Protagonistin einbricht. Aktiviert werden solche Muster durch einzelne Wörter oder Beobachtungen: „Die Vorzimmerdame hob den Hörer ab. Senat für Inneres, sagte sie. Wie sie das Wort Inneres aussprach, das klang für Irene wie Magen und Gedärm." (R 122) Die Aussprache eines einzigen Wortes („Inneres") kann bereits so starke Assoziationen zur Vergangenheit wecken, dass eine ganz Lawine an Erinnerungen ausgelöst wird, die Irene existenziell bedrohen. „Inneres" bringt die junge Frau unwillkürlich in Verbindung mit körperlichen Gefühlen der Bedrohung, die sie im anderen Land empfunden hat. In *Reisende auf einem Bein* wird dieses Prinzip vielfach vorgeführt. In der Außenwelt lauert überall, in Gesten, in Worten, bei der Wahrnehmung der Außenwelt etc., die verdrängte Vergangenheit. Irene reflektiert das mehrfach und stellt sich die Frage, was passiert, wenn der Verstand als Schutzschild nicht mehr funktioniert und die Vergangenheit unkontrolliert zurückkehrt:

> Irene dachte oft an das andere Land. Doch sie drückten nicht in der Kehle, diese Gedanken. Sie waren nicht verworren. Überschaubar waren sie. Fast geordnet. Irene nahm sie hervor, in die Stirn. Schob sie zurück in den Hinterkopf. Wie Mappen. (R 78)

Und an etwas späterer Stelle heißt es: „Doch die Angst, dass sich eines Tages der Körper fallen lassen würde, ohne den Kopf vorher zu warnen, die sah sie." (R 79)

Die Vergangenheit muss gewissermaßen verwaltet bzw. abgespalten werden, um überhaupt zu überleben, was allerdings den Grad der Fremdheit in der Gegenwart noch erhöht. Doch obiges Beispiel zeigt stellvertretend für viele andere im Text, dass die Rationalität nicht wirkungsvoll vor dem Einbruch solcher Bilder, die auch im Traum bzw. Alptraum (R 95ff.) wiederkehren, schützen kann. Obwohl die Vergangenheit immer wiederkehrt, kann man auch bei Irene nicht von einem *bewohnten* Gedächtnis sprechen, denn die erinnerten Teile sind meist traumatische Erfahrungen, die eine *story* im Sinne einer bewusst „aus der amorphen Masse ungebundener Elemente"[34] ausgewählten Zeitkontinuität und Zugehörigkeit (zu einer Gruppe, Werten etc.) Irenes nicht ermöglichen.

Im Fall von Abel Nema in *Alles* ist die Vergangenheit deswegen nicht mehr präsent, weil das Herkunftsland nicht mehr existiert. Hinzu kommt die bereits vorher herausgearbeitete Erzählkonstruktion, die das Geschehen kaum an die Perspektive des Protagonisten bindet. Dennoch tauchen auch im Roman von Terézia Mora immer wieder Erinnerungsfetzen auf: „Die Hunde

---

[33] Ebenda, S. 19.
[34] Vgl. Aleida Assmann: Erinnerungsräume. Formen und Wandlungen des kulturellen Gedächtnisses. München 1999, S. 135.

heulten. (Dieses Hundegeheul. Ausgerechnet daran wird er sich immer erinnern. Dieser gruselige, *heimische* Ton.)" (AT 29, vgl. auch AT 45)
Doch die Erinnerungen Abels sind nicht als traumatisch zu bezeichnen, werden im Text eher als Rudimente und fast willkürlich übrig gebliebene Spuren früherer Stufen seines Lebens eingesetzt. Diese Elemente ermöglichen es dem Leser, eine „Geschichte"[35] zu rekonstruieren, den Ausgangspunkt von Abel Nemas Emigration überhaupt nachzuvollziehen. Auf der Ebene der *histoire* entstehen so die Ansätze eines Bildes über die Kindheit Abels. Es wird deutlich, dass seine Kindheit durch den Verlust des Vaters, der von einem auf den anderen Tag verschwindet und nicht mehr auftaucht, durch Instabilität, politische Umbrüche und auch Beschattungen (AT 121f.) gekennzeichnet ist. Von Bedeutung ist auch die Freundschaft mit Ilia, dem Abel kurz vor dem Abitur seine unerwiderten homoerotischen Neigungen gesteht und der sich daraufhin von ihm abwendet, eine weitere Verlusterfahrung im Leben des jungen Mannes. Corinna Schlicht ist zuzustimmen, wenn sie meint, dass diese Verlusterfahrungen dazu führen, dass Abel auch nach der Ausreise nie mehr wirkliche Beziehungen knüpfen wird.[36] Insgesamt entsteht, aus den verschiedenen Teilen zusammengesetzt, das Bild einer Ort- und Heimatlosigkeit bereits vor der Emigration.

4. Schluss

Der Versuch, vergleichend die beiden Prosatexte *Reisende auf einem Bein* von Herta Müller und *Alles* von Terézia Mora zu untersuchen, hat sich insofern als fruchtbar erwiesen, als es tatsächlich, bezogen auf die Protagonisten Irene und Abel Nema und deren Emigrationsweg, relevante Parallelen, aber auch prägnante Unterschiede bezüglich der Aspekte von Fremdheit, Identität, Erinnerung und Sprache gibt. Die Erzählkonstruktion erscheint dabei als bedeutsamer Unterschied, weil sie die jeweilige Situation der beiden Protagonisten spiegelt. Beide Figuren mussten gezwungenermaßen ihr Herkunftsland verlassen, wobei das Schicksal von Nema durch die spätere Auflösung des alten Landes gegenüber dem von Irene als radikalisiert und daher stärker als exemplarische Bearbeitung des entrechteten Emigranten[37] erscheint. Im

---

[35] Vielleicht ließe sich in dieser Hinsicht der von Péter Eszterházy in seiner Laudatio auf die Chamisso-Preisträgerin 2006, Zsuzsanna Gahse, verwendete Begriff der „Erzählinsel" als Erzählverfahren fruchtbar machen: Aus dem „Meer" der Worte tauchen plötzlich solche Erzählinseln auf, „um dann darin das deutlich zu erkennende Hologramm der Geschehnisse einzusetzen". In: Péter Esterházy: Laudatio auf Zsuzsanna Gahse – Adelbert-von-Chamisso-Preisträgerin 2006. URL: http://www.bosch-stiftung.de/download/Laudatio:Zsuzsanna_Gahse.pdf, S. 8 (Stand: 18.05.2006).

[36] Schlicht, Fremd in der Welt (Anm. 2), S. 54.

[37] Doch hat auch Herta Müller in einem Interview („Die Weigerung, sich verfügbar zu machen." Herta Müller und Richard Wagner im Gespräch. In: *Zitty*, 23. Juni 1989) davon gesprochen, *Reisende auf einem Bein* sei dezidiert als Versuch zu verstehen, „von sich selbst abzusehen und eine kollektive Erfahrung literarisch zu verarbeiten". Vgl. Bozzi, Der Fremde Blick (Anm. 4), S. 92.

„neuen" Land bleibt Irene trotz aller Erfahrungen von Fremdheit bis hin zu traumatischen Situationen im Unterschied zu Nema zumindest teilweise Subjekt, das sich eine „eigene" Haltung leisten und trotz der Fülle von auf sie einstürzenden Eindrücken öfters die Rolle des Beobachters einnehmen kann. In ihrem Falle stellt sich heraus, dass sie zwar *Reisende auf einem Bein* bleibt, aber dennoch in gewisser Weise in der Bundesrepublik Deutschland ankommt. Irenes Weg ist eindeutig fester konturiert als der von Abel Nema: Sie kommt aus bestimmten (politischen) Gründen aus einem bestimmten Kontext (rumänische Diktatur), der sie in einen neuen Kontext (Bundesrepublik Deutschland) führt, in dem sie sich zurechtfinden muss, was mit zahlreichen (vor allem auch interkulturellen) Schwierigkeiten verbunden, aber doch bis zu einem gewissen Grad strukturierbar ist. In Moras Roman hingegen wird jede Form von Ankommen ad absurdum geführt, weil schon der „Ursprung", der „Grund" oder die Herkunft kaum mehr auszumachen sind. In Abel Nemas Fall ist der Ausgangspunkt ebenso vage wie der Punkt der Ankunft, beide sind im Grunde austauschbar.

III.

Ungarn und Slowenien: Regionalität, Identitätssuche, Sprache

„Ich glaube an das Aufsteigen der Menschen zu immer höheren Graden der Gesittung"

Der Einfluss deutscher Kultur auf Theodor Herzl

PETER VARGA (Budapest)

Theodor Herzl (1860–1904) gehört in vielerlei Hinsicht zu den herausragenden Gestalten des 20. Jahrhunderts. Sein Leben und Wirken haben nicht nur die jüdische Welt, sondern die ganze Weltordnung nachhaltig verändert. Zwar hat sich die jüdische, insbesondere die israelische Historiografie, mit seiner Person als zionistischer Denker ausführlich auseinander gesetzt, doch die Kulturwissenschaft bleibt eine differenzierte Untersuchung seiner vielfältigen literarischen Tätigkeit noch schuldig.

Lebens-Räume in breiterem Sinne lassen sich bekanntlich wie Städte und Regionen als pluralistische Kommunikationsräume erschließen, in ihnen findet eine Wechselwirkung von einander überlappenden Kulturen statt. Dies gilt im Besonderen auch für den Lebensweg von Herzl, der sich in stetigem Wechsel zwischen Ländern und Kulturen befand und schließlich eine völlig neue Identität als „Vater des Zionismus" fand. In den Forschungen über das kulturelle Gedächtnis[1] ist mehrfach darauf hingewiesen worden, dass das Erinnern bzw. das Erinnern an bestimmte Ereignisse des eigenen Lebens und die Bezugnahme auf ein gemeinsames Gut von Erinnerungen maßgeblich zur Identität einer Gruppe beiträgt.

Aufschlussreich in unserem Zusammenhang ist die Frage, welche Rolle in Herzls Identitätsbildung die Ausgrenzung bestimmter Elemente seiner Vergangenheit spielt. Was wird beispielsweise während der Findung ständig neuer Identitäten aus seinem Funktionsgedächtnis ausselektiert und was behalten bzw. was wird aus dem Speichergedächtnis wieder in den Horizont des Funktionsgedächtnisses einbezogen.[2] Funktionsgedächtnis wird nach A-

---

[1] Eine Zusammenfassung des aktuellen Forschungsstandes bietet Heidemarie Uhl: Gedächtnis – Konstruktion kollektiver Vergangenheit im sozialen Raum. In: „Czernowitz bei Sadagora". Identitäten und kulturelles Gedächtnis im mitteleuropäischen Raum. Hrsg. von Andrei Corbea-Hoisie u. Alexander Rubel. Iaşi, Konstanz 2006, S. 15–32.

[2] Ebenda, S. 25; Aleida Assmann: Erinnerungsräume. Formen und Wandlungen des kulturellen Gedächtnisses. München 1999, S. 130–142.

leida Assmann von Gruppenbezug, Selektivität, Wertbindung und Zukunfts-orientierung geprägt, seine wichtigste Eigenschaft ist „die permanente Ab-fuhr des Vergessens, das unwiederbringliche Verlorengehen von bewertetem Wissen und vitalen Erfahrungen"[3]. So werden im Falle von Herzl Erinnerun-gen an die Kindheit und Jugend in Budapest nicht mehr verfügbar gehalten, demgegenüber wird aber der uralte Traum des jüdischen Volkes, einen eige-nen Staat zu haben, als „unbewohntes Relikt" und „besitzerlos gewordener Bestand" wieder aufbereitet. So findet er eine neue Anschlussmöglichkeit zum Funktionsgedächtnis.[4] Auf diese Weise werden Elemente des Speicher-gedächtnisses aktualisiert und wieder zugänglich gemacht, sie erhalten eine neue Sinnkonstitution. Kommunikatives und kulturelles Gedächtnis bzw. Funktions- und Speichergedächtnis wirken daher nicht gegeneinander, es gibt ein perspektivisches Verhältnis zwischen ihnen als Vordergrund und Hintergrund: „In dieser Bezogenheit [...] liegt die Möglichkeit beschlossen, [...] dass aktuelle Elemente unwichtig werden, latente Elemente emportau-chen" – also ein „Binnenverkehr zwischen aktualisierten und nichtaktuali-sierten Elementen" stattfindet, wodurch die ständige Veränderung und Er-neuerung in der Struktur des Bewusstseins möglich ist.[5]
Will man die Rolle und den Stellenwert der deutschen Kultur in Herzls Iden-tität verstehen, so muss man jene sozialgeschichtlichen Umstände kennen, unter denen ihm bereits in den Budapester Jahren seiner Kindheit und Ju-gend die Werte deutschsprachiger Kultur und Literatur vermittelt wurden. Problematisch ist außerdem auch die Zuordnung Herzls zur österreichischen bzw. deutschen Literatur, wobei diese Frage in den Zusammenhang der E-xistenzberechtigung einer autochthonen österreichischen Literatur gestellt werden muss.[6]
Zur Zeit der Assimilationstendenzen in den letzten Jahrzehnten des 19. Jahr-hunderts zeichneten sich grundsätzlich zwei Integrationsmodelle der Buda-pester deutschsprachigen Intellektuellen jüdischer Abstammung ab.
Wie in anderen europäischen Nationalstaaten entstand auch in Ungarn ein ziemlich starkes symbiotisches Verhältnis zwischen jüdischen Assimilanten und den Vertretern des ungarischen Nationalstaates. In Ungarn verlief aber diese Entwicklung aufgrund der Gegebenheiten eines multiethnischen kultu-rellen Rahmens sowie des Erbes der mehrsprachigen Monarchie von vorn-herein nicht einfach. Die Ursachen dieser Komplexität und Variabilität jüdi-scher Selbstwahrnehmungsmöglichkeiten liegen in bestimmten historischen Ereignissen der ungarischen Vergangenheit. Infolge der Revolution von

---

[3]   Ebenda, S. 134.
[4]   Ebenda.
[5]   Ebenda.
[6]   Vgl. Szilvia Ritz: Österreichische Literatur – zwischen Gleichsprachigkeit und Vielsprachigkeit. In: Zentraleuropa. Ein hybrider Kommunikationsraum. Hrsg. von András Balogh u. Helga Mitterbauer. Wien 2006, S. 31–46.

1848/49 und des so genannten „Ausgleichs" mit Österreich im Jahr 1867 traten grundlegende Veränderungen auch im Leben des ungarischen Judentums ein. Nach der Niederschlagung des ungarischen Freiheitskampfes begann als Folge einer liberalisierten Wirtschaftspolitik ein enormer wirtschaftlicher Aufschwung, dessen Nutznießer selbstverständlich auch jüdische Unternehmer waren. Dieser „jüdische" Beitrag war zugleich eine Herausforderung an die ungarischen Juden selbst, die sich durch ihre wirtschaftlichen Erfolge der ungarischen Nation verpflichtet fühlten und sich immer mehr in das ungarischsprachige Mittel- und Großbürgertum zu integrieren versuchten. Das 1867 verabschiedete Emanzipationsgesetz öffnete weitere Perspektiven dieses gesellschaftlichen Aufstiegs, dessen Preis in der Regel die Assimilation in die ungarische Kultur war.

Verfolgt man andererseits die jüdische Assimilation in die deutsche Kultur, so muss gleich festgestellt werden, dass diese eine lange Tradition in der gesamteuropäischen Geschichte des Judentums hatte. Nicht nur in Österreich-Ungarn, sondern grundsätzlich in allen Gebieten östlich von Berlin wurde die deutsche Kultur „zum normativen Ausdruck für Europäertum und Aufklärung"[7]. Seit Moses Mendelssohn war die Beherrschung der deutschen Sprache, die Kenntnisse über deutsche Literatur, Philosophie und Naturwissenschaften eine unerlässliche Bedingung zum Eintritt in die europäische Gesellschaft. Jene Ambivalenz also, mit der das deutschsprachige Judentum Ungarns der ungarischen Assimilation gegenüberstand, ist tief in dieser starken Ausrichtung der osteuropäischen Juden auf die deutsche Kultur verwurzelt. Wie der Kulturhistoriker William M. Johnston unterstreicht, unterstützten die Juden einerseits die wirtschaftliche Entwicklung Ungarns, andererseits sprachen sie aber zu Hause deutsch und verliehen damit der ansonsten eher unter Xenophobie leidenden Stadt einen Hauch von Kosmopolitismus.[8] Wie sich diese Doppelidentität anfühlte, hat beispielsweise Arthur Holitscher festgehalten: „Ja, man lebte unter einem magyarischen Volk und fühlte und sprach deutsch. Besser gesagt: man sprach deutsch und fühlte nichtmagyarisch."[9]

Diesem Umstand ist es zu verdanken, dass die schmale, nicht magyarisierte Schicht der ungarischen Juden und die nicht magyarisierten Teile des städtischen deutschen Bürgertums an der Schwelle zum 20. Jahrhundert eine hochwertige deutschsprachige Literatur hervorbringen konnten. Ihre Leserbasis bestand nicht nur aus den der deutschen Sprache kundigen Ungarn, sondern auch aus weiten Kreisen deutschsprachiger Leser außerhalb Ungarns. Etliche Repräsentanten dieser Literatur gingen früher oder später nach Wien, Leipzig oder Berlin, ließen sich dort endgültig nieder bzw. führten ein

---

[7] Robert S. Wistrich: Die Juden Wiens. Wien 1999, S. 113.
[8] Vgl. William M. Johnston: Österreichische Kultur- und Geistesgeschichte. Gesellschaft und Ideen im Donauraum 1848–1938. Wien 1992, S. 346.
[9] Arthur Holitscher: Lebensgeschichte eines Rebellen. Meine Erinnerungen. Berlin 1924, S. 65.

ständiges Wanderleben zwischen diesen Ländern. So wechselte auch der 1860 in Budapest geborene Theodor Herzl nach dem Abitur in eine deutschsprachige Stadt. Er zog 1878 mit seiner Familie nach Wien, um dort Jura zu studieren. Obwohl Herzl fließend ungarisch sprach, mit der ungarischen Literatur vertraut war und als Schüler sogar Abhandlungen über bedeutende ungarische Schriftsteller wie János Arany und Mihály Vörösmarty geschrieben hatte, ist er nie zu einem ungarischen Patrioten geworden. Geradezu auffallend ist, dass in seinen späteren Schriften kaum Hinweise auf Ungarn und auf die dort verbrachten achtzehn Jahre zu finden sind, auch wenn die Verdrängung des ambivalenten Verhältnisses zum ungarischen Patriotismus für einen der Mittelschicht angehörenden, germanisierten Juden seiner Generation typisch war.

Daher reagierte er in Wien auf die doppelte Ausgrenzung als Ungar und Jude, besonders empfindlich, was „zu einer Überkompensation führte, indem er in seinen Studentenjahren einen ausgeprägten Deutschnationalismus vertrat"[10]. Sein leidenschaftliches Interesse an der deutschen Literatur, Geschichte und Politik, das er bereits in Budapest bekundet hatte, erleichterte ihm zweifellos diesen Übergang.

Schon in den 1870er Jahren hatte er von seiner germanophilen Mutter eine glühende Bewunderung für die deutsche Kultur übernommen, die charakteristisch für viele Budapester Juden der Mittelschicht war. Herzls Mutter war von deutscher Bildung geprägt, die klassische deutsche Literatur gehörte zu ihrer täglichen Lektüre. Sie hat dieses Gedankengut auch ihren Kindern zu vermitteln versucht, vor allem hat sie diesen die Kinder- und Hausmärchen der Brüder Grimm nahe gebracht.[11] Es ist merkwürdig, dass gerade die Mutter, geborene Jeanette Diamant, diese Rolle übernahm, deren Familie, die vermutlich aus Baden stammte, bereits seit 1800 in Pest lebte, und nicht der Vater Jacob Herzl, dessen Beziehungen zur deutschen Sprache und Kultur wohl enger hätten sein müssen, da er sich erst 1856, vier Jahre vor der Geburt Theodors, in Pest niedergelassen hatte. Merkwürdig ist diese Rollenverteilung auch, weil man gerade bei der Familie von Herzls Mutter eher eine fortgeschrittene Assimilation in die ungarische Kultur hätte erwarten können. Die Biografien Budapester Juden um die Wende des 19. zum 20. Jahrhundert zeugen aber in vielen Fällen davon, dass meistens die erste – d. h. die kurz davor angesiedelte – Vätergeneration eine schnelle und restlose ungarische Assimilation anstrebt, während die seit mehreren Generationen in Ungarn lebenden Familien – egal, ob aus Westeuropa oder Galizien eingewandert – Träger und Bewahrer deutschsprachigen Kulturgutes bleiben.[12] In

[10] Wistrich, Die Juden Wiens (Anm. 7), S. 348.
[11] Vgl. Alex Bein: Theodor Herzl. Wien 1934, S. 19.
[12] Vgl. Peter Varga: Deutsch-jüdische Identitäten in Autobiographien ungarischer Juden des ausgehenden 19. Jahrhunderts. In: Mehrdeutigkeit. Die Ambivalenz von Gedächtnis und Erinnerung. Hrsg. von Moritz Csáky und Peter Stachel. Wien 2003, S. 105–123.

der Korrespondenz mit seinem Vater, zu dem er übrigens auch eine innige Beziehung unterhielt, pflegte sogar der erwachsene Theodor Herzl ungarische Wörter einzufügen (*papakám, mamakám* u. ä.), vielleicht aus Nostalgie und als Erinnerung an die sorgenlose Budapester Kindheit.[13]

Herzls Familiengeschichte stellt die ganze Spannweite jüdischer Lebenswege im 19. Jahrhundert dar: vom religiös-orthodoxen, frommen Großvater, ein Rabbiner, über den Vater, der als Bankier erfolgreich geworden war, bis hin zum weltstädtisch-assimilierten und emanzipierten Denker Theodor Herzl, dem Urheber des Zionismus.

Ähnlich den Glaubensbrüdern in Prag sahen sich diese „verwestlichten" Juden als Minderheit innerhalb einer Minderheit und sollten die „Avantgarde der *deutschen* Sprache und Kultur in Ungarn"[14] repräsentieren. Andererseits werden Herzl als Reminiszenz seiner in Ungarn erfolgten Sozialisation moralische Leidenschaftlichkeit und improvisatorische Fähigkeiten bescheinigt. Als typisch „ungarische" Verhaltensweisen werden ihm die „Bereitschaft zu spielen" sowie eine ihm „eigene Mischung von diplomatischem Flair und von Vorstellungskraft geprägtem Utopismus" und nicht zuletzt „die Betonung der nationalen Identität und des patriotischen Bewusstseins" zugeschrieben.[15]

Heute ist Herzl in erster Linie als Begründer des Zionismus bekannt, wobei seine literarischen, vor allem dramatischen Werke weitgehend in Vergessenheit geraten sind.

Wenn auch die Germanistik an seinem literarischen Werk nicht interessiert ist, enthalten demgegenüber fast alle Herzl-Biografien zahlreiche Hinweise auf das literarische Interesse des jungen Herzl. Sie erwähnen u. a. den literarischen Verein *Wir*, dessen Gründer und Präsident Herzl war, in dem regelmäßig Autorenlesungen und Diskussionsrunden stattfanden.. Bereits in dieser Zeit kann bei Herzl ein starkes Interesse nicht nur an aktuell-politischen Fragen, sondern auch für historische Themen verzeichnet werden. In einem frühen Gedicht, das den Titel trägt *Nach Canossa gehen wir nicht*, schreibt Herzl: „Es ist aus langer Nacht/ durch Luthers gewalt'ge Kraft/ der deutsche Geist erwacht/ Und der Freiheit goldenes Licht/ Bestrahlt der Erwachenden Angesicht/ Nach Canossa gehen wir nicht!"[16] Auffallend ist, mit welcher Begeisterung er bemüht ist, sich die deutsche Sprache und Kultur anzueignen. So heißt es in den „Grundregeln" der Gruppe *Wir*:

---

[13] Vgl. Peter Varga: „.... und bin überall ein Fremder". Das Fremde und das Vertraute bei Theodor Herzl. In: „Czernowitz bei Sadagora". Identitäten und kulturelles Gedächtnis (Anm. 1), S. 105–123.

[14] Wistrich, Die Juden Wiens (Anm. 7), S. 348.

[15] Ebenda.

[16] Zit. nach Julius H. Schoeps: Theodor Herzl 1860–1904. Eine Text-Bild-Monographie. Wien 1995, S. 15.

> Wir bilden eine Gesellschaft, in welcher wir unser Wissen bereichern, indem wir kleine Erzählungen, Märchen schreiben, wodurch wir *unsere* [Hervorhebung P. V.] Sprache bilden.

Alex Bein, der bis heute bekannteste Biograf Herzls, erwähnt die frühen literarischen Aktivitäten Herzls, die besonders von der deutschen Literatur geprägt waren:

> Diese literarische Produktivität hält für die nächste Zeit an. Im Nachlaß finden sich noch heute zahlreiche Gedichte, die in diesen Jahren entstanden sein müssen, nicht sehr originelle Leistungen, am stärksten von Heine beeinflusst. Verschmähte Liebe wird in ihnen, wie in kleinen Prosaarbeiten des öfteren in ziemlich konventioneller Wehmut abgehandelt. Doch finden sich auch knappe Skizzen, in ihrer dramatischen Gedrängtheit von Kleist herkommend.[17]

Weiterhin sind noch zwei Ansätze eines Romans in Briefen bekannt, von Goethes *Werther* beeinflusst. In dem ersten und einzigen vorhandenen Brief lässt der Berichterstatter den in Paris lebenden deutschen Journalisten Rudolf Hellberg von seiner Unfähigkeit erzählen, eine geliebte Frau dauernd an sich zu binden. Er lässt ihn über die Trostlosigkeit des menschlichen Daseins nachdenken und über die „Perfidie des Pariser Wetters, das die zartesten Duseleien eines deutschen Gemüts unbarmherzig erstarren lässt", räsonieren. „Weiß Gott", lässt er den Journalisten schreiben,

> ich hegte ganz unchristliche Gedanken zu Abkürzung meiner irdischen Langeweile, und wäre nicht eben im Moment der peinlichsten Noth Dein Brief eingelangt, ich bin überzeugt, die nächsten Morgenblätter hätten unter der Rubrik ‚Selbstmorde', [...] die betrübende Nachricht gebracht, der deutsche Journalist Rudolf Hellberg, Berichterstatter dieser und jener Zeitung, habe die Mühsal des Erdenlebens auf jene höchst geistreiche Weise zu beendigen gewusst, durch die sich sein berühmter Landsmann Werther bei Mit- und Nachwelt interessant zu machen verstanden hat.[18]

Als siebzehnjähriger Gymnasiast schrieb Herzl bereits mehrere Buch- und Theaterkritiken für den *Pester Lloyd*, das damals meist gelesene deutschsprachige Periodikum der ungarischen Hauptstadt. Zur gleichen Zeit beteiligte er sich an den Aktivitäten des *Deutschen Selbstbildungsvereins*, der am Gymnasium gegründet worden war. Es ist eine Art Fortsetzung der *Wir*-Periode. Nur ein paar Fragmente der vermutlich zahlreichen Arbeiten für diesen Verein haben sich erhalten. Die Beziehung zum *Pester Lloyd* bleibt allerdings noch lange bestehen, noch von Wien aus schickt Herzl regelmäßig Feuilletons und Berichte an die Zeitung.
Die Umsiedlung nach Wien und das Studium blieben nicht ohne Folgen für Herzls jüdisch-deutsche Identität. Vor allem stellte er hierbei fest, dass

---

[17]   Bein, Theodor Herzl (Anm. 11), S. 32.
[18]   Vgl. Ebenda, S. 35–36.

„Deutschtum" im Zentrum des Vielvölkerstaates Österreich etwas ganz anderes bedeutete, als jenes, das er in seiner Isolation auf der deutschsprachigen Insel in Budapest erlebt und gelebt hatte. Zwar ordnet Schoeps Herzl „ohne Wenn und Aber" dem „österreichisch-patriotischen Lager"[19] zu. Doch Herzl entschied sich nicht für die von den Wiener Studenten bevorzugten Burschenschaften, sondern für die als deutsch-national geltende *Albia*. Wie viele wissensdurstige junge jüdische Menschen entkam auch Herzl dem Dilemma nicht, sich für Wien oder Berlin als Studienort zu entscheiden. Dass auch er sich wie viele andere für Berlin entschied, hat seinen Grund wahrscheinlich im Misstrauen der ungarischen politischen Elite gegenüber Wien. Für viele ungarische Intellektuelle, unter ihnen natürlich Söhne des jüdischen Bürgertums, war Berlin eine Art „postgraduale Schule" und Hauptstadt der

deutschen Moderne [, die] – gegenüber der um die Jahrhundertwende zunehmend konservative Elemente aufweisenden Wiener und der von nationalistischen Elementen geprägten ungarischen Kultur – Entfaltungsperspektiven und einen größeren geistigen Bewegungsraum [bot].[20]

Wie das Beispiel der Familie Herzl beweist, blieb Wien jedoch bis zum Ende des 19. Jahrhunderts bevorzugter Studien- und Wohnort für die deutschgesinnten ungarischen Juden, aber auch für viele junge Männer in den Kronländern. Nach der Aufhebung der Wohnbeschränkungen um die Mitte des 19. Jahrhunderts kamen zuerst tschechische Juden in großer Zahl nach Wien, aber bald wurde die Hauptstadt von einer noch massiveren Zuwanderungswelle von ungarischen Juden überflutet, die bis in die 1880er Jahre anhielt und erst mit der Madjarisierung der 1890er Jahre in Ungarn nachließ.[21] Immerhin lag der Anteil ungarisch-jüdischer Väter im Wiener Judentum in den Jahren 1869 bis 1900 zwischen 34–45%[22]. Ein wesentlicher Unterschied zwischen den Fluchtzielen Wien und Berlin bestand darin, dass jüdische Auswanderer aus den Ländern der Monarchie auch ihre Familien nach Wien mitnahmen. Berlin wurde dagegen oft nur als Studienort gewählt, und viele Studenten sind nachher nach Budapest zurückgekehrt bzw. sie lebten wie Georg Lukács, Béla Balázs, Ludwig Hatvany u. a. abwechselnd in beiden Hauptstädten.[23]
Während im Berlin der Jahrhundertwende im Vergleich zu Wien ein gewis-

[19] Schoeps, Theodor Herzl (Anm. 16), S. 16.
[20] Brigitta Eszter Gantner: Jüdische Studenten aus dem Königreich Ungarn an der Friedrich-Wilhelms-Universität in Berlin um die Wende vom 19. zum 20. Jahrhundert. In: Peregrinatio Hungarica. Studenten aus Ungarn an deutschen und österreichischen Hochschulen vom 16. bis zum 20. Jahrhundert. Hrsg. von Márta Fata u. a. Stuttgart 2006, S. 459–470, hier S. 462.
[21] Vgl. Marsha L. Rozenblit: Die Juden Wiens 1867–1924. Assimilation und Identität. Wien [1989], S. 29.
[22] Vgl. Ebenda.
[23] Gantner, Jüdische Studenten (Anm. 20), S. 465f.

sermaßen offener und liberaler Geist herrschte, erlebten die jüdischen Studierenden in Wien eine feindselige Atmosphäre, sie begegneten einem wachsenden Antisemitismus, Juden wurden von der Gesellschaft ausgeschlossen und oft auch tätlich angegriffen.[24]

Paradoxerweise lässt sich die Geburt des jüdischen Nationalbewusstseins gerade auf diese Spannung zwischen den deutschnational gesinnten und deshalb aus den österreichischen studentischen Burschenschaften ausgegrenzten jüdischen Studenten und dem konservativ-antisemitisch orientierten Wiener politischen und gesellschaftlichen Milieu zurückführen.

Auch wenn Joseph Roth behauptet hatte, der moderne Zionismus sei in Österreich entstanden und von einem österreichischen Journalisten, Theodor Herzl, begründet worden, kann man jene prägenden Elemente nicht übersehen, die die deutsch-jüdische Bildung in ihm hinterließ.

In diesem Aufsatz kann der Reichtum deutschen Kulturgutes, der Herzls zionistische Ideologie beeinflusst hat, nur ansatzweise nachgewiesen werden. Auf jeden Fall bedeutet das Lessing'sche Humanitätsideal, der Kampf gegen Vorurteile und der unerschütterbare Glaube der deutschen Aufklärung an die Erziehbarkeit sowie die Tugendhaftigkeit und den guten Kern im Menschen einen der wichtigsten Grundpfeiler für Herzls Vorstellung von einem zukünftigen jüdischen Staat. In seinem visionär-prophetischen Werk *Der Judenstaat* schreibt er:

> Ich glaube an das Aufsteigen der Menschen zu immer höheren Graden der Gesittung; nur halte ich es für ein verzweifelt langsames. Wollten wir warten, bis sich der Sinn auch der mittleren Menschen zur Milde abklärt, die Lessing hatte, als er ,Nathan den Weisen' schrieb, so könnte darüber unser Leben und das unserer Söhne, Enkel, Urenkel vergehen.[25]

Unter dem Druck der historischen Umstände und zeitgenössischer gesellschaftlicher Realitäten forderte Herzl eine Radikalisierung dieses Humanitätsideals. Statt nach „tausend tausend Jahren" den Erfolg bei den „Kindes-Kindeskindern" (Lessing: *Nathan der Weise*, 3. Aufzug, 7. Auftritt) abzuwarten, plädierte Herzl für eine Lösung der Judenfrage ab sofort:

> Das Volk ist überall ein großes Kind, das man freilich erziehen kann; doch diese Erziehung würde im günstigen Falle so ungeheure Zeiträume erfordern, dass wir uns [...] vorher längst auf andere Weise können geholfen haben.[26]

Dem Lessing'schen Ideal begegnet man auch in anderen literarischen Werken Herzls, wie etwa in der edlen Judenfigur Jacob Samuel in einer Welt von nicht-edlen Juden und Antisemiten im Schauspiel *Das neue Ghetto*. Die Fi-

---

[24] Vgl. Rozenblit, Die Juden Wiens (Anm. 21), S. 169.
[25] Theodor Herzl: Der Judenstaat. Zürich 1988, S. 14.
[26] Ebenda, S. 18.

guren des Dramas sind ganz im Sinne der Dramenkonzeption der deutschen Aufklärung in tugendhaft-aufrichtige Personen auf der einen Seite und tugendlose, verdorbene Figurengruppen auf der anderen polarisiert. Auffallend ist auch die Analogie des von einer vornehmen Frau beschämten jüdischen Reisenden in der Erzählung *Im Speisewagen* (1900) zu Lessings frühem Stück *Die Juden*, in dem auch erst am Ende die Identität des Protagonisten pointiert enthüllt und damit das Publikum mit den eigenen Vorurteilen konfrontiert wird.[27]

Bis 1895 versuchte Herzl sich als Journalist sowie Autor von Kurzprosa und Theaterstücken einen Namen zu machen, was ihm jedoch nur mit mäßigem Erfolg gelang. In seinem Tagebuch klagt er öfters über Misserfolge und Enttäuschungen, vor allem darüber, dass seine Schriften nicht verstanden oder als „zu österreichisch" empfunden werden und dass ihm zu wenig Zeit für das Schreiben übrig bleibe.[28] Der Zwiespalt zwischen dem zionistischen Denker und dem Literaten hat ihn sein ganzes Leben begleitet.

Trotz der produktiven Jahre vor seiner zionistischen Tätigkeit, in denen neunzehn Theaterstücke, fünf Bücher mit Feuilletons, zwei Romane und *Der Judenstaat* erschienen, betrachtete sich Herzl als einen erfolglosen Autor: „Als Schriftsteller, namentlich als Dramatiker gelte ich nichts, weniger als nichts. Man nennt mich nur einen guten Journalisten."[29]

Verständlicherweise wird diese Zeit, verglichen mit jener, als er seine zionistischen Schriften verfasste, in den Arbeiten über Herzl stark in den Hintergrund gedrängt. Die meisten dieser Werke fassen Herzls literarische Tätigkeit in den ersten Kapiteln ihrer Darstellung zusammen und verbinden sie oft mit der Behandlung der Zeit von der Geburt bis zur Umsiedlung der Familie von Budapest nach Wien im Jahre 1878. Nur vereinzelt wurden monografische Arbeiten oder Aufsätze über dem Dramatiker und Literaten Herzl gewidmet.[30]

Obwohl Herzl auch in Berlin von wichtigen Theaterleuten wie Siegwart Friedmann, Franz Wallner, Fritz Mauthner, Felix Bloch und Oskar Blumenthal bereitwillig und liebenswürdig aufgenommen wurde, wartete er auf den Durchbruch als Dramatiker auf den Berliner, Prager und Wiener Bühnen vergeblich; keinem seiner 19 Theaterstücken war ein wirklich durchschlagender Erfolg beschieden.

---

[27] Vgl. ausführlicher hierüber Varga, „... und bin überall ein Fremder". Das Fremde und das Vertraute (Anm. 13).

[28] Schoeps, Theodor Herzl (Anm. 16), S. 36.

[29] Vgl. Johannes Wachten: Theodor Herzl als Literat. In: Theodor Herzl und das Wien des Fin de siècle. Hrsg. von Norbert Leser. Wien 1987, S. 141.

[30] Siehe u. a. Alexander Steiner: Theodor Herzls Theaterstücke. Diplomarbeit Wien 1992; Wachten, Theodor Herzl (Anm. 29), S. 139–158.

Der deutschen Sprache blieb Herzl bis zum Ende seines Lebens treu, und auch die nachhaltige Wirkung der deutschen Kultur lässt sich in seinen Schriften immer wieder belegen, was für die Herzl-Forschung eine neue, sowohl intertextuelle wie auch interkulturelle Perspektive eröffnet.

Vom Nutzen und Nachteil der regionalen Literaturgeschichtsschreibung

Westpannonien als Beispiel

SZABOLCS BORONKAI (Budapest)

Der Titel des vorliegenden Aufsatzes könnte auch viel einfacher formuliert werden, etwa: Warum schreibt man regionale Literaturgeschichte? Die Antwort scheint auf der Hand zu liegen und könnte auch so lauten: Weil es so etwas wie eine regionale Literatur gibt. Ist dem aber wirklich so?

Wenn ein ungarischer Philologe sich der Aufgabe stellt, eine Literaturgeschichte zu schreiben, hat er sicherlich auch die zwei klassischen Bände von Antal Szerb vor Augen. 1934 erschien die *Magyar irodalomtörténet* [Ungarische Literaturgeschichte] auf gut fünfhundert Seiten, dieser folgte 1941 die *A világirodalom története* [Geschichte der Weltliteratur] auf neunhundert. In seinem zweiten Buch schreibt Antal Szerb, es sei ihm während der Arbeit an dieser Schrift erst so richtig bewusst geworden, dass die Weltliteratur überhaupt nicht so „groß" sei. Die wirklich bedeutenden Werke der Menschheit hätten auf den Regalen eines Arbeitszimmers Platz.[1] Welcher Methoden man sich bedienen müsse, um den gewaltigen Stoff so eng zusammenzufassen, wird im früheren Werk Szerbs, in der *Magyar irodalomtörténet*, erklärt. Die Literaturgeschichtsschreibung entstamme – schreibt der Verfasser – einer lexikalischen Sammeltradition. Die früheren Literaturgeschichten und die Schulbücher – auch noch die zu seiner Zeit – seien nichts anderes als eine Reihe von Dichterporträts. Das Meiste davon sei aber irrelevant.

Antal Szerb bedient sich einer ideengeschichtlichen und einer literatursoziologischen Methode, ohne die ausführlichen Biografien und die primären Erlebnisse der Dichter anzuführen. Die hätten nämlich, so die Auffassung des Verfassers, fast nichts mit den literarischen Inhalten zu tun. Die nationale Literaturgeschichte hätte außerdem noch eine Schwäche: den beschränkten Horizont. Da die meisten nationalen Literaturgeschichten die „großartige kulturelle Leistung der eigenen Nation" hervorzuheben versuchen würden, hätten sie eine Insel-Mentalität entwickelt, eine Blindheit gegenüber den

---

[1] Antal Szerb: A világirodalom története [Geschichte der Weltliteratur]. Siebente Auflage. Budapest 1989, S. 7.

supra- und transnationalen Tendenzen in der Geschichte der Literatur.[2] Eine akkurate Mikrophilologie – also das Sammeln und Auswerten von längst vergessenen Biografien und Werken sowie die Darstellung der staatlichen oder regionalen Rahmenbedingungen – machen laut Szerb noch keine sinnvolle Literaturgeschichte aus.

Diese These des bedeutenden ungarischen Literaturhistorikers hat mir viel Kopfzerbrechen bereitet. Ich habe mich nämlich über Jahre mit der deutschsprachigen Literatur meiner westungarischen Heimatstadt Ödenburg (ungarisch: Sopron) im 19. Jahrhundert beschäftigt, habe sogar über dieses Thema promoviert.[3] Die zeitliche Begrenzung auf das 19. Jahrhundert hängt mit dem Umstand zusammen, dass es eine deutschsprachige literarische Tätigkeit in der Region in den Jahrhunderten davor und danach, d. h. vor der josephinischen Regierungszeit bzw. nach dem Ersten Weltkrieg kaum gegeben hat. Die geografische Zugehörigkeit der Stadt zum jeweiligen Staat war eher zufällig: Die Tatsache, dass es eine deutsche Gruppe in der Stadt Ödenburg auch im 19. Jahrhundert gab, ist nicht der alleinige Anlass, mich mit ihrer Literatur zu befassen. Publikationen und Referate an Tagungen über das Thema haben mir zu einem Auftrag des burgenländischen P.E.N.-Clubs verholfen: Für eine geplante Literaturgeschichte des Burgenlandes habe ich ein Kapitel über das 19. Jahrhundert geschrieben.[4] Das persönliche Interesse an der literaturgeschichtlichen Überlieferung der Region weitete ich über Ödenburg hinaus auch auf weitere Städte und Zentren, beispielsweise auf Pressburg, aus. Dadurch blieb die Behandlung aber nicht weniger willkürlich.

Die geografische Abgrenzung der Region Westungarn ist mehr als problematisch. Das Burgenland existierte im 19. Jahrhundert eigentlich nicht: Die Grenzen des heutigen österreichischen Bundeslandes Burgenland umfassten damals keine politische, wirtschaftliche, kulturelle oder ethnische Einheit. Entlang der Westgrenze des Königreichs Ungarn erstreckte sich ein mehr oder weniger geschlossenes deutsches Siedlungsgebiet, auch auf heute ungarischem oder slowakischem Territorium. In meinen Untersuchungen musste deshalb die gesamte Deutschsprachigkeit im ehemaligen Westungarn in Betracht gezogen werden. Es war aber auch schwierig, literarische Werke einiger Schriftsteller eindeutig Westpannonien zuzuordnen. Deshalb habe ich mich entschlossen, sämtliche Autoren und Schriften in Betracht zu ziehen, die eine relevante Beziehung zu Westpannonien hatten, ganz gleich ob sie in der Region oder außerhalb gelebt haben bzw. dort entstanden sind. Den Lite-

---

[2]   Ders.: Magyar irodalomtörténet [Ungarische Literaturgeschichte]. Neunte Auflage. Budapest 1991, S. 12–21.

[3]   Szabolcs Boronkai: Bedeutungsverlust und Identitätskrise. Ödenburgs deutschsprachige Literatur und Kultur im 19. Jahrhundert. Bern, Wien 2001.

[4]   Ders.: Das 19. Jahrhundert. In: Literaturgeschichte des Burgenlandes. Hrsg. von Franz Forster (im Druck).

raturbegriff fasse ich möglichst weit, in erster Linie wird der Belletristik Aufmerksamkeit geschenkt, aber auch Theater, Presse, Schulen und Kirche werden in die Behandlung mit einbezogen.

Das gesamte Material musste auch übersichtlich strukturiert werden. Die chronologischen Literaturgeschichten gehen den einzelnen Stilrichtungen (Aufklärung, Romantik usw.) und Gattungen (Lyrik, Roman, Drama usw.) nach. Westpannonien ist aber schon von seiner geografischen Ausdehnung her klein: Die historischen Stilrichtungen gelangten nicht zur vollen Entfaltung, einzelne Gattungen sind nicht in allen Epochen vertreten, die Region entbehrt literarischer Größen. Epochenmarken lassen sich eher politisch setzen als literaturgeschichtlich, von 1790 bis 1914, und die einzelnen historischen Abschnitte mit den Begriffen Restauration, Vormärz, Revolution, Neoabsolutismus und Dualismus näher beschreiben. Aus diesem Grund haben wir den ins Auge gefassten Zeitraum in zwei Abschnitte gegliedert: vom Josephinismus bis zur Märzrevolution bzw. von 1848 bis zum Ende des Ersten Weltkrieges.

Neben einer übergreifenden Darstellung der historischen und kulturellen Voraussetzungen enthält meine Abhandlung überwiegend kurze Dichterporträts. Ich habe mich für diese Vorgangsweise aus folgenden Überlegungen heraus entschieden: Erstens waren die Autoren in der Regel nur im Nebenberuf Dichter, und was sie hervorgebracht haben ist von unterschiedlichem, meist äußerst mäßigem literarischen Wert. Wegen der qualitativen Mängel können ihre Schriften – zweitens – kaum einem Stil oder einer Schule zugeordnet werden. Auch lebten sie – drittens – nicht nur in Westpannonien, und ihre Werke sind zum Teil anderswo entstanden. Abgerundet ist allein ihr Lebenswerk, dem ich mein Hauptaugenmerk gewidmet habe. Mein Vorgehen fand ich angemessen, nicht zuletzt darum, weil die Lebensgeschichten und die Werke dieser Schriftsteller in vielen Hinsichten typisch für die westpannonische deutschsprachige Intelligenz waren.

Dieser Methode bediente ich mich bereits in meiner Monografie über Ödenburgs deutschsprachige Literatur im 19. Jahrhundert. Dort ging ich auch auf jene Dichter ein, die eine eindeutige Beziehung zur Stadt unterhalten hatten, selbst wenn sie nicht ihr ganzes Leben dort verbrachten. Ich wollte auch nicht ihre Schriften allein nach deren Entstehungsort ins Blickfeld rücken und nur jene aufnehmen, die in Ödenburg entstanden waren bzw. zu dieser Stadt einen Bezug hatten. Bei der Verteidigung der Dissertation wurde mein Vorgehen zu Recht kritisiert, eine Alternative wurde mir jedoch weder damals noch danach aufgezeigt. Literaturgeschichte schreibt man in der Annahme, dass die einzelnen Werke und Autoren nicht nur chronologisch nacheinander gestellt werden können, sondern dass sich durch diese Anordnung gewisse Zusammenhänge und Tendenzen erkennen lassen. Eine burgenländische oder gar Ödenburger literarische Entwicklung lässt sich beim besten Willen nicht feststellen, die Autoren haben sich nicht gegenseitig beeinflusst, sie orientierten sich an deutschen, österreichischen und ungarischen Vorbildern.

Und noch ein Problem muss angesprochen werden. Ich habe mich in meinen Arbeiten nur auf die deutschsprachigen literarischen Werke beschränkt, weil die Sprache in der Literatur eine existenzielle Rolle spielt. Doch im Falle einer multiethnischen Region ist eine derartige Abgrenzung letzlich einseitig.

Wir sollten deshalb auch zu meiner am Anfang dieses Beitrags aufgeworfenen Frage zurückkehren: Gibt es eine regionale Literatur, deren Geschichte zu schreiben eine sinnvolle wissenschaftliche Aufgabe ist? Ich fürchte, dass viele, auch Antal Szerb, auf diese berechtigte Frage mit nein antworten werden bzw. geantwortet hätten. Heutzutage bestreitet niemand, dass eine nationale Literaturgeschichte, sei es eine ungarische, eine deutsche oder jede andere nur im europäischen, sogar weltliterarischen Kontext dargestellt werden kann. Andererseits sollte man schlechte Bücher nicht einmal in einer Fußnote erwähnen. Über die Ödenburger und die burgenländische deutschsprachige Literatur wurde bisher bloß soviel berichtet: Erstens, dass Ödenburg oder das Burgenland als Region in der Literaturgeschichte nicht existiert. Zweitens, dass die Deutschsprachigkeit nur für den Germanisten relevant ist, die Akteure der damaligen Literatur lebten jedoch in einer bilingualen Welt – ein Umstand, dem Rechnung getragen werden müsste. Drittens, sollte darauf hingewiesen werden, dass man Literatur im eigentlichen Sinne des Wortes in der Region nur im erweiterten Rahmen der Kulturgeschichte vorfindet und dass diese Werke keinen ästhetischen Genuss vermitteln. Von einer Geschichte dieser Literatur kann - viertens – auch nur bedingt die Rede sein, und jeder, der sich dem Unterfangen unterzieht, eine Literaturgeschichte dieser Region zu schreiben, muss sich eines erweiterten Literaturbegriffs bedienen und hat Schwierigkeiten endogene Entwicklungslinien nachzuzeichnen.

Bislang habe ich nur vom Nachteil der regionalen Literaturgeschichtsschreibung geschrieben. Ich werde im Folgenden aber versuchen, zu begründen, warum ich regionale Literaturgeschichte schreibe und welche Ergebnisse ich dadurch erzielt habe.

Ich könnte eigentlich damit zu argumentieren anfangen, dass kein literaturhistorischer Überblick auf solide Grundlagenforschung verzichten kann. Die Bemerkung von Antal Szerb – sie entbehrt nicht einer gewissen Portion Ignoranz –, dass literarische Werke fast nichts mit den konkreten Erlebnissen der Dichter und mit deren Lebensumständen zu tun haben, gilt nur für jene bedeutenden Autoren, deren Biografie als hinlänglich bekannt vorausgesetzt werden darf. Aber gerade weniger wichtige Autoren, denen bloß regionale literaturgeschichtliche Relevanz zukommt, sollten ebenso Eingang in Bibliografien, Lexika, Datenbanken und Textausgaben finden. Sie dienen als Grundlage jeder regionalen Literaturgeschichtsschreibung.

Ich bin in erster Linie Historiker, auch meine germanistischen Arbeiten sind vor allem kulturgeschichtlich ausgerichtet. Mich interessieren, was die literaturgeschichtliche Überlieferung des 19. Jahrhunderts in Westungarn angeht, besonders zwei Themen: der Sprachwechsel vom Deutschen zum Ungarischen und – damit eng zusammenhängend – die nationalen Identitätskonstruktionen der dortigen Intelligenz. Der Verlust der Deutschsprachigkeit in Ungarn durchzieht das ganze 19. Jahrhundert. Nach Auswertung der literarischen Werke konnte dieser Prozess in vier – wieder einmal eher politisch definierte – Abschnitte unterteilt werden. Zwischen 1780 und 1820 erlebte die ungarndeutsche Literatur ihre Blütezeit, danach – bis 1848 – erfolgte ihre Ausklammerung aus der ungarischen Literatur, nach der Revolution bis zum Ausgleich im Jahre 1867 war sie bloß von regionaler Bedeutung und nahm Formen einer Provinzliteratur an, um schließlich im letzten Drittel des Jahrhunderts völlig unterzugehen. Zur Zeit der so genannten spätjosephinischen „Blüte", die bis etwa 1820 dauerte, war das kulturelle Leben der westpannonischen Städte Ödenburg und Pressburg – ebenso die Schulen, die Kirchen und die Theater – deutsch geprägt. In den ersten zwei bis drei Jahrzehnten des 19. Jahrhunderts herrschte in Ungarn noch der Geist der Aufklärung, der der sprachlichen Zugehörigkeit keine besondere Bedeutung beimaß. So zählten die Zeitgenossen zur „ungarischen" Literatur auch deutsch- bzw. lateinischsprachige Werke. Zu den Autoren, die sich des Deutschen bedienten, gehörte beispielsweise auch Therese Marie von Artner, deren Verse künstlerisch als nicht besonders innovativ gelten:

> Aus ist's Apollo! Nimmermehr dien' ich dir.
> Ein and'rer Gott beherrscht als Gebieter mich.
> Versuch's, befrey' – doch nein, ach laß mich!
> Denn bereits lieb' ich die neuen Fesseln.[5]

Von Artner wie auch andere deutschsprachige Intellektuelle zählten damals zur kulturellen Elite Ungarns. Dass dem so war, hängt mit den allgemeinen Zuständen jener Jahre zusammen, weil es im damaligen Ungarn weder ein prägendes übergreifendes kulturelles Zentrum noch eine allseits akzeptierte ungarische Literatursprache gab.

Mit dem Auftreten der ungarischen Romantiker um 1820 begann die Ausklammerung, danach sogar die Verbannung der Deutschsprachigkeit aus der nationalen ungarischen Kultur. Das hatte zur Folge, dass die deutschsprachigen Autoren Westpannoniens in einen „Schwebezustand" zwischen die Kulturen gerieten. Dies wird u. a. auch in den folgenden Zeilen von Leopold Petz ausgedrückt:

> Hier umgibt uns ein Volk, das der Deutschen Zunge verfolget,
> Endlich vom Schlummer erwacht selber ein Pantheon baut.

---

[5] Therese Marie von Artner: Die verliebte Dichterin. In: T. M. v. A. und Marianne Tiell: Feldblumen auf Ungarns Fluren gesammelt von Nina und Theone. Bd. 2. Jena 1800, S. 92.

Deutschland mag uns als Fremdlinge nicht! Nun sollen wir schweigen?
Oder stammeln ein Wort, dem sich die Zunge versagt?
Alle Sprachen sind schön, wenn Geist sich in ihrer Bewegung
Flüchtig erscheinend verklärt, höhere Bildung verstreut.
Aber nur Eine vermag des Herzens Fesseln zu lösen,
Tönet mit zaub'rischem Klang schmeichelnd ins horchende Ohr,
Eine bleibt ewig der Liebling, in einer nur nehmen die Götter
Ein vertrauend Gebet, das sie verherrlichet, an.
Eine nur präget ein ewiges Siegel auf jeden Gedanken,
Beugt das geflügelte Wort, wie es die Seele verlangt.
Dies ist die Sprache, so dass im Munde liebender Eltern:
Die uns aus thierischem Traum freundlich begrüßend geweckt.[6]

Diese Entwicklung fand im Westen langsamer statt als in der Landesmitte, weil die Ungarischsprachigkeit im alltäglichen Leben dort noch kaum wahrnehmbar war. Die Theater spielten weiterhin deutsche Stücke, doch von Zeitgenossenschaft mit der Dramatik im geschlossenen deutschen Sprachraum kann nicht mehr die Rede sein. Seit den 1830er und betonter seit den 1840er Jahren drang die ungarische Sprache jedoch auch in die Kirchen und Schulen vor, was die Magyarisierung der Intelligenz zur Folge hatte und so zum Schwinden des deutschsprachigen Lesepublikums führte. Im Vormärz wurden auch die talentierten Dichter zwischen den Mühlsteinen der kulturellen Peripherisierung und der nationalen Zugehörigkeit zerrieben.

Die Niederlage des ungarischen Freiheitskampfes und die darauf folgende Unterdrückung waren jedoch nicht mehr imstande, diese Tendenz rückgängig zu machen. Der Wiener Hof versuchte zwar, das Unterrichtswesen zu germanisieren, aber mit nur mäßigem Erfolg. Die Theater spielten kaum noch zeitgenössische deutsche Stücke, Erfolg hatten die deutschen Übersetzungen von historischen oder volkstümlichen ungarischen Werken. Die Sprache des Theaters war aber immer noch die deutsche, es wurde aber in der zweiten Hälfte des 19. Jahrhunderts in den innerungarischen Städten zunehmend zurückgedrängt. Im Gegensatz dazu waren die Kirchen bereits bilingual oder allein ungarischsprachig. In diesem Umfeld wurde das literarische Schaffen in deutscher Sprache lediglich als Provinzprodukt akzeptiert. Diese Situation beschreibt auch Moritz Kolbenheyer in den folgenden Versen:

Was ich gewollt, ich hab' es nicht erreicht,
Was ich gesucht, ich hab' es nicht gefunden.
Nun ist das Haar des Scheitels bald gebleicht
Und Niemand hat mir einen Kranz gewunden.[7]

---

[6]   Leopold Petz: Die Muttersprache. In: Ders.: Nachgelassene Gedichte. Oedenburg 1847, S. 5.
[7]   Moritz Kolbenheyer: Der Vierziger. In: Brief von Kolbenheyer an Friedrich Hebbel vom 10. März 1851. Hebbel-Museum Wesselburen, Signatur 51031001.

Provinzialität bedeutet Qualitätsverlust, und der engere Wirkungskreis bedingt nicht zuletzt auch die kleineren Auflagen.

Nach dem Ausgleich gingen die Wege der Deutschen und Ungarn kulturell auseinander. Die Deutschsprachigkeit blieb in Westpannonien in der Familie und im Geschäft erhalten, aber die Intelligenz sprach überwiegend ungarisch. Diesem Wandel schlossen sich letztendlich auch die Theater an, mindestens die Hälfte der in einer Saison gespielten Stücke wurde auf Ungarisch aufgeführt. Die Presse blieb noch für eine Weile Träger der Deutschsprachigkeit, sie diente aber äußerst selten literarischen Zwecken, und die renommiertesten Zeitungen erschienen bilingual. In der Region wirkten weiterhin deutschsprachige Provinzliteraten, es gab auch ein blühendes deutschsprachiges Vereinsleben. Zu dieser Gruppe von Literaten gehörte u. a Josef Paul von Király:

> Warum musst du beständig dichten?
> Grillparzer meinte, fast geknickt:
> Geschwüre kann man nur vernichten,
> Wenn man den Eiter ausgedrückt.[8]

Diejenigen jedoch, die am deutschsprachigen kulturellen Geschehen teilhaben wollten, zogen schon früh in bedeutendere literarische Zentren, meistens nach Wien. Manche gingen auch nach Budapest, wo ihre Werke jedoch auf Ungarisch erschienen.

Durch diese kurze Zusammenfassung wollte ich zwei Thesen verifizieren, und zwar erstens, dass es sich zweifellos lohnt, eine Region literaturhistorisch genauer unter die Lupe zu nehmen. Die kulturelle Magyarisierung war im 19. Jahrhundert allenthalben im Königreich Ungarn zu beobachten, doch verlief sie unterschiedlich und zeitlich gestaffelt in den einzelnen Regionen. Der ungarische Westen, der unmittelbar an den geschlossenen deutschen Sprachraum grenzte, konnte länger an der Deutschsprachigkeit festhalten, als dies in den binnenungarischen deutschsprachigen Städten und in der späteren Hauptstadt Budapest möglich war. Dieser Prozess hängt zweitens mit politischen und ideologischen Faktoren zusammen, nicht zuletzt mit der Situation der deutschsprachigen Intelligenz vor allem mit deren Identitätskrisen und -optionen.

Allgemein veränderten sich im damaligen Ungarn der Inhalt der nationalen Identität und das Verständnis der nationalen Kultur. Zu den drei Komponenten der deutschen Identität in Ungarn gehörten auch im 19. Jahrhundert immer noch ein als multiethnisch aufgefasstes Ungarntum, das Grenzen über-

---

[8]   Josef Paul von Király: Grillparzers Antwort. In: Ders.: Ernst und Scherz. Eisenstadt 1885, S. 146.

brückende, international ausgerichtete Deutschtum und das politisch existente, jedoch ethnisch undefinierbare Österreichertum. Als Gegenreaktion auf die germanisierende Politik Josephs II. erlebte die ungarische Nationalliteratur einen Aufschwung, der jedoch durch die so genannten Jakobinerprozesse 1795 erstickt wurde. Um 1800 waren deutschsprachige Werke die eigentlichen Träger ungarischer patriotischer Gefühle – mindestens in Mittel- und Oberungarn. Der Westen scheint in dieser Hinsicht eher eine Ausnahme gebildet zu haben, dort hat man sich für die ungarischen nationalen Belange kaum engagiert, man huldigte eher einem österreichischen Staatspatriotismus. Die bereits erwähnte Therese von Artner bejubelte beispielsweise den österreichischen Sieg über Napoleon:

> Reihet dankbar die Schlacht, was der Triumpf uns ward,
> An den blutigen Kampf Hermanns mit Roms Gewalt,
> Singet Austria'n Heil, welche uns Helden giebt,
> Wie sie vormals Cheruska gab.[9]

Im ungarischen Reformzeitalter, in den Jahren 1830–1840, beeinflussten die liberale Überzeugung und das nationale Pathos der ungarischen Reformpolitiker auch das westungarndeutsche Bürgertum. Die Revolution bedeutete einen Wendepunkt in der Entwicklung der nationalen Identität der Ungarndeutschen. Der Ruf nach Fortschritt und Freiheit bildete hinfort ein wichtiges Element des ungarischen Bewusstseins, was die Identifikation der deutschen Intelligenz mit den ungarischen nationalen Bestrebungen wesentlich erleichterte. Kolbenheyer hat diese Gemütslage in seinem als Flugblatt gedruckten Gedicht in folgenden Worten festgehalten:

> Die Constitution!
> Nicht feiger Knechte stummer Frohn,
> Es ziemt der münd'gen Nation
> Die Constitution.
> Wir geben für Habsburgs Geschlecht
> Des Herzens Blut, doch unser Recht
> Zu wahren, wenn uns Stürme droh'n,
> Gebt Constitution![10]

Diese Identifikation mit dem Ungarntum, die im Vorfeld und während der revolutionären Auseinandersetzungen erfolgt war, hatte sich nach der Niederschlagung der Revolution zunehmend gefestigt. Nach 1848 vermischte sich der Begriff der ungarischen politischen Nation mit dem der Kulturnation, was dazu führte, dass der politische Patriotismus der anderssprachigen

---

[9]   Therese Marie von Artner: Die Schlacht bei Maynz. In: Dies., Feldblumen (Anm. 5), Bd. 1, S. 113.
[10] Moritz Kolbenheyer: Hoch Constitution! Wien 1848, S. 2.

Einwohner des Landes nur als sprachlich-kulturelle Anpassung akzeptiert wurde, was notgedrungen deren Assimilation zur Folge hatte. Hinfort konnten Sympathien für Österreich nicht mehr mit einer ungarischen Identität in Einklang gebracht werden. Kolbenheyer, den ich erneut zitiere, hat in den folgenden Zeilen der Niederlage Ungarns gedacht und dabei eine pro-ungarische und antiösterreichische Position bezogen:

> Es hat in letzter Winterzeit
> Gar übermäßig viel geschneit.
> Ihr seid erstaunt und fragt warum?
> Doch bleibt der Schnee, der Winter stumm.
>
> Ich weiß und sage den Bescheid,
> Warum es hat so viel geschneit:
> Man braucht ein großes Leichentuch
> Für Alle, die das Jahr erschlug.[11]

Das Zugehörigkeitsgefühl zur deutschen Kultur wurde auch durch die sprachlich-kulturellen Zielsetzungen des neuen Ungarntums erschwert. In Westpannonien reichte die Assimilationskraft der dort weniger dicht siedelnden Ungarn nicht aus, die Deutschen zum Magyarentum zu bekehren, aber die an binnenungarischen Hochschulen studierenden Intellektuellen betrachteten sich bereits als Ungarn.

Die Vorherrschaft der Magyaren nach dem Ausgleich störte die bisher organisch verlaufende Entwicklung der nationalen Identität der ungarndeutschen Intelligenz. Aus der freiwilligen und von den Ungarn geförderten und gelobten Anpassung wurde allmählich ein gesellschaftliches Anliegen. Kolbenheyer hat diese Situation in folgende Worte gefasst:

> Der übermüthige Magyare
> Verlangt, dass Alles ihm willfahre
> In Sprache, Sitte, Kunst und Art.
> Der Feile, der nach solchen Lehren
> Des Schiffes Segel weiß zu kehren,
> Hat guten Wind und frohe Fahrt.[12]

Die Bestrebungen, eine bewusste deutsche Identität gegen den auf dem Höhepunkt seiner Macht stehenden ungarischen Staat auszubauen, war auf die Dauer ohne auswärtige Unterstützung nicht möglich, selbst im immer noch vorwiegend von Deutschen besiedelten Westpannonien. Ein klarer Beweis

---

[11] Ders.: Starker Schneefall. In: Brief von Kolbenheyer an Friedrich Hebbel vom 10. März 1851. Hebbel-Museum Wesselburen, Signatur 51031001 (vgl. Anm. 7)
[12] Ders.: [Ohne Titel]. In: Brief von Kolbenheyer an Anastasius Grün vom 2. Juni 1868. Auersperg-Archiv Wien, XXI. Thurn am Hart: C 49, Schachtel 26.

dafür ist das Ergebnis der Volksabstimmung von Ödenburg im Jahre 1921, als die deutschsprachige Mehrheit für ein Verbleiben bei Ungarn statt für den Anschluss an Österreich votierte.

Meine Ausführungen basieren vorwiegend auf Forschungen zum westungarndeutschen kulturellen Leben und weniger auf herkömmlichen statistischen Daten. Die Statistik weist nämlich eine deutsche Mehrheit während des gesamten 19. Jahrhunderts auf, die Zunahme der ungarischsprachigen Bevölkerung in den Städten lässt sich aber eher durch Zuwanderung als durch Assimilation erklären. Assimilation wird aber nicht nur als Sprach-, sondern auch als Sitten-, Normen- und Wertewechsel definiert, der sogar der endgültigen Übernahme der Sprache vorangeht. Wenn das kulturelle Leben unter die Lupe genommen wird, lässt sich feststellen, dass bereits das Vorhandensein ungarischer Stoffe in der deutschsprachigen Literatur als erster Schritt der Bereitschaft zur Assimilation gedeutet werden kann. Tatsache ist, dass in der ungarndeutschen Literatur des 19. Jahrhunderts ungarische Themen und Formen immer häufiger vorkommen. So lösten der Jakobinerprozess im Jahre 1795 und besonders die Revolution und der Freiheitskampf von 1848–49 eine eindeutige Sympathie für das Ungarntum bei den Ungarndeutschen aus. Der auch in der Literatur gestaltete Vorbildcharakter der ungarischen Nation erleichterte dann die Akkulturation und ermöglichte letzten Endes, neben dem Druck der staatlichen Obrigkeit und der Faszination des Zentrums Budapest, die Assimilation der deutschsprachigen Bürger. Die Kultur als historische Quelle verhilft uns auch zur Einsicht, dass Assimilation auf regionaler Ebene nicht unbedingt Anpassung der Minderheit an eine Mehrheit bedeutet. In diesem Prozess sollte man eher von einer mustergebenden und einer musterfolgenden Gruppe sprechen, und gerade die Entwicklungen in der politischen Ideologie bzw. im kulturellen Leben liefern Auskunft darüber, wieso auch in Westpannonien das Ungarntum zur mustergebenden Gruppe wurde.
Ich hoffe also bewiesen zu haben, dass meine regionalen literaturhistorischen Forschungen zum Beschreiben des Prozesses des Sprachwechsels bzw. der Wandlungen der nationalen Identität beitragen können. Während der Arbeit stieß ich jedoch auch auf andere Problemfelder, die ich hier nur andeutend erwähnen möchte. Diese wären die Themenkreise Provinzialität und Konfessionalität sowie die Frage der Vermittlung.
Auch ich selbst gebrauche den Begriff der Provinzialität im Sinne eines engen, regionalen Wirkungskreises, der nur Anregungen des Zentrums absorbiert. Man könnte auch das Wort Peripherie benutzen, das jedoch keinesfalls geografisch definiert werden sollte. Westpannonien fehlte ein wirtschaftliches bzw. politisches Zentrum, so war das institutionelle regionale Kultur-Netzwerk ziemlich schwach ausgebaut. Anders formuliert: Die dortigen Schriftsteller betätigten sich nur nebenbei literarisch, d. h. sie

waren Dilettanten, oder aber sie zogen weg. In den letzten Jahrzehnten des 19. Jahrhunderts stimmte einerseits zwischen Pressburg und Ödenburg und andererseits zwischen Wien und Budapest die Kommunikation nicht mehr. Hinzu kam noch, dass die gebildeten Dilettanten nie die neuesten literarischen Trends des Zentrums nachahmten. Um die Wende vom 18. zum 19. Jahrhundert war dieser Rückstand noch nicht so gravierend, weil die Aufklärung in Österreich durch den Josephinismus eine Nachblüte erlebte. Die deutsche Romantik wurde jedoch kaum rezipiert, die Epoche des Biedermeier eher, jedoch war dessen Aufnahme von einer aufklärerischen, sogar althumanistischen Tradition bestimmt. Der literarische Realismus erreichte mit einer rund dreißig Jahre stattfindenden Verspätung die Region, die Richtungen der neuen Jahrhundertwende überhaupt nicht. Seitens der ungarischen Literatur lassen sich Einflüsse erst seit der Romantik (ab 1830 etwa) und besonders seit der Vormärzliteratur verzeichnen. Besonders der volkstümlich-patriotische Stil einiger ungarischer Autoren fand bei den deutschen Schriftstellern Westpannoniens zahlreiche Nachahmer.

Wenn man die konfessionelle Zugehörigkeit der westpannonischen deutschsprachigen Dichter untersucht, so lässt sich ein Übergewicht jener der evangelischen Glaubensrichtung angehörenden Autoren feststellen. Ihre Zahl war besonders in der ersten Hälfte des 19. Jahrhunderts vorherrschend, als die meisten Literaturschaffenden gleichzeitig als Pfarrer oder Lehrer in ihren Kirchengemeinden tätig waren. Dieses Größenverhältnis lässt sich ethnisch nicht erklären, da die Mehrheit der Katholiken in der Region ebenfalls deutschsprachig war. Der Grund liegt wohl eher im regelmäßigen Auslandsstudium der evangelischen Geistlichen. Bis 1820 studierten die strebsamsten Pfarrerkandidaten an deutschen Universitäten. Danach wurde die Peregrination für die Untertanen des Habsburgerreiches untersagt, der Hof wollte, dass die protestantische Intelligenz ihre Ausbildung an der unter seiner Kontrolle stehenden Wiener Hochschule erhielt. Ab den 1840er Jahren wurde das Auslandsstudium zwar wieder erlaubt, die Vorreiterrolle, die die Evangelischen auf dem Gebiet der Bildung bis dahin gehabt hatten, ging aber danach verloren.

Die Behauptung, Westpannonien habe als Vermittlungszone zwischen der deutsch- und ungarischsprachigen Literatur fungiert, bedarf einer genaueren Analyse. Sie trifft zu, wenn im Rahmen der Vermittlungsformen der übersetzerischen Tätigkeit eine besondere Beachtung geschenkt wird. Die Übersetzung ist ja die Einfuhr von fremden Formen und Gehalten, um das Eigene zu bereichern. Fremdsprachige Werke können in breiteren Kreisen nur durch Übersetzung bekannt werden. Ob sie den literarischen Geschmack – Stilmittel genauso wie Themen – beeinflussen, ist keine Frage, bloß über das Ausmaß dieser Wirkung lässt sich diskutieren. Dieses ist natürlich größer, wenn die Übersetzer auch selbst Dichter und Schriftsteller sind. Dann sind die beiden Tätigkeiten kaum scharf voneinander abzugrenzen. Die Übersetzung ist aber gleichzeitig auch eine „Ausfuhr" gedanklich-seelischer Geistesgüter. In unserem konkreten Fall waren es die Übersetzer in Westungarn, die ungarischsprachige Werke ins Deutsche übertrugen und dadurch der ungarischen Literatur über die Deutschsprachigkeit Eingang in die Weltliteratur zu verschaffen suchten. Es wäre aufschlussreich zu untersuchen, unter welchen Aspekten die deutschen Autoren Westungarns die zu übersetzenden Werke auswählten, ob sie Erfolge beim deutschen Publikum und der Literaturkritik erzielten und ob ein Zusammenhang zwischen den Nachdichtungen und ihren eigenen Werken besteht.

Am Anfang meines Aufsatzes habe ich die Frage gestellt, warum man regionale Literaturgeschichte schreibt. Darauf würde ich zunächst antworten, weil es eine regionale Literatur gibt. Natürlich ist jede Literaturgeschichte eine Konstruktion. Wichtig ist jedoch eine solche, die auf jene Fragen eine Antwort gibt, wozu weder eine nationale noch eine lokale Literaturgeschichte fähig ist. Wenn sie das erreicht, dann wird niemand am Nutzen der regionalen Literaturgeschichtsschreibung zweifeln.

„Schreiben/ um nie mehr zu schweigen"

Ungarndeutsche Lyrik in der Wendezeit

ZOLTÁN SZENDI (Fünfkirchen/Pécs)

Das Wort „Wendezeit" wird hier in seiner doppelten Bedeutung verwendet. Einerseits bezieht es sich auf die Jahre des so genannten Systemwechsels, der zweifellos auch die Entwicklung der ungarndeutschen Literatur weitgehend bestimmt hat, andererseits soll es auf den Generationswechsel hinweisen, der sich auch in der ungarndeutschen Literatur vollzogen hat. Dieser Beitrag hat nicht den Anspruch, einen lückenlosen Überblick über diese Periode zu bieten, er beschränkt sich vielmehr darauf, thematische und formale Erneuerungen besonders in der ungarndeutschen Lyrik jener Jahre zu erkennen und zu beschreiben. Die Lyrik wird hier aus folgenden Gründen bevorzugt behandelt: Erstens, weil sie wegen der Kürze und Prägnanz die geeigneteste Gattung für die Dichter ist, in der auf Veränderungen sowohl im Privatbereich als auch im öffentlichen Leben reagiert werden kann. Und zweitens, weil sie, wie dies übrigens in der ungarischen Literaturgeschichte auch der Fall ist, eine bevorzugte Gattung in der ungarndeutschen Literaturtradition darstellt.

In meiner kurzen Abhandlung möchte ich nur einige charakteristische Züge in den Werken einiger ungarndeutscher Lyriker hervorheben, wobei ich die ästhetischen Aspekte nicht gänzlich umgehen will. Ich habe dabei vor allem folgende Bände berücksichtigt:

- *Erkenntnisse 2000. Ungarndeutsche Anthologie.* Hrsg. von Johann Schuth, Horst Lambrecht und Robert Becker. Budapest 2005 [Sigle: E].
- Valeria Koch: *Stiefkind der Sprache. Ausgewählte Werke.* Budapest 1999 [Sigle: K].
- Josef Michaelis: *Sturmvolle Zeiten. Gedichte 1976–1990.* Budapest 1992 [Sigle: M].
- Robert Becker: *Faltertanz.* Budapest 1997 [Sigle: B].

Einleitend lohnt es sich, auf zwei Feststellungen der „Bestandsaufnahme" Dezső Szabós hinzuweisen, wie sie im Jahre 2000 in seiner Darstellung

289

Tendenzen der ungarndeutschen Literatur seit den 1970er Jahren formuliert worden sind. Die erste lautet: „Die ungarndeutsche Literatur [hat] sich endgültig etablieren" können. Als Beweis werden von Szabó folgende Argumente aufgezählt:

> Die Bücher werden gelesen, die Gedichte und Erzählungen bei Wettbewerben vorgetragen. Die Literatur hat Eingang gefunden in die Schulbücher und ist Gegenstand von Diplomarbeiten geworden. Durch Aufnahmen der ungarndeutschen Fernsehsendungen und Rundfunkprogramme ist sie in breiteren Kreisen bekannt geworden, auch das ungarische Lesepublikum nahm mittlerweile die Existenz dieser Randliteratur zur Kenntnis.[1]

Diesen recht optimistisch ausgefallenen und thesenartig vorgetragenen Aussagen können wir nur vorbehaltlich zustimmen. Ob sich nämlich die gegenwärtige ungarndeutsche Literatur bereits hinlänglich etabliert hat und ob von einem unabhängigen literarischen Leben tatsächlich die Rede sein kann und inwiefern diese Literatur ihre Existenz bloß der Tatsache verdankt, dass sie z. T. „künstlich ernährt" wird, müsste im Einzelnen untersucht werden. Die meisten von Szabó aufgezählten zweifellos erfreulichen Tendenzen sind nämlich nicht zuletzt auf die – gewiss verdiente – staatliche Unterstützung zurückzuführen. Die Existenzfähigkeit wird auch in diesem Fall letztendlich davon abhängen, ob die kulturelle Umgebung stark genug ist, diese Literatur am Leben zu erhalten.

Die zweite Aussage von Szabó, die auf den Rückgang der ungarndeutschen Literaturproduktion seit der Wende aufmerksam machen will, scheint mir – zumindest aus heutiger Perspektive – noch weniger haltbar zu sein:

> Allerdings ist es auch wahr, daß die literarische Tätigkeit seit der Wende stark nachgelassen hat. Die neuen Herausforderungen im Berufsleben, die fehlende Selbstreflexion, das fehlende kritische Auseinandersetzen mit dem eigenen Werk sind hier in erster Linie als Ursachen zu erwähnen.[2]

Eine erfreuliche Erscheinung ist nämlich, dass kontinuierlich neue Vertreter der Nachwuchsgeneration an die Öffentlichkeit treten. Das hat wahrscheinlich nicht zuletzt damit zu tun, dass junge Menschen ungarndeutscher Herkunft, die vor allem Germanistik studieren, sich öfter mit dem Minderheitenschicksal ihrer Eltern sowie mit ihrer eigenen Identität dichterisch auseinander setzen.

Das im Titel genannte Zitat aus dem Gedicht *Dichterlos* von Nelu Bradean-Ebinger – „Schreiben/ um nie mehr zu schweigen" (E 52) – ist Ausdruck einer bestimmten Motivation, die für die meisten ungarndeutschen Dichter primär prägend ist. Es drückt nämlich ein deutliches „Dennoch" trotz nicht

---

[1] http://www.ungarndeutsche.de/ungarndeutscheliteratur.html (Stand vom 30.10.2006).
[2] Ebenda.

gerade einladender Umstände aus, unter denen sich deutsches literarisches Leben im ungarischen Umfeld zu verwirklichen sucht. Denn dieses „Dennoch" meint ja nicht nur den Trotz einer zum Schweigen gezwungenen Minderheit, sondern wohl auch den individuellen Ehrgeiz des Dichters. So gesehen, ist das kollektive Interesse von dem persönlichen kaum zu unterscheiden, und gerade das macht diese Haltung glaubwürdig. Etwa so, wie es in Robert Beckers Gedicht *Geplündert* thematisiert wird, in dem der scheinbar sinnlose Trotz sich aus dem zwar angedeuteten, aber nicht geklärten Schamgefühl nährt und auf intellektueller Ebene poetisiert wird:

> erinnere mich.
> am zitternden Feuer
> rot – rot vor Scham.
> versuche meinen Platz zu finden:
> mein Volk vertrieb mir die Zeit
> geschändet unsere Häuser – abrißreif.
> immer leiser werden unsere Lieder:
> feines Sausen noch – dann Stille.
> jede Bleibe ohne Sinn
> und doch:
> aus Trotz. (B,71)

Die Geschichte tritt in der neueren Lyrik in zweierlei Form in Erscheinung: Einerseits lebt sie als unausweichliches Erbe weiter, andererseits als gegenwärtige Herausforderung der gesellschaftlich-politischen Wendezeit. Die Frage *Verloren?* wird bei Valeria Koch an das vereinigte Deutschland gestellt. Das „verlorene Kind" verlangt „sein Erbteil". Trotz der Metaphorik ist in diesem Wunsch auch die Hoffnung der (gewiss nicht nur ungarndeutschen) Bevölkerung nach der Wende unmittelbar ausgesprochen, dass die neue politische Situation auch die Beziehung zwischen der ethnischen Minderheit und dem früher abgeschirmten Deutschland fördern solle (K 117). Aber die bitteren Erfahrungen der Umbruchzeit werden den ethnischen Minderheiten ebenso wenig wie der Mehrheitsbevölkerung erspart. Ironisch wendet sich Claus Klotz im Gedicht *Hopsa, Liesel*, das das „deutsche Boombum" (E 106) karikiert, an seine Landsleute mit dem Refrain: „Nur Mut/ ihr Ungarndeutschen!" Mit höhnischem Zorn entlarvt Alfred Manz die „Neudeutschen" – die „Schein- und Businessschwaben" –, die sich plötzlich hemmungslos in den Vordergrund stellen (*Wir sind wieder da!* E 131). Der Dichter fügt allerdings vorsichtshalber dem Titel hinzu: „Nicht für bewährte Freunde". Seine *Bilanz um die Jahrhundertwende* (2000) setzt die traurigen Ergebnisse der Verfolgung mit der schillernden Gegenwart in Beziehung: „Entwurzelt/ lernen unsere Kinder/ wieder –/ Hochdeutsch." Sonderbar und widerspruchsvoll klingen diese Worte von einem Autor, der 1960 geboren wurde. So nimmt es auch nicht wunder, wenn er sich selbstironisch als „Einen/ von/ den/ Letzten" bezeichnet. (*Dinosaurier*, E 127)

In der Lyrik von Josef Michaelis werden die widersprüchlichen Erfahrungen und Erkenntnisse aus den bewegten Jahren in einen breiten sozialen und moralischen Kontext gestellt, deshalb können diese Gedichte keineswegs auf die Minderheitenproblematik reduziert werden. Während die *Geschichte in Fortsetzungen* (1989, M 94) die vage Hoffnung und das Déjà-vu-Erlebnis in der Wendezeit beschreibt, beweist das *Wolfsgesetz* (1989) aus dem Zyklus *Randbemerkungen VII* Klarsicht und warnt vor verfrühter Euphorie: „Um fette Bissen/ heulen/ wieder/ Manteldreher." (M 71) Von einer eindeutigen politischen Stellungnahme zeugt das Gedicht *Bloß um der Fakten willen* (1992) von Valeria Koch, das eine höhnische Abrechnung mit dem „real existierenden Sozialismus" ist – leider wird diese „zu direkt" ausgesprochen, wodurch die ästhetische Überzeugungskraft des Textes zu wünschen übrig lässt. (K 114) Viel reflektierter und deshalb auch aussagekräftiger sind ihre Gedichte *Mein Jahrgang* sowie *Meinen eigenen Irrweg*. Während in dem ersten Text der elegische Ton in der resignierten Ausgangsfrage dominiert – „was hält uns zusammen der Wüstensand/ vielleicht seit vierzig Jahren/ und wer von uns kommt jemals/ in das Gelobte Land" (K 110) –, klingt das zweite Gedicht stolz und lapidar:

> Meinen eigenen Irrweg
> wähle ich mir selber –
> dazu brauche ich keine
> leitende Partei. (K 111)

In dem Gedicht *Im Schatten des Balkankrieges* von Alfred Manz (E 129–130) rufen die kriegerischen Auseinandersetzungen im ehemaligen Jugoslawien den Leidensweg mehrerer Generationen der eigenen Familie in Erinnerung. In *Ungarndeutsche* von Angela Korb wird nicht nur die Vergangenheit reflektiert („gepriesen vertrieben/ gekreuzigt begraben/ gelassen verlassen"), sondern auch die demütigende Erfahrung der dritten Generation, die angeblich „die unterste Stufe des Seins" repräsentiert (E 121) – was wohl nicht ganz der geschichtlichen Wahrheit entspricht. Die quälenden Reminiszenzen lösen sich bei Erika Áts in der humanen Geste der Zuwendung auch zu anderen Völkern bzw. Minderheiten auf: *Palmsonntag im Kosovo* (1999). Mit dem Titel, der auf die ethnische Säuberung in Serbien hinweist, wird zugleich das tragische Schicksal der vertriebenen Ungarndeutschen mit heraufbeschworen. (E 27) Nicht nur der Verlust, sondern auch die Hoffnung auf eine Neubelebung des Ungarndeutschtums erklingt in der *Bestandsaufnahme* von Robert Hecker nach. (E 92) Das Gedicht *Mitteleuropäische Sklaverei* von demselben Autor zeugt von historischer Klarsicht, es weist eindeutig darauf hin, dass die Nationalitätenkonflikte auch in Ungarn auf die Folgen der verlorenen Freiheit zurückzuführen sind. (E 91)

Das Bekenntnis zur eigenen Volksgruppe wird in mehreren Texten zum Ausdruck gebracht. Die Identifikation mit dem Deutschtum in Ungarn zeigt sich auch in der Angst vor dessen Aussterben, d. h. vor der endgültigen Assimilation. Ein Beispiel dafür ist Koloman Brenners Text *Ungarndeutsch*. Allerdings ist die Andeutung, dass dieser Prozess auch heute, im demokratischen Ungarn, noch „vorgesehen", also geplant wäre, wohl übertrieben. (E 60) Man hat den Eindruck, dass das heutige Ungarntum zu einer verspäteten Rechenschaft gezogen wird, was die wahren Ursachen der gegenwärtigen Assimilation eher verschleiert als aufdeckt. Das Bekenntnis zum Heimatland *all' ungharese* von Erika Áts (1999) weist dagegen einen neuen Ton auf, der Heimatliebe ohne Zweideutigkeit und vorwurfsvolle Ambivalenz zeigt, aber auch ohne falsche Töne der unkritischen Anbiederung, wie sie unter den Zwängen der Parteioligarchie im sozialistischen Regime mehrmals zu hören waren. Die volksliedartige Frische und Natürlichkeit der Verse von Erika Áts machen dieses Bekenntnis glaubhaft:

> Mein Land, geliebt
> wie Gras die Wiese liebt,
> in wurzelnden Wogen
> vom Winde verströmt.
>
> Mein Land, geliebt
> wie man Liebe liebt. (E 26)

Die Heimatverbundenheit ist vorwiegend mit der Liebe zu den Eltern und zur heimatlichen Landschaft verknüpft. Es wäre also verfehlt, in diesen Gedichten eine Art „poetische Regression" zu sehen, einen Rückstand, der der Entwicklung der ungarndeutschen Literatur hinderlich wäre. Es ist kein Zufall, dass der Heimatort auch in den Texten der jüngeren Generation oft deren thematischen Mittelpunkt bildet, gilt doch das ländliche Zuhause sogar den großen Schriftstellern der Weltliteratur als Zufluchtsort, zu dem sie so gerne zurückkehren und wo sie nicht selten die Handlung ihrer Werke ansiedeln. Diese moderne Bukolik sollte folglich, wie es zuweilen in der Kritik geschieht, nicht als „versteinerte Dünkelhaftigkeit" gedeutet werden. Präsent ist dieser Themenkreis insbesondere in der Lyrik von Valeria Koch. Ihre wichtigsten Motive sind die Sehnsucht nach der verlorenen Geborgenheit und die Vergegenwärtigung der Gestalt der Mutter. Beide sind in eine ganze Reihe ihrer gelungenen Gedichte aus dem Band *Stiefkind der Sprache* eingegangen: *Glaskugelkindheit, Kindheit, Wiegenlied, Mutter auf Bildern, Meiner Mutter Lobgesang*. Alle hier aufgezählten Gedichte sind aber bereits zwischen 1973 und 1979 entstanden. Die Lyrik aus den Jahren der Wendezeit zeigt bei Valeria Koch eine deutliche Veränderung, eine Art Radikalisierung – sowohl in der Thematik als auch in der dichterischen Diktion. Das bedeutet jedoch keinen Bruch in ihrem Schaffensprozess, vielmehr handelt es sich um eine Entwicklung, in der die gesellschaftlich-politischen Herausforderungen und die ästhetische Horizonterweiterung einander bestimmen. Argwohn, Skepsis – und damit verbunden ein pessimistischer Grundton – charakterisieren die Haltung des lyrischen Ichs. Die Texte beziehen sich einerseits auf den politischen Wandel in Ungarn, andererseits auf die weltweit erfahrenen Globalisierungserscheinungen. Die Gedichte, die den Wandel in Ungarn reflektieren, zeugen von jenen inneren Widersprüchen der Wendezeit, die auch im Leben der Dichterin deutliche Spuren hinterlassen haben. Ein prägnantes Beispiel dafür ist ihre *Satzanalyse*, die ein als Motto vorangestelltes Zitat von Rosa Luxemburg in spielerischer Form abwandelt: „Freiheit ist immer Freiheit der Andersdenkenden." Die Ironie kommt darin zum Vorschein, dass die zutreffenden Worte der bedeutenden Repräsentantin der Linken angesichts des brutalen Terrors der kommunistischen Diktatur, dem auch in Ungarn so viele Menschen zum Opfer fielen, etwas seltsam klingen. Dazu tritt der besondere Umstand, dass sie gerade in der Zeit (1989) zitiert wurden, als das Land die einmalige Chance hatte, sich von diesem System zu befreien. Das verunsichert zumindest die Leser, so dass man sich am Ende nicht schlüssig ist, an wen die skeptische Frage gerichtet ist: „Andersdenken ist Freiheit./ Andersdenkende sind frei./ Immer?" (K 112) In Ratlosigkeit verharrt auch der Leser des Gedichtes – *Marquise Posa 1992*: „Gedankenfreiheit nehm ich mir". (K 113) Unwillkürlich taucht nämlich die Frage auf, ob diese Sentenz nach der Wende noch ihre Berechtigung hat? Hatte im Jahre 1992 nicht jeder, nun auch im Osten Europas, zumindest Gedankenfreiheit? Im selben Jahr stellt die Autorin die *Ungarn-Fragen*, die ein damals oft diskutiertes Thema, die Eingliederung in die Europäische Union, lapidar formulieren:

> Ungarn meine Trauer
> warum machst mich sauer
> Quo vadis Hungaria
> in den Abgrund
> nach Europa
> Seit tausend Jahren
> bist schon da. (K 116)

Es ist wohl die Unmittelbarkeit der Aussage, die der Qualität dieses Textes abträglich ist. Es scheint so zu sein, als ob das besorgte Ich die damals gängigen politischen Meinungen ohne nuancierenden Kommentar als Widerhall wahrnehmen würde.

Vor allem die Lyrik der jüngeren Generation zeichnet sich durch Gestaltung allgemeiner poetischer Themen und Motive wie Liebe, soziales Mitleid, existenzielle und metaphysische Fragen aus, die gerade deshalb auch in die moderne Lyrik leicht zu integrieren und in diesem Kontext besser zu deuten sind. Das Liebeserlebnis ist in der *Herbstelegie* (1986) von Erika Áts mit der Melancholie im Text *Nirgends und nie mehr* und der darin gezeichneten Herbstlandschaft verbunden (E 26), während es bei Mónika Szeifert in einem gleichnamigen Gedicht als „sanfte Berührung" in Erscheinung tritt. (2004, E 195) In Koloman Brenners *Alle* (1999) dagegen wird der Liebesschmerz in nüchternem Ton und in lakonischer Kürze ausgedrückt. (E 59)

Die auch in anderen Texten Valeria Kochs zum Ausdruck gebrachten emanzipatorischen Gedanken bedeuten eine echte inhaltliche und formale Erneuerung in ihrer Lyrik. So zum Beispiel im Gedicht *Prinzip Weiblichkeit* (1987), in dem nicht nur die erotische Offenheit unmittelbar vermittelt, sondern auch das heikle Gleichgewicht zwischen Mann und Frau reflektiert wird:

> Zart und gebrechlich
> der Leidenschaft mächtig
> keine Emanze
> umarmt das Ganze
> dessen Name Mann
> befriedigen kann
> er sie befreien nicht
> das bleibt ihr
> seelisches Übergewicht. (E 112)

Die Texte *Liebe im Café* und *Liebeleid* zeigen, dass die Außenperspektive eine ironisch überlegene Position ermöglicht, die die Ungleichheit des Liebesverhältnisses – zumindest auf dieser intellektuellen Ebene – geistreich kompensiert. (K 90f.) Aber auch das traditionell anmutende Geständnis bleibt ästhetisch wirksam, wenn die einfache Form dem Gefühl Authentizität zu verleihen versucht. (*Leidenschaft unwiderstehlich*, K 146)

Das soziale Engagement bekommt in der Minderheitenliteratur oft einen besonderen Akzent, da die Mißachtung, der die ethnischen Minderheiten über Jahrhunderte ausgesetzt waren, sich auch dahin auswirkt, dass die ungarndeutschen Autoren auf alle Situationen, in denen die Verletzungen der menschlichen Würde thematisiert werden, empfindlicher reagieren. Der *Bericht* (1994) von Erika Áts stellt ein nüchternes Dokument des Zigeunerelends mit sarkastisch-ironischem Ausklang dar:

> Der Zigeunerbub Robi,
> fünftes Kind arbeitsloser Eltern
> starb an einem Braten

von Fleisch aus der Schindgrube.
Es flackern Schatten, Feuer, Totenlieder.
Der Bürgermeister auf dem Bildschirm beklagt
ethnisch bedingte
merkwürdige Eßgewohnheiten. (E 22)

Die Bezugnahme auf Mutter Theresa bei derselben Dichterin verweist nicht
nur auf die absolute Selbstlosigkeit und die uneingeschränkte Nächstenliebe,
sondern auch auf ihr beispielloses Verhalten, das als unmittelbare Mahnung
weiterlebt. (*Mutter Theresa*, 1997, E 24)
Weit über die Grenzen der Heimat hinaus gehen jene Texte von Robert
Becker, in denen Fragen nach dem Sinn menschlichen Seins angesprochen
werden. Im Gedicht *Baum* (1998) gibt die in den Schlusszeilen pointiert
verwendete Holz-Metapher Anlass zur aphoristischen Reflexion über die
Zerbrechlichkeit der menschlichen Existenz:

> Stamm steigt:
> in den Boden
> mit Wurzel
> mit Ast
> gen Himmel.
> laß mich Herr
> kein Brennholz werden! (E 41)

Die auffällige Introvertiertheit des dichterischen Ich ermöglicht eine inten-
sivere und innigere Beziehung zu den „stillen Dingen". „Sunt animae rerum"
könnte auch der Titel des Gedichtes *Dinge, die uns beherrschen* (1990)
lauten, das Rilke-Reminiszenzen in sich trägt, ohne dass diese das eigene
Erlebnis beeinträchtigen. (B 47) Bei Becker – wie übrigens bei anderen
Dichtern auch – taucht die quälende Frage nach dem Sinn der eigenen Poesie
auf, wobei das Gedicht als „wertloses Gesage" und „Betäubungsmittel"
definiert wird. (*Bezeichnung*, 1993, B 77)
Wenn wir die Zukunftschancen der ungarndeutschen Lyrik in Erwägung
ziehen, müssen wir vor allem diejenigen Merkmale beachten, die zu ihrer
ästhetischen Aufwertung wesentlich beitragen. Im Folgenden möchte ich,
ohne jeden Anspruch auf Vollständigkeit, auf diese Momente hinweisen. Am
wichtigsten ist dabei wahrscheinlich die Anknüpfung an die modernen
Tendenzen in der deutschsprachigen Literatur. Sie hat nicht nur eine thematische Horizonterweiterung zur Folge, sondern bereichert auch die Form-
kunst der in sprachlicher Isolation lebenden Dichter. Diese bewusste Hin-
wendung zu den zeitgenössischen Mustern setzt natürlich eine Bildung
voraus, die den früheren Generationen in der ungarndeutschen Literatur nach
dem Krieg nicht im selben Maße gegönnt war. Ein spektakuläres Beispiel für
die Anwendung der „gängigen" Errungenschaften in der Wortkunst ist der

Einfluss der „konkreten Poesie", was bei mehreren Dichtern ein souveränes Spiel mit der Form und der Sprache belegt. Die meisten Bespiele finden wir bei Josef Michaelis, so u. a. in den Gedichten *Sprühregen* (1987, M 26), *Tropfen* (1988, M 30), *Redeblüte* (1983, M 35). Das visuelle Gedicht *Turm* (1984, M 55) stellt geistreich das ewige Streben des Menschen nach Oben, zu weiteren Horizonten, und zugleich die Vergeblichkeit dieser Sehnsucht dar:

```
!
N
E
S
S
Ü
K

STERNE

DIE

E
I
N

T
S
R
I
W

DU BIST

WIE SCHLANK

L
A A A
G G G
E   E   E

T     T     T
S     S     S
I     I     I

S     S     S
E       E       E
```

Robert Becker experimentiert auch gern mit der Sprache, wie das beispielsweise die Gedichte *Wörtchenbaumler* und *Gedankentrotz* (1989, B 36–37) beweisen.

Eine andere wichtige Erscheinung der modernen bzw. postmodernen Literatur ist die intertextuelle Bezugnahme auf andere Texte. Die meisten Belege dieser künstlerischen Verfahrensweise in der ungarndeutschen Lyrik finden wir bei Valeria Koch, die mit Vorliebe auf die bedeutenden Schriftsteller der deutschen Literatur schon in ihren Titeln hinweist: *In memoriam Hölderlin*, *In memoriam Rilke* (1974, K 36–37), *Dichtung und Wahrheit* (1984, K 62). Diese wiederholte Bezugnahme auf die Klassiker zeugt auch vom Ehrgeiz, sich dem großen Strom der deutschen Lyrik anzuschließen. Die Suche nach der „noblen Verwandtschaft" und die groteske Zitierweise nehmen aber gleichzeitig selbstironisch – „frech und leicht", wie die Dichterin sagt – die Eitelkeit dieses Bestrebens in Kauf. (*Lieber Onkel Goethe*, 1987, B 104) Schonungslos „frech" ist in der Tat die Abwandlung von Goethes berühmtem Gedicht *Das Göttliche* in den Anfangzeilen von Kochs *Hilfsverbissima*. Zu dem folgenden Zitat kann man höchstens vorsichtig hinzufügen, dass „das Glied" wahrscheinlich nicht „um des Reimes willen" – übrigens ein Morgenstern-Zitat (*Das ästhetische Wiesel*) – im Text erwähnt wird:

> Sterben muß man
> und aufs Klo.
> Edel sei der Mensch
> hilfreich und ... froh –
> um des Reimes willen.
> Geil zirpen die Grillen.
> All you need
> ist ein Glied
> das wir sehen wollen. (K 161)

Gewiss auch nicht ganz frei von Manierismen, jedoch einleuchtender ist die intertextuelle Kontaktsuche nach Texten von Ingeborg Bachmann, die von Koch ebenfalls mehrfach zitiert wird: *Undine geht* (1987, K 96), *Bachmanns Vision am Sterbebett.* (1988, K 97) Es kommt auch vor, dass nur die nicht signalisierten Reminiszenzen von der angestrebten Verwandtschaft zeugen, wie z. B. im Gedicht *Haben und Sein* (1991, K 155), das die deutliche, bis zur Nachahmung reichende Prägung des Kaschnitz-Gedichtes *Interview* aufweist.

Die innovative Metaphorik ist gleichfalls eines der wichtigsten Kriterien der autonomen Lyrik. Die neueren Texte der ungarndeutschen Literatur bieten auch in dieser Hinsicht überzeugende Beispiele für die kreative Metaphernbildung (Valeria Koch: *Interpersonale Mehrdeutigkeit*, 1991, K 134; Robert Becker: *Unsere Worte*, 1987, B 8; ders.: *Schritt für Schritt*, 1990, B 49). Ein weiteres unentbehrliches Merkmal der anspruchsvollen Poesie ist die erhöhte Abstraktionsebene als Vorbedingung auch der gedanklichen Vertiefung. Von den vielen Textbeispielen, die diesen Sachverhalt belegen, sollen hier nur einige genannt werden. In Koloman Brenners *Bedauern* (1998, E 57) überzeugt als Kunstgriff besonders die in Worte vergegenwärtigte Gestensprache:

> Nachträgliches Bedauern
> lähmt die ausholende Handbewegung und
> läßt ein kraftloses Heruntersinken
> der geballten Faust erkennen
>
> Dieselben Gesichter klettern
> am selben Wochentag die Steigung hoch
> und nur die Fältchen um den Mund
> graben fleißig weiter

Ein unleugbares Zeichen des reflektierten Sprachgebrauchs ist das überraschend geistreiche Spiel mit unterschiedlichen Ausdrucksfomen, das – wie es beispielsweise in Valeria Kochs *Allgemeines Koch-Gedicht-Rezept* (1992, K 163) vorexerziert wird – oft mit Ironie und Selbstironie verbunden ist. Diese Tendenz der Intellektualisierung in der neueren ungarndeutschen Lyrik stellt ihr ein eindeutiges Zeugnis ihrer Lebensfähigkeit aus, denn sie zeigt, dass die Werke der jungen Autorinnen und Autoren, um mit Robert Becker zu sprechen, mehr als nur bemerkenswerte *Ver-Suche* sind:

> ein zweckloses Leben
> ein loses Leben (ohne) Zweck
> ein Lebenszweck-Los
> ein ausgelostes Leben
> – zwecklose Lösung. (B 60)

Der Fall „ungarndeutsche Gegenwartsliteratur"

ESZTER PROPSZT (Szeged)

Wir wurden nach Klausenburg eingeladen, um – unter anderem – über „Verwend- und Anwendbarkeit neuerer Methoden der Literaturwissenschaft bei der Beschreibung, Analyse und Interpretation der deutschsprachigen Regionalliteraturen im südöstlichen Mitteleuropa" zu sprechen. Es sei mir erlaubt, dass ich das Thema subversiv angehe. In meinem Vortrag möchte ich von der Korrelation zwischen dem Gegenstand und seiner wissenschaftlichen Annäherung ausgehen, davon, dass die wissenschaftliche Annäherung an den Gegenstand selbst konstitutiv für den Gegenstand ist. Es geht mir im Folgenden nicht so sehr um die Frage, welche (neueren) Methoden der Literaturwissenschaft zur Beschreibung, Analyse und Interpretation der ungarndeutschen Gegenwartsliteratur an- und verwendbar sind, sondern eher darum, welche (neueren) Methoden der Literaturwissenschaft eine möglichst komplexe Re-Konstruktion dieser Literatur leisten.

Der Gegenstand, dem ich mich zuwende, ist die ungarndeutsche Gegenwartsliteratur. Ich möchte ihn als Konstrukt der gängigen Annäherungsweisen de(kon)struieren, und entsprechend meinen Interessenlagen neu konstruieren, da auch wissenschaftliche Diskurse verschiedenen Interessen entwachsen.[1] Wissenschaftlichkeit bzw. wissenschaftliche „Objektivität" ist nur dort gegeben, wo der Wissenschaftler sich zu den eigenen Interessen bekennen und sein diskurskonstitutives semantisches und syntaktisches Verfahren bzw. die Regeln des Diskurses, der seine Interessen artikuliert, mitreflektieren kann. Mein Interesse ist auf die Konstruktion einer ungarndeutschen I-dentität ausgerichtet – doch dazu später.

Beim Studieren der gängigen Annäherungsweisen an die ungarndeutsche Gegenwartsliteratur treten besonders zwei Probleme auf, die eng miteinander zusammenhängen. Erstens fällt auf, dass die Forscher es stets versäumen, ihren Gegenstand zu definieren, und zweitens, dass sie keine Methodologie entwickeln, die ihnen für die Untersuchung ihres Gegenstandes dienlich wäre.[2] In der Beschäftigung mit der ungarndeutschen Gegenwartsliteratur

---

[1] Vgl. Peter Zima: Ideologie und Theorie. Eine Diskurskritik. Tübingen 1989.
[2] Mit diesem Problem ist nicht allein die Erforschung der ungarndeutschen Gegenwartsliteratur konfrontiert, sondern allgemein die Literaturgeschichtsschreibung, die sich mit der deutschsprachigen Li-

scheint allgemein der Konsens zu gelten, dass diese Literatur die *deutsch-sprachige* Ausdrucksleistung der ungarndeutschen Minderheit darstellt und dass in die Erforschung und Deutung der Schriften ungarndeutscher Autoren deren soziales Bedingungsgefüge einbezogen werden muss.

Dieser Konsens soll im Folgenden kritisch hinterfragt werden. Zunächst wende ich mich dem Konsens der Deutschsprachigkeit zu. Der ungarndeutschen Gegenwartsliteratur wurde bei ihrer Institutionalisierung Anfang der 1970er Jahre die Funktion zugewiesen, die Muttersprache zu pflegen und einen Identitätserhalt zu leisten.[3] Die damit formulierte Erwartung ist nur scheinbar eine gesellschaftliche, in Wirklichkeit stellt sie eine Forderung der Nationalitätenpolitik des sozialistischen Ungarns dar, die bekanntlich nur am Aufrechterhalten einer ungarndeutschen ethnischen Merkmalsgruppe interessiert war, nicht aber am Aufrechterhalten einer ungarndeutschen ethnischen Sozialgruppe, und daher nur eine Merkmalspflege förderte.[4] Identitätserhalt bzw. Identität erweisen sich somit als Plastikwörter ohne konkrete semantische Füllung: Eine wirkliche Auseinandersetzung mit den Inhalten und Strukturen ungarndeutscher Identität konnte im gegebenen Rahmen der Diskurse nicht stattfinden. Die Forderung nach Muttersprachenpflege und nach dem Erhalt der Identität wird vom literaturwissenschaftlichen Diskurs bis heute fortgeschrieben, ohne dass die Identitätsproblematik wissenschaftlich erörtert bzw. ohne dass die Interrelation von Sprachgebrauch und Identität wissenschaftlich untersucht wird.

---

teratur Südosteuropas auseinandersetzt. Vgl. dazu: Stefan Sienerth: Literaturverständnis und Methode in der Erforschung der deutschen Literatur in Südosteuropa. In: Methodologische und literarhistorische Studien zur deutschen Literatur Ostmittel- und Südosteuropas. Hrsg. von Anton Schwob unter Mitarbeit von Carla Carnevale und Fridrun Rinner. München 1994, S. 25–38.

[3] Vgl. Friedrich Wild: Sektion der Deutschschreibenden: Greift zur Feder! In: *Neue Zeitung* 1972, Nr. 7, S. 2: „Die Sektion der Deutschschreibenden hat auch im Rahmen des Ausschusses für Kultur eine wichtige Rolle zu spielen. […] Hier untersuchen die Ausschussmitglieder mit leidenschaftlichem Forscherdrang, wie wir unsere Volksbräuche, Sitten, unsere Muttersprache am besten erhalten, pflegen, wie wir unser kulturelles Leben am zweckentsprechendsten einrichten könnten." Vgl. auch Johann Schuth: An der Wiege der ungarndeutschen Literatur. In: *Neue Zeitung* 1977, Nr. 42, S. 1: „Und die Diskussionen stellten unter Beweis, dass sich die ungarndeutschen Autoren immer mehr bewusst werden, Wegweiser, Lichtbringer, Kritiker und Tröster ihres Publikums sein zu müssen. Verantwortung gegenüber der Gemeinschaft, bewusstseinsformende Tätigkeit durch Schriften, aber auch durch persönliche Treffen mit den Lesern, Vergangenheitsbewältigung und Gegenwartsformung, die Suche nach einer Identität […]."

[4] Vgl. Wolfgang Aschauer: Zur Produktion und Reproduktion einer Nationalität. Die Ungarndeutschen. Stuttgart 1992; ders.: Ethnische Identität bei den Ungarndeutschen. Formen und Faktoren. In: Minderheitenfragen in Südosteuropa. Hrsg. von Gerhard Seewann. München 1992, S. 157–173. Unter ethnischer Merkmalsgruppe versteht Aschauer eine Kategorie von Menschen, die aus bestimmten einzelnen oder gebündelten Merkmalen (Muttersprache, Abstammung usw.) gebildet wird. Unter ethnischer Sozialgruppe eine Gruppe von Menschen, zwischen denen ein sozialer Zusammenhang besteht, die also eine integrierte soziale Struktur bilden oder zumindest über ein Zusammengehörigkeitsbewusstsein verfügen. Das Zusammengehörigkeitsgefühl und der daraus resultierende Anspruch auf vorrangige Kommunikation mit den Mitgliedern der Sozialgruppe können nach Aschauer als ethnische Identität bezeichnet werden.

Zum Problem möchte ich Folgendes zu bedenken geben:

1. *Soziologische* (und soziolinguistische) Forschungen stellen fest[5], dass die Sprache nicht unbedingt Bestandteil der ungarndeutschen ethnischen Identität ist. Die ursprünglichen „ungarndeutschen" Mundarten konnten sich – abgeschnitten von dem deutschen Sprachraum, in den geschlossenen ungarndeutschen Dorfgemeinschaften – weder erneuern noch eine überregionale Variante hervorbringen, konnten folglich ihre Funktion in der modernen Welt nicht mehr erfüllen und mussten deshalb abgelegt werden bzw. nur von der ältesten Generation auch produktiv gebraucht. Die ursprüngliche Mundart wird zum Zweck der ethnischen Identitätsbildung der jüngeren Generation entweder durch das in der Schule erlernte Hochdeutsch ersetzt oder der Sprachverlust wird durch Betonung anderer Identitätsinhalte (z. B. Abstammung) kompensiert.

2. Geht man das Problem *literaturästhetisch* an, lässt sich feststellen, dass der Gebrauch der deutschen Sprache in der ungarndeutschen Gegenwartsliteratur eine Signalfunktion hat, sich aber in dieser Signalfunktion auch erschöpft. Er signalisiert die *Intention* der Pflege der Muttersprache und die des Identitätserhalts, aber eine zusätzliche Bedeutungsleistung wird durch den Sprachgebrauch – von wenigen Ausnahmen abgesehen, in denen der Sprachverlust der Ungarndeutschen explizit thematisiert wird – nicht erreicht. Das Problem ist in seiner gesamten Dimension vor dem Hintergrund *ungarndeutscher* Inhalte in *ungarischer* Sprache geschriebener Texte erkennbar und lässt sich am Mundartgebrauch plausibel machen.

In den in Mundart geschriebenen Texten der ungarndeutschen Gegenwartsliteratur wird die Ausdrucksebene nicht zum Teil der Inhaltsstruktur – abgesehen von den Texten, die den ungarndeutschen Alltag mit Humor rekonstruieren. In diesen erzielt nämlich der Mundartgebrauch eine Art Sinnlichkeit und Konkretion. Robert Balogh, ungarischer Schriftsteller und mütterlicherseits ungarndeutscher Abstammung (Jahrgang 1972), schreibt auf Ungarisch über die Ungarndeutschen und lässt einen seiner Erzähler in *Schvab evangiliom: Nagymamák orvosságos könyve* [Schwab evangiliom: Großmutters Arzneibuch][6] den Sprachgebrauch folgendermaßen reflektieren:

---

5   Gerhard Seewann: Siebenbürger Sachse, Ungarndeutscher, Donauschwabe? Überlegungen zur Identitätsproblematik des Deutschtums in Südosteuropa. In: ders., Minderheitenfragen in Südosteuropa (Anm. 4), S. 154–155; Aschauer, Zur Produktion und Reproduktion einer Nationalität (Anm. 4); Györgyi Bindorffer: Kettős identitás. Etnikai és nemzeti azonosságtudat Dunabogdányban [Zweifache Identität. Ethnische und nationale Identität in Dunabogdány]. Budapest 2001; Mária Erb, Erzsébet Knipf: A magyarországi német kisebbség nyelve és nyelvhasználata az ezredfordulón [Sprache und Sprachgebrauch der ungarndeutschen Minderheit um die Jahrtausendwende]. URL: http://www.meh.hu/nekh/Magyar/990318em.htm. (Stand: 25. 10. 2007)

6   Robert Balogh: Schvab evangiliom. Nagymamák orvosságos könyve [Schwab evangiliom. Großmutters Arzneibuch]. Budapest 2001. Da das Werk bisher in keiner deutschen Übersetzung vorliegt, werden die Fragmente von mir übersetzt und nach der ungarischen Originalausgabe (Sigle: SCHE) zitiert.

Schwäbisch ist eine rückständige Sprache, Großpapa, Ungarisch soll man sprechen. Mit unserem Schwäbisch kann man nicht alles ausdrücken. Schwäbisch kann man nicht schreiben. Im Dorf wird das noch verstanden, aber zwei Dörfer weiter guckt man nur, was dieser dumme Schwabe denn sagt. Die Deutschen, Großpapa, die Deutschen gucken nur, es ist gut, wenn sie nachsichtig lächeln, sie verstehen kein Wort von Eurem Schwäbisch. Als ich in der Schule, in der Deutschstunde, schwäbisch gesprochen habe, wurde ich ausgelacht. Ich habe mich geschämt, verstehen Sie? Schön, dass Sie hier im Dorfe untereinander herumschwäbeln, ich aber hätte Deutsch lernen müssen, nicht Sonntagsschule, Patschker, Volkstanz, Heimatlieder! [...] Ja, erinnern kann man sich auf Schwäbisch, was in der Familie war, welcher Opapa der Wagner war und wer [...] der Ururgroßvater von seinem Großvater war, bis an die Flöße zurück, als wir das große Wasser runtergefahren sind [...]. Na, dafür ist Schwäbisch gut. Und für Eure Märchen, Engel und Teufel und die Brauchfrau. (SCHE, S. 98)

Auf der Ausdrucksebene des Textes wechseln verschiedene Sprech- bzw. Schreibweisen einander ab: Der Enkel spricht durchgehend die zitierte „pragmatische" Sprache, den Erinnerungen des Opa wird eine stark stilisierte Sprache zugewiesen, seine Märchen (über Engel, Teufel und die Brauchfrau) werden in phonetischer Schreibweise vermittelt, die das ungarndeutsch gefärbte Ungarische der Ungarndeutschen rekonstruiert. Die archaischen Gebete und Beschwörungsformeln der Ungarndeutschen werden in einer archaischen Sprache und ebenfalls in phonetischer Schreibweise wiedergeben usw. – somit wird die Ausdrucksebene zu einem relevanten Teil der Inhaltsstruktur. Eine ähnliche Funktion hat auch der sparsame, aber gekonnte Gebrauch von Mundartwörtern. Von diesen möchte ich nur eines, namentlich „brauchfrá" (Brauchfrau), aufgreifen. Das Wort bzw. das Semem bewerkstelligt durchaus komplexe intertextuelle Referenzen, es referiert sozusagen die archaische Alltagskultur der Ungarndeutschen, und es ergibt – teilweise gerade über die installierten intertextuellen Referenzen – die Grundlage der globalen semantischen Struktur des Textes. Durch die in die „eigene" semantische Struktur assimilierten „fremden" semantischen Strukturen[7] kann nämlich der Text seine pragmatische Funktion als „Arzneibuch" erfüllen, kann für sich eine Lebensintegration beanspruchen, die den archaischen Gebeten und Beschwörungsformeln noch zu eigen war: Die heilende Funktion von Gebeten und Beschwörungsformeln wird auf den Text bzw. auf die Narration übertragen, die die gespaltene ungarndeutsche Identität kurieren soll.[8]

3. Geht man das Problem *literatursoziologisch* an und betrachtet Literatur als gesellschaftliche Praxis, die Identitätsmuster konstruiert und den Lesern zur

---

[7] „Eigen" und „fremd" sind nur theoretisch und nur aus forschungspraktischen Gründen zu unterscheiden.

[8] Eine Erklärung dafür, warum viele deutschsprachige Werke der ungarndeutschen Gegenwartsliteratur, die ungarndeutsche Bräuche, Volkslieder usw. montieren, nicht diese Leistung erbringen, liegt darin, dass es in ihnen nicht zu einer literarischen Verarbeitung des Montierten kommt, dass es an einer übergreifenden semantischen Struktur fehlt, die das Montierte integrieren und dem eine literarische Kohärenz verleihen würde.

Applikation anbietet, lässt sich feststellen, dass die ungarischsprachigen Texte über die Ungarndeutschen die gleichen Identitätsinhalte ausarbeiten wie die deutschsprachigen, in den Mechanismen der Ausarbeitung aber erhebliche Unterschiede erkennen lassen, die sich auch auf die Rezipierbarkeit der Identitätsmuster auswirken. Die Identitätskonstruktion in deutscher Sprache verläuft überwiegend über eine simplifizierende Problemreduktion, die soziale Wirklichkeit sowie die psychische Wirklichkeit eines Menschen oder eines Kollektivs werden hauptsächlich in recht vereinfachten Modellen re-konstruiert. Die Identitätskonstruktion in deutscher Sprache setzt eine bei weitem nicht so komplexe Sozialisation der Leser voraus wie die in ungarischer Sprache. Das heißt, dass die Identitätsinhalte in ungarischer Sprache bedeutend differenzierter – sowohl semantisch als auch psychologisch betrachtet komplexer – ausgearbeitet werden, dass die strukturellen Relationen zwischen diesen Identitätsinhalten die Strukturen der sozialen Wirklichkeit und der psychischen Wirklichkeit eines Menschen oder eines Kollektivs mit hoher Komplexität re-konstruieren, was sich auch in der pragmatischen Applizierbarkeit der Identitätsmuster niederschlägt. Der Unterschied ergibt sich nicht aus dem Sprachgebrauch, sondern daraus, dass die deutschsprachigen Texte in der Herausbildung von Identitätsmustern Diskursregeln der sozialistischen Nationalitätenpolitik Ungarns befolgen, nota bene, auch nach der Wende diejenigen Denk- und Argumentationsstrukturen fortschreiben, die nur eine sehr eingeschränkte Wirklichkeitsinterpretation ermöglichen. Die ungarischsprachigen Texte hingegen weisen eine weitgehende Unabhängigkeit von dem politischen Diskurs auf, und die ungarisch schreibenden Autoren verfügen über eine viel komplexere literarische Sozialisation als die deutsch schreibenden. Es ist weiterhin ersichtlich, dass in den Identitätsinhalten bzw. Identitätsmustern als solchen nicht von primärer Bedeutung ist, ob sie in deutscher oder ungarischer Sprache ausgeformt sind.

Aufgrund des Gesagten möchte ich den Konsens über die Deutschsprachigkeit der ungarndeutschen Gegenwartsliteratur kündigen bzw. ich habe es bereits in meiner Dissertation getan. Für meine Untersuchungen habe ich den ungarndeutschen literarischen Diskurs nicht über die Sprache, sondern über die direkte, d. h. semantisch explizite Konstruktion der ungarndeutschen ethnischen und/oder nationalen Identität definiert[9], das

---

[9]   In diesem Zusammenhang habe ich mich an den Forschungsergebnissen von Bindorffer, Kettős identitás (Anm. 5) orientiert, die in überzeugender Beweisführung die Hypothese verifizieren, dass die Identität der in Ungarn lebenden „Schwaben" eine doppelte ist, d. h. ein Identitätskonstrukt, in dem die Minderheit im Zuge einer Angleichung bzw. eines Mangelersatzes diejenigen Elemente der nationalen Identität der ungarischen Mehrheit internalisiert, die in den Elementen ihrer ethnischen Identität fehlen oder nur zum Teil zur Verfügung stehen. Sehr anschaulich lässt es sich in ihrer Geschichtskonstruktion nachweisen, die durch den Fakt geprägt ist, dass ihre Aus- bzw. Ansiedlung in einer Zeit geschah, als es noch keine deutsche nationale Identität gab: Die Internalisierung ungarischen nationalen geschichtlichen Wissens (z. B. über die nationalen Freiheitskämpfe 1848) erfolgte als Man-

bedeutet über die konfigurations- und/oder konfliktkonstitutive Aktualisierung des Sems „ungarndeutsch" in einem Text.

Die Frage, ob sich eine solche Erweiterung des konventionellen Begriffs „ungarndeutsche Gegenwartsliteratur" auch über den Rahmen einer Arbeit hinaus operationalisieren lässt, die die direkte semantische Konstruktion der ungarndeutschen ethnischen und/oder nationalen Identität analysiert, bleibt erweiterten Forschungen vorbehalten. Einige Autoren würden sich sicherlich gegen die Kategorisierung „deutschsprachige Literatur aus Ungarn" wehren, weil sie die (hoch)deutsche Sprache als „Ersatz" für die ursprüngliche Mundart der Ahnen reklamieren würden, andere wiederum würden diesen ethnischen Bezug der (hoch)deutschen Sprache als irrelevant bewerten.[10] Jenseits des Autorenselbstverständnisses stellt sich für die Forschung die Frage, welches Kriterium bzw. welche Definitionsmacht entscheidet, ob über eine indirekte Konstruktion der ungarndeutschen Identität in Texten gesprochen werden kann, die „in" Ungarn in deutscher Sprache entstanden sind, Vorlagen aber nicht für die ethnische oder nationale, sondern für andere Komponenten der Identität konstruieren.

Die methodologische Fahrlässigkeit hat auch für den zweiten Punkt des Konsenses schwerwiegende Folgen: Die Forscher wollen ihre Herangehensweise bzw. ihre Wertung durch das „soziale Bedingungsgefüge" nicht begründet, sondern relativiert wissen, sie unterlassen eine eigentliche literatursoziologische Analyse der Rahmenbedingungen, Strukturen und Effekte ungarndeutscher literarischer Kommunikation. Ebenso sehen sie von einer literatursoziologischen Selbstreflexion, d. h. von der Reflexion eigener Forderungen, ab. Dazu einige Beispiele:

- Ingmar Brantsch hat in seiner Darstellung *Das Leben der Ungarndeutschen nach dem Zweiten Weltkrieg im Spiegel ihrer Dichtung*[11] deshalb kein kohärentes Bild der ungarndeutschen Literatur nach dem Zweiten Weltkrieg entwerfen können, weil er seine Kritik stets relativiert, indem er die „Zugeständnisse an den Sozialismus" einerseits geißelt, andererseits als zeitbedingt und unumgänglich hinstellt.

- Die Forscher schreiben (vermutlich unbewusst) die Wertaspekte der Vorwendezeit und deren versteckte Ideologiehaltigkeit fort:

---

gelersatz. Bindorffer stellt fest, dass die nationale Identität der „schwäbischen" Minderheit im Falle der Älteren eine überwiegend ungarische ist, in der Identität der Jüngsten weist sie auch Elemente der deutschen nationalen Identität nach, was sich durch wirtschaftliche bzw. kulturelle Orientierungen erklären lässt. Diese Ergebnisse bestätigt auch meine Analyse der literarischen Erscheinungen.

[10] Wie Terézia Mora, die die Zuordnung zur ungarndeutschen Gegenwartsliteratur (im konventionellen Sinne) ablehnt. Vgl. Judit Klein: Ungarin und deutsche Schriftstellerin. Terézia Mora, Bachmann-Preisträgerin. In: *Signale* 2000, H. 17, S. 8–9.

[11] Ingmar Brantsch: Das Leben der Ungarndeutschen nach dem Zweiten Weltkrieg im Spiegel ihrer Dichtung. Wien 1995.

Seit mehr als zwei Jahrzehnten ist die ungarndeutsche Literatur im Bewusstsein der Leser. Ihrer Entfaltung stellte sich niemand und nichts in den Weg, sie war – im Gegensatz zu anderen Vertreiberstaaten – möglich, doch nicht problemlos. [...] Dass ungarndeutsche Autoren nicht vordergründig ihre Verneinung herrschender gesellschaftlicher Bedingungen zum Ausdruck brachten, war ihr gutes Recht. Sie setzten auf anderes: auf das Zusammenleben ohne Aufgabe des Eigenen, auf die wirkungsvolle Tradition der Gemeinsamkeit und die Verständigung, ohne sich auszuliefern. [...] Daraus Vorwürfe abzuleiten heißt, die Menschen in ihrem Dasein und Wollen zu verkennen.[12]

- Kritiker wollen ihre Aufgabe als „Bestandsaufnahme" verstanden wissen und teilen die Ansicht, über die ungarndeutsche Gegenwartsliteratur könne ausschließlich über deren Inhalte referiert werden, wobei ihre Beschäftigung mit dem Thema oft peinlich unwissenschaftliche Züge trägt.

Freilich könnte auch erwogen werden, inwiefern die Forscher von dieser vereinfachenden Problemreduktion beruflich abhängen (oder abzuhängen meinen), doch auf die Dauer wird die Vernachlässigung einer methodologisch abgesicherten Auseinandersetzung mit diesem Forschungsgegenstand den Verlust des Interesses an dieser Literatur nach sich ziehen. Wenn die Forschung auf das kritische Nachdenken über die „vererbten" Denk- und Schreibmuster der ungarndeutschen Gegenwartsliteratur verzichtet bzw. diese Reflexion bei den Autoren nicht einfordert, so wird die ungarndeutsche Gegenwartsliteratur (ich meine den deutschsprachigen Strang, von dem ungarischen nimmt die Forschung kaum Kenntnis[13]), da ihre Orientierungs- und Identitätsmuster unzulänglich und damit unatraktiv sind, vermutlich außer in einem kleinen Kreis von Forschern sowie Schülern und Studenten an den Lehranstalten der deutschen Nationalität (als Pflichtliteratur) von niemandem gelesen werden.[14]

Die Reflexion denke ich mittels Literaturanalyse als Interdiskursanalyse anstellen zu können, und somit komme ich zur Ausführung meines methodologischen Vorschlags für die Re-Konstruktion der ungarndeutschen Gegenwartsliteratur.

---

[12] Helmut Rudolf: Nicht ohne Widerspruch! Notwendige Antwort auf eine Schrift zur ungarndeutschen Literatur. In: *Signale* 12(1995), S. 10.

[13] Als Ausnahme könnten Beiträge von Sándor Komáromi erwähnt werden, der auch ungarischsprachige Werke der ungarndeutschen Literatur zuordnet, seine Vorgehensweise aber methodologisch nicht begründet. Sándor Komáromi: Hosszú késleltetéssel. Új magyarországi német irodalom a 20. század utolsó harmadában [Mit langer Verzögerung. Neue ungarndeutsche Literatur im letzten Drittel des 20. Jahrhunderts]. In: Kárpát-medencei önismeret. Tanulmányok a régió kultúrájáról és történelméről [Selbsterkenntnis im Karpatenbecken. Studien zur Kultur und Geschichte der Region]. Hrsg. von Cholnoky Győző. Budapest 2001, S. 163–176.

[14] In den Jahren 2003 und 2004 habe ich eine Diplomarbeit zur Erforschung der Rezeption ungarndeutscher Gegenwartsautoren betreut. Die Untersuchung kommt zum Ergebnis, dass diese Literatur auch bei den ungarndeutschen Jugendlichen kaum bekannt ist, ja dass man ihr in diesen Kreisen zum Teil mit Abneigung begegnet. (Vgl. Ágnes Simon: Lesegewohnheiten ungarndeutscher Jugendlicher in der Schwäbischen Türkei. Diplomarbeit 2004)

Die Operativität dieser Annäherungsversuche scheint mir im Vergleich zu den bisher praktizierten darin zu liegen, dass sie die vieldiskutierte Problematik der „literarischen Qualität" der ungarndeutschen Gegenwartsliteratur systematisch und intersubjektiv nachprüfbar erforschen lässt: Sie bestimmt „literarische Qualität" in Bezug auf gesellschaftliche Funktionalität.

Literaturanalyse als Interdiskursanalyse, mit der Jürgen Link Ansätze der semiotischen Diskursanalyse und der Literatursoziologie verknüpft, gewährt einen *systematischen* Einblick in soziologische und ideologische Produktionsgesetzlichkeiten sowie soziologische und ideologische Produktstrukturen der Literatur. Sie untersucht die Entstehung literarischer Texte aus einem je historisch-spezifischen diskursintegrativen Spiel und bezieht literarische Strukturen auf das umgebende Feld von Spezialdiskursen und von außerliterarischen Interdiskursivitäten.[15] Der Interdiskurs re-integriert für Link das in den Spezialdiskursen der arbeitsteiligen Gesellschaft gewonnene und verwaltete sektoriell zerstreute Wissen und gewährleistet einen Austausch über dieses Wissen. Als Interdiskurs fungiert nach Link auch die institutionalisierte Literatur, die er als spezifische Elaboration der in den alltäglichen und praktischen Interdiskursen produzierten imaginären Elemente (bildliche Analogien, Metaphern, Symbole) betrachtet.[16] Das spezifisch Literarische legt er dabei im Wechselspiel immanent semiotischer Strukturen mit externen diskursiven Faktoren bzw. mit externer diskursiver Institutionalisierung fest.[17] Über die Weiterverarbeitung dieser Zeichenarsenale (in der Link'schen Terminologie elementar-literarische) in institutionalisierten Geschichten vermag die institutionalisierte Literatur diskursive Positionen einzunehmen, d. h. soziale Perspektiven bzw. sozialisierende Wertungen zu artikulieren. Insbesondere über die Weiterverarbeitung der sogenannten Kollektivsymbole, die zeitgleich in verschiedenen diskursiven Zusammenhängen einer Kultur verwendet und jeweils mit unterschiedlichen Wertungen versehen werden, die also als Kommunikationsmittel einer sozialen Gruppe gemeinsame Erfahrungen anschaulich und allgemeinverständlich artikulieren können.[18] Über Weiterverarbeitung von elementar-

---

[15] Links Konzept des Interdiskurses geht aus einer Kritik an Foucaults ambivalenter Verwendung des Diskursbegriffs hervor, der einerseits um ein internes diskursives Regelsystem kreist, andererseits aber soziale Praktiken, Rituale und Institutionen als konstituierend hervorhebt. Link geht in einer materialistischen und generativen Wendung der Diskursanalyse von der doppelten Kombinatorik gesellschaftlicher Praxisformen und sprachlicher Zeichen aus.

[16] Vgl. Jürgen Link: Elementare Literatur und generative Diskursanalyse. München 1983.

[17] Vgl. Jürgen Link, Rolf Parr: Semiotik und Interdiskursanalyse. In: Neue Literaturtheorien. Eine Einführung. Hrsg. von Klaus-Michael Bogdal. Opladen 1997, S. 108–133.

[18] Die komplexe Problematik der Kollektivsymbole führt Link am Beispiel des seit seiner Erfindung im 18. Jh. in literarischen und journalistischen Texten mit Vorliebe verwendeten Ballon-Symbols aus. Vgl. Jürgen Link: Literaturanalyse als Interdiskursanalyse. Am Beispiel des Ursprungs literarischer Symbolik in der Kollektivsymbolik. In: Diskurstheorien und Literaturwissenschaft. Hrsg. von Jürgen

literarischen Zeichenarsenalen kann sich der institutionalisierte literarische Diskurs gegenüber anderen, sozial dominanten diskursiven Positionen entweder bestätigend oder aber kritisch und ambivalent verhalten, kann diese verfremden, kann sich diesen zu entziehen suchen, kann aber auch den bestehenden Rahmen der Diskurse und Interdiskursivitäten utopisch überschreiten. Dadurch nämlich, dass Literatur als sprachlich-semiotische Struktur deutlich von anderen Praktiken getrennt und immanent sinnvoll ist, kann sie während ihrer Rezeption eine zeitweilige relative Suspension der realen Praktiken bewirken, somit Erfahrungen aller Art nicht nur reproduzieren, sondern auch modellhaft konstruieren und fingieren.[19] Die Operativität literarischer Interdiskursivität legt Link zusammenfassend als Subjektivierung des Integral-Wissens mittels der Produktion von er-lebbaren Applikations-Vorgaben fest, die zu Organisationsformen anderer Praktiken werden können und als solche die Wahrnehmung der Rezipienten sowie ihren Zugriff auf die Realität strukturieren.

In meiner Dissertation habe ich die Funktionsfähigkeit der Applikationsvorgaben der ungarndeutschen Gegenwartsliteratur erforscht. Das heißt, ich habe erforscht, über welche Mechanismen der Suspension sie ungarndeutsche alltagsweltliche und historische Erfahrungen integrativ ordnen bzw. modellieren; inwiefern sie durch diese Modelle Wirklichkeitsvorstellungen vervielfachen, inwiefern sie Erfahrungs- und Handlungsräume eröffnen, deren Bedeutung, sozialpsychologisch betrachtet, darin besteht, dem Leser eine Möglichkeit der Selbstreflexion in Bezug auf dessen alltagsweltliche und ideologische Wahrnehmungsbeschränkungen zu bieten. Zusammengefasst bedeutet es, ich wollte zeigen, inwiefern die Applikations-Vorgaben der ungarndeutschen Gegenwartsliteratur zur Identitätsbildung (des Einzelnen sowie des Kollektivs) beitragen können.[20]

---

[19] Fohrmann und Harro Müller. Frankfurt a. M. 1988, S. 284–307; vgl. auch ders., Elementare Literatur (Anm. 16), S. 48–72.

Vgl. Jürgen Link, Ursula Link-Heer: Literatursoziologisches Propädeutikum. München 1980, S. 136–164.

[20] Um die gesellschaftliche Funktionalität der ungarndeutschen Gegenwartsliteratur komplexer erforschen zu können, wurde der theoretische und methodische Grundsatz der Abhandlung durch weitere diskursanalytische, philosophische und psychologische Konzepte erweitert, die das grundlegende Konzept von Literaturanalyse als Interdiskursanalyse tangieren. Das Einbeziehen von Thesen und Methoden der Kritischen Diskursanalyse in die Untersuchungen erzielte eine differenziertere Erforschung der soziologischen und ideologischen Produktionsgesetzlichkeiten der ungarndeutschen Gegenwartsliteratur. Die Analysen profitierten von den Methoden, welche die deutsche Kritische Diskursanalyse für die Untersuchung der diskursiven Identitätskonstruktion in nichtliterarischen (politischen, journalistischen usw.) Texten entwickelt hat (Vgl. Siegfried Jäger: Kritische Diskursanalyse. Eine Einführung. Duisburg 1993; Ders.: Text- und Diskursanalyse. Eine Anleitung zur Analyse politischer Texte. Duisburg 1993; Ruth Wodak u. a.: Zur diskursiven Konstruktion nationaler Identität. Frankfurt a. M. 1998; Nationale und kulturelle Identitäten Österreichs. Theorien, Methoden und Probleme der Forschung zu kollektiver Identität. Hrsg. von Ruth Wodak. Wien 1995). Der Grundsatz musste erweitert werden, weil, erstens, die Literaturanalyse als Interdiskursanalyse die Entstehung der Texte aus einem historisch-spezifischen diskursintegrativen Spiel heraus beschreibt, und (zweitens), weil es in der ungarndeutschen

Identität habe ich dabei als sozialpsychologische und wissenssoziologische sowie historisch flexible Kategorie definiert, als Ergebnis einer Bedeutungskonstruktion, in der gesellschaftliche bzw. kulturelle Kategorien als mögliche Identifikationsrahmen selektiv internalisiert werden. Ungarndeutsche Identität als kollektive Identität[21] sowie als soziale Identität einer Person habe ich für meine Untersuchungen als diskursiv produziert und reproduziert verstanden, und bin davon ausgegangen, dass ungarndeutsche Identitätskonstrukte unterschiedlich und kontextabhängig ausgeformt werden, dass Instanzen der Politik und der Sozialisation – *unter ihnen die Literatur* – stets unterschiedliche oder sogar konkurrierende Identitätsentwürfe anbieten.

Die Beurteilung der Applizierbarkeit der Identitätsvorlagen verlief über zwei analytische Schritte. Zunächst habe ich eine literatursoziologische Analyse von Textstrukturen unternommen, d. h. die Text- bzw. Strukturkomponenten (dominant gesetzte Seme, Konfigurationen, Handlungselemente usw.) erarbeitet, die funktional auf Stabilisierung, Konservierung, Transformation oder Destabilisierung gesellschaftlicher Praxisarten zu beziehen sind. Anschließend habe ich das literarische Verfahren analysiert, das diesen eine eigene literarische Kohärenz verleiht und somit eine Kritik der pragmatischen Applikationsmöglichkeiten des jeweiligen Textes versucht.

Nunmehr möchte ich die theoretischen Ausführungen an einem Beispiel konkretisieren. Mein Beispiel soll das Kollektivsymbol *Weg* sein, das in der ungarndeutschen Gegenwartsliteratur diverse Bearbeitungen gefunden hat. Das Symbol scheint für die Zwecke der Veranschaulichung auch deshalb geeignet zu sein, weil die ihm konventionell zugewiesenen Konnotatoren [Entwicklung], [Bildung] usw. genuin auf Summieren bzw. Reflektieren von lebensgeschichtlichen Wandlungen, Erfahrungen hin angelegt sind.[22]

Gegenwartsliteratur nicht unbedingt zu einer innovativen literarischen Weiterverarbeitung dieser Identitäten kommt, die in der Link'schen Terminologie als elementar-literarisch hergestellte „Halbfabrikate" für die institutionalisierte Literatur zu fassen wären. Das Einbeziehen von Theorien über die narrative Identität in die Untersuchungen (Paul Ricoeur: Das Selbst als ein Anderer. München 1996; Ferenc Pataki: Élettörténet és identitás [Lebensgeschichte und Identität]. Budapest 2001; Narratívák 5. Narratív pszichológia [Narrative 5. Narrative Psychologie]. Hrsg. von László János und Thomka Beáta. Budapest 2001) könnte einen Beitrag zur Erforschung der Produktstrukturen der ungarndeutschen Gegenwartsliteratur als Identitätsvorlagen leisten: Das Narrative wird in diesen Theorien als Organisationsform von Identität und somit als Bedeutungskonstruktion gesetzt.

[21] Mir ist bewusst, dass der Begriff „kollektive Identität" alles andere als unproblematisch ist. Trotzdem habe ich auf ihn nicht verzichtet. Das Inflationäre des Begriffs in der einschlägigen Fachliteratur (vgl. u. a. Lutz Niethammer: Kollektive Identität. Heimliche Quellen einer unheimlichen Konjunktur. Reinbek bei Hamburg 2000) bzw. „ideologisch" als Konnotat von „kollektiv" ermöglicht, die Optiken, aus denen heraus ein ungarndeutsches Kollektiv konstruiert wird, ohne weitere Ausführungen stets als ideologisch bedingt auszuweisen.

[22] Siehe ausführlicher hierüber: Eszter Propszt: „Auf weiten Wegen". Über die ungarndeutsche Gegenwartsliteratur. Vortrag auf dem XI. Kongress der Internationalen Vereinigung für Germanistik, erscheint demnächst im Konferenzband. In der Semiologie werden die Seme – auch im laufenden Text – durch eckige Klammern gekennzeichnet.

In den 1980er Jahren war das Kollektivsymbol höchst konstitutiv für den ungarndeutschen literarischen Diskurs, es wurde in unterschiedlichen diskursiven Positionen verarbeitet.

Einerseits wird es in einer diskursiven Position bearbeitet, die als diejenige des „Assimilanten" bezeichnet werden kann. Die Bezeichnung will signalisieren, dass mit der Position Verluste verzeichnet werden, die mit der ungarndeutschen Assimilation einhergehen. So nimmt in Ludwig Fischers *Auf weiten Wegen*[23] der „Assimilant" das interdiskursive Element bzw. Kollektivsymbol *Weg* auf, das die redebeherrschende Macht mit den Konnotatoren [Fortschritt], [fortschrittlicher Sozialismus], [kommunistische Zukunft] verbunden wissen will. Er legt einen Zwischenhalt in das vorgeschriebene Auf-dem-Weg-Sein ein, und fragt nach dem, was er bereits erreicht hat. Seine Zwischenbilanz führt ausschließlich Verluste an: Die „weiten Wege" führen aus der vertrauten Dorfgemeinschaft in die fremde Stadt, in die Einsamkeit, in die Fremdheit. In der Erzählung *Im Institut*[24] leidet der ehemalige Dorflehrer unter dem mangelnden Kontakt mit den Kollegen. In *Es war einmal*[25] wehrt sich der Assimilant gegen die Fremdheit der sozialen Welt durch die Gestaltung einer virtuellen Wirklichkeit, in der Literatur, in seiner Muttersprache schafft er sich einen Fluchtraum. Anderen Assimilanten bleibt sogar ein Fluchtraum vorenthalten. In *Wo sind sie geblieben?*[26] wird Sepp bei dem Besuch in seinem Heimatdorf nicht erkannt, und er muss schmerzhaft feststellen, dass alles, was sein Gedächtnis und seine Phantasie als „heimisch" gespeichert bzw. gestaltet haben, in der Wirklichkeit nicht mehr vorhanden ist.[27] Die „Wege" werden semantisch stets als – [heimisch] belegt, der Weg büßt die semantischen Potenzen [Läuterung], [Glücks- und Identitätsfindung] ein, die Potenzen, an welche die Macht mit ihrer konnotativen Überlagerung appelliert. Die Ausführung des Konfliktes zwischen +[heimisch] und -[heimisch] ist aber unter sozialpsychologischem Aspekt mehrfach zu kritisieren, da sie eine sehr eingeschränkte Wirklichkeitsinterpretation leistet. Die Veränderungen in der „ungarndeutschen Geschichte", die Mechanismen und Konsequenzen des Ausscheidens aus einer Gemeinschaft und der Eingliederung in eine neue bleiben undurchschaut bzw. unanalysiert, die Auflösung der Dorfge-

---

[23] Ludwig Fischer: Auf weiten Wegen. Budapest 1983, S. 60–76. Künftig zitiert als AWW mit Seitenangabe.

[24] AWW, S. 42–50.

[25] AWW, S. 5–25.

[26] AWW, S. 51–59.

[27] „Dreißig Jahre lebte das Bild meines Heimatdorfes in mir. Ich hatte das Weiß seiner Häuser auch in der Ferne vor Augen, hatte die freudige Ausgelassenheit der Kirchweihmärkte in den Ohren, die Freude des Faschingsmarktes, des Pfingstreitens … Dreißig Jahre träumte ich mich in das weite Dorf zurück, wollte es auch in meinen Erzählungen […] festhalten, ich wollte es auch in den Novellen festhalten: den Weinberg, das Dorf, den Friedhof. Das wollte ich, das suchte ich in meinen Träumen und Erinnerungen. Und jetzt stehe ich da, und Wehmut trübt mir das Herz. Wo sind die erträumten Wege, die Gärten? Wo hat man sie? Wo ist alles geblieben?" (AWW 51).

meinschaft wird einfach als Dekorporierung des „guten Alten" gestaltet. Der Mangel ist – zumindest teilweise – den Ausschließungsregeln des damaligen ungarndeutschen literarischen Diskurses geschuldet. Der Diskurs gewinnt seine Legitimation aus der Versicherung der Loyalität der herrschenden Gesellschaftsordnung gegenüber und wird dadurch wesentlich eingeschränkt. Das bedeutet, die Veränderungen im Sozialsystem, konkret die Auflösung der ungarndeutschen Dorfgemeinschaften, müssen angesichts des neuen, sozialistischen Systems grundlegend positiv gedeutet werden, die Verluste dürfen in ihrem wirklichen Ausmaß, in ihrer sozialen und psychischen Realität nicht rekonstruiert werden.

Andererseits wird das Kollektivsymbol *Weg* mit der diskursiven Position des „Versöhnenden" verarbeitet. Der „Versöhnende" strebt eine Verbindung von Vergangenheit, Gegenwart und Zukunft der Ungarndeutschen an, versucht die „ungarndeutsche Geschichte" als [kontinuierlich] zu gestalten. Beispiele für diese Position sind u. a. in Ludwig Fischers *Auf weiten Wegen* zu finden. Bei dem „Versöhnenden" führen die „weiten Wege", anders als bei dem „Assimilanten", zueinander bzw. zur Läuterung – die „Versöhnung" erreicht die Position allerdings nur um den Preis der Suspension gewichtiger realer Praktiken.

In *Das neue Mädchen*[28] findet die Versöhnung des ungarndeutschen Gestern, Heute und Morgen in einer LPG statt, im Modell einer Welt, die in der Phase der sozialistischen Erfüllung als schlechthin gut hingestellt wird. Die Leitung dieser LPG übergibt Franz Krämer an die junge Diplomlandwirtin Eva Kovács, deren Sachverständnis, Fleiß und Zuverlässigkeit nicht nur die LPG aufblühen lassen, sondern auch das Herz des alternden Krämers. Ehe aber seine Gefühlsregungen zu ernsthaften Konflikten mit seiner Frau führen oder Eva von ihnen erfährt, stellt sich heraus, dass die junge Frau seine Tochter ist. Die Tochter versöhnt den alten Krämer auch mit dem Gestern, als die Bauernwirtschaft seines Vaters es nicht erlaubte, eine Frau eines niedrigeren sozialen Standes in die Familie aufzunehmen, selbst wenn diese ein Kind von ihm erwartete. Auf den „weiten Wegen" wird eine glückliche Familie konstruiert: Eva darf nach freier Herzensbestimmung heiraten, ihre Kinder werden Eltern und Großeltern Freude bereiten. Für die Beurteilung der Applizierbarkeit der Erzählung, in der die „Liebesgeschichten" eine ideologische Stützfunktion erhalten, bieten sich viele Geschichten an, die die ideologische Botschaft zu vermitteln bestrebt sind, dass im Sozialismus ungestört Herz zum Herzen finden darf. In anderen Werken gelingt es durch eine authentische Konstruktion einer Liebesgeschichte, das Problem der freien Herzensbestimmung wirklich diskutierbar zu machen bzw. in anderen Werken wirkt die Gestaltung von Liebe dermaßen authentisch, dass die Rezipienten das Werk durch die Ausblendung der ideologischen Elemente

---

[28]   AWW 114–203.

zum Klassiker machen.[29] In dem Prosatext *Das neue Mädchen* sind die „weiten Wege" viel zu „verwinkelt", d. h. die vielen Zufälle, durch die eine Lösung erreicht wird, liegen fernab der Alltagserfahrungen des Lesers, und in der Gestaltung der [glücklichen Familie] werden ernsthafte psychologische Probleme ausgeklammert. In der Neugründung der Familie Krämer wird nur die Aufhebung der Kinderlosigkeit fokussiert, doch das Inzestproblem wird als solches nicht weiter erörtert; Franz Krämers Verantwortung blendet die Großzügigkeit der Frauen aus (d. h. Evas Mutter gibt dem Mann gar keine Schuld, im Gegenteil, sie versichert ihn ihrer Verehrung und Liebe; der Autor lässt sie sterben, um die Konstellation „glückliche Familie" keinesfalls zu gefährden; Frau Krämer nimmt danach Eva anstandslos als Tochter an). Darüber, wie Eva diese Ereignisse psychisch verarbeitet, verliert der Verfasser kein Wort, auch Krämer hält er keine Schuld vor, diese liegt ausschließlich am vorsozialistischen Sozialsystem.

Die Tatsache, dass das Kollektivsymbol, auch von denselben Autoren, in konträren diskursiven Positionen, gleichzeitig in konstruktiven und destruktiven identitätskonstruierenden Strategien verwendet wird, weist auf die Widersprüchlichkeit des „sozialen Auftrags"[30] der ungarndeutschen Schriftsteller in den 1980er Jahren hin: Einerseits wird (sozial)psychologische Hilfe bei der Bewältigung schmerzhafter Verluste gefordert, andererseits Bestätigung, dass die Integration in die sozialistische Gesellschaft problem-, d. h. schmerzlos abläuft.

Solange in den deutschsprachigen Beispielen die Verarbeitung des Kollektivsymbols *Weg* vorwiegend über die Aktualisierung von „Weg" als konnotativer Signifikat verläuft (die historischen und alltagsweltlichen Erfahrungen der Ungarndeutschen werden vor allem durch die semantische Leistung des Titels „Auf weiten Wegen" – als übergreifende Isotopie und als übergreifendes Strukturprinzip – als „Wege" ausgewiesen), verläuft die Verarbeitung der Wegsymbolik in Robert Baloghs *Schwab evangiliom: Nagymamák orvosságos könyve* [Schwab evangiliom: Großmutters Arznei-

---

[29] Ein für den ungarischen Leser anschauliches Beispiel ist die Filmadaptation der Sarkadi-Novelle *Kútban* [Im Brunnen] und *Körhinta* [Karussell], die durchgehend mit einer Wegsymbolik operiert (siehe Zoltán Fábri: Körhinta. MAFILM 1955): Der Vater und der Geliebte von Mari gehen „einen anderen Weg" – der Vater will aus der LPG austreten, Máté hingegen ist ein überzeugter Genossenschaftsbauer. Dieser Umstand wirkt sich auch auf die der Liebe der Jugendlichen aus, die lange nicht zusammenkommen dürfen. In langen Sequenzen werden die schlammigen Wege, auf denen sich das alte bäuerliche Lebens abspielt, gezeigt, die Máté nicht mehr gehen will. Die Musik des Filmes variiert das ungarische Volkslied: „Oh, wie breit ist, oh, wie lang ist jener Weg, auf dem mein Schatz losgegangen ist […]. Von einem weiten Weg kann man nicht zurückkehren, die Liebe kann man nicht verbergen […]". Aber die Liebe findet immer ihren Weg, gegen sie ist Maris Vater machtlos. Das alte Gesetz, Acker findet zum Acker, wird durch das neue, Herz findet zum Herzen, abgelöst. Abgesehen davon, dass der Film die Botschaft vermitteln will, dass alle Wege in die LPG führen, ist der Film sowohl von Experten als auch – laut Befragungen – von den Zuschauern zu den zehn besten ungarischen Filmen gezählt worden.

[30] Unter „sozialem Auftrag" versteht Link die ideologische Bedingtheit einer diskursiven Position. Vgl. Link u. Link-Heer, Literatursoziologisches Propädeutikum (Anm. 19), S. 280–297.

buch] im ersten Schritt über eine äußerst sorgfältig ausgearbeitete denotative
Ebene, die „Wege" der „ungarndeutschen Erfahrung" erscheinen nämlich
auch auf der Ebene der Denotation als Wege. Die Narration erzählt über die
Wege, die die Ungarndeutschen gegangen sind, über den Weg, den sie bei
der Ansiedlung zurückgelegt haben, ebenso über den bei der Vertreibung
nach dem Zweiten Weltkrieg usw. Die konnotative Ebene wird in einem
zweiten Schritt installiert[31], indem die Narration selbst als Weg reflektiert
wird:

> [...]
> Die Landstraße der Toten ist die Landstraße der Lebendigen.
> Das ist das Einzige was verbindet.
> Das ist das Einzige was bleibt
> Wer den Weg durchgegangen ist soll darüber mit Zuversicht be-
> richten.
> Damit es leichter ist das zu glauben
> Damit wir es nicht als Scherz hinnehmen.
> [...] (SCHE, S. 138)

Dazu kommt, dass die „Form" der Narration semantisch funktionalisiert
wird, die formale Ebene des Textes zum Teil der Inhaltsstruktur wird. Die
Selbstdefinition des Werkes, die das vorliegende narratologische System als
System beschreibt, lautet:

> Was ist das? – Ein Buch, das sich aus Fragmenten aufbaut, die sich nicht zusammenfügen,
> eine Geschichte, die sich aus zum Vergessen verurteilten menschlichen Schicksalen zu-
> sammensetzt, eine Geschichte, die sich nicht [als Geschichte] gestaltet, Erinnerungen,
> Farben, Düfte, die verschmelzen, Trennung, Vereinigung, Rausch und Wahnsinn. Ein stil-
> les, schneckenförmiges Nachdenken. Über Schwaben. (SCHE, S. 11)

Der Weg der Narration nimmt demnach die Form einer Schneckenlinie,
einer Spirale an, die die Semantik des ewigen Zyklus, der sich stets ent-
wickelnden zyklischen Kontinuität, welche die Emanation in sich trägt, und
die, als Denkfigur aktualisiert, die Reflexion über den Ausgangspunkt impliziert, in immer weiter werdenden „Windungen".
Der Ausgangspunkt des Nachdenkens und Erzählens über das Ungarn-
deutsch-Sein ist *Die Erzählung des Opapa über die alte Heimat, darüber,
warum wir die Gegend hinter uns gelassen haben, um hierher zu kommen.* In
der Erzählung werden die Seme [Fahrt] und [Weg] dominant gesetzt.
Dadurch wird die homogene semantische Ebene des [Auf-dem-Weg-Seins],
respektive des [Auf-der-Fahrt-Seins] begründet, die die Narration entfaltet,
und u. a. durch ihre semantisch funktionalisierte Form – sie ist, wie aus dem

---

[31]   Die Schritte sowie die denotativen und konnotativen Bedeutungen sind selbstverständlich nur theore-
      tisch und nur aus forschungspraktischen Gründen voneinander zu trennen.

bisher Gesagten hervorgeht, selbst als „Auf-dem-Weg-Sein" zu erfassen – reflektiert: Die dominant gesetzten Seme rekurrieren in anderen Erzählungen (*Meine Erzählung über mich selbst, wie ich hier geblieben bin, warum ich nicht in das Land der Opapas zurückgekehrt bin [...]*; *Die Erzählung des Opapa über die Heimkehr der Omama, in der die Omama erzählt, wie man über drei Grenzen heimkehren kann*), in einander ergänzenden, referierenden, interpretierenden, d. h. erweiternden Kontexten. Das semantische Potenzial des [Auf-dem-Weg-Seins] wird im Zuge der Rekurrenz der Seme [Weg] und [Fahrt] immer größer, es leistet eine immer komplexere Reflexion des Ungarndeutsch-Seins. Das „Auf-dem-Weg-Sein" wird somit als eine zentrale Kategorie der ungarndeutschen Identität ausgewiesen.

Die dem Kollektivsymbol *Weg* konventionell angelegten Konnotationen werden hier viel komplexer und differenzierter ausgearbeitet bzw. literarisch weiter verarbeitet als in den obigen deutschsprachigen Beispielen. Dadurch verfügen auch die Identitäts- und Orientierungsmuster des Textes über eine bessere Applizierbarkeit. Die diskursive Position lässt sich als die des „Evangelisten" festlegen, und zwar weil sie die re-konstruierten ungarndeutschen historischen und alltagsweltlichen Erfahrungen als Grundelemente einer ungarndeutschen Identität bewusst macht bzw. als maßgebend und prägend für das eigene Handeln erkennen lässt.[32] Die Narration erweist sich somit als Gedächtnishandlung, die die „ungarndeutsche Kultur" neu konstruiert.[33]

---

[32] Siehe dazu ausführlicher Eszter Propszt: „Das ist das Einzige, was verbindet". Untersuchungen zu Robert Baloghs Schwab evangiliom. In: Kakanien revisited. URL: http://www.kakanien.ac.at/beitr/fallstudie/EProbszt1.pdf [Stand 25. 10. 2007]

[33] Zu den Zusammenhängen zwischen kultureller Sinnkonstruktion und Gedächtnis vgl. Renate Lachmann: Gedächtnis und Literatur. Intertextualität in der russischen Moderne. Frankfurt a. M. 1990. Vgl. auch Magdolna Orosz: Az elbeszélés fonala. Narráció, intertextualitás, intermedialitás [Der Faden der Erzählung. Narration, Intertextualität, Intermedialität]. Budapest 2003.

Deutsche Literatur im slowenischen Sprachraum

Der Stand der Forschung heute

MIRA MILADINOVIĆ ZALAZNIK (Laibach/Ljubljana)

1. Einführung

Sucht man als ein von der Nützlichkeit und Omnipotenz des Computers einigermaßen überzeugter Mensch im Internet nach dem Begriff „Germanistik", so findet man dort in unglaublichen 0,22 Sekunden nicht minder als 40.200 Ergebnisse.[1] Die Beschäftigung mit nur *einem* Teil dieses Sachgebietes würde Stunden, ja Tage in Anspruch nehmen. Deshalb verzichtet der an diesem Wissenszweig Interessierte vorerst lieber auf diese Wohltat der Zivilisation und wendet sich den Büchern zu. Geht man dem Begriff beispielsweise in der *Enzyklopädie Sloweniens* nach, kann man sich angesichts der äußersten Bescheidenheit des Suchergebnisses nur wundern. Die 12,5 Zeilen, die der *deutschen* bzw. *germanischen* Sprach- und Literaturwissenschaft hier einberaumt werden, „deren Gegenstand bei uns mitunter bloß die *deutsche* Sprache und Literatur"[2] sind, wurden 1989 vom Slawisten und Sprachwissenschaftler Franc Jakopin (1921–2002) verfasst. In diesem Beitrag erfährt man, dass in Laibach/Ljubljana an der Abteilung für Germanistik (hervorgegangen aus dem 1920 gegründeten deutschen Seminar) der Philosophischen Fakultät (seit 1919) und in Marburg an der Drau/Maribor an der dortigen Abteilung für Germanistik der Pädagogischen Fakultät (seit 1975) das Fach Deutsche Sprache und Literatur gelehrt wird. Jakopin weist auch darauf hin, dass die Niederlandistik in Slowenien unterentwickelt sei (was sich inzwischen ein wenig geändert hat), während Friesisch, Afrikaans und Jiddisch weder erforscht noch gelehrt würden.

---

[1] Vgl.: http://www.google.de/search?hl=de&q=Germanistika&btnG=Google-Suche&meta (Stand vom 20. 09. 2005). Hier werden auf den ersten Seiten einschlägige Institutionen angeführt. So folgt auf diverse tschechische, ein serbisches (Novi Sad), ein österreichisches (Graz) und ein estnisches (Tallin) Institut für Germanistik, jenes aus Ljubljana, dann wieder ein tschechisches, ein kroatisches und schließlich auch jenes aus Maribor.

[2] Franc Jakopin: Germanistika [Germanistik]. In: Enciklopedija Slovenije [Enzyklopädie Sloweniens]. Bd. 3: Eg-Hab. Ljubljana 1989, S. 206.

317

Dem Stichwort *Germanistik* folgt in der *Enzyklopädie*, in der Reihenfolge des slowenischen Alphabets, ein anderes, viel berüchtigteres Stichwort: *Germanisierung*. Der Historiker Bogo Grafenauer (1916–1995) analysiert und kommentiert auf gut zwei Seiten eingehend die historischen Umstände dieses Phänomens sowie dessen Folgen für die Slowenen und ihr Land.[3]

2. Historische Umstände

Da mein Aufsatz die deutsche Literatur im slowenischen Sprachraum zu thematisieren verspricht, drängt sich einem die Frage auf, in welcher Beziehung die „Germanistik" mit der deutschen Literatur im slowenischen ethnischen Gebiet steht. Die Beantwortung dieser Frage wird Sachverhalte enthüllen, die eine nicht unbedeutende Rolle bei der Erforschung der deutschen Literatur im Allgemeinen und der im slowenischen Sprachraum entstandenen im Besonderen gespielt haben.

Die Geschichte der wechselseitigen Beziehungen und Beeinflussungen der Deutschen und Slowenen auf dem Gebiet des heutigen Sloweniens ist lang. Die meisten politischen, sozialen, wirtschaftlichen und sonstigen Probleme der Slowenen wurden über Jahrzehnte und Jahrhunderte ausschließlich innerhalb ihrer Kultur und Literatur ausgetragen, erst relativ spät im Rahmen der Politik. Beides wohl nicht deswegen, weil die Slowenen sich mehr für die Kultur als für das Praktische im Leben interessiert hätten, wie mitunter behauptet worden ist[4], sondern weil die österreichische Staatlichkeit die Thematisierung der slowenischen Nationalfrage und aller anderen damit verbundenen Problemfelder nur im Rahmen der Kultur duldete.

Zum ersten Mal wurden politische Anliegen der Slowenen in aller Deutlichkeit im Frühling 1848 formuliert. Damals wurde der Wunsch nach Einführung des Slowenischen in Schulen und Ämtern, nach slowenischem Theater, einer slowenischen Universität, nach einer Presse in der Muttersprache und schließlich nach einem vereintem Slowenien[5] nicht nur laut vorgetragen, sondern erstmals durch die Medien[6] in der Öffentlichkeit bekannt gemacht.

---

[3] Vgl. dazu Bodo Grafenauer: Germanizacija [Germanisierung]. In: Ebenda, S. 206–209.
[4] Peter Handke: Abschied des Träumers vom Neunten Land. Eine Wirklichkeit, die vergangen ist. Erinnerung an Slowenien. Frankfurt a. M. 1991. Siehe auch Mira Miladinović Zalaznik: „V teh sanjah mi govorijo, da ne smem sanjati ..." [„In diesem Traum wird mir erzählt, dass ich nicht träumen darf ..."]. Was für eine Rolle spielen Slowenen in einigen Werken von Joseph Roth, Peter Handke und Drago Jančar. In: Dies.: Deutsch-slowenische literarische Wechselbeziehungen. Ljubljana 2002, S. 189–238.
[5] Stane Granda: Prva odločitev Slovencev za Slovenijo. Dokumenti z uvodno študijo in osnovnimi pojasnili [Die erste Entscheidung der Slowenen für Slowenien. Dokumente samt Studie und grundlegenden Erläuterungen]. Ljubljana 1999.
[6] Die Grazer Slowenen gründeten am 16. April 1848 ihren *Verein Slovenija*. Bereits am 22. April des gleichen Jahres veröffentlichten sie in der *Grazer Zeitung* ihr erstes Programm, in dem vom Vereinten Slowenien die Rede ist. Der Verein setzte sich für Slowenisch in den Schulen und Ämtern

Eine nächste gravierende Zäsur in den deutsch-slowenischen Beziehungen markierte zu Beginn des 20. Jahrhunderts der Zerfall der Donaumonarchie nach dem Ende des Ersten Weltkrieges und die Gründung des südslawischen Staates. Dies bedeutete für die Germanistik in Slowenien zunächst, dass man das Fach in Laibach/Ljubljana studieren konnte und dass sowohl die etablierten als auch die angehenden Germanisten die deutsche Sprache gut beherrschten und dass man sich daher in der Lehre nicht nur Sprachübungen widmen musste, sondern auch auf die Erforschung und Vermittlung der deutschen Literatur eingehen konnte. Es bedeutete aber gleichzeitig auch, dass man nun, da Slowenisch zur Amts- und Schulsprache geworden war, viel Energie und Zeit auf die Bildung der slowenischen Fachsprache und der Terminologie verwenden musste.

Die wohl nachhaltigste Wirkung auf die deutsch-slowenischen Beziehungen hatten die Ereignisse im Umfeld des Zweiten Weltkrieges. Der durch Nazideutschland angezettelte Krieg, die vorübergehende Besetzung Jugoslawiens und die darauf folgende Vertreibung der Deutschen aus diesen Gebieten hat das Verhältnis zwischen den beiden Völkern nachhaltig belastet. Nach Kriegsende wurde in Jugoslawien und somit auch in Slowenien, das zu diesem Staat gehörte, die so genannte „Volksdemokratie" als Staatsform ausgerufen. Politisch und ideologisch bedingt wurde nun das Lehrfach Germanistik in Slowenien eingeschränkt, Deutsch galt nicht mehr als erste Fremdsprache, diese Stelle eroberte schon damals Englisch. An der germanistischen Abteilung mussten sich die Lehrkräfte auf den Sprachunterricht beschränken. An dieser Sachlage hat sich bis auf den heutigen Tag nicht viel geändert, Sprachvermittlung nimmt im germanistischen Studium auch heute immer noch zwei Drittel der Angebote des Unterrichts in Anspruch.[7]

Ein Autor und Politiker des 19. Jahrhunderts, Josip Vošnjak (1834–1911), der gemeinhin für einen der radikalen Jungslowenen gehalten wird, schreibt in seinen *Erinnerungen* (1905–1906), man habe in seinem Elternhaus in der Regel Deutsch gesprochen. Des Slowenischen hätte man sich nur dann bedient, wenn der Ansprechpartner das Deutsche nicht beherrscht habe. Übrigens hätte man sich damals, so Vošnjak, weder für einen Slowenen noch für einen Deutschen gehalten, da sich um nationale Zugehörigkeit bis 1848 überhaupt niemand gekümmert hätte.[8]

---

ein, plädierte im Rahmen der damaligen Möglichkeiten für die Errichtung einer slowenischen Universität, ebenso für die Abschaffung der Zollgrenze mit Kroatien, für Erleichterungen im Verkehr mit Kroatien und für eine Zusammenarbeit mit diesem Land auf dem Gebiet des höheren Schulwesens. Darüber hinaus forderte er, Slowenien sollte sich innerhalb Österreichs konstituieren, und zwar als ein allen anderen Ländern der Krone gleichberechtigtes Land. Auch sprach er sich gegen den Anschluss Österreichs an den Deutschen Bund aus.

[7]   Dafür erfreuten sich Deutschkurse der „Arbeiteruniversitäten", wie die Volkshochschulen damals genannt wurden, wegen des großen Bedarfs an Deutschkenntnissen eines großen Zulaufs.

[8]   Dr. Josip Vošnjak: Spomini. Prvi zvezek. Prvi in drugi del 1840 do 1867 [Erinnerungen. Erster Band. Erster und zweiter Teil, 1840 bis 1867]. Ljubljana 1905, S. 11–12. Ein Nachfahre von ihm, Bogumil Vošnjak (1882–1959), war ein Freund des tschechischen Politikers Masaryk und bemühte sich

Nach 1848 begannen sich die Krainer in Slowenen und Deutsche zu scheiden. Dieser Prozess war mitunter sehr schmerzhaft und hinterließ seine Spuren im Alltag[9], im Sport (dabei ging es z. B. auch um die Frage, wer, die Deutschen oder die Slowenen, als erste den höchsten slowenischen Berg Triglav – 2864 Meter – besteigen würden), aber auch in der Kultur und in der Wissenschaft. Man verhielt sich mitunter so radikal, dass beispielsweise diejenigen Slowenen, die nach 1848 immer noch auf Deutsch ihre Schriften verfassten oder einer deutschen politischen Partei angehörten, selbst wenn diese slowenische Anliegen vertrat, für Deutschtümler und sogar für Verräter gehalten wurden und als solche in „nationalen" Misskredit gerieten.

3. Forschungsstand

Es war unter diesen Umständen nicht immer einfach, die deutsche, auf dem Gebiet des heutigen Sloweniens entstandene Literatur zu erforschen. Die ersten Wissenschaftler, die sich damit befassten, waren Slawisten, die noch in Wien studiert hatten und sich danach in Russland weiter ausgebildet hatten. Im neuen südslawischen Staat gehörten sie, wie beispielsweise Ivan Prijatelj (1875–1937) oder France Kidrič (1880–1950), zu den Mitbegründern und Professoren der Laibacher Universität und der Slowenischen Akademie der Wissenschaften und Künste. Sie erfreuten sich eines guten Rufes und genossen hohes Ansehen, verfügten über ein großes Wissen und über persönliche Kontakte zu bedeutenden Germanisten und hatten noch Zugang zu jenen Quellen, die uns – weil heute unauffindbar, verschwunden oder vernichtet – nicht mehr zur Verfügung stehen. Sie waren aber gleichzeitig ausgesprochen slawophil und in den langjährigen Kampf ihres Landes um politische und gesellschaftliche Emanzipation eingebunden, der ihre Urteile und Einschätzungen nachhaltig beeinflusst hat. Ihre Interpretationen von Tatsachen, ihre Deutungen von Umständen, ihre Erklärungen von Sachverhalten, die Einschätzungen von Positionen und Gegebenheiten sind mitunter, mehr als billig und nötig, dem Geist jener Zeit verpflichtet. Und die nachfolgenden Generationen übernahmen und über-

---

während des Ersten Weltkrieges in Amerika um die Gründung Jugoslawiens. Es soll hier nicht unerwähnt bleiben, dass ein Teil der Familie Vošnjak deutsch sozialisiert wurde und später in die Schweiz zog. Zu den Nachfahren dieses Familienzweiges gehört auch Gregor Woschnagg (geb. 1939), der seit 1999 Ständiger Vertreter Österreichs bei der EU in Brüssel ist.

[9]   „Wie kommt es, daß wir in den Gassen-Ecken Laibachs die Verlautbarung bezüglich des *neuerlichst* vorgekommenen wüthenden Hundes *nur* in *deutscher* Sprache zu lesen bekamen? Sollen durch diese warnende Kundmachung nur die *Deutschverstehenden* auf die Gefahr aufmerksam gemacht werden? Verdient der schlichte, der deutschen Sprache unkundige *Krainer* keine Rücksicht?" Johann Bleiweis: Eine ganz bescheidene Anfrage an die löbliche k. k. Polizei-Direction in Laibach. In: *Laibacher Zeitung*, 3. Juni 1848.

nehmen unkritisch bis in die jüngste Zeit hinein die Ergebnisse ihrer Untersuchungen, oft auch ohne sie überprüft zu haben, teils auch deswegen, weil sie nicht mehr in der Lage sind, deutsche Quellen selbst zu lesen. So wissen heute nicht einmal Wissenschaftler – von den großen Abnehmern dieses Wissens, den Lehrern, Schülern und Studierenden ganz zu schweigen –, dass es Leopold Kordesch (1808–1879) war, der als erster im 19. Jahrhundert ein slowenisches politisches Blatt gründen wollte, und nicht, wie immer noch behauptet wird, der „Vater der Nation", Dr. Johann Bleiweis (1808–1881).[10] Ebenso wenig weiß man, dass Constant Wurzbach Ritter von Tannenberg (1818–1893), Herausgeber des 60 Bände umfassenden *Biographischen Lexikons des Kaisertums Oesterreich*, ein gebürtiger Laibacher war, der darin auch über den slowenischen Dichterfürsten France Prešeren (1800–1849) einen, wenn auch fehlerhaften, Beitrag veröffentlichte. Auch der Publizist Peter von Radics (1836–1912), Verfasser der ersten und meines Erachtens immer noch besten Monografie über Johann Weichard Freiherrn von Valvasor (1641–1693), dem ersten Krainer Mitglied der ältesten europäischen wissenschaftlichen Sozietät *Royal Society*[11], ist im Bewusstsein der breiteren slowenischen Öffentlichkeit nicht präsent.

Während der im Jahr 2000 in Ljubljana abgehaltenen internationalen Tagung der Österreichischen Gesellschaft für Germanistik legte Anton Janko[12] einen ersten ausführlichen Bericht über slowenische Germanisten und ihre in Forschung, Lehre und Kulturvermittlung geleistete Arbeit vor. Darin stellt er fest, dass die erste (dazu gehören die Begründer der Germanistik, u. a. Jakob Kelemina) und die zweite Germanistengeneration (Helena Stupan, Dušan Ludvik, Janez Stanonik) die Weichen für dieses Forschungsgebiet gestellt und die grundlegenden Vorarbeiten geleistet hätten. Die nachfolgenden Generationen (Anton Janko, Mirko Križman, Neva Šlibar, Mira Miladinović Zalaznik, Vesna Kondrič Horvat, Matjaž Birk, Marija Javor Briški, Dejan Kos, Špela Virant, Irena Samide, Tanja Žigon), die sich die Erforschung der in deutscher Sprache verfassten Literatur zu ihrer Aufgabe machten, konnten sich schon international behaupten. Die Ergebnisse ihrer Forschungen wurden auf Symposien[13] im In- und Ausland präsentiert und danach in Tagungsbänden veröffentlicht. Ein großes Verdienst, was die Organisation

---

[10] Später ist aus dieser Initiative die Fachzeitschrift für Handwerker und Landwirte *Kmetijske in roko-delske novice* [Krainische Landwirtschaftszeitung], deren Redakteur Bleiweis wurde, hervorge-gangen.

[11] Vgl. ausführlicher dazu: Mira Miladinović Zalaznik: „Ein Geschichtsschreiber, der wissendlich Romanen für Historien ausgibt ..." Johann Weichard Freiherr von Valvasor (1641–1693). In: Querschnitte. Deutsch-slovenische Kultur und Geschichte im gemeinsamen Raum. Hrsg. von Krista Zach und Mira Miladinović Zalaznik. München 2001, S. 91–124.

[12] Anton Janko: Germanistik in Slowenien. In: *Stimulus*. „Und gehen auch Grenzen durch jedes Wort". Grenzgänge und Globalisierung in der Germanistik. Mitteilungen der Österreichischen Gesellschaft für Germanistik und Beiträge der Tagung in Ljubljana 2000. Wien 2001, S. 19–26.

[13] Das erste Ingeborg-Bachmann-Symposion überhaupt, das Neva Šlibar organisiert hatte, wurde vom 13.–15. April 1984 anlässlich des 10. Todestages der großen Dichterin in Ljubljana abgehalten.

von internationalen Tagungen und die Edition von Sammelbänden anlangt, in denen auch die slowenischen Germanisten vertreten sind, hat sich das Institut für deutsche Kultur und Geschichte Südosteuropas an der Ludwig-Maximilans-Universität München (IKGS) erworben, das sich unter Teilnahme nun auch der jüngsten Generation von Wissenschaftlern Südosteuropas der Erforschung der deutschen Kultur und Geschichte in diesem Teil Europas professionell annimmt.

Alle slowenischen Literaturwissenschaftler/innen, die ihre Arbeit in den Dienst der Kulturvermittlung stellen, haben sich im Laufe ihrer Tätigkeit neben allgemeinen germanistischen Themen immer auch mit solchen befasst, die im Bereich der deutsch-slowenischen Kulturbeziehungen anzusiedeln sind. Ein besonderes Augenmerk wurde jenem Teil der deutschen Literatur gewidmet, der entweder auf dem Gebiet des heutigen Slowenien entstanden ist oder von deutsch schreibenden Slowenen verfasst wurde. Anton Janko hat die Geschichte dieser Thematik bis zu ihren Anfängen zurückverfolgt. Bei seinen Recherchen stieß er auf slowenische Spuren in Wolframs von Eschenbach *Parzival*, er ging ihnen in der höfischen Dichtung, im Minnesang, im Barock, vor allem aber bei jenen Autoren des 18., 19. und 20. Jahrhunderts nach, die auf dem Gebiet Sloweniens tätig waren bzw. zu dieser Region auf die eine oder andere Art Beziehungen unterhielten. Anton Janko konnte in den Biografien und Werken von Johann Anton Suppantschitsch, Anastasius Grün, Johann Gabriel Seidl, Peter Rosegger, Friedrich von Gagern, Gert Hofmann, aber auch bei Abraham a Sancta Clara, Ernst Moritz Arndt, Gottfried Seume und Franz Grillparzer solche Kontakte ausfindig machen. Über die Ergebnisse seiner Recherchen berichtete er auf Symposien und in zahlreichen Veröffentlichungen im In- und Ausland. Sie bilden auch das Gerüst seiner Vorlesungen für Studierende des Diplomstudiums der Germanistik und Slowenistik und liefern Anregungen für Postgraduierte, die sich in ihren Magister- und Doktorarbeiten dieser Themen annehmen.

Neva Šlibar, deren Schwerpunkt die zeitgenössische deutschsprachige Literatur und Literaturdidaktik ist, beschäftigte sich in den diesem Themenkreis gewidmeten Studien u. a. mit Peter Handkes diffizilem Verhältnis zum Land der Slowenen[14] und mit den Schriften des Vormärzdichters Anastasius Grün[15]. Nicht minder galt ihr Interesse der aus Celje (Cilli) gebürtigen Alma Maximiliana Karlin (1889–1950)[16], die im slowenischen Kulturbewusstsein

---

[14] Neva Šlibar: Das Eigene in der Erfindung des Fremden: Spiegelgeschichten, Rezeptionsgeschichten. In: Zur Geschichte der österreichisch-slowenischen Literaturbeziehungen. Hrsg. von Andreas Brandtner und Werner Michler. Wien 1998, S. 367–387.

[15] Neva Šlibar: „Du Freiheitspaganini". Biographisches von und über Anastasius Grün. In: Anastasius Grün und die politische Dichtung des Vormärz. Hrsg. von Anton Janko und Anton Schwob. München 1995, S. 39–54.

[16] Vgl. Neva Šlibar: Traveling, living, writing from and at the margins: Alma Maximiliana Karlin and her geobiographical books. In: Transforming the center, eroding the margins: Essays on ethnic and

kaum präsent ist. Karlin war zwischen den Weltkriegen die meistgelesene deutsche Reiseautorin, und wurde von Selma Lagerlöf sogar für den Nobelpreis vorgeschlagen. Bekannt wurde sie vor allem durch ihre kurz nach dem Ersten Weltkrieg unternommene achtjährige Weltreise und die Bücher, die sie darüber veröffentlichte.

Mira Miladinović Zalaznik, die über deutsche und österreichische Autoren des 17., 19. und 20. Jahrhunderts forscht und lehrt (u. a. Valvasor, Georg Büchner, Franz Grillparzer, Leopold Kordesch, Anastasius Grün, Josef Blasnik, Edward Samhaber, Heinrich Costa, Franz Hermann von Hermannsthal, Carl Alexander Ullepitsch, Joseph Roth, Ödön von Horváth, Hermann Broch, Franz Werfel, Heinrich Böll, Christa Wolf, Peter Handke, Florijan Lipuš, Fabjan Hafner, Ingrid Puganigg, Barbara Frischmuth), hat sich in ihrer Dissertation als erste slowenische Germanistin einer deutschen Zeitschrift aus Krain angenommen.[17] Dabei tat sich ihr eine Fülle noch unerforschten Materials zu anderen deutschen Zeitungen und Zeitschriften, zu Autoren, Druckern und Verlegern aus dieser Region auf, das sie und ihre Mitarbeiterinnen, Absolventen und Postgraduierten, nun eingehender gesichtet und beschrieben haben. Erforscht wurden bislang u. a. die Periodika *Carniolia, Laibacher Zeitung, Illyrisches Blatt, Blätter aus Krain, Correspondent für Steiermark, Marburger Zeitung, Triglav, Laibacher Wochenblatt, Kundschaftsblatt*. Die Ergebnisse dieser Recherchen wurden auf Tagungen und Symposien präsentiert, in eigenen Büchern bzw. in Sammelbänden und Zeitschriften veröffentlicht, die Studenten und Doktoranden werden in Vorlesungen und Seminaren darüber informiert. Darüber hinaus werden die Studenten, die diese Lehrveranstaltungen besuchen, dazu angehalten, zu einem deutschsprachigen Periodika dieser Region Hausarbeiten zu verfassen. Ähnliche Themen werden zu Autoren, Druckern, Verlegern, Übersetzern und Kritikern aus diesem Raum, zur Zensur usw. vergeben.

Marija Javor Briški, eine Mediävistin, erforschte u. a. die geistesgeschichtlichen und literarhistorischen Aspekte in einem spätmittelalterlichen Privatgebetbuch, das in der National- und Universitätsbibliothek von Ljubljana aufbewahrt wird, und veröffentlichte Untersuchungen zur deutschen Schreibsprache eines spätmittelalterlichen Gebetbuches.

---

cultural boundaries in German-speaking countries. Studies in German literature, linguistics, and culture. Hrsg. von Dagmar C. G. Lorenz und Renate S. Posthofen. Columbia 1998, S. 115–127. Vgl. auch dies.: Von einer, die auszog, das Fürchten zu lernen: Alma M. Karlins Einsame Weltreise. In: *Script* 5(1996), Nr. 9, S. 10–13. Im Fall Karlin wirkte Neva Šlibar auch literarisch anregend. Uršula Cetinski, eine ehemalige Germanistikstudentin, schrieb über Alma Karlin ein viel beachtetes Mono-Drama mit dem Titel *Alma* (1995), in dem sie sich auf die hinterlassenen Schriften von Karlin stützt.

[17] Mira Miladinović Zalaznik: Das literarische und kritische Schaffen in der deutschen Zeitschrift Carniolia (Ljubljana 1838–1844) mit besonderem Hinblick auf das Vaterländische. Diss. Ljubljana 1994.

Matjaž Birk hat in seiner Doktorarbeit die Beilage der *Laibacher Zeitung*, das *Illyrische Blatt*[18], untersucht. Aus seinen daraus hervorgegangenen weiteren Beschäftigungen mit diesem Thema resultierten seine Studien zum deutschen Theater in Ljubljana und Maribor, ebenso jene zu den deutsch-slowenischen Kulturbeziehungen, zum Panslawismus und Illyrismus in der Laibacher Kulturpublizistik des Vormärz sowie zur Präsenz der kanonisierten deutschen Literatur in den deutschsprachigen Periodika auf dem Gebiet Sloweniens.

Tanja Žigon hat als die bisher jüngste Germanistin, die in diesem Forschungsbereich tätig ist, eine kommentierte Studie über alle im slowenischen Gebiet von 1707–1945 auf Deutsch erschienenen Publikationen verfasst und sie unter dem Titel *Deutschsprachige Presse in Slowenien (1707–1945)* veröffentlicht, nachdem ihre Arbeit zuerst auf slowenisch erschienen war.[19] Im Mittelpunkt ihrer Forschungen stand die deutschsprachige Zeitschrift *Triglav*, über die Tanja Žigon eine monografische Darstellung geschrieben hat.

4. Ausblick

Es besteht somit berechtigte Hoffnung, dass dieser viel zu lange verschwiegene Teil des slowenischen Kulturerbes erschlossen und für spätere Generationen aufgearbeitet wird. Die Arbeit wird sich wohl schwierig gestalten, nicht zuletzt deshalb, weil viele Materialien, die bislang vor allem in Wien und Laibach zugänglich waren und die die ältere Forschergeneration noch einsehen konnten, nicht mehr auffindbar sind. Sie sind in den Wirrnissen der historischen Ereignisse im vorausgegangenen Jahrhundert verloren gegangen. Es bleibt zu hoffen, dass man zumindest einen Teil dieses Erbes in Nachlässen „berühmter Krainer" doch noch finden wird können. Umso erfreulicher ist es, dass sich nun auch die slowenische Linguistik der Untersuchung des Sprachgebrauchs in den slowenisch-deutschen Zeitungen und Zeitschriften annehmen will, die eine Fülle historischen, politischen, literarischen, literaturkritischen und sprachlichen Materials bergen, das noch eingehend erforscht werden soll.

---

[18] Matjaž Birk: „Vaterländisches Interesse, Wissenschaft, Unterhaltung und Belehrung": *Illyrisches Blatt* (Ljubljana, 1819–1849), literarni časopis v nemškem jeziku v slovenski provinci predmarčne Avstrije [Eine Literaturzeitschrift in deutscher Sprache in der slowenischen Provinz des Vormärz-Österreich]. Maribor 2000.

[19] Tanja Žigon: Deutschsprachige Presse in Slowenien (1707–1945). Teil 1. In: *Berichte und Forschungen. Jahrbuch des Bundesinstituts für Kultur und Geschichte der Deutschen im Östlichen Europa.* Bd. 12. München 2004, S. 199–240; Deutschsprachige Presse in Slowenien (1707–1945). Teil II, Teil III. In: Ebenda, Bd. 13 (2005), S. 127–213.

Personenregister

Abraham a Sancta Clara 322
Adorno, Theodor W. 75, 82, 83, 193, 205
Aescht, Georg 128
Agamben, Giorgio 193, 197, 298
Aichelburg, Wolf (von) 146, 147
Albert, Roland 202
Allemann, Beda 15, 30, 47, 65
Altmayer, Claus 114
Améry, Jean 17, 18
Amselle, Jean-Loup 226, 227
Andre(i), Mihail 182
Anger, Horst s. Schuller, Horst
Anghelescu, Maria Magdalena 201
Anisescu, Cristina 156
Antonescu, Ion 146
Antschel, Paul s. Celan, Paul
Apollinaire, Guillaume 236, 237, 238
Appadurai, Arjun 226
Arany, János 270
Arghezi, Tudor 70, 71, 81, 84
Arndt, Ernst Moritz 322
Artmann, Aida 207
Artner, Therese Marie von 281, 284
Aschauer, Wolfgang 302, 303
Assmann, Aleida 19, 261, 267, 268
Astner, Michael 33, 47, 84, 207
Áts, Erika 292, 295
Aubry, Jean 66
Aurel, Mircea 147, 148, 156, 158, 161

Ausländer, Rose 19, 20, 35, 64, 65, 66, 80
Ayata, Canan Şenoz 10

Bachmann, Ingeborg 50, 298, 306, 322
Badiou, Bertrand 49
Badrus, Nadia 101
Baier, Hannelore 175, 208
Balázs, Béla 273
Ball, Hugo 133
Balogh, András 11, 268
Balogh, Robert 303, 313, 315
Bär, Katja 207
Barbu, Ion 71
Barck, Karlheinz 43, 44
Barloewen, Constantin von 62, 64
Barthes, Roland 140
Bartók, Béla 121
Bauer, Roger 45
Beáta, Thomka 310
Becker, Robert 289, 291, 296, 298
Beckett, Samuel 51, 227
Behl, Heike 75
Bein, Alex 270, 272
Bender, Hans 45, 68, 69, 78
Beniuc, Mihai 171
Benjamin, Walter 19, 53, 203, 205
Benn, Gottfried 53
Bennholdt-Thomsen, Anke 54, 56
Benthien, Claudia 255
Bergel, Hans 91, 95, 109, **113–125**, 147, 185, 233
Berkes, Kai 207
Bernhard, Thomas 134, 224

Verzeichnis der Mitarbeiterinnen und Mitarbeiter

Dr. Szabolcs Boronkai, Radnóti-Gymnasium Budapest

PD Dr. Waldemar Fromm, Ludwig-Maximilians-Universität München, Institut für deutsche Philologie

Prof. Dr. George Guțu, Universität Bukarest, Fakultät für Fremdsprachen, Institut für Germanistik

Maria Irod, Christliche Universität Dimitrie Cantemir, Abteilung für Fremdsprachen

Dr. René Kegelmann, Eszterházy Károly-Hochschule Eger, Lehrstuhl für Deutsche Sprache und Literatur

Prof. Dr. Thomas Krefeld, Ludwig-Maximilians-Universität München, Institut für Romanische Philologie

Dr. Mariana-Virginia Lăzărescu, Universität Bukarest, Fakultät für Fremdsprachen, Institut für Germanistik

Prof. em. Dr. Jürgen Lehmann, Friedrich-Alexander-Universität Erlangen-Nürnberg, Institut für Germanistik

Prof. Dr. Fred Lönker, Albert-Ludwigs-Universität Freiburg i. Br., Institut für Neuere Deutsche Literatur, Deutsches Seminar II

Prof. Dr. Mira Miladinović Zalaznik, Universität Ljubljana/Laibach, Philosophische Fakultät, Germanistik-Abteilung

Dr. Helga Mitterbauer, Karl-Franzens-Universität Graz, Institut für Germanistik

Prof. h. c. Dr. Peter Motzan, Institut für deutsche Kultur und Geschichte Südosteuropas an der Ludwig-Maximilians-Universität München

Dr. Grazziella Predoiu, Westuniversität Temeswar, Philologische Fakultät, Lehrstuhl für Germanistik

Dr. Eszter Propszt, Universität Szeged, Hochschulfakultät für Lehrerausbildung Gyula Juhász, Lehrstuhl für deutsche Sprache und Literatur

Prof. em. Dr. Horst Schuller, Lucian-Blaga-Universität Sibiu/Hermannstadt, Fakultät für Philologie und Bühnenkünste, Lehrstuhl für Germanistik

Prof. h. c. Dr. Stefan Sienerth, Institut für deutsche Kultur und Geschichte Südosteuropas an der Ludwig-Maximilians-Universität München

Prof. Dr. Zoltán Szendi, Universität Pécs/Fünfkirchen, Philosophische Fakultät, Lehrstuhl für deutschsprachige Literatur

Dr. Peter Varga, Eötvös-Lórand-Universität Budapest, Germanistisches Institut

Dr. h. c. Joachim Wittstock, Schriftsteller und Literaturhistoriker, Sibiu/Hermannstadt